CW00470196

ATENÇÃO

Prezados(as) Alunos(as): todas as atividades serão inseridas diretamente no Portifólio referente à disciplina. O objetivo é aumentar a interação do(a) aluno(a) com a plataforma, além de atualizar as atividades. Entrem com sua senha e acompanhe as atividades no sistema. Se preferir, imprimam as atividades e anexem no seu material impresso. Guias de estudo que contenham as atividades são guias de estudo antigos, onde as atividades já foram modificadas. Por favor, observem.

Atenciosamente,

Direção da UNIGRANET

Graduação a Distância 6º SEMESTRE

Ciências Contábeis

TEORIA DA
CONTABILIDADE

UNIGRAN - *Centro Universitário da Grande Dourados*

Rua Balbina de Matos, 2121 - CEP 79.824 - 9000
Jardim Universitário
Dourados - MS
Fone: (67) 3411-4141 / Fax: (67) 3411-4167

CEAD
Coordenadoria de Educação a Distância

Apresentação do Docente

Antonio Henrique Barbosa Real formou-se em Ciências Contábeis pelas Faculdades Integradas de Campo Grande – FIC UNAES, em 2001. É pós-graduado na mesma instituição em Metodologia do Ensino Superior. Como professor atuou na Universidade Federal da Grande Dourados (UFGD) nas disciplinas Contabilidade Pública, Contabilidade Rural, Perícia Contábil e Ética Contábil. Já lecionou na Unigran no curso de Ciências Contábeis presencial nas disciplinas Contabilidade Pública, Perícia Contábil, Administração Financeira e Orçamentária, Controladoria e Ética Contábil, atualmente ministra aulas no ensino à distância nas disciplinas de Contabilidade Pública, Perícia Contábil, Teoria da Contabilidade e Controladoria.

REAL, Antonio Henrique Barbosa. Teoria da Contabilidade. Dourados: UNIGRAN, 2019.

48 p.: 23 cm.

1. Contabilidade.

Sumário

Conversa Inicial

Caros Alunos,

Atualmente temos que entender que o objetivo principal da contabilidade é fornecer informações aos usuários. Nesse sentido, a disciplina Teoria da Contabilidade trata da evolução da contabilidade passando pelas escolas, entendimento dos princípios e dos postulados contábeis.

A finalidade desse estudo é ter uma visão geral sobre os assuntos relacionados à teoria da contabilidade, e poderemos ter uma base com esses estudos que apresentaremos neste Guia.

Esta disciplina é muito abrangente e temos que ter um estudo continuado sobre os temas apresentados, isso vai exigir muita leitura, atenção e ainda muita concentração, mas esperamos atingir o objetivo do estudo para que possamos juntos ampliar os conceitos sobre a teoria da contabilidade.

Desejo a todos um bom estudo.

Prof. Me. Antonio Henrique - Tony

Aula 1º

História da contabilidade

Caros alunos, iniciaremos nossos estudos sobre "Teoria da Contabilidade", por meio dos quais temos que entender os conceitos e sua origem.

Depois de estudar os conceitos desta aula você conseguirá entender a história da contabilidade e o porquê de sua existência e crescimento ao longo dos anos.

Este material foi preparado para que você não tenha dificuldades de entender os assuntos referentes à teoria da contabilidade, caso tenha dúvidas sobre os assuntos no decorrer desse estudo, anote, acesse a plataforma e utilize as ferramentas "quadro de avisos" ou "fórum" para interagir com seus colegas de curso e com seu professor. Sua participação é muito importante e estamos preparados para tirar as dúvidas que venham a surgir.

É muito importante que leia e posicione-se criticamente em relação aos objetivos de aprendizagem e as Seções de estudo da Aula 01.

Tenham uma boa aula!

Bons estudos!

Objetivos de aprendizagem

Esperamos que, ao término desta aula, você seja capaz de:

- conhecer a história da Contabilidade;
- saber sobre a gênese teórica da Contabilidade;
- conhecer da arte para técnica dos registros;
- conhecer a estrada da Contabilidade;
- saber sobre a evolução da Contabilidade.

Seções de estudo

1 – História da Contabilidade.
2 – A Estrada da Contabilidade.

Vamos falar sobre a História da Contabilidade?

1 - História da contabilidade

Conceito

Segundo Sá (2010 pag.23), a história da contabilidade é tão antiga quanto à própria história da civilização. Essa história está presa às primeiras manifestações humanas da necessidade social de proteção à posse e de perpetuação e interpretação dos fatos ocorridos com o objeto material de que o homem sempre dispôs para alcançar os fins propostos.

Nos primórdios da humanidade havia apenas o senso do coletivo em tribos primitivas. Com o passar do tempo, acarretou-se então o senso do "meu" e do "seu", daí houve a necessidade do estabelecimento de um habitat, que permitiu a organização do plantio (agricultura), e da criação de animais (pastoreio). Sá (2010 pag. 23) comenta que a organização econômica acerca do direito do uso do solo abalou o senso coletivo das tribos, acarretando assim, a separação da vida comunitária.

Dessa forma, separando-se da vida comunitária, o homem deixa aflorar um dos seus instintos mais primitivos, que é a individualidade, daí o senso de propriedade, em que cada pessoa criava sua própria riqueza. Ao morrer, o legado (riquezas) deixado por esta pessoa não era dissolvido, mas sim, passado como herança aos filhos e/ou parentes mais próximos, a fim de que se continuasse a aumentar tais riquezas.

Conforme o autor, a qualidade e a quantidade das reservas de utilidades, seja de caça, seja de colheita, foram elementos que o homem notou como distintos, como conquista do seu trabalho. A herança (riquezas) recebida dos pais, ou a conquista do seu trabalho individual, denominou-se **Patrimônio**. O termo começou a ser utilizado para quaisquer valores, bens ou riquezas conseguidas.

O Conhecimento Contábil

Sensibilidade Primitiva

De acordo com Sá (2010 pag. 22) e Iudícibus (2009 pag. 15), com o uso de sua arte, o homem primitivo passou a evidenciar a riqueza patrimonial que detinha através de inscrições nas paredes das grutas e cavernas (onde produziu pinturas e riscos) e também em pedaços de ossos (por meio de riscos ou marcas), utilizando-se dos instrumentos que já dispunha.

As primeiras evidências de controle individual datam do término da era da Pedra Polida, quando o homem conseguiu fazer os seus primeiros desenhos e gravações. Os primeiros controles eram estabelecidos pelos templos, o que perdurou por vários séculos.

Sá (2010 pag. 22) conta que o desenho do animal ou da coisa representava a natureza da utilidade que o homem primitivo havia conquistado e guardara; os riscos que quase sempre se seguiam ao desenho da coisa ou objeto desenhado, representavam a quantidade. De forma rudimentar, as inscrições procuravam representar com desenhos o objeto (o que era a coisa), e com riscos a quantidade (quanto era a coisa).

INSCRIÇÕES PRIMITIVAS
QUALIDADE (desenho)   QUANTIDADE (riscos)

À medida que mais coisas começaram a formar mais riquezas, com maior variedade, também mais complexas foram ficando as inscrições, forçando o homem primitivo a aprimorar seus critérios de inscrição, formando dessa maneira um registro chamado "CONTAS" (conjunto explicativo de memória de coisas e quantidade delas).

Assim, conforme Sá (2010 pag. 22) foi o pensamento do "futuro" que levou o homem aos remetidos registros, a fim de que pudesse conhecer as suas reais possibilidades de uso, consumo, produção e gastos. Daí nasceram os registros de uma escrituração contábil; contábil porque se quantificava e se evidenciava a riqueza patrimonial do indivíduo ou de sua família.

Gênese Teórica da Contabilidade

Sá (2010 pag. 29) e Iudícibus (2009 pag. 16) afirmam que a teoria da contabilidade (até então, não definida ainda pelos homens), é um enriquecimento intelectual de um conhecimento que o eleva de simples percepção subjetiva ou prática à generalidade objetiva, raciocinada, sistematizada e valorizada.

Para se edificar uma ciência é preciso que se construam teorias, e isso ocorre quando se busca a verdade, assim como também a explicação do porquê as coisas existem, acontecem ou poderão vir a acontecer.

A teorização em Contabilidade, segundo Sá (2010 pag. 29), como era natural que fosse, seguindo a lógica do conhecimento, iniciou-se pela formulação conceptual, valendo-se esta do enriquecimento de milênios de percepções já realizadas no campo do exercício profissional.

Para nosso conhecimento, desde as suas primeiras formas, contas sempre foram agregadas de registros em que se identificam as naturezas dos acontecimentos ocorridos no patrimônio, as quantificações pertinentes, as épocas, os locais e as referências ao fato patrimonial, de forma ordenada e contínua, preocupando-se, também, com a ideia da dinâmica e da posição do acontecimento.

Da Arte para a Técnica dos Registros

Conceito

Para Sá (2010 pag. 23) e Iudícibus (2009 pag. 16), o nascimento da Contabilidade se deu com a inscrição de elementos de riqueza patrimonial, evoluindo, aos poucos, a registros de melhor qualidade.

Esse tipo de registro passou por diversos povos como o homem primitivo, as civilizações da Suméria, da Babilônia, do

Egito e da China, cujos registros, de alguma forma, eram feitos já nessa época, com pequenas peças de argila. Sá (2010 pag.23) comenta que de início esses registros eram todos relativos a cada fato, depois, passaram a resumir fatos maiores, referentes ao movimento diário ou a um período mais longo.

> O "meu" e o "seu" deram, na época, origens especiais de "débito" (o que alguém tem que me pagar) e "crédito" (o que eu devo pagar a alguém). É claro que os registros tiveram uma evolução muito lenta, segundo Iudícibus (2009 pag. 16), até o aparecimento da moeda, que na época era uma simples peça de troca.

Conceito

Conforme Iudícibus (2009 pag. 16), a preocupação com o patrimônio e suas respectivas riquezas era uma constante no homem antigo, assim como é hoje. Seus instrumentos de avaliação foram sendo aperfeiçoados à medida que as atividades iam se desenvolvendo em dimensão (quantidade) e em complexidade (diversidade).

> Com o desenvolvimento do "papiro" (papel) e do "cálamo" (pena de escrever) no Egito antigo, facilitou extraordinariamente o registro das informações sobre os negócios que eram realizados na época, dando origem assim, aos livros contábeis.

Conforme Sá (2010 pag. 23), com a invenção da escrita desenvolveu-se mais ainda o sistema de registros. Os gregos e os romanos, na Antiguidade Clássica, deram uma contribuição muito valiosa à humanidade, desenvolvendo um sistema bastante evoluído de escrituração das riquezas. Portanto, amplo era o uso dos livros contábeis na Antiguidade Clássica. Os romanos chegavam a ter um livro de escrituração de fatos patrimoniais para cada atividade desenvolvida.

Tudo indica (não há confirmação) que foram os egípcios os primeiros povos a utilizar o valor monetário em seus registros. Usavam como base, uma moeda cunhada em ouro e prata, denominada "Shat". Era a adoção, de maneira prática, do Princípio do Denominador Comum Monetário.

2 - A estrada da contabilidade

Os caminhos que a contabilidade percorreu até chegar ao século XIX, foram amplos e conflitantes, de tal maneira que a verdadeira história da contabilidade está em um quebra-cabeça de civilizações, pensamentos, entendimentos, mudanças, normas e aperfeiçoamento constante da matéria em questão. A montagem desse quebra-cabeça nos remete a uma suposta evolução do pensamento contábil.

No período Medieval, diversas inovações na contabilidade foram introduzidas por governos locais e pela própria Igreja, que na época era muito respeitada e praticamente ditava o rumo dos negócios e do comércio, mas é somente na Itália que surge o termo "Contabilità".

Conceito

Segundo Iudícibus (2009 pag.17), podemos resumir a evolução da contabilidade da seguinte forma:

• **Contabilidade da era antiga** – período que se inicia com a civilização do homem e vai até 1202 da era Cristã, quando apareceu o Líber Abaci, da autoria de Leonardo Fibonacci, o Pisano.

• **Contabilidade da era medieval** – período que vai de 1202 da era Cristã até 1494, quando apareceu o "Particularis de Computis et Scripturis" (Contabilidade por sistemas de Partidas Dobradas) do Frei Luca Pacioli, publicado em 1494, enfatizando que a teoria contábil do débito e do crédito corresponde à teoria dos números positivos e negativos, obra que contribuiu para inserir a contabilidade entre os ramos do conhecimento humano.

• **Contabilidade da era moderna** – período que vai de 1494 até 1840, com o aparecimento da obra "La Contabilità Applicatta alle Amministrazioni Private e Pubbliche", da autoria de Franscesco Villa, premiada pelo Governo da Áustria. Obra marcante na história da contabilidade.

• **Contabilidade da era científica** – período que se inicia em 1840 e continua até os dias de hoje.

Na Bíblia

Há interessantes relatos bíblicos sobre controles contábeis, em que o próprio Jesus relata em Lucas 16: 1-7: "O administrador que fraudou seu senhor, alterando os registros de valores a receber dos devedores".

Em outra parábola de Jesus, há citação de um construtor, que faz contas para verificar se o que dispunha era suficiente para construir uma torre. Lucas 14: 28-30.

28 "Qual de vocês, se quiser construir uma torre, primeiro não se assenta e calcula o preço, para ver se tem dinheiro suficiente para completá-la?

29 Pois, se lançar o alicerce e não for capaz de terminá-la, todos os que a virem rirão dele,

30 dizendo: 'Este homem começou a construir e não foi capaz de terminar'.

Ainda se relata a história de um devedor que foi perdoado de sua dívida registrada. Mateus 18: 23–27. Tais relatos comprovam que, nos tempos bíblicos, o controle do patrimônio já era uma prática comum.

23 "Por isso, o Reino dos céus é como um rei que desejava acertar contas com seus servos.

24 Quando começou o acerto, foi trazido à sua presença um que lhe devia uma enorme quantidade de prata.

25 Como não tinha condições de pagar, o senhor ordenou que ele, sua mulher, seus filhos e tudo o que ele possuía fossem vendidos para pagar a dívida.

26 "O servo prostrou-se diante dele e lhe implorou: 'Tem paciência comigo, e eu te pagarei tudo'.

27 O senhor daquele servo teve compaixão dele, cancelou a dívida e o deixou ir.

Evolução histórica da contabilidade escola italiana – resumo estrutural

• **1202**

Leonardo Fibonacci publica seu Líber abaci, um compêndio sobre cálculo comercial que demarca, segundo Federico Melis, o limite entre a era da Contabilidade Antiga e a era da Contabilidade Moderna.

Temos, até 1494, data da famosa obra de Pacioli, uma série de trabalhos sobre práticas comerciais, dos quais o de Fibonacci é um dos exemplos. Esses trabalhos são importantes, pois difundem não apenas o mecanismo de funcionamento das instituições jurídicas e comerciais, mas também os usos e os costumes do comércio.

Entretanto, o trabalho de Fibonacci é mais sobre cálculos do que sobre práticas comerciais. Normalmente, não existe nesses trabalhos nenhuma pretensão científica, como afirma V. Alfieri em seu artigo publicado na *Rivista Italiana di Ragioneria*, em 1918.

Melis delimita até a metade do século XIII o uso de partidas simples, e, a partir daí, começam a aparecer exemplos (embora incompletos) de partidas dobradas apenas nos grandes empreendimentos, continuando os menores a utilizar a partida simples, mesmo bastante tempo após o trabalho de Pacioli.

Seguramente, embora haja diferenças de opiniões sobre em que região da Itália teria sido utilizada pela primeira vez a partida dobrada, ela foi aplicada antes do livro de Pacioli, possivelmente entre 1280 e 1335. O *Giornale Dal Libro Segreto Di Giotto de Peruzzi*, de 1308, é um caso evidente de emprego das partidas dobradas, com algumas falhas. Possivelmente, porém, este comerciante, desde 1292, utilizava o método na cidade de Florença. Os mais importantes livros dos Peruzzi, todavia, são *Libro dell'asse sesto* e *Libro segreto sesto*, de 1335-1343.

• 1340

Francesco di Balduccio Pegolotti escreve *La pratica della mercatura*, uma espécie de enciclopédia do comerciante da época e obra fundamental para a análise da evolução da Contabilidade e dos usos e costumes comerciais.

• 1458

Benedetto Cotrugli lança Della mercatura et del mercante perfetto, publicado apenas em 1573. Segundo Federico Melis, alguns autores viram nesse trabalho uma das etapas fundamentais da história da Contabilidade.

• 1494

Luca Pacioli publica em Veneza, a *Summa de aritmética geometria, proportioniet proporgionalitá*, na qual se distingue para a história da Contabilidade, o *Tractatus de computis et scripturis*, marco básico na evolução da Contabilidade. Nesse tratado, talvez pela primeira vez, o método contábil é explicado integralmente a partir do inventário. Pacioli é considerado, portanto, o "pai dos autores de Contabilidade".

• 1558

Alvise Casanova publica um trabalho de título estranho e muito longo, *Spechio lucidissimo nel quale si denovo essere deffi nito tutti i modi, et ordini di scrittura,che si deve menare nelli negoziamenti della mercantia, cambii, recambii, conli loro corrispondientie, disgarbugliando, et illuminando L'intelletto a negotianti, opera non piu veduta*. Apesar disso, foi um trabalho notável para a época. A partir da obra de Pacioli, muitos e muitos tratadistas apareceram na Itália e em outros países, melhorando aqui e acolá um ou outro detalhe da obra do mestre, permanece; porém, insuperado seu trabalho por dezenas e dezenas de anos. Portanto, não citamos outros autores até Angelo Pietra.

• 1586

Angelo Pietra publica *Indirizzo degli economi o sia ordinatissima instruttione da regolatamente formare qualunque scrittura in ub libro doppio*. O interesse especial na obra de Pietra é a aplicação do método contábil na administração de seu convento e a referência a aplicações bancárias, mercantis e patrimoniais. É, talvez, o primeiro autor a escrever sobre previsões orçamentárias.

• 1636

Ludovico Flori publica *Tratato del modo di tenere il libro doppio domestico colsuo esemplare*, trabalho que, sempre segundo Melis, alcança o ponto mais alto da Contabilidade italiana até o século XIX. A finalidade do trabalho é a mesma da obra de Pietra: Descrever a aplicação do método das partidas dobradas aos mosteiros; entretanto, foi mais feliz que seu predecessor. Tendo em vista a afirmação anterior, e considerando que os autores italianos dominavam a Contabilidade até o início do século XX, e levando-se em conta, ainda, que o século XVIII é considerado como de decadência para a Contabilidade italiana, saltaremos diretamente para o século XIX, o mais importante, possivelmente, para a escola europeia e particularmente para a italiana.

• 1803

Niccolo D'Anastasio publica *La scritura doppia ridotta a scienza*, primeira preocupação, portanto, de demonstrar o caráter científico da Contabilidade.

• 1838

Giuseppe Ludovico Crippa publica *La scienza dei conti ossia L'arte di tenere ilibri e compilare i bilanci di ogni azienda*. Seu trabalho foi importante, pois foi precursor da teoria econômica das contas.

• 1840

Início da Contabilidade Científica, Francesco Villa publica *La contabilità applicata alle amministrazioni private e publiche*. Este tratado é considerado pelos autores italianos como o demarcador do início da fase em que a Contabilidade se afirma como ciência. Francesco Villa é também considerado "pai da Contabilidade italiana". Escreveu outros importantes trabalhos após 1840.

• 1867

Francesco Marchi edita *I cinquencontisti, ovvero la ingannevole teoria che viene insegnata intorno il sistema di scritture a partita doppia e nuevo saggioper la facile intelligenza ed applicazione di quel sistema*. É uma crítica feroz ao trabalho de Degranges e, em seguida, apresenta de forma completa a teoria personalista das contas, classificando-as em quatro categorias: do proprietário, do gerente ou administrador, dos consignatários e dos correspondentes.

• 1873

Giuseppe Cerboni publica *Primi saggi di logismografia*. Em 1886 escreve seu melhor trabalho, denominado *La ragioneria scientifica e le sue relazioni con le discipline amministrative e sociali, in due volumi*.

Cerboni notabilizou-se, além da aplicação da partida dobrada na forma logismográfica, por ter aprofundado a teoria personalística das contas de Marchi e como contador governamental. Seu trabalho citado, de 1886, é considerado uma das obras-primas da Contabilidade, em todos os tempos. Vários seguidores de Cerboni realizaram aprofundamentos parciais de sua obra, entre eles: GiovanniRossi, Giovanni

Massa, Clitofonte Bellini e outros.

• 1891

Fábio Besta publica o primeiro volume e parte do segundo de seu ciclópico trabalho *La ragioneria*, que aparece em sua edição completa, de três volumes, pela primeira vez, em 1909-1910. Com Fábio Besta, vulto insuperado e talvez insuperável da Contabilidade, inicia-se a era do controle. Para ele, a Contabilidade é a ciência do controle econômico. Além de autor inspirado, é um pesquisador histórico indutivo. Escrutinou arquivos e bibliotecas italianos e estrangeiros. Um de seus grandes méritos é ter delimitado o campo de aplicação da Contabilidade; ao contrário de Cerboni, entretanto, aprofundou-se sobremaneira no estudo do controle. Podemos dizer que Besta foi o primeiro e é o maior contador moderno.

Muitas teorias hoje tornadas famosas pelos autores norte-americanos tiveram seu primeiro expositor em Besta. Além da ciência do controle, Besta desenvolve a teoria materialística das contas, destruindo o trabalho personalístico de Marchi e de Cerboni. Besta, juntamente com Pacioli, é, em nossa opinião, o maior vulto da Contabilidade, até o momento, em todos os tempos.

Teve vários seguidores, entre eles: Vittorio Alfieri, Francesco de Gobbis, Vincenzo Vianello, Pietro Rigobon e Pietro D'Alvise. Digno de nota é o trabalho de Emanuele Pisani, que, em 1875, apresenta sua statmografia, manuscrita, em um concurso; mais tarde foi publicada como *La statmografia applicata alle aziende private* (1880) e *La statmografia, applicazione alle aziende pubbliche* (1886).

Pisani é um intermediário entre Cerboni e Besta. Na teoria das contas aproximasse de Besta e aproxima-se de Cerboni na forma escritural excogitada, a qual, como a de Cerboni, é uma forma sinótica de partida dobrada.

Retomando a aula

Parece que estamos indo bem. Então, para encerrar esse tópico, vamos recordar:

1 – História da Contabilidade

A contabilidade é tão remota quanto o homem que pensa, ou, melhor dizendo, que conta. A necessidade de acompanhar a evolução dos patrimônios foi grande motivo para seu desenvolvimento. O surgimento do capitalismo deu impulso definitivo a esta importante disciplina, potencializando seu uso e aumentando sua eficácia.

2 – A estrada da Contabilidade

Através dos tempos, verifica-se que normalmente o grau de avanço da contabilidade está diretamente associado ao grau de progresso econômico, social e institucional de cada sociedade.

Vale a pena

Vale a pena **ler**

IUDÍCIBUS, S. de. *Teoria da contabilidade*. São Paulo: Atlas, 2009.

SÁ, A. L. de. *Teoria da Contabilidade*. São Paulo: Atlas, 2010.

Vale a pena **acessar**

www.cfc.org.br

Obs.: Se ao final desta aula tiverem duvidas, vocês poderão saná-las através das ferramentas "fórum" ou "quadro de avisos" e "chat". Ou ainda poderão enviar para o e-mail areal@unigran.br.

Minhas anotações

2º Aula

Escolas na história da contabilidade

Olá, estamos agora na aula 02, por meio da qual temos que entender os conhecimentos das escolas na história da Contabilidade, assim, verificaremos que até 1920, aproximadamente, existia uma grande influência da escola italiana e norte americana.

Este material foi preparado para que você não tenha dificuldades de entender os assuntos referentes à Teoria da Contabilidade, caso tenha dúvidas sobre os assuntos no decorrer desse estudo, anote, acesse a plataforma e utilize as ferramentas "quadro de avisos" ou "fórum" para interagir com seus colegas de curso e com seu professor. Sua participação é muito importante e estamos preparados para tirar as dúvidas que venham a surgir.

É muito importante que leia e posicione-se criticamente em relação aos objetivos de aprendizagem e as Seções de estudo da Aula 02.

Tenham uma boa aula!

Boa aula!

Objetivos de aprendizagem

Ao término desta aula, o aluno será capaz de:

- saber sobre o período científico;
- conhecer a Escola Materialista;
- conhecer a Escola Personalista;
- conhecer a Escola Neocontismo;
- conhecer a Escola Controlismo;
- conhecer a Escola Reditualista;
- conhecer a Escola Aziendalista;
- conhecer a Escola Patrimonialista;
- saber sobre a escola norte-americana.

Seções de estudo

Vamos falar sobre as escolas na História da Contabilidade?

1 - Escolas ou doutrinas na História da Contabilidade

Escola Italiana (europeia) de Contabilidade

Dentro da escola italiana, várias correntes de pensamento contábil se desenvolveram, tais como: o Contismo, o Personalismo, o Neocontismo, o Controlismo, o Aziendalismo e o Patrimonialismo que se denominava de período científico.

Período Científico

O Período Científico apresenta, nos seus primórdios, dois grandes autores consagrados: Francesco Villa, escritor milanês, contabilista público, que, com sua obra "*La Contabilità Applicatta alle administrazioni Private e Plubblichè*", inicia a nova fase; e Fábio Besta, escritor veneziano.

Os estudos envolvendo a Contabilidade fizeram surgir três escolas do pensamento contábil: a primeira, chefiada por Francesco Villa, foi a Escola Lombarda; a segunda, a Escola Toscana, chefiada por Giusepe Cerboni; e a terceira, a Escola Veneziana, por Fábio Besta.

Embora o século XVII tivesse sido o berço da era científica e Pascal já tivesse inventado a calculadora, a ciência da Contabilidade ainda se confundia com a ciência da Administração, e o patrimônio se definia como um direito, segundo postulados jurídicos.

Nessa época, na Itália, a Contabilidade já chegara à universidade. Ela começou a ser lecionada com a aula de comércio da corte, em 1809. Nesse sentido, a obra de Francesco Villa foi escrita para participar de um concurso sobre Contabilidade, promovido pelo governo da Áustria, que reconquistara a Lombardia, terra natal do autor. Além do prêmio, Villa teve o cargo de Professor Universitário.

Francisco Villa extrapolou os conceitos tradicionais de Contabilidade, segundo os quais escrituração e guarda livros poderiam ser feitas por qualquer pessoa inteligente. Para ele, a Contabilidade implicava conhecer a natureza, os detalhes, as normas, as leis e as práticas que regem a matéria administrada, ou seja, o patrimônio. Tratava-se do pensamento patrimonialista, o qual deu início a fase científica da Contabilidade.

Fábio Besta, seguidor de Francesco Villa, superou o mestre em seus ensinamentos. Demonstrou o elemento fundamental da conta, o valor, e chegou, muito perto de definir Patrimônio como objeto da Contabilidade.

Foi Vicenzo Masi, seguidor de Fábio Besta, quem pela primeira vez, em 1923, definiu Patrimônio como objeto da Contabilidade. O enquadramento da Contabilidade como elemento fundamental da equação aziendalista teve, sobretudo, o mérito incontestável de chamar atenção para o fato de que a Contabilidade é muito mais do que mero registro; é um instrumento básico de gestão.

Período científico na Contabilidade: o materialismo, o personalismo, o controlismo e o neocentrismo, o reditualismo, o Aziendalismo e o patrionalismo

Até o século XVIII, quase não houve evolução do pensamento científico da contabilidade apregoado na obra de Luca Pacioli. Mas, após o surgimento do método das partidas dobradas (séculos XIII ou XIV) e sua divulgação através da obra de Frei Luca Pacioli, a escola italiana ganhou grande impulso e se espalhou por toda a Europa.

Nessa época, a preocupação era voltada para o aprimoramento da técnica contábil e, durante esse período, a escrituração contábil foi cercada de regras e princípios voltados para o funcionamento das contas, cujo objeto central era o registro dos direitos e das obrigações.

Com essa filosofia, os pensadores criaram o movimento contista, que, mesmo não sendo considerado escola por alguns estudiosos, representou a primeira discussão em contabilidade de caráter científico, dando início à evolução do pensamento contábil.

O **Contismo**, mesmo fazendo parte do período moderno, foi a primeira corrente de pensamento contábil na escala de evolução científica da Contabilidade. Ele surgiu em decorrência dos estudos feitos pelos primeiros expositores do método das partidas dobradas. Seus defensores adotaram como ideia central: o mecanismo das contas, preocupando-se basicamente com seu funcionamento, esquecendo-se, portanto, de que a conta é apenas conseqüência das operações que ocorrem na entidade, e que essas operações merecem atenção especial da Contabilidade.

O precursor do Contismo foi o comerciante Benedetto Contrugli, que exerceu atividades comerciais na Itália por volta do século XV, considerado por alguns autores como o primeiro a descrever o sistema de registro das partidas dobradas.

Segundo ele, o comerciante deveria possuir três livros de contas para registrar suas transações comerciais: O livro dos gastos, o livro Diário e o livro Razão. Esta corrente de pensamento contábil teve excepcional aceitação na França, onde foram elaboradas diversas teorias sobre contas gerais, destacando-se os trabalhos de Jacques Savary e de Edmundo Degranges (pai).

Savary procurou elaborar um método de contabilização que se adaptasse às disposições da "ordenança do comércio do mês de março de 1675", enquanto Degranges lançou a teoria das cinco contas gerais, na qual enumerava os cinco principais efeitos que servem de meio de troca no comércio, que são:

1º Mercadorias;
2º Dinheiro;
3º Efeitos a Receber;
4º Efeitos a Pagar;
5º Lucros e Perdas.

Apesar da grande repercussão do Contismo na literatura contábil mundial, verifica-se, segundo Lopes de Sá, que essa corrente de pensamento é uma observação, um tanto quanto superficial, de nosso conhecimento, ou seja: A conta é expressão de um fenômeno sucedido ao patrimônio aziendal por influência do sujeito aziendal ou de seus administrados, quer direta, quer indiretamente; as contas, portanto, são expressões de fatos, e tais fatos é que devem formar objetivo da ciência contábil.

Como dissemos, entre os pensadores contistas, Edmundo Degranges foi um dos que mais se destacou, expondo em 1795 a teoria das cinco contas (segundo a qual o comércio tinha cinco objetos principais que sucessivamente poderiam ser negociados: mercadorias, dinheiro, efeitos a receber, efeitos a pagar e lucros e perdas), baseadas no estudo do francês Jacques Savary. Apesar dessa teoria não ter sido aceita em todos os lugares, impulsionou a escola contista e, conseqüentemente, as demais escolas do pensamento contábil.

Escola Materialista

Seu precursor foi o italiano Francesco Villa, que em 1840 publicou a obra *La contabilitá applicata alle amministrazioni private e publiche*, a qual orientou a doutrina da escola materialista. Seus principais seguidores foram Fabio Besta, Gino Zappa e Vincenzo Masi.

> Para o materialismo, o objeto essencial da Contabilidade era a gestão, a riqueza gerada. Segundo seus pensadores, a conta limitava-se apenas a representar os valores materiais e a escrita contábil (relações de débito e crédito) apenas auxiliava o estudo contábil. Nesse sentido, era importante elevar a condição da contabilidade como uma importante fonte de informação sobre o gerenciamento do patrimônio.

O materialismo preocupou-se, também, em aumentar a quantidade de informações apresentadas nos relatórios contábeis, introduzindo, entre outros, os dados que impactavam os resultados das empresas, como os custos de seus produtos e os gastos efetuados por seus gerentes, dificultando, na mesma proporção, a divulgação dessas informações.

Mesmo com as dificuldades encontradas no processo de divulgação, seus pensadores contribuíram significativamente para a qualificação da informação contábil.

Escola Personalista

Seu precursor foi o militar italiano Giuseppe Cerboni, que em 1886, publicou uma das obras-primas da Contabilidade – *La ragioneria scientifica e Lê sue relazioni com lê discipline amministrative e sociali*. Seus principais seguidores foram Giovani Rossi, Giovanni Massa, Francesco Alberigo Bonalumi e Vincenzo Gitti, entre outros.

O Personalismo foi criado em meados do século XIX, assinalando uma nova postura no desenvolvimento da ciência contábil os elementos patrimoniais podiam ser representados por pessoas com as quais se mantinham relações jurídicas, ou seja, todos os débitos realizados nas contas dessas pessoas representavam suas responsabilidades, e os créditos correspondiam a seus direitos com relação ao titular do patrimônio. Nesse sentido, a Contabilidade deixava de ser voltada apenas para a arte de registrar e contar a riqueza auferida.

> Para o precursor do Personalismo, Cerboni, a teoria logismográfica (que estabelecia que fato administrativo era a manifestação real) era capaz de oferecer tanto no campo teórico como no campo prático as informações para a análise de todos os fatos econômicos, administrativos e contábeis da empresa, estruturando seus estudos referentes à teoria personalista das contas naquela teoria.

Mesmo dominando o pensamento contábil durante o século XIX, o Personalismo teve seus opositores, entre os quais os criadores do que seria a nova escola do pensamento contábil que viria a predominar.

Como dissemos, O Personalismo foi uma corrente de pensamento contábil que surgiu em reação ao Contismo, dando personalidade às contas para poder explicar as relações de direito e de obrigações.

Nessa época, ainda não se havia pensado em dar fundamentação jurídica às contas. Foi Giuseppi Cerboni que, aceitando o princípio da personificação das contas, deu-lhes o conceito jurídico dos direitos e obrigações, suprimindo a figura simbólica do administrador e colocando as personalidades (contas) em contato direto com o proprietário.

A teoria cerboniana teve grandes adeptos, dentre os quais destaca-se Giovani Rossi. Apesar da grande influência na literatura contábil da época, o personalismo passou a ser combatido por Fábio Besta, que por sua teoria controlista, procurou demonstrar a fragilidade jurídica da escola personalista.

Cabe evidenciar que, apesar de bastante combatida, e posteriormente superada por outras correntes doutrinárias, a escola personalista trouxe inegável contribuição para a evolução do pensamento contábil.

Com o propósito de combater a teoria personalista, Fabio Besta desenvolveu profundos estudos objetivando acompanhar a trajetória do pensamento contábil.

Escola Neocontismo

O neocontismo de Fabio Besta restituiu à Contabilidade o verdadeiro objeto, representado pela riqueza patrimonial e, como conseqüência, trouxe grandes avanços para o estudo da análise patrimonial e dos fenômenos decorrentes da gestão empresarial.

Ao mesmo tempo em que lançava bases para o desenvolvimento do neocontismo, Fabio Besta procurou conceituar a Contabilidade como ciência do controle econômico, e, observando as fases da administração, distinguiu as seguintes:

a. fase da gestão econômica;
b. fase da direção e do controle.

A filosofia do Neocontismo, por sua vez, era de que o papel da contabilidade limitava-se à simples técnica de colocar em evidência o ativo, o passivo e a situação líquida das unidades econômicas (teoria do valor de Fabio Besta) e a conta era toda a classe de unidade de valor (representando uma nova abordagem da filosofia contista). Com isso, o neocontismo abriu espaço para o surgimento de uma nova corrente de pensamento contábil, que mais tarde seria denominada Controlismo.

Escola Controlismo

O precursor do Controlismo foi o italiano Fabio Besta, autor da obra *La ragioneira*, cuja edição completa foi publicada em 1909/1910. Seus principais seguidores foram Carlos Ghidiglia, Vittorio alfieri, Pietro Rigobon, entre outros.

A filosofia do Controlismo consistia em que o controle da riqueza aziendal era o objeto do estudo da Contabilidade. Para Besta, a riqueza deveria ser considerada sobre ela mesma e o patrimônio como uma grandeza que se pudesse medir, distinguindo o conceito entre a administração geral (que representava o próprio organismo administrativo da empresa) e a administração econômica (que representava a administração da riqueza aziendal).

Conceito

Segundo Besta, a administração econômica de uma empresa abrangia sua gestão, direção e controle, e a Contabilidade era entendida como a ciência do controle econômico, que, por sua vez, era composto por duas partes: a primeira, responsável pelos registros contábeis, e a segundo, pela revelação desses registros em conexão com os mecanismos de controle inerentes à escrituração contábil.

Com o desenvolvimento das ideias do Controlismo, pode-se perceber que muitos fatos, devido a sua natureza técnica, escapam à vigilância contábil. Por outro lado, o controle econômico pode ser considerado uma das finalidades dos sistemas de escrituração, contudo não abrange em sua totalidade o objetivo da Contabilidade. Os fenômenos relacionados com a formação dos custos, com a realização da receita, com o equilíbrio financeiro e outros que provocam variações patrimoniais, são objeto de operação de controle, mas a contabilidade não se limita apenas a esses aspectos. Enfim, o conceito de Contabilidade é muito mais amplo que o difundido por Fábio Besta e os precursores da corrente controlista.

> A ideia de que o objeto da contabilidade era o controle da riqueza administrada, sem dúvida, trouxe grandes benefícios ao estudo contábil.

A decadência do controlismo deu-se pior volta de 1926 na Itália, quando Gino Zappa apresentou uma nova possibilidade de estudar a organização e a gestão das empresas do ponto de vista contábil, que viria a ser chamada de aziendalismo.

A partir dessas novas concepções o controlismo perde ímpeto e cede espaço para surgimento de uma nova corrente de pensamento contábil: o Aziendalismo.

Escola Reditualista

Paralelamente, antes de estudarmos o aziendalismo, não podemos deixar de citar o reditualismo na Alemanha. O precursor do Reditualismo foi o alemão Eugen Schmalenbach, considerado um dos pais da moderna teoria da administração de negócios da Alemanha, e seus principais seguidores foram Mallbeg, Geldmacher, E. Walb, K. Mallerowicz, M. R. Lehmann, entre outros.

A filosofia do Reditualismo consistia em que o *redito* (lucro/rendimento) tinha prioridade sobre a estrutura patrimonial e era o principal objetivo do estudo da contabilidade. Para Schmalenbach, o sucesso de uma empresa estava diretamente relacionado aos lucros obtidos ou não.

> As maiores colaborações de Schmalenbach para a ciência contábil foram a mensuração do resultado por meio dos conceitos de contabilidade dinâmica, a uniformização de planos de contas contábeis e a Contabilidade de Custos.

Escola Aziendalista

Os precursores do Aziendalismo foram Alberto Ceccherelli e Gino Zappa, cuja filosofia representou o resultado da evolução da Contabilidade italiana iniciada por Leonardo fibonacci, e seus principais seguidores foram Pietro Onida, Lino Azzini, Carlo Masini, entre outros.

A filosofia do aziendalismo consistia em que a azienda (bens, direitos e obrigações que constituíam o patrimônio) era o objetivo do estudo da Contabilidade, em que se empregava trabalho em troca de recompensa. Para seus precursores e seguidores, a contabilidade era apenas uma das ciências relacionadas com a azienda e não poderia ser estudada isoladamente.

O trabalho de Zappa mudou o pensamento contábil no século XX, contribuindo para uma nova postura doutrinária. Enquanto os adeptos do Aziendalismo afirmavam que os fenômenos a serem estudados eram as aziendas, restringindo assim o campo de atuação de contabilidade ao levantamento de fatos patrimoniais, Vincenzo Masi procurava demonstrar que o estudo da Contabilidade é bem mais amplo, surgindo daí uma das mais importantes correntes de pensamento contábil: o Patrimonialismo.

Escola Patrimonialista

O precursor da escola patrimonialista foi Vincenzo Masi e teve como principais seguidores Francisco D'Áuria, Jaime Lopes Amorim e José Maria Fernandez Pirea, entre outros.

A filosofia do Patrimonialismo consistia em que o patrimônio era objeto da contabilidade e seu estudo compreendia a estática patrimonial (equilíbrio dos elementos patrimoniais), a dinâmica patrimonial e a relevância patrimonial.

Para Masi, a escrita e as demonstrações contábeis representavam apenas instrumentos para registrar os fatos ocorridos na célula social, devendo estar acompanhadas de explicação e interpretação. Propôs uma nova classificação das contas em patrimoniais e de resultado, sendo esse o pensamento contábil ainda atualmente observado quanto à classificação das contas.

O patrimonialismo, cujas ideias e teorias foram defendidas por Vincenzo Masi, definiu o patrimônio como objeto da contabilidade.

> Segundo a teoria patrimonialista, o patrimônio é uma grandeza real que se transforma com o desenvolvimento das atividades econômicas, cuja contribuição deve ser conhecida para que se possa analisar adequadamente os motivos das variações ocorridas no decorrer de determinado período.

Os fundamentos da doutrina preconizada por Mais, estão sustentados nos seguintes princípios:

1. o objetivo da Contabilidade é o patrimônio aziendal;
2. os fenômenos patrimoniais são fenômenos contábeis;
3. a Contabilidade é uma ciência;
4. a Contabilidade é uma ciência social;
5. divide-se a Contabilidade em três ramos distintos, em sua parte teórica, a saber: Estática patrimonial, Dinâmica patrimonial e Levantamento patrimonial. A parte aplicada refere-se às entidades;
6. o patrimônio, objeto de indagação, deve ser observado em seus aspectos qualitativo e quantitativo;
7. o fenômeno patrimonial conceitua-se como "todo acontecimento que se verifica no patrimônio";
8. a Contabilidade não se confunde com o levantamento

patrimonial, que é apenas uma de suas partes;

9. a Contabilidade relaciona-se intimamente com diversas outras ciências, como: Direito, Economia, Sociologia, Matemática, etc.

10. o método usado pela ciência contábil, preferencialmente, é o indutivo;

11. o fim ou o aspecto de observação da Contabilidade é o da finalidade aziendal, ou seja, o cumprimento dos objetivos a que se propôs o sujeito aziendal.

Nas pesquisas desenvolvidas sobre o patrimonialismo, evidencia-se o patrimônio sob dois aspectos, a saber:

a. Estático: compreende o estudo que permite o conhecimento, em dado momento, da situação patrimonial da entidade;

b. Dinâmico: estuda as variações provocadas pelos fatos administrativos gerando aumento ou diminuição da situação patrimonial.

Tanto nos aspectos relacionados à estática quanto nos relacionados à dinâmica, a contabilidade utiliza o raciocínio dedutivo e indutivo para geração da informação contábil. Utiliza, também, instrumentos que lhe são peculiares, para registrar, controlar e demonstrar as modificações no patrimônio, através da escrituração, do cálculo e da estatística.

No ano de 1927, após várias incursões no campo da literatura contábil, Vincenzo Masi publica *La Ragioneria como El scienza del patrimônio*, em que analisa todas as correntes de pensamento contábil, dando por fim sua definição sobre o patrimonialismo: "a contabilidade é a ciência que estuda o patrimônio das aziendas".

É oportuno lembrar que as teorias desenvolvidas pela escola italiana trouxeram valiosas contribuições para o desenvolvimento da Contabilidade. Todo o arcabouço teórico que suscitou da escola norte-americana originou-se em função desse cenário.

A escola europeia (italiana) que dominou o cenário contábil desde o surgimento do método das partidas dobradas (ou até mesmo antes desta época), até o início do século XX, desenvolveu trabalhos que tiveram grande repercussão na época, e ainda hoje existem obras de insuperável valor no campo da pesquisa profunda, como por exemplo, *Storia della ragioneria, de Federigo Melis; La Ragioneria, de Fabio Besta; La ragioneria como scienza Del patrimônio, de Vincenzo Mais*, e outra.

Os defeitos da escola europeia tiveram como base, o peso excessivo da teoria, sem demonstrações práticas, sem pesquisas fundamentais: a exploração teórica das contas e o uso exagerado das partidas dobradas, inviabilizando, em alguns casos, a flexibilidade necessária, principalmente, na Contabilidade Gerencial, preocupando-se demais em demonstrar que a Contabilidade era uma ciência ao invés de dar vazão à pesquisa séria de campo e de grupo.

Além desse aspecto, outros fatores contribuíram para a perda de hegemonia da escola europeia (italiana), dentre os quais destacam-se:

a. preocupação demasiada em demonstrar a contabilidade como ciência, esquecendo-se de que o mais importante é conhecer bem as necessidades informativas dos vários usuários da informação contábil adequado;

b. excessiva ênfase ao desenvolvimento teórico das contas, sem, contudo, adequar essa teoria a pratica;

c. baixa remuneração dos professores;

d. excessivo número de alunos;

e. queda no nível de ensino; e

f. falta de ênfase na área de Auditoria.

A partir de 1920, aproximadamente, inicia-se a fase de predominância norte-americana dentro da Contabilidade.

2 - Escola Norte - Americana

Enquanto declinavam as escolas europeias, floresciam as escolas norte-americanas com suas teorias e práticas contábeis, favorecidas não apenas pelo apoio de uma ampla estrutura econômica e política, mas também pela pesquisa e trabalho sério dos órgãos associativos. O surgimento do *American Institut of Certield Public Accountants* foi de extrema importância no desenvolvimento da Contabilidade e dos princípios contábeis; várias associações empreenderam muitos esforços e grandes somas em pesquisas nos Estados Unidos. Havia uma total integração entre acadêmicos e os já profissionais da Contabilidade, o que não ocorreu com as escolas europeias, onde as universidades foram decrescendo em nível, em importância.

A criação de grandes empresas, como as multinacionais ou transnacionais, por exemplo, que requerem grandes capitais, de muitos acionistas, foi a causa primeira do estabelecimento das teorias e práticas contábeis, que permitissem correta interpretação das informações, por qualquer acionista ou outro interessado, em qualquer parte do mundo.

No início do século atual, surgiram as gigantescas *corporations*, que aliadas ao formidável desenvolvimento do mercado de capitais e ao extraordinário ritmo de desenvolvimento que os Estados Unidos da América experimentou e ainda experimenta, constitui um campo fértil para o avanço das teorias e práticas contábeis, ou seja, o desenvolvimento do mercado de capitais e o rápido crescimento do comércio e da indústria proporcionaram o surgimento de um campo fértil para o desenvolvimento das Ciências Contábeis, pois com o surgimento dos grandes conglomerados comerciais e industriais, com participação de inúmeros acionistas, a Contabilidade, além de se tornar mais complexa, necessitou de um aprimoramento objetivando atender um número cada vez mais elevado de usuários, que pressionavam as organizações, buscando informações com a finalidade de garantir a segurança de seus investimentos.

As pressões colocadas pelos novos investidores ao grande desenvolvimento econômico que os Estados Unidos vinham experimentando, a partir do início do século XX, contribuíram para que no ano de 1930 surgissem as primeiras discussões entre a Bolsa de Valores de Nova York e o Instituto Americano de Contadores Públicos, visando à promulgação dos Princípios de Contabilidade.

As maiores influências sobre a teoria da contabilidade, nos estados Unidos, inclusive, segundo Iudícibus, deveram-se basicamente:

1. ao grande avanço e refinamento das instituições econômicas e sociais;

2. à Revolução Industrial, com sua influência na Contabilidade de Custos;

3. ao desenvolvimento das S.A. e à fusão de empresas,

tornando-se grandes e complexas corporações;

4. ao aumento do número de investidores de médio porte, que desejavam estar permanentemente informados, e que, para tanto, pressionavam os elaboradores de demonstrações financeiras;

5. ao fato de Instituto Americano de Contadores Públicos ser um órgão atuante em matéria de pesquisa contábil.

O desenvolvimento do pensamento contábil norte-americano foi influenciando, ainda, por importantes eventos que ocorreram nos primeiros anos da década de 30 e na década de 60. Em ambos os períodos, a pressão decorrente de investidores isolados ou grupos de investidores evidencia a insatisfação dos mesmos com a informação contábil.

Essas pressões contribuíram para que no ano de 1930, o Instituto Americano de Contadores Públicos nomeasse um comitê com propósito de cooperar com a Bolsa de Valores de Nova York nas questões relacionadas com o interesse desses investidores.

A partir daí, o Instituto Americano de Contadores Públicos passou a ter uma atuação destacada e decisiva para o desenvolvimento dos Princípios contábeis e, conseqüentemente, da Contabilidade. O *"Special Commitees – The Accounting Research Division"*, *"The Accounting Principles Boar"* e o *"Financial Accounting Standards Bord"* promoveram inúmeros estudos, pesquisas, e têm emitido opiniões sobre áreas de interesse da Contabilidade.

Ao contrário da escola italiana, cuja teoria contábil foi desenvolvida, na maioria das vezes, através de esforços individuais, a teoria norte-americana está centrada no trabalho de equipe. Mesmo assim, destacaram-se várias figuras individuais, como: Littleton, Paton, Barouse, Moonitz, Anthony, Hendriksen, Horngren e outros.

A metodologia básica utilizada pela escola norte-americana, no desenvolvimento de novas teorias e práticas contábeis, parte de uma visão dos relatórios contábeis e, em seguida, estuda os lançamentos contábeis que deram origem àqueles relatórios.

A justificativa para a utilização desta metodologia baseia-se na evolução histórica da Contabilidade. No princípio existiam somente os inventários periódicos, através dos quais se avaliam a riqueza, em determinado momento, assim como a variação dessa riqueza, pela comparação dos **inventários** dos períodos anteriores com atual.

Assim, pode-se verificar que na história da contabilidade surgiram primeiramente os relatórios e provavelmente só a partir do século XV é que foram organizados os lançamentos contábeis necessários para se chegar a esses relatórios.

Através de estudos realizados para avaliar a metodologia implementada pela escola norte-americana, pode-se constatar que há maior motivação e facilidade para entender a contabilidade quando se parte dos relatórios e, em seguida, se apresenta o método das partidas dobradas e os registros contábeis.

Outro aspecto importante a ressaltar à respeito da escola norte-americana é a grande preocupação com o usuário da informação contábil. Nos textos americanos, a contabilidade é sempre enfocada como algo útil para a tomada de decisões. Por isso, não é por acaso que, atualmente, o mundo possui inúmeras obras contábeis de origem norte-americanas que tem reflexos diretos nos países de economia.

Retomando a aula

Parece que estamos indo bem. Então, para encerrar esse tópico, vamos recordar:

1 - Escolas ou doutrinas na história da contabilidade

As escolas da ciência contábil nasceram das ideias de seus vários pensadores, que compartilhavam as mesmas teorias. As correntes da ciência contábil representam a derivação dessas teorias, decorrentes de pensamentos semelhantes.

2 – Escola norte - americana

Através de estudos realizados para avaliar a metodologia implementada pela escola norte-americana, pode-se constatar que há maior motivação e facilidade para entender a contabilidade quando se parte dos relatórios e, em seguida, se apresenta o método das partidas dobradas e os registros contábeis.

Outro aspecto importante a ressaltar a respeito da escola norte-americana é a grande preocupação com o usuário da informação contábil. Nos textos americanos, a contabilidade é sempre enfocada como algo útil para a tomada de decisões.

Vale a pena

Vale a pena **ler,**

IUDÍCIBUS, S. de. *Teoria da contabilidade*. São Paulo: Atlas, 2009.

SÁ, A. L. de. *Teoria da Contabilidade*. São Paulo: Atlas, 2010.

Vale a pena **acessar,**

http://www.portaldecontabilidade.com.br/tematicas/historia.htm

http://arlencontabeis.blogspot.com.br/2010_02_01_archive.html

http://pt.scribd.com/doc/53386100/A-evolucao-da-contabilidade-no-Brasil-e-no-mundo

http://pt.scribd.com/doc/62987719/Contabilidade-Geral-capitulo-1

Obs.: Se ao final desta aula tiverem duvidas, vocês poderão saná-las através das ferramentas "fórum" ou "quadro de avisos" e "chat". Ou ainda poderão enviar para o e-mail areal@unigran.br.

3º Aula

Evolução do pensamento contábil

Olá, estamos agora na aula 03, onde estudaremos os conceitos da sistematização dos registros e as razões de um novo processo das chamadas partidas dobradas, bem como o legado de Frei Luca Pacioli.

Esse material foi preparado para que você não tenha dificuldades de entender os assuntos referentes à teoria da contabilidade. Caso tenha dúvidas sobre os assuntos no decorrer desse estudo, anote, acesse a plataforma e utilize as ferramentas "quadro de avisos" ou "fórum" para interagir com seus colegas de curso e com seu professor. Sua participação é muito importante e estamos preparados para tirar as dúvidas que venham a surgir.

É muito importante que leia e posicione-se criticamente em relação aos objetivos de aprendizagem e as Seções de estudo da Aula 03.

Tenham uma boa aula!

Boa aula!

Objetivos de aprendizagem

Ao término desta aula, o aluno será capaz de:

- conhecer a sistematização dos registros;
- saber sobre Frei Luca Pacioli;
- entender sobre correntes de pensamento e visão científica.

Seções de estudo

1 - Sistematização dos Registros

Conceito

Segundo Sá (2010, p. 25), o registro das operações comerciais, industriais e públicas caminharam para uma sistematização ampla e somente a partir da Idade Média ofereceram uma organização de maior rigor lógico, ou seja, há pouco mais de um milênio (quando se admitiu que tivesse surgido a prática de sistematizar por correlação de causa e efeito).

Como a escrituração contábil era ensinada na escola de matemática, é muito possível que tal influência, especialmente a que se refere à equação, tenha alimentado a lógica do registro (embora disso não exista prova efetiva, sendo apenas uma hipótese). Isso porque, por analogia, pode-se comparar:

Matematicamente:	**a = b**
Contabilmente:	**débito = crédito**
Logicamente:	**efeito = causa**

Não eram dois fatos que a partida dobrada estava, por evolução, a sugerir que se registrasse, pois um só fenômeno seria registrado, sob dois aspectos: o de seu débito (efeito) e de seu crédito (causa), obrigatoriamente correlatos, afirma Sá (2010, p. 25).

Assim, a inserção do valor sugeria o dobro, embora somente um fato estivesse acontecendo, mas revestido de dois aspectos absolutamente distintos (um valor identificando a causa e o mesmo valor identificando o efeito).

Para Sá (2010, p. 26) seria como mostrar, nos dias atuais, uma só nota de dinheiro, com suas duas faces; o fato do valor estar impresso na frente da nota e também impresso no verso da nota, não significa que o valor é dobrado e sim que existem duas faces a serem observadas, de uma mesma coisa.

Para o raciocínio das partidas dobradas, por exemplo, se uma casa comercial adquire mercadorias e as paga, duas coisas estão ocorrendo: a mercadoria que é o efeito do fenômeno da compra e a saída do dinheiro que é a origem ou recurso (causa) que permite a compra.

Conceito

Segundo Sá (2010, p. 26):

> A partida dobrada se apoia, pois, no princípio da equação, não há dúvida, mas, logicamente, ela representa a explicação de origem e de efeito do fenômeno patrimonial, uma igualdade de valor em causa e efeito de um fenômeno ou acontecimento havido com a riqueza patrimonial.

Como elemento essencial do processo das partidas dobradas, passou-se a exigir, também, um livro "Mestre", com cada folha dedicada a uma conta específica, com alguém de confiança e competente para registrar os débitos e os créditos de cada conta, o denominado, posteriormente de "**razão**". Era um livro que individualizava em cada folha uma conta e sua dinâmica. Posteriormente, outro livro que recebia todos os registros relatados dos acontecimentos, à medida que fossem ocorrendo dia a dia, seria o "**diário**".

Para simplificar o entendimento da utilização do "**razão**", usaremos uma representação gráfica de **conta**, que chamaremos de conta em "T".

Débito	Crédito

Para simplificar o entendimento da utilização do "diário", usaremos uma representação gráfica de Lançamento no Diário.

Data	Lançamento	Débito	Crédito
21/05/199x	D - Conta Debitada	$ Valor	
21/05/199x	C - Conta Creditada		$ Valor
Histórico: O fato ocorrido nesta data, com seus lançamentos a débito e a crédito, bem como seus valores apropriados aqui no Diário e transportados para o Razão.			

Alguns autores também nos relatam que, com o aumento da indústria artesanal, surgiram também novas técnicas de mineração, metalurgia e navegação. O comércio interno e o comércio externo incrementaram mais ainda as técnicas de registro, surgindo como consequência das necessidades da época, o "Livro Caixa", que registrava recebimentos e pagamentos em espécie (dinheiro). Já se utilizavam, de forma rudimentar, o débito e o crédito, provenientes das relações entre direitos e obrigações, e referindo-se, inicialmente, a pessoas.

No século X, apareceram as primeiras corporações na Itália, transformando e fortalecendo a sociedade burguesa da época. No final do século XIII apareceu pela primeira vez a conta "Capital", representando o valor dos recursos injetados nas empresas pela família proprietária.

No início do século XIV já se encontravam registros explicitados de custos comerciais e industriais, nas suas diversas fases: custo de aquisição; custo de transporte; custo de tributos; etc. A escrita já se fazia nos moldes de hoje, registrando-se, separadamente, gastos com matérias-primas, mão-de-obra direta a ser agregada e custos indiretos de fabricação. Os custos eram contabilizados por fases separadamente, até que fossem transferidos ao exercício industrial.

2 - Frei Luca Pacioli

O aparecimento da obra do Frei Luca Pacioli, contemporâneo de Leonardo da Vinci, que viveu em Toscana, no século XV, marca o início da fase moderna da Contabilidade.

Iudícibus (2009 pag.26) descreve que Pacioli escreveu o *Tratactus de Computis et Scripturis* (Contabilidade por Partidas Dobradas), publicado em 1494, enfatizando que a teoria contábil do débito e do crédito corresponde à teoria dos números positivos e negativos.

Débito e Crédito

Pacioli foi matemático, teólogo, contabilista entre outras profissões. Deixou muitas obras, destacando-se a *Summa de Aritmética, Geometria, Proportioniet Proporcionalitá*, impressa em Veneza, em que contém o seu tratado sobre Contabilidade e Escrituração.

Sobre o método das partidas dobradas, Pacioli expôs a terminologia adaptada:
- "PER", mediante o qual se reconhece o devedor;
- "A", pelo qual se reconhece o credor.

Acrescentou ainda que primeiro deve vir o devedor, e depois o credor, prática utilizada até hoje.

A obra de Pacioli marcou o início da fase moderna da Contabilidade, sistematizando-a e também abrindo precedente para que novas obras pudessem ser escritas sobre o assunto por outros autores da época.

Correntes de Pensamentos e Visão Científica

Mais que cumprir uma formalidade informativa, relativa a situações demonstradas, foi preciso buscar o entendimento sobre os fenômenos patrimoniais, visando a uma utilidade competente para explicar as causas do sucesso ou do insucesso na utilização do registro da riqueza.

Desde o início já se sabia que muitas coisas sucederiam sob tais ou quais circunstâncias, e o conhecimento empírico já não fazia muito mais sentido, faltava a percepção sobre as razões ou as relações lógicas que levavam verdadeiramente a determinar um evento, mesmo porque, também não existia um método ou disciplina de raciocínio que permitisse organizar racionalmente as ideias.

Essa determinação e o empenho dos maiores intelectuais do mundo, para tudo observar e tudo reduzir ao racional, ao sistemático, ao organizado mentalmente, foi responsável pelo progresso da qualidade de entendimento da vida e das coisas.

Conceito

Para Sá (2010 pag. 27) realmente de tudo pode se fazer ciência, desde que se disciplinem por sistematizações as relações existentes entre acontecimentos relativos a um objeto determinado, estudado sob uma ótica peculiar e com metodologia específica.

Tudo foi fruto de um amadurecimento no campo da produção conceitual, de sabor teórico, desenvolvida desde o século XVI, que frutificou sob a luz da era positivista, permitindo que a Contabilidade buscasse conhecer a essência do que se derivava das "contas", ou seja, distinguindo o fenômeno registrado do simples registro ou informação sobre o mesmo fato.

No sentido de melhor situar o verdadeiro objeto ou matéria de estudo da Contabilidade, muitas escolas e correntes de pensamentos se estabeleceram, cada uma com seu líder intelectual e com suas características específicas.

Buscou-se avidamente, conforme cita Sá (2010 pag.33), esclarecer que a Contabilidade estava preocupada com a essência da riqueza individualizada e não com a forma de simplesmente registrar e informar, assim como se procurava bem localizar a matéria verdadeira de estudos e seus aspectos predominantes.

Inicia-se, então, outro período marcante da história da ciência contábil, que é o das "**Doutrinas**". Nesse sentido, as correntes doutrinárias seriam muitas e recebiam como denominação o que imaginavam ser a matéria e o objetivo predominante de estudos da Contabilidade.

Algumas doutrinas mais relevantes da época, segundo Sá (2010 pag. 34):

- **Os Contistas** – Imaginavam que a contabilidade deveria dedicar-se ao estudo das contas.
- **Os Personalistas** – Defendiam o estudo dos aspectos de direitos e das obrigações que envolviam os donos da riqueza e tudo o que com esta se relacionasse.
- **Os Controlistas** – Admitiam que o objetivo fosse estudar a matéria sob o ângulo do controle da riqueza e o que de forma correlata com este se relacionasse.
- **Os Aziendalistas** – Admitiam que a instituição, a empresa, são os objetos de nosso estudo e que a Contabilidade nada mais faz que inserir-se em um complexo de matérias que se aplicam ao campo celular social.
- **Os Reditualistas** – Observaram a predominância do lucro como objetivo.
- **Os Patrimonialistas** – Reconheceram que o objeto de estudos da Contabilidade é o patrimônio, enquanto riqueza gerida para cumprir o fim aziendal.
- **Os Neopatrimonialistas** – Admitem que o objeto de estudos seja o patrimônio das células sociais, mas estudado sob a ótica de funções sistemáticas, e estas em relação à eficácia.

Alcançada a maturidade científica, seria natural que os intelectuais da Contabilidade procurassem interpretar, com maior profundidade, a lógica do conhecimento, gerando assim, um "conhecimento do conhecimento", que acabou ensejando uma nova evolução que foi a "Filosofia da Contabilidade".

De início, conforme Sá (2010 pag. 34), tal matéria se inseriu em teorias e trabalhos isolados de diversos autores. Depois, já em estágio constante de evolução, buscou-se enquadrar o conhecimento contábil dentro da lógica, da filosofia das ciências, para consolidar sua natureza de conhecimento superior.

Os diversos autores que estudaram a Contabilidade sob a ótica filosófica, em diversas partes do mundo (França, Itália, Brasil, Colômbia, Argentina, Portugal, etc.) preocuparam-se em raciocinar sobre o "conhecimento do conhecimento contábil", ou seja, buscaram a indagação do porquê das coisas.

De acordo com Sá (2010 pag. 35) tal enquadramento ou tarefa de identificar a Contabilidade sob a ótica filosófica implicou determinar:

a. natureza do conhecimento (forma de identificar os acontecimentos);

b. natureza do fenômeno ou objeto de estudos (identificação real da matéria que se estuda);

c. finalidade do conhecimento (para que se estuda e onde se aplica o conhecimento contábil);

d. métodos de estudos (maneira de raciocinar escolhida para a Contabilidade);

e. relações lógicas do fenômeno (o que acontece para que o fenômeno patrimonial possa ser formado e o que influi para isto);

f. lógica conceptual (como dar nome aos fenômenos da riqueza individualizada e como raciocinar para encontrar um nome adequado);

g. lógica das proposições (como usar os conceitos para enunciar verdades sobre o comportamento do patrimônio individualizado ou aziendal);

h. bases da estruturação teórica (como reunir as proposições para conseguir estudar e desenvolver matéria do conhecimento contábil);

i. classificação científica (no campo científico onde melhor se enquadra a Contabilidade);

j. sistematização dos fenômenos e análise sistemática (qual a ótica organizacional, racional e de correlação entre os componentes do patrimônio de acordo com as diversas finalidades do uso da riqueza);

k. correlações do conhecimento (como estabelecer o uso de conhecimentos de outras disciplinas, mantendo a autonomia científica da Contabilidade).

Conceito

Segundo Sá (2010 pag. 38) a classificação de um conhecimento, todavia, dentro das exigências modernas da Lógica das Ciências requer a existência de outros requisitos, e a Contabilidade supre e cumpre todos os requisitos convencionais da lógica para identificar-se como uma ciência.

Admitir a Contabilidade como ciência não é uma questão de opinião isolada de alguns homens, mas de uma objetiva forma racional de comparar tal classificação com as demais que se procedem no campo das demais ciências.

A cada exigência da Lógica das Ciências responde a Contabilidade com concretas e objetivas argumentações de enquadramento, ou seja, não há como se duvidar da natureza científica de nosso conhecimento, sob pena de se negar a Epistemologia como guia para as classificações de tal natureza.

O conhecimento científico exige universalidade, ou seja, o saber explicar sob que condições e como as coisas acontecem em qualquer lugar, a qualquer hora, sempre da mesma forma.

A Contabilidade, segundo Sá (2010 pag. 38), é ciência porque preenche todos os requisitos que classificam um conhecimento como tal, assim tendo sido reconhecida, pelas mais eminentes Academias, intelectualidades notáveis e grandes gênios da humanidade. **Não se trata de subjetividade, mas de objetividade**.

Retomando a aula

Parece que estamos indo bem. Então, para encerrar esse tópico, vamos recordar:

1 – Sistematização dos Registros

Segundo Sá (2010 pag. 25), o registro das operações comerciais, industriais e públicas caminhara para uma sistematização ampla e somente a partir da Idade Média ofereceram uma organização de maior rigor lógico, ou seja, há pouco mais de um milênio (quando se admite que tenha surgido a prática de sistematizar por correlação de causa e efeito).

2 – Frei Luca Pacioli

O aparecimento da obra do Frei Luca Pacioli, contemporâneo de Leonardo da Vinci, que viveu em Toscana, no século XV, marca o início da fase moderna da Contabilidade.

Iudícibus (2009 pag. 26) descreve que Pacioli escreveu o Tractactus de Computis et Scripturis (Contabilidade por Partidas Dobradas), publicado em 1494, enfatizando que a teoria contábil do débito e do crédito corresponde à teoria dos números positivos e negativos.

Vale a pena

Vale a pena ler,

IUDÍCIBUS, S. de. *Teoria da contabilidade*. São Paulo: Atlas, 2009.
SÁ, A. L. de. *Teoria da Contabilidade*. São Paulo: Atlas, 2010.

Vale a pena **acessar,**

http://www.portaldecontabilidade.com.br/tematicas/historia.htm

http://arlencontabeis.blogspot.com.br/2010_02_01_archive.html

http://pt.scribd.com/doc/53386100/A-evolucao-da-contabilidade-no-Brasil-e-no-mundo

http://pt.scribd.com/doc/62987719/Contabilidade-Geral-capitulo-1

Obs.: Se ao final desta aula tiverem duvidas, vocês poderão saná-las através das ferramentas "fórum" ou "quadro de avisos" e "chat". Ou ainda poderão enviar para o **e-mail areal@unigran.br**.

Minhas anotações

4º Aula

Conhecimento Contábil na Atualidade

Caros alunos, iniciaremos nossos estudos da aula 04 sobre Conhecimento Contábil na Atualidade, por meio da qual entenderemos os conceitos e sua origem.

Depois de estudar os conceitos desta aula, você conseguirá entender a definição da Contabilidade, entender os diversos ramos que a profissão contábil pode atingir e ainda conhecer sobre o ensino de Contabilidade no Brasil.

Esse material foi preparado para que você não tenha dificuldades de entender os assuntos referente à teoria da contabilidade, caso tenha dúvidas sobre os assuntos no decorrer desse estudo, anote , acesse a plataforma e utilize as ferramentas "quadro de avisos" ou "fórum" para interagir com seus colegas de curso e com seu professor. Sua participação é muito importante e estamos preparados para tirar as dúvidas que venham a surgir.

É muito importante que leia e posicione-se criticamente em relação aos objetivos de aprendizagem e as Seções de estudo da Aula 04.

Tenham uma boa aula!

Boa aula!

Objetivos de aprendizagem

Ao término desta aula, o aluno será capaz de:

- saber o conceito e a definição de Contabilidade;
- entender os diversos ramos aplicados da Contabilidade;
- saber que é o usuário da informação contábil;
- saber sobre os desafios teóricos diante dos modelos de eficácia;
- conhecer o ensino da Contabilidade no Brasil;
- saber das perspectivas da profissão no Brasil

1 - Conceito e definição de Contabilidade
2 - Ensino da Contabilidade no Brasil

1 - Conceito e definição de contabilidade

Segundo Sá (2010 pag. 45), definir o que é Contabilidade implica ordenar ideias por meio de uma proposição que estabeleça o limite de algo que se pretende dar a conhecer ou explicar.

Requisitos de uma boa definição são:

1. lógica do enunciado;
2. universalidade ou abrangência completa do objeto que se define;
3. clareza;
4. busca de uma síntese;
5. adequação aos limites da ideia.

Diversos e eminentes autores buscaram sempre tal objetivo, mas nem todos dentro dessa lógica. Por isso, as definições de Contabilidade, ao longo dos anos, sofreram alterações, de acordo com a ótica dos intelectuais que as apresentaram.

Pretendendo manifestar o que entendiam ser a Contabilidade, de que ela tratava, o que poderia abranger, muitos escritores e mestres emitiriam definições e conceitos. A comparação entre esses entendimentos referidos mostra algumas divergências de ponto de vista.

Alguns apresentaram a Contabilidade sob ângulo empírico, observando o conhecimento apenas da tecnologia, da escrituração, mas outros entenderam o valor científico, enquanto ainda outros mesclaram essas coisas de forma híbrida.

Envolveram a Contabilidade, ora com subordinação, ora com até confusão, com os conceitos de informação, controle, relações de direito, economia, administração, contas, registros, etc.

No Brasil e em outras partes do mundo, o assunto situou-se em duas posições básicas: a científica e a empírico-pragmática e dentro dessas em emaranhados conceptuais diversos.

Nesse sentido, a corrente científica oferece maiores campos e mais elevados propósitos, sendo, pela abrangência, por seus aspectos modernos, a que mais condizente se faz para uma definição.

Parece-me, pois, adequado definir a Contabilidade da seguinte forma:

Contabilidade é a ciência que estuda os fenômenos patrimoniais, preocupando-se com realidades, evidências e comportamentos dos mesmos, em relação à eficácia funcional das células sociais.

Cientificamente o estudo visa conhecer as relações que existem entre os fenômenos patrimoniais observados e busca conhecer como tais relações se estabelecem; busca ainda, analisar para produzir explicações sobre os acontecimentos havidos com a riqueza; visa conhecer verdades que sejam válidas para todos os lugares, em qualquer que seja a época, em quaisquer empresas ou instituições.

Tecnologicamente, como foi visto, a Contabilidade preocupa-se com registros, demonstrações, revisão, apurações de resultados, de custos etc., ou seja, compromete-se com a informação e com a adequação de evidências numéricas de fatos patrimoniais.

Diversos ramos aplicados da contabilidade

O campo de aplicação da contabilidade é bastante amplo, abrangendo todas as entidades físicas ou jurídicas, com ou sem fins lucrativos, que exerçam atividade econômica visando atingir determinada finalidade.

Segundo a NBC T1 – Das Características da Informação contábil, a Contabilidade, em sua condição de ciência social, cujo objetivo é o patrimônio, busca, por meio da apreensão, da quantificação, da classificação, do registro, da eventual sumarização, da demonstração, da análise e relato das mutações sofridas pelo patrimônio da entidade particularizada, a geração de informações quantitativas e quantitativas sobre ele, expressas tanto em termos físicos quanto monetários.

A informação contábil se expressa por diferentes meios, como demonstrações contábeis, escrituração ou registros permanentes e sistemáticos, documentos, livros, planilhas, listagens, notas explicativas, mapas, pareceres, laudos, diagnósticos, prognósticos, descrições críticas ou qualquer outro utilizado no exercício profissional ou previsto em legislação.

Usuário da informação contábil

Os Princípios Fundamentais de Contabilidade, os usuários da informação contábil tanto podem ser internos como externos, com interesses diversificados. Dessa forma, as informações geradas pela entidade devem ser amplas e fidedignas, suficientes para a avaliação de sua situação patrimonial e das mutações sofridas por seu patrimônio, permitindo a realização de inferência sobre seu futuro:

1. Acionistas, sócios ou quotistas: interessam-se pela rentabilidade, segurança de seus investimentos e nível de endividamento.

2. Diretores, administradores e executivos em geral: utilizam a informação contábil como instrumento de gestão, com vistas à tomada de decisões.

3. Instituições financeiras, fornecedores externos: por meio da informação contábil, avaliam o risco do recebimento de seus créditos.

4. Governo: além da tributação, as informações contábeis são um instrumento de acompanhamento e avaliação para seus agentes (fiscalização) e auxiliam o planejamento da política econômica.

5. Órgãos de classe: preocupam-se com a contabilidade do ponto de vista social.

6. Sociedade em geral: controle do patrimônio individual e evidenciação das políticas públicas.

Teorias científicas contábeis na atualidade

A ciência é um conjunto de teorias, e a Contabilidade possui muitas delas, evidenciadas em sua história, mas enriquecidas, no presente, por notáveis esforços para a formação de um sólido corpo de doutrina.

O grande desenvolvimento teórico em Contabilidade acelerou-se nos últimos 200 anos, em diversas partes do mundo, embora, ainda, e até hoje, o pragmatismo, o empirismo, continue a possuir seus defensores.

Os trabalhos, todavia, a partir da década de 40, do século XX é que parecem ter alcançado maiores níveis e maiores acelerações, para se conseguirem progressos sempre crescentes.

As teorias modernas preocuparam-se, basicamente, com a homogeneidade de valores, circulação patrimonial, e a minha, com as sete funções sistemáticas (como será descrito em capítulo especial desta obra) dos meios patrimoniais.

Modernamente, há interesse particular pela matéria científica, não obstante a literatura empírica continue ainda a ser amplamente difundida (especialmente pela corrente dos anglo-saxões e a de seus adeptos). Nesse sentido, a corrente científica inspira-se na lógica, na filosofia da ciência, na busca pela verdade competente para ter universalidade de entendimento e verificação.

Já a corrente empírica baseia-se no estudo de casos ocorridos em algumas empresas, em alguns países, na conveniência de grupos, no consenso de cartéis e entidades profissionais.

Na atualidade, é expressivo o número de professores e escritores que defende a corrente científica, e o Conselho Federal de Contabilidade a homologou em Resolução Oficial.

Desafios teóricos diante dos modelos de eficácia

A aplicação do conhecimento da Contabilidade para ajudar a governar os negócios, as instituições, tem sido uma das preocupações da modernidade.

Não podemos negar que as escritas contábeis, na Antiguidade, tenham tido o objetivo de orientar os administradores.

Assim, o estudo do que ocorria nos patrimônios, na Antiguidade, eram empíricos, mas não deixavam de ser feitos. Nesse sentido, muitos esforços empíricos, também, continuam sendo ainda feitos sobre a questão, sendo a literatura da dita Contabilidade Gerencial, Contabilidade Administrativa, Contabilidade para Decisões, Contabilidade Diretiva (esses conceitos têm sido empregados como equivalente) deveras ampla e proveitosa, embora nem toda sempre com metodologia científica.

A busca de modelos, de guias para uma administração racional, por meio da orientação contábil, tem sido um dos grandes e utilíssimos objetivos da modernidade. Nesse âmbito, é importante destacar que o modelo contábil é uma construção lógica competente para orientar como um fenômeno deve apresentar-se ou como um conjunto deles pode comportar-se.

O maior desafio na questão dos modelos contábeis para a eficácia tem sido ainda os conflitos de metodologias e que têm impedido uniformidade de tratamento, pois sendo um critério de conduta de pensamento o de "casos", ou empírico, e outro o de embasamento "teórico", ou científico, conclusões diferentes também têm sido encontradas.

Os modelos empíricos partem daquilo que se experimentou em determinada empresa que teve sucesso na mesma, já os modelos teóricos partem de enunciados lógicos e que se sustentam em teorias científicas, inclusive em bases matemáticas.

O grande desafio, pois, dos modelos contábeis está no conflito entre aqueles que se deriva de experiências fundamentadas em realidades isoladas e que não possuem o caráter da abrangência e da generalidade e os que se apoiam em bases teóricas científicas.

A teoria da Contabilidade, pois, é que têm condições de oferecer bases de conhecimento para a produção de modelos racionais de eficácia, competentes para serem aplicados a qualquer tempo e em qualquer lugar, produzindo sempre os mesmos efeitos em quaisquer células sociais.

Desafios para a harmonização normativa

Na atualidade, a falta de harmonia das normas contábeis é uma realidade e um desafio. Sobre isso, já nos referimos ao fato de que um mesmo demonstrativo, de uma mesma data, de uma empresa, possa apresentar lucro em um país e prejuízo em outro.

Tal ocorrência compromete a qualidade do trabalho contábil, mas tem como origem as influências externas provenientes das leis governamentais e da interferência de grupos de interesses diversos, principalmente econômicos e de seus agentes diretos ou indiretos.

O desafio da atualidade é buscar a harmonização e para isso estão sendo feitos esforços de diversas naturezas, embora alguns, entendo, eivados dos mesmos defeitos de origem, ou seja, de tudo se resolver por consensos de grupos fechados, ainda que sob a aparência de liberdade de ideias.

O que se tem proclamado como Princípios de Contabilidade são apenas guias de registrar e demonstrar, sob aspectos que nem sempre estão coerentes com a doutrina, com a lógica científica da Contabilidade.

Uma coisa é o princípio científico e outra pode ser o Princípio normativo, para cumprir formalidades.

O princípio científico é da essência do objeto de estudos e o normativo é da forma ou aparência que se deseja dar ao processo informativo. No que tange à harmonização normativa, já existem trabalhos de grande valor produzidos em diversas partes do mundo; primeiro buscando conhecer que normas existem em cada lugar, em cada país e, depois, buscando pontos de coincidências e coerência (que nem sempre, entendo, haverão de coincidir, enquanto não se uniformizarem as políticas econômicas, aquelas condutas relativas à moral e à ética, tudo no âmbito governamental, assim como não se eliminarem os fatores que são nocivos à falsidade normativa).

A solução de tal desafio de harmonização parece-me ainda longínqua. Apesar do domínio anglo-saxão, da pressão que exerce para impor seu modelo, outras forças se levantam no cenário mundial (como o grupo asiático).

2 - Ensino da Contabilidade no Brasil

Nas instituições de ensino superior brasileiras observam-se basicamente duas metodologias distintas aplicadas ao ensino da Contabilidade.

A primeira com base na escola italiana foi durante muitos anos a força máxima da expressão contábil no Brasil. Tamanha foi sua difusão que, assim como na Itália, aqui se travavam discussões acaloradas acerca das diversas correntes de pensamento contábil que formavam a escola italiana.

Com a instalação de multinacionais norte-americanas e inglesas no Brasil, uma nova escola de pensamentos contábil começou a se difundir: a escola norte-americana. Paralelamente à instalação das indústrias, instalavam-se também as empresas de auditoria, que influenciaram decisivamente na adoção da metodologia americana de contabilidade, uma vez que os profissionais formados com base na escola italiana já não atendiam às exigências dessas empresas.

Considerada mais tarde como inadequada e desmotivadora, a escola italiana cedeu terreno para a escola norte-americana, cujo método de ensinar e evidenciar a contabilidade foi considerado por alguns pesquisadores mais adequado e atraente.

A metodologia preconizada pela escola italiana, que ainda hoje predomina em alguns cursos de Ciências Contábeis no Brasil, toma como base definições introdutórias de Contabilidade, a apresentação, de início, da teoria do débito e crédito, para em seguida justificar esses procedimentos, ou seja, a escola italiana parte do pressuposto de que primeiramente surgem os fatos e estes necessitam ser escriturados, o que é feito através de lançamentos, e após a organização desses lançamentos em ordem cronológica, (escrituração) é que se elaboram os balancetes e outras demonstrações da estática e da dinâmica patrimonial.

O que torna a escola italiana desmotivadora é que se os alunos não entendem a teoria do débito e do crédito nos primeiros meses de aula, terão dificuldades de acompanhar o curso até o final.

Na década de 80, a metodologia contábil com base na escola norte-americana ganhou um impulso muito grande no Brasil, tendo à frente a equipe de professores da FEA/ USP, que elaborou, inclusive, o livro Contabilidade Introdutória, que se tornou o livro básico adotado na maioria dos cursos de Ciência Contábeis do país.

Contudo, a metodologia contábil norte-americana não vem sendo seguida a contento pelos professores dos cursos de Ciências Contábeis. Muitos deles têm abordado de forma muito simplista as demonstrações, passando, em seguida, para os lançamentos contábeis. Com isso, os alunos não têm condições de assimilar nem as demonstrações, nem os lançamentos, pois um volume muito grande de informações é dado num espaço de tempo muito curto (as demonstrações e os lançamentos são ensinados no início do curso), fazendo com que o aprendizado seja muito pequeno e o aluno fique desmotivado com a disciplina.

"Os americanos foram aqueles que, até hoje, melhor souberam resolver o problema da educação contabilística. Todas as Universidades americanas ministram os diversos graus universitários (Bachelar, Máster e Doctor) e muitos são as que possuem centros de investigação contabilística."

No Brasil, assim como em outros países, a necessidade de determinados profissionais sempre esteve associada ao desenvolvimento econômico. Neste particular, um dos aspectos que merece o destaque é a grande semelhança entre o desenvolvimento da profissão nos Estados Unidos e no Brasil. Entretanto, pelo fato de o Brasil não ter experimentado o mesmo grau de desenvolvimento econômico que floresceu naquele país, e de não haver um entrosamento entre o desenvolvimento da profissão e o ensino superior, a profissão contábil no Brasil passou a apresentar vários problemas.

Se atentarmos para as datas em que ocorreram mudanças, poderemos verificar que enquanto nos Estados Unidos essas mudanças se processaram num espaço de tempo de,

aproximadamente 30 anos, e foram sempre acompanhadas de mudanças dos currículos universitários, já que os exames de suficiência exigem atualização profissional, no Brasil, em apenas quatro anos- de 1972 a 1976- ocorreram todas essas mudanças sem que fosse possível, pelo curto espaço de tempo, modificar a estrutura curricular de nossas faculdades, tampouco reciclar os profissionais dando-lhes os requisitos técnicos que passaram a ser exigidos pelo mercado de trabalho.

Talvez esses fatores justifiquem a dificuldade que enfrenta a Contabilidade brasileira para se firmar como área de conhecimento capaz de atender plenamente seus objetivos.

Cabe lembrar ainda que no Brasil, em decorrência de inúmeros fatores que impactaram a formação da sociedade brasileira, o usuário da Contabilidade não tem as mesmas características dos usuários dos países mais evoluídos. Aqui, normalmente, é o Contador quem deve mostrar ao empresário (principalmente ao pequeno) como a Contabilidade pode ajudá-lo na tomada de decisões e no planejamento de seus negócios, enquanto que nas economias mais avançadas, via de regra, ao contratar um contador, o empresário já tem em mente que informação necessita da Contabilidade, quando necessita e em que quantidade.

Perspectivas da Profissão Contábil no Brasil

Pode-se dizer que ainda estamos no início de uma era em que a profissão contábil terá seu reconhecimento, visto que a globalização da economia, provocando o acirramento da competitividade internacional, passa a requerer profissionais altamente qualificados para o atendimento das necessidades empresariais, e esse será o fator decisivo para a alavancagem da profissão contábil.

Atualmente, o número de bons profissionais de Contabilidade tem se mostrado insuficiente para atender a demanda de um mercado em crescente expansão, e as instituições de ensino não estão conseguindo preparar os novos profissionais com a qualidade requerida pelo mercado de trabalho.

Na verdade, faltam as condições adequadas para a formação desses profissionais, além disso, faltam materiais didáticos de boa qualidade, professores, condições para pesquisa, etc.

Em decorrência desse mercado em constante expansão e das dificuldades para a formação de profissionais de bom nível, é preciso que os órgãos de classe, as associações, os sindicatos, o governo, etc. atentem para a necessidade de investimentos na formação do profissional da área contábil, visto sua importância para o desenvolvimento das organizações e da sociedade.

Retomando a aula

Parece que estamos indo bem. Então, para encerrar esse tópico, vamos recordar:

1 - Conceito e definição de Contabilidade

As definições de Contabilidade, ao longo dos anos, sofreram alterações, de acordo com a ótica dos intelectuais que as apresentaram.

Pretendendo manifestar o que entendiam a ser Contabilidade, de que ela tratava, o que poderia abranger muitos escritores e mestres emitiria definições e conceitos, a comparação entre esses entendimentos referidos, mostra algumas divergências de ponto de vista.

O campo de aplicação da contabilidade é bastante amplo, abrangendo todas as entidades físicas ou jurídicas, com ou sem fins lucrativos, que exerçam atividade econômica visando atingir determinada finalidade.

2 – Ensino da Contabilidade no Brasil

No Brasil, assim como em outros países, a necessidade de determinados profissionais sempre esteve associada ao desenvolvimento econômico. Neste particular, um dos aspectos que merece o destaque é a grande semelhança entre o desenvolvimento da profissão nos Estados Unidos e no Brasil. Entretanto, pelo fato de o Brasil não ter experimentado o mesmo grau de desenvolvimento econômico que floresceu naquele país, e de não haver um entrosamento entre o desenvolvimento da profissão e o ensino superior, a profissão contábil no Brasil passou a apresentar vários problemas.

Vale a pena

Vale a pena ler,

IUDÍCIBUS, S. de. *Teoria da contabilidade*. São Paulo: Atlas, 2009.

SÁ, A. L. de. *Teoria da Contabilidade*. São Paulo: Atlas, 2010.

Vale a pena acessar,

http://www.portaldecontabilidade.com.br/tematicas/historia.htm

http://arlencontabeis.blogspot.com.br/2010_02_01_archive.html

http://pt.scribd.com/doc/53386100/A-evolucao-da-contabilidade-no-Brasil-e-no-mundo

http://pt.scribd.com/doc/62987719/Contabilidade-Geral-capitulo-1

http://www.e.fernando.cse.prof.ufsc.br/tema%206-a%20influencia%20do%20laudo%20pericial.pdf

Obs.: Se ao final desta aula tiverem duvidas, vocês poderão saná-las através das ferramentas "fórum" ou "quadro de avisos" e "chat". Ou ainda poderão enviar para o **e-mail areal@unigran.br**.

Minhas anotações

Aula 5º

Objeto científico do conhecimento contábil

Olá, estamos iniciando a aula 05, onde estudaremos os conceitos sobre a riqueza patrimonial, bem como o conhecimento dos aspectos quantitativos do capital das empresas e ainda o entendimento sobre o patrimônio das empresas e capital.

Este material foi preparado para que você não tenha dificuldades de entender os assuntos referentes à teoria da Contabilidade, caso tenha dúvidas sobre os assuntos no decorrer desse estudo, anote, acesse a plataforma e utilize as ferramentas "quadro de avisos" ou "fórum" para interagir com seus colegas de curso e com seu professor. Sua participação é muito importante e estamos preparados para tirar as dúvidas que venham a surgir.

É muito importante que leia e posicione-se criticamente em relação aos objetivos de aprendizagem e as Seções de estudo da Aula 05.

Tenham uma boa aula!

Boa aula!

Objetivos de aprendizagem

Ao término desta aula, o aluno será capaz de:

- saber sobre riqueza patrimonial: definições e aspectos básicos;
- saber sobre os aspectos quantitativos do capital das empresas;
- conhecer os valores de terceiros no patrimônio;
- perda do patrimônio líquido e desequilíbrios estruturais;
- conhecer as origens e aplicações patrimoniais: aspecto qualitativo do patrimônio;
- conhecer o capital e patrimônio: diferenças conceituais.

Vamos falar sobre os objetivos científico do conhecimento contábil?

1 - Objetivo científico do conhecimento contábil

Riqueza patrimonial: definições e aspectos básicos

Muitas definições foram feitas para o Patrimônio, cada uma de acordo com a ótica dos intelectuais que se dedicaram a observá-lo. Assim, por exemplo, os que consideravam a riqueza sob o prisma das relações de direitos definiriam o patrimônio como um conjunto de direitos e de obrigações.

Os que a estudaram sob outros aspectos, também, ofereceram suas particulares definições, pois tal riqueza apresenta meios de ser analisada sob diversos ângulos. Em sentido geral para Sá (2010 pag.59), sem caracterizar outros aspectos de observação, mas exclusivamente o essencial, este reconhece que, para a Contabilidade, o patrimônio, essencialmente, é um conjunto impessoal de meios e recursos materiais e imateriais, existente em determinado momento, visando á satisfação das necessidades da atividade de uma célula social.

Sob o mesmo aspecto essencial, que Masi denominou "aspecto qualitativo", ofereceu o mestre a definição de patrimônio com uma "coordenação de bens, créditos, débitos e dotações ou recursos que se acham à disposição de uma azienda em determinado momento.

Como todos os bens podem ser medidos ou simbolicamente traduzidos em valor, outro ângulo existe a considerar e que é o do "aspecto quantitativo".

Segundo Sá (2010 pag. 60),

> "Quantitativamente, formalmente, o patrimônio é um fundo de valores, em um dado momento existente, visando á satisfação das necessidades da atividade de uma célula sócia".

Podemos, pois, como básicas, apresentar duas definições de patrimônio: a qualitativa e a quantitativa, ou seja, a essencial e a formal.

Nessas definições distinguem-se dois aspectos: 1) o dos "elementos do patrimônio" (qualitativo) e 2) o das "expressões numéricas dos elementos com a atribuição de valores, como "medidas" (quantitativo).

Isso porque o valor não é a própria coisa de que se constitui a riqueza, mas a representação simbólica da mesma, através de uma quantificação que visa a homogeneizar tantas coisas diferentes de que se compõe uma riqueza (terras, prédios, máquinas, veículos, mercadorias, contas a receber, cheques, dinheiro etc.).

Se expressamos por $ 40.000,00 o valor de um automóvel, podemos depois expressar por $ 80.000,00, se fizermos um novo ajuste de tal valor, mas sempre existirá um só automóvel, embora o valor tenha dobrado.

Automóvel e valor de um automóvel são elementos distintos, embora o valor esteja a representar, no exemplo, a coisa material que é o veículo.

> Tudo isso justifica a necessidade de observar sob dois aspectos: o qualitativo – essencial – que é a consideração do elemento patrimonial e o quantitativo – formal – que é a representação por meio do valor.

Capital e patrimônio: diferenças conceituais

Um patrimônio pode satisfazer a necessidades de naturezas diferentes, por isso, é possível constituir e movimentar a riqueza com o fim de suprir necessidades ideais, pessoais ou não. Esse é o caso, por exemplo, de um clube literário, de uma Santa Casa de Misericórdia, de um Grêmio Acadêmico, etc.

A riqueza, nesse caso, é uma substância que tem necessidades próprias e conserva sua denominação de patrimônio, por isso, dizemos "patrimônio da Prefeitura", "patrimônio do Cruzeiro Esporte Clube", "patrimônio do Palmeiras", "patrimônio da Academia Brasileira de Ciências Contábeis" etc.

Se, todavia, o que buscamos é obter mais capital, através do lucro para enriquecer, nesse caso o patrimônio ganha o nome de "capital". Assim, referimo-nos, pois, ao "capital da Empresa de Transporte Atlas", "capital do Banco do Brasil", "capital da Fiat Automóveis", etc.

Portanto, capital é o patrimônio das empresas, isso é o que se tem tradicionalmente empregado na terminologia da Contabilidade.

O termo patrimônio é usado de forma genérica para indicar toda e qualquer riqueza, mas, quando se aplica para a obtenção do lucro, ganha o nome de capital.

Conserva, todavia, a denominação de patrimônio quando se aplica particularmente à satisfação de necessidades não lucrativas.

Quando dizemos que a Contabilidade é a ciência do patrimônio, não excluímos o capital, pois, este é o mesmo patrimônio, apenas com uma aplicação definida por estar volvido ao lucro.

Portanto, em nossa terminologia, aplicamos a expressão patrimônio para dois fins: o geral científico e o das instituições não lucrativas. Consequentemente, capital é o mesmo que patrimônio, apenas, nesse caso, com a específica destinação, de ser um patrimônio que busca o lucro.

> Que Capital é o patrimônio aplicado para a exclusiva obtenção do lucro, ou seja, para ser sempre aumentado através da aplicação.

Portanto, quando Coffy, em 1836, afirmou ser a Contabilidade a ciência do capital, estava, também, afirmando ser ela a ciência do patrimônio.

Origens e aplicações patrimoniais: aspecto qualitativo do patrimônio

O patrimônio origina-se de fontes que criam o mesmo, representando sua contra-substância, ou seja, os financiamentos, suportes próprios, dotações e resultados que dão condições para que possa existir a riqueza.

Tais fontes são as que dão oportunidade, também, de formar a substância, ou seja, são causas da existência do que poderíamos dizer também "corpo da riqueza". Assim, as fontes do patrimônio ou contra-substância são diversas, mas, basicamente, provenientes da própria célula ou de ajuda de terceiros ou outras pessoas que cedem os recursos.

Nesse sentido, as aplicações que formam a substância patrimonial também são diversas, mas, basicamente, em coisas destinadas a serem usadas ou negociadas para alimentarem a atividade.

Por isso, dizemos que a riqueza é um vasto "complexo", um verdadeiro "universo" de recursos e também de "elementos resultantes desses mesmos recursos" (como é o caso dos lucros) que formam, do aspecto qualitativo, a "substância patrimonial".

> A Contabilidade, ao estudar o patrimônio, analisa essencial ou qualitativamente esses dois ângulos importantes: o das causas ou fontes da riqueza e o dos efeitos ou investimentos em muitas coisas que fazem necessárias.

O objeto de estudos da ciência contábil é esse agregado de causas e de efeitos (contra-substância e substância) que são muitos.

O quadro que segue sintetiza tais aspectos, dentro de uma nomenclatura bem didática, que nos apresenta esse universo de elementos. De um lado estão as causas e de outro os efeitos, mas em toda a singeleza de apresentação, pois, na prática, um sem número de outros elementos compõe tal classificação.

Patrimônio Qualitativo			
Causa		Efeito	
Contra – substância patrimonial		Substância patrimonial	
Recursos próprios	Recursos que outras pessoas fornecem	Meios para utilização	Meios de alimentação da atividade

Quadro – Livro Teoria da Contabilidade – Antonio Lopes de Sá – 5º edição – pagina 62.

Os recursos próprios (de permanência) são os naturais elementos que entram para ficar dentro da célula, ou seja, os que a ela chegam pelas mãos dos que constituíram a azienda (associados, provedores) e, também, os derivados pelos lucros que foram conseguidos e que permanecem sem ser distribuídos.

Os recursos de terceiros provêm de: (1) fornecimento de mercadorias, dinheiro e outros meios; (2) doações; (3) empréstimos em dinheiro ou em coisas etc. Assim, a substância destinada a ser usada constitui-se de imobilizações, como prédios, máquinas, veículos etc. e daquela que se destina a alimentar a circulação dos negócios ou atividades, como materiais de produção, mercadorias, títulos cambiais, etc.

Essa é uma forma singela de observar a estrutura do aspecto qualitativo, mas competente para oferecer uma ideia geral do patrimônio como substância, originando de sua contra-substância.

2 - Ativo, passivo e patrimônio líquido: aspecto quantitativo do patrimônio

Se traduzirmos em valores ou expressões monetários o patrimônio, obtemos o aspecto quantitativo do mesmo.

Nesse caso, atribuem-se ao que se denominou qualitativamente de contra-substância duas novas denominações: Passivo para aquela que representa o valor das dívidas ou riqueza de terceiros, e Patrimônio Líquido, para a que representa o que é patrimônio próprio da célula social.

Podemos, pois dizer que:

> Passivo é a expressão quantitativa do patrimônio que representa a riqueza de terceiros que serviu de fonte para a formação da substância patrimonial.

> Patrimônio Líquido é a expressão quantitativa do patrimônio que representa a riqueza própria da célula social que serviu de fonte para a formação da substância patrimonial.

> Por natureza, o patrimônio líquido é um conjunto de valores não circulantes que representam a contribuição dos sócios para a formação dos recursos próprios do capital.

Existem intelectuais da Contabilidade que por coerência do que se demonstra qualitativamente só admitem dois posicionamentos ou aspectos quantitativos: Ativo e Passivo; tradicionalmente, também, adota-se a divisão do Passivo nos dois grandes grupos que foram definidos, podendo-se chamar de Passivo Exigível (dívidas) e Passivo *Não Exigível* (capital próprio) como, antes a lei brasileira determinava, com muito maior propriedade que a atual.

Singelamente podemos, também, dizer que o Passivo representa os financiamentos, ou seja, a fonte de recursos que permitiu a existência das aplicações que geraram a substância patrimonial.

Todos esses conceitos, utilizáveis por diversos autores e leis, são terminologias que variam de acordo com a ótica de observação dos intelectuais e profissionais que as empregam.

No campo internacional, encontramos o emprego de tais conceitos de forma diferenciada, não havendo um padrão geral (não obstante a pressão estadunidense para que tudo siga o que naquele país se adota, embora o Senado da Nação tenha julgado o sistema contábil ali empregado como de má qualidade).

> O Ativo, quantitativamente, representa a substância traduzida em valores, ou seja, o conjunto de meios patrimoniais a serem utilizados para a satisfação das necessidades patrimoniais mensuradas homogeneamente, quase sempre em moeda.

Patrimôno Qualitativo	
Efeito	Causa
Ativo (investimento)	Passivo (financiamentos)
1- valores em dinheiro	1- valor de dívidas por compras
2- valores de crétido a receber	2- valor de dívida por empréstimos contraídos
3- valores de bens de nogócio ou da atividade	3- valor de dívida ao poder público
4- valores aplicados fora da célula	4- valor de dívidas a empregados
5- valores dos bens de uso	5- valor de outras dívidas
6- outros valores	Patrimônio Líquido
	1- valor próprio da célula ou aporte de seus constituidores ou associados
	2- provisões ou lucros
	3- acumulados
	4- reservas e fundos

Quadro – Livro Teoria da Contabilidade – Antonio Lopes de Sá – 5º edição – pagina 64.

Também podemos dizer que o Ativo representa, em

valores, os Investimentos de uma célula social; a expressão investimentos, nesse caso, utiliza-se em seu sentido amplo, genérico, de toda aplicação de recursos para formar a substância patrimonial. Da mesma forma, podemos dizer que o Passivo representa, em valores, os Financiamentos que ensejaram a existência da Substância Patrimonial.

No quadro, descrevemos alguns grupos de valores, ou seja, aqueles básicos que estruturam Ativo, Passivo e Patrimônio Líquido. Tais formas de observar produziram uma equação clássica em que o Ativo (A), em valores, é igual ao Passivo (P) somado ao Patrimônio Líquido (PL).

$$A = (P + PL)$$

Obviamente, esta é uma situação normal, em que existe o Patrimônio Líquido, mas ele pode ser perdido, quando as dívidas se elevam muito e as perdas acabam por consumir o mesmo.

Nesse caso, a equação tomaria uma forma na qual ocorreria a figura de um Passivo a descoberto (como denominaram alguns autores) e figuraria no Ativo (como efeito do desequilíbrio),

Nessa fórmula, de ruína da empresa, quando esta perdeu seus recursos próprios, a situação líquida seria negativa.

Perda do patrimônio líquido e desequilíbrios estruturais

Uma célula social pode perder seu patrimônio líquido, como vimos, embora conserve o patrimônio; nessas condições, tem substância, mas, toda ela está empenhada com responsabilidades de pagamentos a terceiros.

A equação, nessa hipótese, evidenciaria uma situação líquida (SL) que representaria a parte a descoberta dos recursos próprios, ou seja, aquela que se perdeu:

$$A = P$$
Ou, então
$$A + SL = P$$

Isso significa que um patrimônio mesmo sem recursos próprios continua existindo, mas, na maioria desses casos, ele está próximo de uma liquidação ou extinção, a menos que socorrido com ingresso de recursos de novos sócios de capital.

São comuns os desequilíbrios ocorridos em decorrência de perda de patrimônio líquido.'

Um patrimônio, pois, pode estar composto só de valores de terceiros, mas esta não é uma situação que possa ser considerada normal.

Não se devem, pois, confundir os conceitos de Patrimônio Líquido com o de Patrimônio.

Valores de terceiros no patrimônio

É comum, também, a existência de valores de terceiros na constituição da riqueza, mesmo sem que ocorram desequilíbrios. Eles se constituem de coisas que são de outras pessoas, mas que se encontram em uso na empresa; outras pessoas possuem o direito de propriedade sobre tais bens, mas o direito de usos e frutos é o da empresa que os emprega em sua atividade.

Na atualidade, os arrendamentos, as locações de propriedades etc. são formas de cessão de meios de utilização sem que exista a propriedade, sem que exista uma incorporação real de direito do elemento ao patrimônio. Por isso, é usual, em nossos dias, utilizar coisas que não pertencem de direito à empresa ou à instituição, mas que, na realidade, são utilizáveis para os fins da atividade.

A Contabilidade interessa-se por tais fenômenos, pois rendem funções ou utilidades que influem no comportamento patrimonial.

A função ou utilidade de um meio ou coisa que se usa não depende da propriedade; podemos tirar proveito de coisas sem que elas nos pertençam, ou seja, sem que de direito se vinculem ao patrimônio, mas, em realidade funcionando como se patrimônio.

O direito de uso e o direito de pose são fatos que se incluem, ambos, na observação dos fenômenos patrimoniais, pois o que interessa à Contabilidade é promoção da eficácia por meio do comportamento de quaisquer meios que se utilizem para a satisfação das necessidades das células sociais.

O estudo contábil não se confunde com o dos sujeitos de direito e de obrigações; tudo o que ocorre em relação à satisfação das necessidades aziendais é objeto de especial indagação contábil, sob ótica própria, sejam quais forem as relações de direito que possam existir.

Houve época em que as referidas relações de direito tanto impressionaram aos estudiosos da Contabilidade que a própria doutrina de nossa disciplina se orientou no sentido de observar tais aspectos como os preponderantes (corrente dita personalista).

3 - Aspectos de estrutura qualitativa do capital das empresas

Como foi visto, o patrimônio aplicado para a obtenção do lucro ganha a denominação de capital. Assim, de forma singela, demasiadamente sintética, podemos apresentar da seguinte forma a estrutura gerados capitais das células sociais:

Substância	Contra-Substância
Capital Fixo	Capital Próprio
Capital circulante	Capital de Terceiros

O capital fixo é, como já foi visto, o conjunto dos elementos de uso, como são terrenos, prédios, jazidas, bosques, máquinas, instalações, portos, canais, veículos, armazéns, depósitos etc.

São fixos porque sua tendência é a de permanecer na empresa, sem que se transformem imediatamente em dinheiro e porque não se encontram disponíveis para serem vendidos ou negociados, pois sua finalidade é a de prestar-se para o uso.

Tais bens ajudam a empresa a conseguir seu lucro por muitos anos e, em geral, possuem duração que tende a perdurar por mais de um ano o exercício social.

O capital circulante é o que se movimenta e está constituído por matérias-primas de produção, materiais de fabricação, mercadorias, produtos, contas a receber ou créditos que possuímos perante terceiros, em suma, valores que a curto prazo se vão transformando em dinheiro.

Tal capital tende a transformar-se sempre, ou seja, o dinheiro toma a forma de mercadorias, a mercadoria toma a forma de contas a receber, as contas a receber tomam a forma de dinheiro etc.

O circular é sempre o passar de um estado ao outro; quando uma pessoa passa de uma sala para o corredor e do corredor para outra sala, está circulando; o mesmo se passa com os elementos do patrimônio que estão sempre mudando de forma em cada ato, em cada ocorrência de fenômenos.

O capital próprio é a fonte que flui do poder de aporte de recursos dos sócios de uma empresa ou de seu titular, assim como das atividades da própria empresa; nessa categoria, incluem-se o capital individual ou o social, propriamente ditos, os lucros e suas destinações diversas (reservas, fundos, provisões) e os ajustes de valores positivos (reavaliações, correções monetárias).

Representa o que é genuíno como fonte de patrimônio, ou seja, gerado pela célula, quer pelos que a constituem, quer pela atividade dela.

O capital de terceiros é o conjunto de recursos que a empresa recebe e que são provenientes da confiança que as outras pessoas (individuais ou coletivas) depositam nela como fornecedores, bancos, financiadores etc.

Tais fornecimentos de recursos podem ser recebidos pela empresa em mercadorias, materiais, produtos ou em dinheiro; em geral, tais origens ou se derivam do funcionamento da atividade ou de financiamento ao capital da mesma. Por isso, fala-se de débitos de funcionamentos (geralmente, a fornecedores) e débitos de financiamentos (geralmente, a bancos).

Assim, a empresa faz dívidas para sustentar seu movimento com maior amplitude e as faz por meio de comprar coisas para pagar depois (fornecedores são os supridores) ou da obtenção de quantias em dinheiro ou em créditos que vai utilizar (que lhes são emprestadas pelos financiadores).

Aspectos quantitativos do capital das empresas

Uma empresa precisa de muitos meios patrimoniais para que consiga exercer sua atividade, ou seja, de uma variedade de elementos que cumprem distintas e diferentes funções.

Se uma indústria, por exemplo, tivesse só dinheiro, só mercadoria, só contas a receber, só bens de uso, em suma só um elemento formador de seu patrimônio, não poderia cumprir sua atividade.

Quando uma empresa está em seu estado de funcionamento normal, portanto, possuem, em sua estrutura, diversas coisas que se agrupam da seguinte forma, como elementos de seu capital:

Investimentos	Origens de investimentos
1- Imobilizações técnicas	1- capital
2- Valores para venda	2- Fundos de reintegração
3- Crédito a receber	3- Fundos de riscos
4- Valores para rendimentos	4- Reservas
5- Valores numerários	5- Lucros pendentes
6- Valores de potencial utilidade	6- Dívidas de financiamento
	7- Dívida de funcionamento
	8- Valores de potencial necessidade

Quadro – Livro Teoria da Contabilidade – Antonio Lopes de Sá – 5ª edição – pagina 69.

As imobilizações técnicas são meios patrimoniais ou coisas que se usam para o desempenho específico da atividade, tais como: em uma empresa comercial, as vitrinas, os balcões, as prateleiras, os veículos para transporte de mercadorias, os equipamentos de embalagem de mercadorias etc.

Os valores para venda, também denominados bens de venda, são meios patrimoniais ou coisas que se destinam a serem negociadas para se obter lucro, como mercadorias (no comércio), produtos, retalhos, resíduos (nas indústrias e prestadoras de serviços), créditos, moedas (nos bancos) etc.

Segundo Lopes de Sá (2010 pag. 69), são créditos a receber os valores que a empresa cede a outras pessoas e que estas se comprometem a pagar em prazo geralmente certo, tais como as mercadorias faturadas que na lei brasileira geram um título com a denominação de duplicata que é um título cambial.

Já os valores para rendimentos, também denominados bens de redito, são meios patrimoniais ou coisas que se adquirem e que se destinam a produzir diretamente rendas, como por exemplo, para uma empresa industrial, os depósitos em cadernetas de poupança, imóveis para alugar, capital colocado em ações de outras empresas (quotas ou ações), investimentos em letras de câmbio etc.

Nesse sentido, os valores numerários ou bens numerários são as moedas, o dinheiro em espécie ou o que este representa e que tenha poder legítimo e competente para imediato pagamento.

O denominado capital individual ou capital social evidencia valores que representam transferências para a empresa de riquezas individuais das pessoas possuidoras da mesma.

Os valores dos fundos de reintegração são parcelas que se extraem dos resultados da empresa, quando da formação dos resultados da mesma e que se destinam a formar um recurso para a recomposição ou renovação das coisas usadas ou desatualizadas e que precisam ser readquiridas.

Os fundos de reintegração são assim chamados, pois recebem sempre as denominações específicas de acordo com a natureza da perda de valor do ativo fixo. Nesse sentido, as reservas são valores que se juntam ao grupo dos recursos próprios, constituindo-se em agregados do capital, ampliando as fontes da empresa; representam lucros não distribuídos aos sócios, contribuições dos sócios que aguardam ser incorporadas no capital social, dotações especiais, ágios sobre venda de partes do capital social ou reavaliações e ajustes de valores do ativo.

Os lucros pendentes ou acumulados são resultados que a empresa consegue e que não os destina, ou seja, nem faz reservas, nem distribui aos sócios, nem faz outros gêneros de destinações.

As dívidas de financiamentos, também denominadas débitos de financiamentos, são valores que a empresa pediu emprestado a terceiros e cujo pagamento se deve dar a longo prazo, ou seja, em períodos maiores que um ano.

Em contrapartida, as dívidas de funcionamento, também denominadas débitos de funcionamento, são normalmente derivadas de compras que a empresa faz a seus fornecedores ou oriundas de outros elementos necessários, mas sempre decorrentes da atividade normal do ramo de negócios.

Segundo Lopes de Sá (2010, pag. 70), os valores de potencial necessidade são os que denunciam obrigações que a empresa deve acertar ou regularizar com outras pessoas ou mesmo outras empresas e que se encontram em regime, ainda, de regularização ou expectativa.

Retomando a aula

Parece que estamos indo bem. Então, para encerrar esse tópico, vamos recordar:

1 - Objeto científico do conhecimento contábil

Muitas definições foram feitas para o Patrimônio, cada uma de acordo com a ótica dos intelectuais que se dedicaram a observá-lo.

Assim, por exemplo, os que consideravam a riqueza sob o prisma das relações de direitos definiriam o patrimônio como um conjunto de direitos e de obrigações, portanto, um patrimônio pode satisfazer as necessidades de naturezas diferentes.

Por isso, é possível constituir e movimentar a riqueza com o fim de suprir necessidades ideais, pessoais ou não.

2 – Ativo, passivo e patrimônio líquido: aspecto quantitativo do patrimônio

Se traduzirmos em valores ou expressões monetárias o patrimônio, obtemos o aspecto quantitativo do mesmo.

Nesse caso, atribuem-se ao que se denominou qualitativamente de contra-substância duas novas denominações: Passivo para aquela que representa o valor das dívidas ou riqueza de terceiros, e Patrimônio Líquido, para a que representa o que é patrimônio próprio da célula social.

3 - Aspectos de estrutura qualitativa do capital das empresas

O capital fixo é como já foi visto, o conjunto dos elementos de uso, como são terrenos, prédios, jazidas, bosques, máquinas, instalações, portos, canais, veículos, armazéns, depósitos etc.

O capital circulante é o que se movimenta e está constituído por matérias-primas de produção, materiais de fabricação, mercadorias, produtos, contas a receber ou créditos que possuímos perante terceiros, em suma, valores que a curto prazo se vão transformando em dinheiro.

O capital próprio é a fonte que flui do poder de aporte de recursos dos sócios de uma empresa ou de seu titular, assim como das atividades da própria empresa; nessa categoria, incluem-se o capital individual ou o social, propriamente ditos, os lucros e suas destinações diversas (reservas, fundos, provisões) e os ajustes de valores positivos (reavaliações, correções monetárias).

Vale a pena

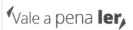

Vale a pena ler,

IUDÍCIBUS, S. de. Teoria da contabilidade. São Paulo: Atlas, 2009.

SÁ, A. L. de. Teoria da Contabilidade. São Paulo: Atlas, 2010.

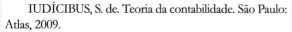

Vale a pena acessar,

http://www.portaldecontabilidade.com.br/tematicas/historia.htm

http://arlencontabeis.blogspot.com.br/2010_02_01_archive.html

http://pt.scribd.com/doc/53386100/A-evolucao-da-contabilidade-no-Brasil-e-no-mundo

http://pt.scribd.com/doc/62987719/Contabilidade-Geral-capitulo-1

Obs.: Se ao final desta aula tiverem duvidas, vocês poderão saná-las através das ferramentas "fórum" ou "quadro de avisos" e "chat". Ou ainda poderão enviar para o e-mail areal@unigran.br.

Minhas anotações

Aula 6º

Postulados contábeis

Caros alunos, iniciaremos nossos estudos sobre os postulados contábeis, que são premissas ou constatações básicas, não sujeitas a verificação, que formam o arcabouço sobre o qual repousa o desenvolvimento subsequente da teoria da contabilidade. Depois de estudar os conceitos desta aula você conseguirá entender sobre os postulados.

Este material foi preparado para que você não tenha dificuldades de entender os assuntos referentes à teoria da contabilidade, caso tenha dúvidas sobre os assuntos no decorrer deste estudo, anote, acesse a plataforma e utilize as ferramentas "quadro de avisos" ou "fórum" para interagir com seus colegas de curso e com seu professor. Sua participação é muito importante e estamos preparados para tirar as dúvidas que venham a surgir.

É muito importante que leia e posicione-se criticamente em relação aos objetivos de aprendizagem e as Seções de estudo da Aula 06.

Tenham uma boa aula!

— Boa aula!

Objetivos de aprendizagem

Ao término desta aula, o aluno será capaz de:

- saber sobre os postulados contábeis;
- entender o postulado da entidade contábil;
- conhecer o postulado da continuidade.

Vamos falar sobre Postulados Contábeis?

1 - Postulados Contábeis

Conceito

Segundo Sérgio Iudícibus (2009 pag. 32), um postulado pode ser definido com uma preposição ou observação de certa realidade que pode ser considerada não sujeita a verificação, ou axiomática. Normalmente, a categoria de postulado, em contabilidade, abarca uma área de atração mais ampla do que a da própria disciplina e relaciona-se com certos aspectos "ambientais" ou que cercam o campo e as condições em que a contabilidade deve atuar. Postulados, todavia, podem ser meras exposições de verdade, mas que, por serem triviais ou por delimitarem o campo dos princípios contábeis subsequente, deixam de ter utilidade.

Por exemplo: poderíamos afirmar que, em uma transação de mercado, o preço acordado parece ser a melhor escolha para o comprador e para o vendedor. Embora possa ser verdadeira, esta afirmação não delimita ou caracteriza muita coisa para a contabilidade (a não ser o valor de registro inicial). Portanto, estas e outras afirmações que não geram consequências diretas e lógicas em termos de princípios podem ser omitidas, mesmos porque, caso contrário, teríamos uma lista enorme de afirmações, sem maior significância.

Entretanto, postulados normativos em sua formulação, isto é, que prescrevem o que a Contabilidade deveria fazer ou como deveria ser feita, deveriam ser explicadas e não simplesmente presumidos por consenso geral ou de acordo.

Assim, basicamente, os postulados que nos interessam são as premissas básicas acerca do ambiente econômico, político e social no qual a contabilidade deve operar.

A esse respeito, os dois postulados mais importantes para a contabilidade, conforme referidos por muitos autores são: *o postulado da entidade contábil e o postulado da continuidade.*

Postulados da Entidade Contábil

Segundo Sérgio Iudícibus (2009 pag. 33) comenta que o autor Moonitz visualiza a abordagem deste postulado como a identificação de entidade contábil, ou seja, a unidade econômica que tem controle sobre recursos, aceita a responsabilidade por tarefas e conduz a atividade econômica. Esta atividade contábil pode ser uma pessoa física, uma sociedade limitada, uma grande sociedade por ações, um grupo engajado em uma atividade com finalidade de lucro ou não. Em uma abordagem mais analítica, pode ser um setor da entidade, uma divisão, um departamento que compartilha de recursos escassos comuns e que contribui para o resultado conjunto do empreendimento.

Para nossa finalidade, poderíamos afirmar que, para a Contabilidade, qualquer indivíduo, empresa, grupo de empresas ou entidades, setor ou divisão, desde que efetue atividade econômica, e que seja tão importante, a critério dos *stakeholders* (segmentos de pessoas interessadas, como acionistas, donos, credores, empregados etc.), que justifique um relatório separado e individualizado de receitas e despesas, de investimentos e retornos, de metas e de realizações, pode tornar-se uma entidade contábil.

Assim, o conceito de entidade contábil pode incluir o conceito legal, uma divisão da empresa ou uma superempresa, tal como uma consolidação de várias firmas correlacionadas. Segundo Sérgio Iudícibus (2009 pag. 33) comenta sobre o autor Hendriksen, a escolha da entidade contábil apropriada, em cada caso, depende dos objetivos dos demonstrativos e dos interesses dos usuários da informação. Assim, por exemplo, uma empresa que tem um investimento relevante em várias outras e que influencia a gerência das outras pode ser mais bem apreciada e avaliada se consolidarmos os demonstrativos financeiros da empresa-mãe e das controladas. Em outras circunstâncias, bastará avaliar o investimento pelo grau de participação no patrimônio líquido das investidas. Isso não elimina o fato de que, para certos usuários, em certas circunstâncias, a entidade contábil de maior interesse seja cada uma das empresas individualizadas.

É importante notar que, no nível de um ente, o postulado da entidade contábil considera-o como distinto dos sócios que o compõem, devendo ser realizado pela contabilidade um esforço para alocar gastos, custos e despesas, bem como ativos e passivos, à entidade e separar do que cabe aos sócios. Pela teoria da entidade do patrimônio líquido (que veremos mais detalhadamente na Unidade II), o patrimônio líquido pertence à entidade, na continuidade das operações, e não aos sócios, a não ser aquela parcela destacada, pelos próprios sócios, como distribuível.

Segundo Sérgio Iudícibus (2009 pag. 33) comenta sobre o autor Mattessich (1954), que nos legou uma enunciação dos conceitos contábeis pela abordagem de teoria dos conjuntos, considera a entidade da seguinte forma: "Existe um conjunto de entidades que constitui a armação ou pano de fundo para as ações econômicas." Note, todavia, que, na abordagem de Mattessich, não se hierarquizam postulados, princípios, normas, etc. Todos são conceitos. Apresentaremos em apêndice uma enunciação completa dos conceitos de Mattessich.

É preciso alertar que, do ponto de vista de rigor lógico, uma coisa é reconhecer a existência de entidades e outra explicar o que é entidade contábil.

Assim, o postulado da entidade poderia ser assim enunciado: existem entidades que realizam as operações econômicas observadas pela Contabilidade. Outra etapa seria definir o que é esta etapa: todo ente (envolvendo as mais variadas graduações de dimensão) capaz de gerir recursos a agregar utilidade (em sentido amplo).

Poderíamos ser mais objetivos e detalhados e finalizar afirmando: entidade contábil é o ente, juridicamente delimitado ou não, divisão ou grupo de entidades ou empresas para os quais devemos realizar relatórios distintos de receitas e despesas, de investimentos e retornos, de metas, e realizações, independentemente dos relatórios que fizemos para as pessoas físicas ou jurídicas que têm interesse em cada uma das entidades definidas em cada oportunidade.

O importante, no entendimento e aplicação do postulado da entidade, é que devemos realizar um esforço, tanto na avaliação de seus consumos, como das utilidades auferidas, com os respectivos ativos e passivos, para separar o que pertence entidade do que deve ser alocado para os sócios ou proprietários da mesma.

Entretanto, o postulado da entidade poderá ser mais bem dimensionado e entendido quando tratarmos do postulado da continuidade. A dimensão econômica da entidade (como "comandante" de recursos) é mais importante para a Contabilidade do que sua caracterização jurídica. As bases da prevalência da essência sobre a forma estão, desde já, lançadas.

> Até aqui estamos tranquilos. Vamos entrar no assunto Postulados da Continuidade?

2 - Postulados da Continuidade

É outro postulado ambiental da Contabilidade, e enuncia-se, simplificadamente, da seguinte forma: as entidades, para efeito de contabilidade, são consideradas como empreendimentos em andamento (*going corcern*), até circunstância esclarecedora em contrário, e seus ativos devem ser avaliados de acordo com a potencialidade que têm de gerar benefícios futuros para a empresa, na continuidade de suas operações, e não pelo valor que poderíamos obter se fossem vendidos como estão (no estado em que se encontram).

> Em outras palavras, a entidade é vista como capaz de manipular fatores, de agregar utilidade aos mesmos para, assim, obter suas receitas, e não é vista como vendedora dos ativos que não forem especificamente destinados à venda. Se, entretanto, houver evidência de que não continuará operando por um período razoável (como por exemplo, quando existirem grandes prejuízos, históricos e persistentes, bem como outras evidências), o contador auditor deveria informar o leitor à respeito desta circunstância.

Basicamente, portanto, a entidade é vista como um mecanismo voltado para adicionar valor aos recursos que utiliza, e seu sucesso é mensurado pelo valor das vendas ou serviços, menos os custos dos recursos utilizados (consumidos) no esforço de produzir a receita.

Recursos adquiridos e ainda não utilizados são evidenciados, portanto, por seu custo e não pelo dinheiro que a empresa poderia obter vendendo-os. Exceções admitidas podem ser constituídas pelos produtos destinados à venda e pelas inversões em títulos para rendimento (não para controle), caso em que um valor de realização poderia ser aconselhável, mas às vezes não será possível, em virtude das incertezas reinantes sobre o valor líquido de realização.

Devemos analisar, por enquanto, a natureza e as extensões filosóficas e doutrinárias do postulado de forma geral. Em primeiro lugar, nem todos os autores concordam com o fato de que, na continuidade, o valor de entrada (custo) é relevante, e

não o valor de realização. Segundo Sérgio Iudícibus (2009 pag. 35) comenta sobre o autor Chambers (1961), por exemplo, afirma que uma empresa em continuidade (operação) adapta-se sucessivamente pela venda de seus ativos no curso normal de seu negócio, isto é, adota um conceito de "liquidação ordenada", em vez de "liquidação forçada". De certo ponto de vista se considerarmos que todo empreendimento tem suas fases de vida delimitadas (embora não seja fácil avaliar o horizonte), cada exercício da entidade nada mais seria do que uma etapa rumo à morte do empreendimento. Nesse caso, o esforço da empresa consistiria em vender seus ativos, de forma ordenada, de maneira que obtivesse o maior valor possível. Quanto mais ordenada for a liquidação no período de ascensão da empresa, menores serão os prejuízos na fase de liquidação forçada ou de obsolescência do empreendimento.

Embora tal argumento seja muito atrativo e não isento de alguns méritos, na fase atual de nossos conhecimentos é muito difícil avaliar o horizonte exato de um empreendimento, e a continuidade não deve ser encarada apenas à luz da utilização de determinada empresa como um todo, operando com certa característica produtiva. Muitas vezes, os empreendimentos aumentam consideravelmente seus horizontes iniciais, alterando sua linha de produtos, mudando os canais de distribuição, alterando a função produção etc. por outro lado se o valor descontado dos fluxos futuros de caixa, que podem ser gerados pelo uso combinado dos ativos, for superior ao valor de investimento necessário para obter tais ativos, supõe-se que exista um *goodwill* e que, portanto, a empresa deva continuar.

> Acreditamos que, para a Contabilidade, a premissa da continuidade seja válida se atentarmos para o fato de que o resultado exato do empreendimento poderá ser conhecido, de qualquer forma, somente no final.

A Contabilidade tem a responsabilidade de atribuir parcelas, mesmo que apenas aproximadas, de seu resultado total, aos vários períodos. Assim, a maior parte dos ativos, em cada ciclo operacional, não se destina, efetivamente, à venda, mas à contribuição para produzir a receita daquele ciclo. A Contabilidade tem interesse e responsabilidade em avaliar o retorno dos gastos incorridos. Isso somente pode ser feito por meio da comparação entre o valor da receita (saída) com o valor de custo (entrada) dos recursos utilizados, direta ou indiretamente, para produzir tal receita. Não somos contrários às tentativas de avaliar todos os ativos a valores de realização (restaria ver o tipo); para certas finalidades (custos de oportunidade) e como instrumento de pesquisa, podem ser interessantes. Entretanto, a Contabilidade tem mais dificuldade para avaliar a valores de saída todos os ativos do que a valores de entrada. E, efetivamente, a maior parte dos ativos não é mantida, a curto e médio prazo, para ser vendida de per si.

Por outro lado, não podemos concordar, mesmo aceitando o postulado da continuidade, com as conotações que a maioria dos autores lhe quer atribuir, que tal aceitação implique, necessariamente, admitir que o único tipo de valor de entrada relevante seja o custo original de aquisição ou de fabricação dos ativos. Como veremos mais adiante, vários tipos de valor de entrada poderiam ser relevantes para vários tipos de usuários ou aplicações diferentes, como: custo original (histórico), custo corrente de reposição, custo futuro de reposição, custo original corrigido monetariamente etc.

> Na verdade, os postulados da continuidade e da entidade constituem o pilar sobre o qual se baseia todo o edifício dos conceitos contábeis. De forma combinada poderíamos afirmar: a Contabilidade é mantida para entidades, como pessoas distintas dos sócios que as integram e que, se supõe, continuarão operando por um período indefinido de tempo.

Entretanto, note que, se o contador julgar que a entidade não terá condições de continuar operando por muito tempo (teoricamente, isso seria detectado no ponto em que o valor atual dos fluxos futuros de caixa, gerados pela entidade, for menor que seu valor de realização), esta circunstância deveria ser claramente apontada. Não se aplicariam, no caso, os princípios de Contabilidade, da continuidade tal como se encontram hoje, e os ativos seriam avaliados por seu valor provável de realização.

Isso é muito importante para o usuário da informação contábil, pois continuar avaliando a valores de entrada poderia levar o investidor a sério erro sobre análise de tendência de empreendimento, investindo, talvez, em uma entidade cujo horizonte esteja no fim.

Observe que, se avaliássemos nossos ativos a valores de saída, o lucro iria se realizando continuamente, à medida que o processo produtivo se desenrolasse. Desse modo, no ato da troca do produto por dinheiro ou recebíveis, não haveria lucro, mas apenas uma troca de um inventário por dinheiro ou recebíveis. Isso está mais de acordo com os conceitos econômicos do que com a premissa aceita pela Contabilidade.

Entretanto, incertezas quanto à mensuração do valor de saída em cada etapa do processo produtivo tornam difícil, usualmente, o procedimento. Claramente, os postulados da continuidade e da entidade condicionam os princípios e as normas subsequentes. Frequentemente, em tratados mais elementares, tais postulados são simplesmente catalogados na categoria de princípios, como o da realização, do custo como base do valor etc. Entretanto, na verdade, trata-se de pré-condições, de imperativos, de constatações, de verdades que desencadeiam os demais princípios. A hierarquia dos postulados é, assim, superior à dos princípios que se seguem, como é a mais alta a destes do que a das convenções (normas) que delimitam os princípios. Nem sempre é fácil, todavia, diferenciar rigorosamente tais categorias.

Retomando a aula

Parece que estamos indo bem. Então, para encerrar esse tópico, vamos recordar:

1 – Postulados Contábeis

Os postulados são proposições ou observações de certa realidade não sujeita a verificação e constituem a lei maior da Contabilidade, pois definem o ambiente econômico, social e político no qual esta deve atuar, o seu objeto de estudo e a sua existência no tempo. Os postulados contábeis, segundo alguns autores consultados são: a entidade e a continuidade.

Postulado Contábil da Entidade: define a entidade contábil, dando, a esta vida e personalidade própria, pois determina que o patrimônio de toda e qualquer unidade econômica que manipula recursos econômicos, independente da finalidade de gerar ou não lucros, de ser pessoa física ou jurídica, de direito público ou privado, não deve se confundir com a riqueza patrimonial de seus sócios ou acionistas, ou proprietário individual e nem sofrer os reflexos das variações nela verificadas.

A Entidade (empresa) não se confunde com a pessoa física do sócio, juridicamente são duas pessoas distintas: a pessoa física e a pessoa jurídica, com obrigações diferentes. Exemplo: a empresa contrai uma dívida, caso não a pague será executada (a empresa é executada não o sócio). A mesma coisa acontece se o sócio contrair dívida, quem é executado é o sócio e não a empresa.

Outro exemplo, quando o sócio tira dinheiro da empresa: a contabilidade deve registrar como retirada de pró-labore, ou retirada de lucros, ou de empréstimos, etc. Se o sócio retira mais dinheiro do que relativo aos lucros, pró-labore, e por esse motivo a empresa passa por dificuldades financeiras, o sócio será condenado a devolver o dinheiro à empresa ou assumir as dívidas com os fornecedores, pelo fato de ter agido de má-fé, fraudando o seu credor.

2 – Postulado da Continuidade

O Postulado da Continuidade determina que a entidade é um empreendimento em andamento, com intenção de existência indefinida, ou por tempo de duração indeterminado, devendo sobreviver aos seus próprios fundadores e ter seu patrimônio avaliado pela sua potencialidade de gerar benefícios futuros (lucros), e não pela sua capacidade imediata de ser útil somente à entidade. Como o próprio nome diz, a empresa deve ter continuidade, é função da contabilidade primorar pela continuidade da empresa.

O Auditor Independente emite parecer sobre as condições em que a contabilidade de encontra: consistência, observação dos regimes. Assim, é obrigação do Auditor ressalvar em seu parecer se, por algum motivo, a empresa está em situação de descontinuidade. Exemplo: crise financeira, incapacidade produtiva, multas de elevado valor impagáveis pela empresa, etc.

Vale a pena

Vale a pena ler,

IUDÍCIBUS, S. de. *Teoria da contabilidade*. São Paulo: Atlas, 2009.

SÁ, A. L. de. *Teoria da Contabilidade*. São Paulo: Atlas, 2010.

Vale a pena acessar,

http://www.portaldecontabilidade.com.br/tematicas/historia.htm

http://arlencontabeis.blogspot.com.br/2010_02_01_archive.html

http://pt.scribd.com/doc/53386100/A-evolucao-da-contabilidade-no-Brasil-e-no-mundo

http://pt.scribd.com/doc/62987719/Contabilidade-Geral-capitulo-1

http://www.portaldeauditoria.com.br/tematica/contabilidadecomentada_postuladoseprincipioscontabeis.htm

Obs.: Se ao final desta aula tiverem duvidas, vocês poderão saná-las através das ferramentas "fórum" ou "quadro de avisos" e "chat". Ou ainda poderão enviar para o **e-mail areal@unigran.br**.

Minhas anotações

Aula 7º

Princípios fundamentais de contabilidade

Depois de estudar os conceitos desta aula, vocês conseguirão entender os Princípios Fundamentais de Contabilidade, o Princípio da Entidade, o Princípio da Continuidade, o Princípio da Oportunidade e o Princípio do Registro Pelo Valor Original, o Princípio da Competência, o Princípio da Prudência.

Este material foi preparado para que você não tenha dificuldades de entender os assuntos referentes aos princípios da Contabilidade. Caso tenha dúvidas sobre os assuntos no decorrer desse estudo, anote, acesse a plataforma e utilize as ferramentas "quadro de avisos" ou "fórum" para interagir com seus colegas de curso e com seu professor. Sua participação é muito importante e estamos preparados para tirar as dúvidas que venham a surgir.

É muito importante que leia e posicione-se criticamente em relação aos objetivos de aprendizagem e as Seções de estudo da Aula 07.

Tenham uma boa aula!

Boa aula!

Objetivos de aprendizagem

Ao término desta aula, o aluno será capaz de:

- entender os Princípios Fundamentais de Contabilidade;
- saber sobre o Princípio da Entidade;
- conhecer sobre o Princípio da Continuidade;
- entender o Princípio da Oportunidade;
- saber sobre o Princípio do Registro pelo Valor Original;
- saber o Princípio da Competência;
- conhecer o Princípio da Prudência.

1 - Princípios Fundamentais da Contabilidade

Vamos falar sobre Princípios Fundamentais da Contabilidade?

1 - Princípios Fundamentais da Contabilidade

Os Princípios Fundamentais de Contabilidade representam o núcleo central da própria Contabilidade, na sua condição de ciência social, sendo a ela inerentes. Os princípios constituem sempre as vigas-mestras de uma ciência, revestindo-se dos atributos de universalidade e veracidade, conservando validade em qualquer circunstância.

No caso da Contabilidade, presente seu objeto, seus Princípios Fundamentais de Contabilidade, valem para todos os patrimônios, independentemente das Entidades a que pertencem, as finalidades para as quais são usados, a forma jurídica da qual estão revestidos, sua localização, expressividade e quaisquer outros qualificativos, desde que gozem da condição de autonomia em relação aos demais patrimônios existentes.

Nos princípios científicos jamais pode haver hierarquização formal, dado que eles são os elementos predominantes na constituição de um corpo orgânico, proposições que se colocam no início de uma dedução, e são deduzidos de outras dentro do sistema. Nas ciências sociais, os princípios se colocam com axiomas, premissas universais e verdadeiras, assim admitidas sem necessidade de demonstração, ultrapassando, pois, a condição de simples conceitos.

O atributo da universalidade permite concluir que os princípios não exigiriam adjetivação, pois sempre, por definição, se referem à Ciência da Contabilidade no seu todo.

Dessa forma, o qualificativo "fundamentais" visa, tão-somente, a enfatizar sua magna condição. Esta igualmente elimina a possibilidade de existência de princípios identificados, nos seus enunciados, com técnicas ou procedimentos específicos, com o resultado obtido na aplicação dos princípios propriamente ditos a um patrimônio particularizado.

Assim, não podem existir princípios relativos aos registros, às demonstrações ou à terminologia contábeis, mas somente ao objeto desta, o Patrimônio. Os princípios, na condição de verdades primeiras de uma ciência, jamais serão diretivas de natureza operacional, característica essencial das normas – expressões de direito positivo, que a partir dos princípios, estabelecem ordenamentos sobre o "como fazer", isto é, técnicas, procedimentos, métodos, critérios, etc., tanto nos aspectos substantivos, quanto nos formais. Dessa maneira, alcança-se um todo organicamente integrado, em que, com base nas verdades gerais, se chega ao detalhe aplicado, mantidas a harmonia e a coerência do conjunto.

Os princípios simplesmente são e, portanto, preexistem às normas, fundamentando e justificando a ação, enquanto aquelas a dirigem na prática. No caso brasileiro, os princípios estão obrigatoriamente presentes na formulação das Normas Brasileiras de Contabilidade, verdadeiros pilares do sistema de normas, que estabelecerá regras sobre a apreensão, o registro, relato, demonstração e análise das variações sofridas pelo patrimônio, buscando descobrir suas causas, de forma a possibilitar a feitura de prospecções sobre a Entidade e não podem sofrer qualquer restrição na sua observância.

RESOLUÇÃO CFC N.º 750/93

Dispõe sobre os Princípios Fundamentais de Contabilidade (P.F.C.)

O **CONSELHO FEDERAL DE CONTABILIDADE**, no exercício de suas atribuições legais e regimentais, **CONSIDERANDO** que a evolução da última década na área da Ciência Contábil reclama a atualização substantiva e adjetiva dos Princípios Fundamentais de Contabilidade a que se refere a Resolução CFC 530/81.

RESOLVE:

CAPÍTULO I
DOS PRINCÍPIOS E DE SUA OBSERVÂNCIA

Art. 1º Constituem PRINCÍPIOS FUNDAMENTAIS DE CONTABILIDADE (P.F.C.) os enunciados por esta Resolução.

§ 1º A observância dos Princípios Fundamentais de Contabilidade é obrigatória no exercício da profissão e constitui condição de legitimidade das Normas Brasileiras de Contabilidade (NBC).

§ 2º Na aplicação dos Princípios Fundamentais de Contabilidade há situações concretas, a essência das transações deve prevalecer sobre seus aspectos formais.

CAPÍTULO II
DA CONCEITUAÇÃO, DA AMPLITUDE E DA ENUMERAÇÃO

Art. 2º Os Princípios Fundamentais de Contabilidade representam a essência das doutrinas e teorias relativas à Ciência da Contabilidade, consoante o entendimento predominante nos universos científico e profissional de nosso País. Concernem, pois, à Contabilidade no seu sentido mais amplo de ciência social, cujo objeto é o Patrimônio das Entidades.

Art. 3º São Princípios Fundamentais de Contabilidade:
I) o da ENTIDADE;
II) o da CONTINUIDADE;
III) o da OPORTUNIDADE;
IV) o do REGISTRO PELO VALOR ORIGINAL;
V) o da ATUALIZAÇÃO MONETÁRIA;
(Revogado pela Resolução CFC nº. 1.282/10)
VI) o da COMPETÊNCIA e
VII) o da PRUDÊNCIA.

PRINCÍPIO DA ENTIDADE

O Princípio da Entidade trata basicamente da relação entre a empresa (ou entidade) e o seu proprietário, em outras palavras, da separação que a Contabilidade faz entre o patrimônio da empresa e o patrimônio dos proprietários.

O patrimônio da empresa não deve ser misturado ao patrimônio dos proprietários. Sendo assim, quando o proprietário retira dinheiro do caixa da empresa para fazer alguma despesa pessoal, retiram um bem da empresa. Nesse caso, a Contabilidade abre uma conta para abrigar os saldos das dívidas que o proprietário tem para com a empresa.

Por outro lado, quando o dinheiro retirado pelo proprietário é usado em benefício da empresa e existe um documento oficial como uma nota fiscal, por exemplo, provando que a despesa foi para uso da empresa, o proprietário não precisará reembolsá-la.

Portanto, a escrituração das contas do proprietário deve ser feita separadamente das contas da empresa, a fim de que os registros contábeis sejam os mais claros e corretos possíveis no que diz respeito à situação financeira da empresa.

Exemplo: A contabilidade de uma empresa não deve se misturar com a de sócios. Portanto, a empresa deve registrar somente fatos que se refiram a seu patrimônio. Por exemplo, não deve registrar com despesa da empresa a conta de telefone particular do sócio

O PRINCÍPIO DA ENTIDADE

Art. 4º O Princípio da ENTIDADE reconhece o Patrimônio como objeto da Contabilidade e afirma a autonomia patrimonial, a necessidade da diferenciação de um Patrimônio particular no universo dos patrimônios existentes, independentemente de pertencer a uma pessoa, um conjunto de pessoas, uma sociedade ou instituição de qualquer natureza ou finalidade, com ou sem fins lucrativos. Por conseqüência, nesta acepção, o Patrimônio não se confunde com aqueles dos seus sócios ou proprietários, no caso de sociedade ou instituição.

Parágrafo único – O PATRIMÔNIO pertence à ENTIDADE, mas a recíproca não é verdadeira. A soma ou agregação contábil de patrimônios autônomos não resulta em nova ENTIDADE, mas numa unidade de natureza econômico-contábil.

PRINCÍPIO DA CONTINUIDADE

Conceito

O nascimento da empresa se dá com o registro de seu Contrato Social e/ou Estatuto Social na Junta Comercial e em outros órgãos públicos. A partir daí todas as suas operações – compra de mercadorias, efetivação de vendas, contratação de financiamentos, realização de investimentos, etc. – darão (ou pelo menos há essa expectativa) sustentação à continuidade da empresa.

Na realidade, a continuidade ou não da empresa influencia o valor econômico dos seus bens e direitos e, na maioria das vezes, o valor ou o vencimento de suas obrigações.

Como exposto pelo Conselho Federal de Contabilidade (CFC), o Princípio da Continuidade, torna-se extremamente importante, pois parte do pressuposto que a Contabilidade atende a uma empresa que está operando e assim permanecerá indefinidamente.

Caso a empresa venha a encerrar suas atividades, o contador deve mostrar essa possibilidade aos proprietários, bem como às pessoas interessadas nos seus negócios (investidores, etc.) a fim de que não sejam prejudicados.

Exemplo: A Contabilidade atua pressupondo que a empresa não será instinta. Portanto terá continuidade e mesmo diante do fim da mesma, do encerramento da continuidade a contabilidade assume esta postura prevendo seu encerramento e perdas.

O PRINCÍPIO DA CONTINUIDADE

Art. 5º A CONTINUIDADE ou não da ENTIDADE, bem como sua vida definida ou provável, devem ser consideradas quando da classificação e avaliação das mutações patrimoniais, quantitativas e qualitativas.

§ 1º A CONTINUIDADE influencia o valor econômico dos ativos e, em muitos casos, o valor ou o vencimento dos passivos, especialmente quando a extinção da ENTIDADE tem prazo determinado, previsto ou previsível.

§ 2º A observância do Princípio da CONTINUIDADE é indispensável à correta aplicação do Princípio da COMPETÊNCIA, por efeito de se relacionar diretamente à quantificação dos componentes patrimoniais e à formação do resultado, e de constituir dado importante para aferir a capacidade futura de geração de resultado.

PRINCÍPIO DA OPORTUNIDADE

O Princípio da Oportunidade enfatiza a necessidade de apreensão, registro e relato de todas as variações no patrimônio de uma entidade, no momento em que elas ocorrem. Assim, as modificações de elementos patrimoniais devem ser contempladas mesmo na hipótese de somente existir razoável certeza de sua ocorrência.

A preocupação básica é que devem estar reconhecidas nos registros contábeis, todas as variações patrimoniais de uma entidade, para que as informações contábeis espelhem com fidedignidade a situação real do patrimônio, em um determinado período – advém daí a necessidade da utilização de documentação hábil e comprobatória de todas as transações no momento em que ocorrem.

Exemplo: Refere-se ao momento em que devem ser registradas as variações patrimoniais. Exemplo, as provisões para férias e 13º Salários são feitas mensalmente mesmo sendo despesas futuras.

O PRINCÍPIO DA OPORTUNIDADE

Art. 6º O Princípio da OPORTUNIDADE refere-se, simultaneamente, à tempestividade e à integridade do registro do patrimônio e das suas mutações, determinando que este seja feito de imediato e com a extensão correta, independentemente das causas que as originaram.

Parágrafo único – Como resultado da observância do Princípio da OPORTUNIDADE:

I – desde que tecnicamente estimável, o registro das variações patrimoniais deve ser feito mesmo na hipótese de somente existir razoável certeza de sua ocorrência;

II – o registro compreende os elementos quantitativos e qualitativos, contemplando os aspectos físicos e monetários;

III – o registro deve ensejar o reconhecimento universal das variações ocorridas no patrimônio da ENTIDADE, em um período de tempo determinado, base necessária para gerar informações úteis ao processo decisório da gestão.

PRINCÍPIO DO REGISTRO PELO VALOR ORIGINAL

Os elementos patrimoniais devem ser registrados pela Contabilidade por seus valores originais, expressos em moeda corrente do país.

Dessa forma, os registros da Contabilidade são efetuados com embasamento no valor de aquisição do bem ou pelo custo de fabricação, incluindo-se ainda, todos os gastos necessários para colocar o bem em condições de gerar benefícios (presentes ou futuros) para a empresa. Caso a empresa efetue transações em moedas estrangeiras, estas deverão ser transformadas em moeda corrente do País no momento de seu registro na Contabilidade.

Podemos sugerir que o Princípio do Registro pelo Valor Original está intimamente ligado ao Princípio da Continuidade. De acordo com os autores, no caso de uma empresa com operações em andamento normal, não interessam para seus bens e direitos os valores de realização (valores de saída ou de mercado), mas sim os valores de entrada.

Para Sá (2010 pag. 203), o principal erro da Contabilidade como um todo tem sido o de considerar médias gerais de valores, ou seja, nivelar valores de um complexo heterogêneo, como é o patrimônio, através de índices homogêneos, como são os das médias de diversos bens patrimoniais.

Exemplo: Os registros são feitos na devida tempestividade (data correta de aquisição, independente do pagamento) e pelo valor de aquisição ou fabricação. Ou seja, Registro um produto adquirido por 100 a prazo. No Estoque por este valor e no passivo a dívida gerada.

O PRINCÍPIO DO REGISTRO PELO VALOR ORIGINAL

Art. 7º Os componentes do patrimônio devem ser registrados pelos valores originais das transações com o mundo exterior, expressos a valor presente na moeda do País, que serão mantidos na avaliação das variações patrimoniais posteriores, inclusive quando configurarem agregações ou decomposições no interior da ENTIDADE.

Parágrafo único – Do Princípio do REGISTRO PELO VALOR ORIGINAL resulta:

I – a avaliação dos componentes patrimoniais deve ser feita com base nos valores de entrada, considerando-se como tais os resultantes do consenso com os agentes externos ou da imposição destes;

II – uma vez integrado no patrimônio, o bem, direito ou obrigação não poderão ter alterados seus valores intrínsecos, admitindo-se, tão-somente, sua decomposição em elementos e/ou sua agregação, parcial ou integral, a outros elementos patrimoniais;

III – o valor original será mantido enquanto o componente permanecer como parte do patrimônio, inclusive quando da saída deste;

IV – Os Princípios da ATUALIZAÇÃO MONETÁRIA e do REGISTRO PELO VALOR ORIGINAL são compatíveis entre si e complementares, dado que o primeiro apenas atualiza e mantém atualizado o valor de entrada;

V – o uso da moeda do País na tradução do valor dos componentes patrimoniais constitui imperativo de homogeneização quantitativa dos mesmos.

PRINCÍPIO DA COMPETÊNCIA

Conceito

Conforme Iudícibus (2009 pag. 45), o Princípio da Competência está ligado ao registro de todas as receitas e as despesas de acordo com o fato gerador, no período de competência, independentemente de terem sido recebidos (receitas) ou pagas (despesas). Assim, é fácil de observar que o Princípio da Competência não está relacionado aos recebimentos ou pagamentos, mas ao reconhecimento das receitas geradas (realização) e das despesas incorridas em determinado período.

A RECEITA é considerada realizada:

• No momento em que há a transferência do bem ou serviço para terceiros, efetuando estes o pagamento ou assumindo o compromisso firme de fazê-lo no vencimento estipulado (exemplo: venda a prazo).

• Quando ocorrer uma extinção de uma exigibilidade sem o desaparecimento concomitante de um bem ou direito (exemplo: perdão de dívidas ou juros devidos).

• Pelo aumento natural dos bens ou direitos do ativo (exemplo: juros de aplicação financeira).

• No recebimento efetivo de doações e subvenções. A DESPESA é considerada incorrida quando:

• Ocorrer o consumo de um bem ou direito (exemplo: desgaste de máquinas).

• Ocorrer o surgimento de uma obrigação (exigibilidade) sem o correspondente aumento dos bens ou direitos (exemplo: contingências trabalhistas).

• Deixar de existir o correspondente valor do bem ou direito pela sua transferência de propriedade para um terceiro (exemplo: a baixa de mercadorias do estoque quando da efetivação da venda).

Exemplo: Despesas e receitas devem ser contabilizadas quando efetivamente realizadas e não quando pagas ou recebidas. Exemplo:

Venda a prazo em janeiro para receber em março. Embora não recebida esta venda é receita de janeiro, mês da venda.

O PRINCÍPIO DA COMPETÊNCIA

Art. 9º As receitas e as despesas devem ser incluídas na apuração do resultado do período em que ocorrerem, sempre simultaneamente quando se correlacionarem, independentemente de recebimento ou pagamento.

§ 1º O Princípio da COMPETÊNCIA determina quando as alterações no ativo ou no passivo resultam em aumento ou diminuição no patrimônio líquido, estabelecendo diretrizes para classificação das mutações patrimoniais, resultantes da observância do Princípio da OPORTUNIDADE.

§ 2º O reconhecimento simultâneo das receitas e despesas, quando correlatas, é conseqüência natural do respeito ao período em que ocorrer sua geração.

§ 3º As receitas consideram-se realizadas:

I – nas transações com terceiros, quando estes efetuarem o pagamento ou assumirem compromisso firme de efetivá-lo, quer pela investidura na propriedade de bens anteriormente pertencentes à ENTIDADE, quer pela fruição de serviços por esta prestados;

II – quando da extinção, parcial ou total, de um passivo, qualquer que seja o motivo, sem o desaparecimento concomitante de um ativo de valor igual ou maior;

III – pela geração natural de novos ativos independentemente da intervenção de terceiros;

IV – no recebimento efetivo de doações e subvenções.

§ 4º Consideram-se incorridas as despesas:

I – quando deixar de existir o correspondente valor ativo, por transferência de sua propriedade para terceiro;

II – pela diminuição ou extinção do valor econômico de um ativo;

III – pelo surgimento de um passivo, sem o correspondente ativo.

PRINCÍPIO DA PRUDÊNCIA

Conceito

Para e Iudícibus (2009 pag. 62 e 63), o Princípio da Prudência especifica que ante a duas alternativas, igualmente válidas, para a quantificação da variação patrimonial, será adotado o menor valor para os bens ou direitos e o maior valor para as exigibilidades.

Assim, quando se apresentarem opções igualmente aceitáveis diante de outros PRINCÍPIOS FUNDAMENTAIS DE CONTABILIDADE será escolhida a opção que diminui o valor do Patrimônio Líquido.

Exemplo: Entre várias alternativas válidas, para as receitas considere a menor e para despesas o valor maior. Exemplo: Dívida trabalhista a empresa prevê pagar um ação entre 2000 e 5000 reais. Então registra na contabilidade o valor maior mesmo que exista um pouco mais de chance de pagar um valor menor.

O PRINCÍPIO DA PRUDÊNCIA

Art. 10. O Princípio da PRUDÊNCIA determina a adoção do menor valor para os componentes do ATIVO e do maior para os do PASSIVO, sempre que se apresentem alternativas igualmente válidas para a quantificação das mutações patrimoniais que alterem o patrimônio líquido.

§ 1º O Princípio da PRUDÊNCIA impõe a escolha da hipótese de que resulte menor patrimônio líquido, quando se apresentarem opções igualmente aceitáveis diante dos demais Princípios Fundamentais de Contabilidade.

§ 2º Observado o disposto no art. 7º, o Princípio da PRUDÊNCIA somente se aplica às mutações posteriores, constituindo-se ordenamento indispensável à correta aplicação do Princípio da COMPETÊNCIA.

§ 3º A aplicação do Princípio da PRUDÊNCIA ganha ênfase quando, para definição dos valores relativos às variações patrimoniais, devem ser feitas estimativas que envolvem incertezas de grau variável.

Retomando a aula

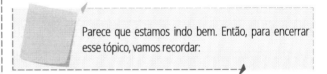

Parece que estamos indo bem. Então, para encerrar esse tópico, vamos recordar:

1 – Princípios Fundamentais da Contabilidade

Os princípios originaram-se da necessidade do estabelecimento de um conjunto de conceitos, princípios e procedimentos que não somente fossem utilizados como elementos disciplinadores do comportamento do profissional no exercício da Contabilidade, seja para a escrituração dos fatos e transações, seja na elaboração de demonstrativos, mas que permitissem aos demais usuários fixar padrões de comparabilidade e credibilidade, em função do conhecimento dos critérios adotados na elaboração dessas demonstrações.

Além de delimitar e qualificar o campo de atuação da Contabilidade, os princípios servem de suporte aos postulados. E através da evolução da técnica contábil em função de novos fatos sócio-econômicos, modificações na legislação, novos pontos de vista, ou outros fatores, um princípio que hoje é aceito, poderá ser modificado, para atender às inovações ocorridas na vida empresarial.

Vale a pena

Vale a pena ler,

IUDÍCIBUS, S. de. *Teoria da contabilidade*. São Paulo: Atlas, 2009.

SÁ, A. L. de. *Teoria da Contabilidade*. São Paulo: Atlas, 2010.

Vale a pena **acessar,**

http://www.portaldecontabilidade.com.br/tematicas/historia.htm

http://arlencontabeis.blogspot.com.br/2010_02_01_archive.html

http://pt.scribd.com/doc/53386100/A-evolucao-da-contabilidade-no-Brasil-e-no-mundo

http://pt.scribd.com/doc/62987719/Contabilidade-Geral-capitulo-1

www.cfc.org.br

http://www.crcsp.org.br

http://www.portaldeauditoria.com.br/tematica/contabilidadecomentada_postuladoseprincipioscontabeis.htm

http://docslide.com.br/documents/exemplos-praticos-de-principios-fundamentais-da-contabilidade.html

Obs.: Se ao final desta aula tiverem duvidas, vocês poderão saná-las através das ferramentas "fórum" ou "quadro de avisos" e "chat". Ou ainda poderão enviar para o e-mail **areal@unigran.br**.

Minhas anotações

8º Aula

Contabilidade atuária

Depois de estudar os conceitos desta aula vocês conseguirão entender a importância da contabilidade atuária, onde é uma profissão que atua na administração de seguros e fundos de pensão com técnicas especificas.

Este material foi preparado para que você não tenha dificuldades de entender os assuntos referentes à contabilidade atuária. Caso tenha dúvidas sobre os assuntos no decorrer desse estudo, anote , acesse a plataforma e utilize as ferramentas "quadro de avisos" ou "fórum" para interagir com seus colegas de curso e com seu professor. Sua participação é muito importante e estamos preparados para tirar as duvidas que venham a surgir.

É muito importante que leia e posicione-se criticamente em relação aos objetivos de aprendizagem e as Seções de estudo da Aula 08.

Tenham uma boa aula!

Boa aula!

Objetivos de aprendizagem

Ao término desta aula, o aluno será capaz de:

- conhecer a Contabilidade atuária, origem e evolução.
- entender a ciência atuarial e o atuário;
- identificar o campo de atuação
- interação do atuário com o auditor
- interação do atuário com o contador
- entender o sistema previdenciário;
- diferença entre pgbl e vgbl;
- ter noções de seguros.

> Vamos falar a contabilidade atuária?

1 - Introdução a Contabilidade Atuária

Ciência Atuarial é a profissão que aplica técnicas específicas à administração de seguros e fundos de pensão. O profissional se denomina atuário, ele fiscaliza e orienta as atividades técnicas de empresas de seguro, capitalização e investimento. O atuário elabora planos de saúde, planos de seguro de vida e previdência, além de outros planos que cubram danos ou perdas patrimoniais. O atuário avalia riscos, idade e expectativa de vida das pessoas, definindo quanto um seguro pode valer. O atuário é um especialista em seguros e pensões. O seu trabalho é eminentemente burocrático, por isso, deve ser meticuloso e organizado. É preciso concentração e gosto pelo trabalho técnico.

A profissão de atuário não é nova, exigindo do profissional o diploma de Bacharel em Ciências Atuariais e amplo conhecimento em planos de previdência complementar e seguro.

A profissão foi regulamentada pelo Decreto Lei nº 806, de 4/09/1969 e reconhecida pelo MEC em 1970, tendo como data comemorativa no calendário oficial do país, o dia 3 de abril.

O Instituto Brasileiro de Atuária - IBA, órgão que regula a profissão, é o responsável pela emissão do registro dos atuários junto ao Ministério do Trabalho, somando, atualmente, pouco mais de 2.000 profissionais em todo o Brasil.

Conceito de atuária, origem e evolução.

Nos primórdios da civilização já se podia observar a ideia de uma garantia mútua, coletiva e social de indivíduos. Nos anos de 4500 AC o papiro "Les Tailleurs de Pierre de la Basse - Egipte" registrou uma "caixa" com o objetivo de socorrer vítimas de certos infortúnios, como entre os operários que construíram o primeiro grande templo dos judeus em Jerusalém na Idade Média e, ainda, o monopólio da caridade assumido pela Igreja com os soldados pós-guerra.

No período de 753 a 510 AC, ou seja, no Império Romano, já se notava a preocupação em registrar os nascimentos e as mortes ocorridos entre os habitantes de algumas regiões, e foi Domitius Ulpiames, prefeito de Roma, que deu os primeiros passos para o desenvolvimento do "seguro de vida", pois, considerado o maior economista de sua época, interessou-se pelo assunto e estudou documentos sobre "nascimentos" e "mortes", sendo que suas observações concorreram para o progresso da atuária, daí o título de "o primeiro atuário da História".

No século XVII, na Inglaterra e Holanda, instituições mercantis se comprometiam, mediante recebimento de uma quantia única, em dinheiro, a pagar a determinadas pessoas, pensões vitalícias, em cumprimento das disposições testamentárias ou de natureza semelhante, das quais desejavam se livrar os constantes devedores.

As quantias únicas, consideradas equivalentes aos compromissos assumidos pela instituição mercantil, eram determinadas por meio empírico, sem nenhum fundamento científico, insuficientes à responsabilidade a que se destinavam, pois a operação não raramente resultava na bancarrota do respectivo "segurador", com prejuízos irrecuperáveis para os beneficiários das pensões contratadas, na maioria por viúvas e órfãos.

Ao mesmo tempo, os próprios governos realizaram operações desta espécie, onde empenhavam se em vender aos seus súditos títulos públicos que asseguravam ao tomador a percepção de uma renda vitalícia. Logo, a correta determinação da importância em dinheiro a ser cobrada em contraprestação dessa obrigação a prazo incerto, naturalmente lhes interessava de perto, e acabaram encarregando seus melhores matemáticos de estudar o problema e encontrara a solução.

A base matemática necessária havia sido estabelecida no mesmo século por Pascal e Fermat, na França, idealizadores do cálculo da probabilidade. De Witt, na Holanda, Graunt e Halley, na Inglaterra, estudaram o problema levando em conta as leis da probabilidade e a longevidade humana, deduzida esta dos registros de nascimentos e óbitos.

Havendo De Witt recomendado uma elevação substancial no preço de venda dos referidos títulos públicos, o que não agradou ao governo da Holanda - este suprimiu seu relatório durante dois séculos. Por outro lado, o relatório completo de Halley, matemático e astrônomo, descobridor do cometa que leva seu nome, publicado em 1693, recebeu ampla publicidade e tornou-se a pedra angular da nova ciência, posteriormente chamada de "matemática atuarial".

A partir de então, a matemática atuarial se desenvolveu, principalmente à medida que matemáticos, economistas e filósofos se interessaram pelo assunto. Entre 1700 e 1900, tivemos a construção de várias tábuas de mortalidade, como também o desenvolvimento das comutações, ferramenta fundamental utilizada no cálculo atuarial. Foi ainda nesse período que as empresas seguradoras passaram a oferecer programas de seguro de vida e que também aconteceu o 1º Congresso Internacional de Atuária em Bruxelas - 1895.

A Ciência Atuarial e o Atuário

Atuária: Ciência matemática que estuda os problemas relacionados com a teoria e o cálculo de seguros numa coletividade.

Atuário: Profissional especializado em matemática superior que atua promovendo pesquisas, estabelecendo planos e políticas de investimentos e amortizações e, em seguro privado e social, calculando probabilidades de eventos, avaliando riscos e fixando prêmios, indenizações, benefícios e reservas matemáticas.

Campo de atuação: Elaboração de Planos Técnicos de Seguros e Previdência, Avaliações Atuariais, Cálculo de Reservas Matemáticas, Análise de Riscos, Consultoria, Auditoria de Benefícios Previdênciais, Auditoria de Sinistros, Auditoria Atuarial e Perícia Atuarial.

Interação do atuário com o contador: Cálculo, contabilização e cobertura das reservas, no custeio do plano de benefício previdêncial, adequação do cálculo à nomenclatura das reservas matemáticas apresentadas no Balanço patrimonial e informação do patrimônio contábil para a comparação com os cálculos atuariais.

Interação do atuário com o auditor: Auditoria contábil, patrimonial, financeira, de benefícios e atuarial. Parecer sobre as Reservas e o Custeio e os métodos Atuariais utilizados para o cálculo das reservas atuariais.

Sistema previdenciário

Ramo da política social que visa programar o benefício do homem, ou seja, a previdência social é o complexo orgânico de expressão mais relevante, que cresce à medida que evolui na direção da seguridade social, sendo entendida, de forma geral, como o conjunto de medidas obrigatórias, cujo objeto é proteger todo indivíduo e sua família das consequências de uma inevitável calamidade socioeconômica. Assim, a finalidade da seguridade social é atingir a totalidade dos indivíduos da população nacional, cobrindo o maior número possível de riscos, com pagamento de benefícios.

A seguridade social no Brasil é resultado das fusões das antigas caixas de aposentadorias e pensões, que no decorrer do tempo foram transformadas em Institutos de âmbito nacional, que deram origem ao INSS - Instituto Nacional do Seguro Social, órgão encarregado da arrecadação das contribuições e da concessão e do pagamento dos benefícios da previdência social pública, centralizados no plano federal.

A seguridade social teve, como característica na fase inicial do sistema, a proteção exclusiva aos empregados do setor formal da economia e a seus dependentes, vinculados de forma compulsória ao sistema por contribuição regular dos trabalhadores e dos empregadores, cabendo à União Federal a gestão do sistema.

Na década de 70, iniciou-se a evolução do sistema, no que tange à universalização da seguridade, com a participação, também compulsória, dos trabalhadores autônomos e empresários, dos empregados domésticos e dos trabalhadores rurais, devendo os primeiros participarem, mediante contribuição individual e regular ao sistema; ao segundo, através de um esquema específico de contribuição partilhada com os empregadores, e os últimos, contribuírem

SEÇÃO B – PLANO GERADOR DE BENEFÍCIO LIVRE – PGBL E VIDA GERADOR DE BENEFÍCIO LIVRE - VGBL

Com o aumento da expectativa de vida e a mudança de comportamento das pessoas em relação ao fim do período laboral, o que no passado, para muitos, poderia representar o fim de uma atividade profissional, passou a ser entendido como uma oportunidade de dedicar-se aos projetos com os quais você sonhou durante sua vida.

Neste sentido, a Previdência Complementar é uma das ferramentas de que as pessoas dispõem para que possam se planejar financeiramente para essa fase. É um produto de acumulação de longo prazo, no qual o cliente aplica recursos durante o período em que está profissionalmente ativo, com o objetivo de constituir uma reserva, ou gerar uma renda que lhe permita realizar seus projetos de vida.

Durante o período laboral, você poupa um pouco por mês, de acordo com sua disponibilidade. Dessa forma, acumula um saldo que poderá ser resgatado ou transformado em renda lá na frente. É você quem decide quanto deseja contribuir e quando realizar seus projetos de vida.

> Os planos de previdência atuam como um investimento de longo prazo, ou seja, quanto maior o volume investido e prazo de acumulação, maior será a renda.

Outro incentivo importante é que o governo criou um tipo de tributação que proporciona vantagens tributárias para quem permanecer com os recursos investidos por mais tempo.

PGBL

O PGBL é ideal para quem declara Imposto de Renda no formulário completo, pois todas as contribuições realizadas no plano podem ser deduzidas da base de cálculo do Imposto de Renda até o limite de 12% da renda bruta anual, desde que o cliente também contribua para a Previdência Social (INSS ou regime próprio).

VGBL

O VGBL é ideal para quem declara Imposto de Renda no formulário simplificado ou para quem excedeu o limite de dedução do Imposto de Renda (12% da renda bruta anual) com contribuições a outros planos de previdência, como por exemplo, o PGBL.

Diferença entre PGBL E VGBL

A principal distinção entre eles está na tributação. No PGBL, você pode deduzir o valor das contribuições da sua base de cálculo do Imposto de Renda, com limite de 12% da sua renda bruta anual. Assim, poderá reduzir o valor do imposto a pagar ou aumentar sua restituição de IR. Vamos supor que um contribuinte tenha um rendimento bruto anual de R$ 100 mil. Com o PGBL, ele poderá declarar ao Leão R$ 88 mil. O IR sobre os R$ 12 mil restantes, aplicados em PGBL, só será pago no resgate desse dinheiro. Mas atenção: esse benefício fiscal só é vantajoso para aqueles que fazem a declaração do Imposto de Renda pelo formulário completo e são tributados na fonte.

Para quem faz declaração simplificada ou não é tributado na fonte, como autônomos, o VGBL é ideal. Ele é indicado também para quem deseja diversificar seus investimentos ou para quem deseja aplicar mais de 12% de sua renda bruta em previdência. Isto porque, em um VGBL, a tributação acontece apenas sobre o ganho de capital.

45

Diferenças entre PGBL e VGBL		
	PGBL Plano Gerador de Benefício Livre	VGBL Vida Gerador de Benefício Livre
Perfil do Investidor	Indicado para aqueles que: a) Unitlizam a declaração completa do IR b) Contribuem para a Previdência Social (INSS) ou regime próprio c) Aposentados d) Planejam aplicar até 12% da sua renda bruta anual na previdência complementar	Indicado para aqueles que: a) Utilizam a declaração simplificada do IR b) Não contribuem para a previdência Social (INSS) ou regime próprio c) São isentos do IR d) Planejam aplicar mais de 12% da sua renda bruta anual na previdência
Benefício fiscal durante o período de acumulação	Os recursos depositados podem ter dedução de até 12% da renda bruta anual, desde que o contribuinte também recolha para o INSS ou regime próprio, ou seja aposentado	Os recursos depositados não têm dedução no IR
Tributação durante o período de acumulação	Rentabilidade	Tanto o PGBL como VGBL, durante esse período, a rentabilidade obtida não será tributada. Dessa forma, ambos têm possibilidade de render mais do que fundos de investimentos tradicionais
	Resgate	No resgate, todo o valor (contribuições mais rendimentos) será tributado no IR	No resgate, só os valores referentes ao rendimento obtido no plano estarão sujeitos à tributação do IR
Tributação na aposentadoria		Todo o valor recebido estará sujeito a tributação do IR	Só os valores referentes ao rendimento obtido no plano estarão sujeitos à tributação do IR quando a renda for recebida
Combinação de PGBL e VGBL		Aqueles que planejam contribuir com mais de 12% da renda bruta anual em previdência complementar aberta é recomendável a contratação de um plano PGBL combinado com um VGBL para se eneficiar dos incentivos do IR. O PGBL permite deduzir da base de cálculo do imposto até 12% da renda bruta anual, desde que utilizado o modelo aompleto do IR. Os recursos destinados à previência que excederam a esse limite podem ser direcionados ao VGBL, cuja tributação do IR incide apenas sobre os rendimentos no momento do resgate	

Fonte: http://www.tudosobreseguros.org.br/portal/pagina.php?l=191

Noções de seguros

Seguro é a obrigação assumida pela seguradora, mediante recebimento de prêmio, de reparar os danos causados à parte contratante ou a qualquer de seus bens patrimoniais. Os seguros podem ser classificados em sociais e privados, de acordo com a sua finalidade.

Seguros sociais são aqueles que têm como finalidade proteger todas as camadas da população contra determinados riscos (doença, velhice, invalidez e acidentes do trabalho). São seguros obrigatórios e regulamentados pelo Ministério do Trabalho e Previdência Social.

Seguros privados, por sua vez, são seguros operados por empresas privadas de seguros. Podem ser obrigatórios ou não, e até de caráter social, como é o caso do DPVAT. São os seguros de bens, pessoas, responsabilidades, obrigações e garantias.

O marco inicial da atividade seguradora no Brasil está ligado à vinda da corte portuguesa para o País. A necessidade de proteger as embarcações marítimas levou à formação das primeiras companhias, voltadas exatamente para o seguro marítimo.

Desde então, o setor se desenvolveu e acompanhou a industrialização brasileira, defrontando-se, atualmente, com a difícil tarefa de aumentar sensivelmente sua produtividade.

O mercado segurador brasileiro encontra-se, atualmente, estruturado pelo Decreto-Lei nº 73, de 21.11.66, que criou o Sistema Nacional de Seguros Privados, constituído por:

a) Conselho Nacional de Seguros Privados – CNSP: Conselho máximo responsável pela fixação das diretrizes e normas da política brasileira de seguros privados;

b) Superintendência de Seguros Privados – SUSEP: Órgão do Ministério da Fazenda responsável pelo controle e fiscalização do mercado de seguros privados;

c) Brasil Resseguros S/A – IRB: Regulamenta notadamente o resseguro e a retrocessão, distribuindo equitativamente os riscos no mercado segurador.

d) Corretores de Seguros: Pessoas físicas ou jurídicas, são os intermediários legalmente autorizados a angariar e promover contratos de seguro entre as seguradoras e o público em geral;

e) Sociedades Seguradoras: Sociedades anônimas, privadas ou públicas, que operam em seguros dos ramos vida e não vida, de acordo com as autorizações dadas pela SUSEP e com o capital mínimo que possuem.

A atividade seguradora tem por objetivo, com foco no princípio do mutualismo, a criação de condições para a proteção dos patrimônios e das rendas contra perdas decorrentes dos infortúnios da vida.

Seu princípio informador consiste na ideia que, necessariamente, ocorrerão, ao longo de um determinado lapso temporal, acontecimentos que resultarão em perdas patrimoniais e na capacidade de gerar renda. Os atingidos não podem ser previamente identificados, mas, potencialmente, todos se sujeitam ao mesmo risco. Desse modo, torna-se ato de absoluta racionalidade, para proteção de todos, que cada qual contribua em pequenas proporções para a formação de um fundo capaz de ressarcir prejuízos daqueles que, vítimas dos infortúnios, venham a sofrer perda patrimonial ou na sua capacidade de gerar renda.

O seguro é, assim, uma atividade assentada sobre a ideia de solidariedade, bem como no rateio previsto do custo da reparação, dispensando proteção efetiva para todos os que contribuírem para a formação do fundo indenizatório.

É claro que o seguro é uma garantia, em primeiro lugar, para o patrimônio e a renda de uma pessoa. Mas, sem dúvida, é do interesse coletivo que o patrimônio nacional e a renda das pessoas sejam protegidos, razão pela qual a atividade seguradora reflete um ponto de convergência entre o interesse individual e o interesse coletivo. A perda de um patrimônio, sem reparação, empobrece o conjunto da sociedade, que tem, assim, interesse direto na existência do mais amplo sistema securitário de proteção do patrimônio, constituído por um mercado segurador eficiente, capitalizado e universal.

As principais atividades de uma sociedade seguradora são a cobrança de prêmios para a garantia de riscos pessoais e/ou patrimoniais; a realização de investimentos e aplicações financeiras, como complemento das operações de seguros; a indenização de sinistros; e a vinculação de bens para a garantia de provisões técnicas das operações.

Retomando a aula

Parece que estamos indo bem. Então, para encerrar esse tópico, vamos recordar:

1 – Introdução à Contabilidade Atuária

A profissão de atuário não é nova, exigindo do profissional o diploma de Bacharel em Ciências Atuariais e amplo conhecimento em planos de previdência complementar e seguro.

O Campo de atuação da contabilidade atuárias é a elaboração de Planos Técnicos de Seguros e Previdência, Avaliações Atuariais, Cálculo de Reservas Matemáticas, Análise de Riscos, Consultoria, Auditoria de Benefícios Previdências, Auditoria de Sinistros, Auditoria Atuarial e Perícia Atuarial.

A seguridade social teve, como característica na fase inicial do sistema, a proteção exclusiva aos empregados do setor formal da economia e a seus dependentes, vinculados de forma compulsória ao sistema por contribuição regular dos trabalhadores e dos empregadores, cabendo à União Federal a gestão do sistema.

2 – Plano Gerador De Benefício Livre – PGBL e Vida Gerador de Benefício Livre – VGBL

Com o aumento da expectativa de vida e a mudança de comportamento das pessoas em relação ao fim do período laboral, o que no passado, para muitos, poderia representar o fim de uma atividade profissional, passou a ser entendido como uma oportunidade de dedicar-se aos projetos com os quais você sonhou durante sua vida.

A principal distinção entre eles está na tributação. No PGBL, você pode deduzir o valor das contribuições da sua base de cálculo do Imposto de Renda, com limite de 12% da sua renda bruta anual.

As principais atividades de uma sociedade seguradora são a cobrança de prêmios para a garantia de riscos pessoais e/ou patrimoniais; a realização de investimentos e aplicações financeiras, como complemento das operações de seguros; a indenização de sinistros; e a vinculação de bens para a garantia de provisões técnicas das operações.

Vale a pena

Vale a pena ler,

MARTINS, Gilberto de Andrade; SILVA, Fabiana Lopes da; CHAN, Betty Lílian. Fundamentos da previdência complementar: da atuária à contabilidade. São Paulo: Atlas, 2006.

SOUZA, Silney de. Seguros: Contabilidade, atuária e auditoria. São Paulo: Saraiva 2007

Vale a pena acessar,

http://www.portaldecontabilidade.com.br/tematicas/historia.htm

http://www.tudosobreseguros.org.br/portal/pagina.php?l=191

http://arlencontabeis.blogspot.com.br/2010_02_01_archive.html

http://pt.scribd.com/doc/53386100/A-evolucao-da-contabilidade-no-Brasil-e-no-mundo

http://pt.scribd.com/doc/62987719/Contabilidade-Geral-capitulo-1

www.cfc.org.br

http://www.crcsp.org.br

Obs.: Se ao final desta aula tiverem duvidas, vocês poderão saná-las através das ferramentas "fórum" ou "quadro de avisos" e "chat". Ou ainda poderão enviar para o e-mail **areal@unigran.br**.

Referências bibliográficas

FIPECAFI – Fundação Instituto de Pesquisas Contábeis, Atuariais e Financeira, USP Manual de Contabilidade das

Sociedades por Ações. São Paulo: Atlas, 2010.

IUDÍCIBUS, S. de. Teoria da contabilidade. São Paulo: Atlas, 2009.

IUDÍCIBUS, S. et al. Manual de Contabilidade das S/A . São Paulo: Atlas, 2010.

IUDÍCIBUS, Sergio de. Contabilidade Introdutória. São Paulo: Atlas, 2010.

IUDÍCIBUS, Sérgio de, MARTINS, Eliseu, GELBCKE, Ernesto Rubens. Manual de Contabilidade das Sociedades por Ações. São Paulo: Atlas, 2010.

LOPES, Silvio Cesar Oliveira. Guia de Estudo Teoria da Contabilidade. Dourados: Unigran, 2010.

RIBEIRO, Osni Moura. Contabilidade Geral. São Paulo: Saraiva, 2012.

SÁ, A. L. de. Princípios fundamentais de contabilidade. São Paulo: Atlas, 2007.

SÁ, A. L. de. Teoria da Contabilidade. São Paulo: Atlas, 2010.

http://www.portaldecontabilidade.com.br/tematicas/historia.htm acesso 07/05/2012 – as 19:00 - horas.

http://arlencontabeis.blogspot.com.br/2010_02_01_archive.html - acesso 09/05/2012 - as 21:23 - horas.

http://pt.scribd.com/doc/53386100/A-evolucao-da-contabilidade-no-Brasil-e-no-mundo - acesso 09/06/2012 - as 22:40 horas.

http://pt.scribd.com/doc/62987719/Contabilidade-Geral-capitulo-1 - acesso 01/07/2012 – as 14:15 horas.

http://www.portaldeauditoria.com.br/tematica/contabilidadecomentada_postuladoseprincipioscontabeis.htm - acesso 04/07/2012 - as 22:23 horas.

www.cfc.org.br

http://www.tudosobreseguros.org.br/portal/pagina.php?l=191

Minhas anotações

Graduação a Distância

6º SEMESTRE

Ciências Contábeis

CONTABILIDADE
RURAL

UNIGRAN - *Centro Universitário da Grande Dourados*

Rua Balbina de Matos, 2121 - CEP 79.824 - 9000
Jardim Universitário
Dourados - MS
Fone: (67) 3411-4141 / Fax: (67) 3411-4167

CEAD
Coordenadoria de Educação a Distância

Apresentação do Docente

Bem-vindo!

Sérgio Almir Wachter - é proprietário de um escritório contábil e sócio de uma empresa de consultoria na cidade de Dourados. Em 1997, concluiu a Especialização em Contabilidade Gerencial, pela Universidade Federal de Mato Grosso do Sul (UFMS). É bacharel em Direito, graduando-se em 1992, pela UNIGRAN. É mestrado em Produção e Gestão Agroindustrial. Leciona na UNIGRAN, desde 1998, as disciplinas de Contabilidade III, Contabilidade IV, Contabilidade Rural, Contabilidade Tributária e Contabilidade Gerencial. Foi contador de empresas do ramo de combustíveis e, atualmente, é proprietário do Escritório Contábil Contagro e sócio da empresa G10 Consultoria e Treinamento Corporativo Ltda.

WACHTER, Sérgio Almir. Contabilidade Rural. Sérgio Almir Wachter. Dourados: UNIGRAN, 2019.

46 p.: 23 cm.

1. Contábeis. 2. Contabilidade. 3. Rural.

Sumário

Conversa Inicial

Caros(as) Alunos(as),

Neste estágio do curso estamos evoluindo para conhecimentos bem mais específicos; no caso, a Contabilidade Agrícola e Pecuária.

Por ser o Brasil um país de grandes extensões territoriais, temos na economia uma forte atividade agrícola e pecuária, essas presentes em praticamente todos os estados brasileiros, o que permite ao contador um aprimoramento de seus conhecimentos em um campo bem específico.

Vocês podem notar que nos anos em que a agricultura e a pecuária sofrem crises, quer por estiagens ou por preços baixos de suas produções, sempre há reflexos nos demais setores da economia.

A Contabilidade Rural é uma ferramenta indispensável para a boa administração do agronegócio, que deve, cada vez mais, ser encarado como uma atividade lucrativa e possibilitar ao usuário, interno ou externo, uma real dimensão dessas atividades.

Como nas disciplinas anteriores, desejo a todos(as) que tenham bom proveito do material disponibilizado e dos recursos oferecidos, colocando-me sempre à disposição de vocês no que estiver ligado ao conteúdo desta disciplina.

Bom estudo a todos(as)!

Profº Sérgio Almir Wachter

Aula 1º

O processo de comunicação

> *Obrigado ao homem do campo*
> *Pelo leite, o café e o pão*
> *Deus abençoe os braços que fazem*
> *O suado cultivo do chão.*
>
> *Dom e Ravel*

Prezados(as) acadêmicos(as), bem-vindos à primeira aula da disciplina de Contabilidade Rural.

Nesta disciplina, estaremos iniciando cada aula com um refrão da música 'Obrigado ao homem do campo', da dupla brasileira Dom e Ravel, que despontou nas paradas de sucesso a partir da década de 1960, com o fito de promover reflexões em torno das temáticas propiciadas pela Contabilidade Rural, tendo em vista sua especificidade.

Abordaremos, nesta aula, sobre as atividades agrícolas, pecuárias e agroindustriais, além das explorações agropecuárias, os investimentos de Capital Fundiário e de Capital de Exercício.

Vamos lá?! Ótima aula!

Bons estudos!

Objetivos de aprendizagem

Esperamos que, ao término desta aula, você seja capaz de:

• caracterizar a Contabilidade Rural;
• descrever particularidades das atividades agrícola, pecuária e agroindustrial;
• identificar, nas explorações agropecuárias, os investimentos de Capital Fundiário e de Capital de Exercício.

Seções de estudo

1 - Contabilidade rural: conceitos gerais
2 - Explorações agropecuárias

1 - Contabilidade rural: conceitos gerais

Na disciplina de Contabilidade Rural temos algumas nomenclaturas que não são comuns ou usuais para todos. Por isso, nesta primeira aula, queremos explicar os termos comumente utilizados na atividade agrícola e pecuária no Brasil.

Disponível em: <http://www.ufgd.edu.br/face/mestrado-agronegocios/noticias/palestra-desenvolvimento-regional-com-enfase-no-desenvolvimento-urbano-e-rural>. Acesso em: 10 abr. 2012.

Nesta aula, contemplaremos a Contabilidade Agrícola e a Contabilidade Pecuária. A atividade agrícola compreende o cultivo do solo e a formação de "culturas" que produzirão, via de regra, alimentos para o consumo humano ou animal. A atividade pecuária compreende a criação de animais, os quais poderão ser destinados ao abate e consumo humano na sua maioria.

Na atividade agrícola temos a produção de culturas temporárias e culturas permanentes. A primeira se refere a culturas de curto prazo, que são cultivadas uma única vez e, após a colheita, não rebrotam. (soja, milho, arroz, trigo, etc.). Já as culturas permanentes permitem mais de uma colheita (café, cana-de-açúcar, laranja, etc.).

a) Atividade Agrícola

Culturas temporárias - hortícola e forrageira:
• Cereais (feijão, soja, arroz, milho, trigo, aveia...)
• Hortaliças (verduras, tomate, pimentão...)
• Tubérculos (batata, mandioca, cenoura...);
• Plantas oleaginosas (mamona, amendoim, menta...);
• Especiarias (cravo, canela...);
• Fibras (algodão, pinho);
• Floricultura, forragens, plantas industriais...

Culturas Permanentes - Arboricultura:
• Florestamento (eucalipto, pinho...)
• Pomares (manga, laranja, maçã...);
• Vinhedos, olivais, seringais etc.

Disponível em: <http://blogdoonyx.wordpress.com/category/pecuaria/>. Acesso em: 10 abr. 2012.

b) Atividade Pecuária (criação de animais)
• Apicultura (criação de abelhas);
• Avicultura (criação de aves);
• Cunicultura (criação de coelhos);
• Pecuária (criação de gado);
• Piscicultura (criação de peixes);
• Ranicultura (criação de rãs);
• Sericicultura (criação do bicho-da-seda);
• Outros pequenos animais.

Pecuária é a arte de "criar e tratar gado". Gados são animais geralmente criados no campo, para serviços de lavoura, para consumo doméstico ou para fins industriais e comerciais. Como exemplos de gado podemos citar: bovinos, suínos, caprinos, equinos, ovinos, muares etc.

c) Atividade Agroindustrial
Com o advento da mecanização e modernização do campo, muitos agricultores estão aprimorando suas técnicas de produção, trazendo aos seus produtos um valor agregado através de beneficiamentos e transformações.

Composição do agronegócio

Disponível em: <http://www.marion.pro.br/portal/modules/wfdownloads/visit.php?cid=15&lid=139>. Acesso em: 10 abr. 2012.

Neste caso, o agricultor ou pecuarista, além da atividade primária (agricultura e pecuária) está também industrializando sua produção, fazendo com que seus produtos tenham maior valor no mercado:

• beneficiamento do produto agrícola (arroz, café, milho);
• transformação de produtos zootécnicos (mel, lacticínios, casulos de seda);
• transformação de produtos agrícolas (cana-de-açúcar em álcool e aguardente; soja em óleo; uvas em vinho e vinagre; moagem de trigo e milho).

2 - Explorações agropecuárias

Nas explorações agropecuárias, encontramos dois tipos de investimentos:

1. **Capital Fundiário** - A terra, edifícios e edificações rurais, benfeitorias e melhoramentos na terra, cultura permanente, pastos etc. São todos recursos fixos, vinculados a terra, e dela são retiráveis. O capital fundiário, na agropecuária, representa aquilo que nas indústrias transformadoras corresponde aos edifícios e seus anexos.

2. **Capital de Exercício** - É o capital operacional, ou capital de trabalho. O gado para reprodução, animais de trabalho, equipamentos, tratores, etc. É o instrumental necessário para o funcionamento do negócio. Esse capital pode ser permanente (não se destina à venda, de vida útil longa), ou circulante, ou de giro (recursos financeiros e valores que serão transformados em dinheiro ou consumidos a curto prazo).

Podemos observar também duas personalidades economicamente distintas nas associações dos capitais, fundiário e de exercício, na atividade agropecuária:

1. O proprietário da terra, que participa no negócio com o capital fundiário;

2. O empresário, que participa com o capital de exercício, explorando o negócio agropecuário independentemente de ser ou não proprietário da terra.

Disponível em: <http://cleveston.blogspot.com.br/>. Acesso em: 25 maio 2012.

A partir das combinações dessas duas personalidades, observam-se as formas de associação nas explorações agropecuárias enumeradas a seguir.

Empresário agropecuário com a propriedade da terra - Nesse caso, somam-se os capitais fundiários e de exercício, isto é, o proprietário da terra também a utiliza, na condução do negócio agropecuário. O proprietário investe em capital de exercício e administra seus negócios.

Parceria - Ocorre parceria quando o proprietário da terra contribui no negócio com o capital fundiário e o capital do exercício, associando-se a terceiros em forma de parceria. A parceria pode ser a meia (o lucro da colheita é dividido, metade cabe ao proprietário e metade ao parceiro), à terça parte (2/3 para o proprietário e 1/3 para o parceiro), à quarta parte etc.

Esse tipo de associação assemelha-se a uma sociedade de capital e indústria, em que há duas espécies de sócios:

• **capitalista:** (proprietário): entra com o capital e, geralmente, com a gerência do negócio.
• **de trabalho:** (parceiro): entra com a execução do trabalho.

Arrendamento - Quando o proprietário da terra aluga seu capital fundiário (dificilmente aluga o capital do exercício) por determinado período a um empresário, tem-se o que se chama Sistema de Arrendamento. O arrendador recebe do arrendatário uma retribuição certa, que é o aluguel.

Comodato - Empréstimo gratuito em virtude do qual uma das partes cede por empréstimo, para que se use pelo tempo e nas condições preestabelecidas. Nesse caso, o proprietário cede seu capital sem nada receber do comodatário.

Condomínio - É a propriedade em comum, ou a copropriedade, em que os condôminos proprietários compartilham dos riscos e dos resultados, da mesma forma que a parceria, na proporção da parte que lhes cabe no condomínio.

Chegamos ao final de nossa primeira aula. Tudo tranquilo até aqui?! Em caso de dúvidas, acessem as ferramentas "Fórum" ou "Quadro de Avisos". Confiram as sugestões de leituras e sites para ampliar seus conhecimentos.

Até a próxima aula!

Retomando a aula

Vamos, agora, recordar as principais abordagens da Aula 01:

1 - Contabilidade rural: conceitos gerais

Vimos, nesta seção, que a atividade agrícola compreende o cultivo do solo e a formação de "culturas" que produzirão alimentos para o consumo humano ou animal. A atividade pecuária compreende a criação de animais, os quais poderão ser destinados ao abate e consumo humano na sua maioria. Já a atividade agroindustrial se dá pela industrialização da produção primária.

2 - Explorações agropecuárias

Nas explorações agropecuárias, vimos que há os investimentos de:
- Capital Fundiário - são todos recursos fixos, vinculados à terra, e dela são retiráveis; e
- Capital de Exercício - é o capital operacional, ou capital de trabalho.

Constituem-se formas de associação nas explorações agropecuárias: Empresário agropecuário com a propriedade da terra; Parceria; Arrendamento; Comodato; e Condomínio.

Vale a pena

Vale a pena ler,

MARION, José Carlos. *Contabilidade rural:* 4 ed. São Paulo: Atlas, 1996.

OLIVEIRA, Neuza Corte de. *Contabilidade do Agronegócio* - Teoria e Prática. 2. ed. Curitiba-PR: Juruá, 2011.

ORTIZ, Aldenir; BUSCH, Cleber; GARCIA, Edino Ribeiro; TODA, William Haruo. *A Nova Contabilidade Rural.* São Paulo: IOB, 2011.

Vale a pena **acessar**

Academia Brasileira de Ciências Contábeis. Disponível em: <http://www.abcienciascontabeis.com.br/>. Acesso em: 30 mar. 2012.

BRASIL. Ministério da Agricultura. Disponível em: <www.agricultura.gov.br>. Acesso em: 10 mar. 2012.

REIS, Rafael. Contabilidade Rural. Disponível em: <http://www.contabeis.com.br/artigos/767/contabilidade-rural/>. Acesso em: 30 mar. 2012.

Revista Brasileira de Contabilidade - RBC - Fórum Contábeis. Disponível em: <www.contabeis.com.br/forum/.../rbc-revista-brasileira-de-contabilida...>. Acesso em: 10 mar. 2012.

Vale a pena **assistir**

Vídeo: Dia do Agricultor - 28 de Julho. Disponível em: <http://www.youtube.com/watch?v=UEUB97tIyRM>. Acesso em: 10 abr. 2012.

Minhas anotações

Aula 2º

Armazéns gerais: produtos agropecuários

> *Obrigado ao homem do campo*
> *Pela carne, o arroz e feijão*
> *Os legumes, verduras e frutas*
> *E as ervas do nosso sertão.*
>
> *Dom e Ravel*

Olá Pessoal!

Os Armazéns Gerais são empresas que têm por objeto a guarda e a conservação de mercadorias. Nesta aula, vamos abordar sobre os Armazéns Gerais, o depositário e as atividades de armazenagem de produtos agropecuários, seus derivados, subprodutos e resíduos de valor econômico, que estão sujeitos às regras do Ministério da Agricultura e do Abastecimento.

Vamos lá?! Ótima aula!

Boa aula!

Objetivos de aprendizagem

Ao término desta aula, vocês serão capazes de:

- caracterizar armazém geral e armazenagem agropecuária;
- identificar o depositário fiel e os itens da armazenagem de produtos agropecuários.

Seções de estudo

1 - Armazém geral: características

Na definição da Junta Comercial do Estado de São Paulo -JUSCEP, Armazéns Gerais são empresas que têm por objeto a guarda e a conservação de mercadorias, e a emissão de títulos especiais que as representem (conhecimento de depósito: que representa a mercadoria e circula livremente por endosso, transferindo, assim, sua propriedade; e *warrant*: unido ao conhecimento, mas dele separável à vontade do depositante, que se presta à função de títulos constitutivos de direito de penhor sobre a mercadoria).

> *Warrant é o título de crédito causal, emitido exclusivamente pelos armazéns gerais, que representa o crédito e o valor das mercadorias depositadas. Warrant é instrumento equiparado e considerado com título de crédito, endossável, que se emite, sob garantia pignoratícia, juntamente com o conhecimento de depósito de mercadorias nos armazéns-gerais. O nome warrant tem o sentido dos verbos assegurar, garantir, certificar, autorizar.*
> *Disponível em: <http://www.dicionarioinformal.com.br/warrant/>. Acesso em: 20 abr. 2012.*

Qualquer pessoa, natural ou jurídica, apta para o exercício do comércio, pode ser titular de um armazém geral, desde que satisfaça certas exigências e esteja devidamente matriculada na Junta Comercial de seu estado.

1.1 - Armazenagem de produtos agropecuários

As atividades de armazenagem de produtos agropecuários, seus derivados, subprodutos e resíduos de valor econômico, estão sujeitas às regras do Ministério da Agricultura e do Abastecimento que criou sistema de certificação, estabelecendo condições técnicas e operacionais, assim como a documentação pertinente, para qualificação dos armazéns destinados à atividade de guarda e conservação de produtos agropecuários.

Disponível em: <http://www.minasgerais.coop.br/cmi/pagina.aspx?2198>. Acesso em: 21 maio 2012.

O contrato de depósito terá na sua composição, obrigatoriamente, entre outras cláusulas, a identificação das partes, o objeto, o prazo de armazenagem, o preço e a forma de remuneração pelos serviços prestados, os direitos e as obrigações do depositante e do depositário, a capacidade de expedição e a compensação financeira por diferença de qualidade e quantidade.

Caso ocorra algum litígio relativo a direito patrimonial, as partes poderão se valer na arbitragem (Lei n° 9.307/1996).

As partes no contrato serão compostas pelo depositário que é pessoa jurídica apta a exercer as atividades de guarda e conservação de produtos de terceiros e o depositante, ou seja, pessoa física ou jurídica responsável legal pelos produtos entregues a um depositário para guarda e conservação.

2 - Depositário fiel

O depositário é o responsável pela guarda, pela conservação e pela pronta e fiel entrega dos produtos que tiver recebido em depósito e responderá por culpa ou dolo de seus empregados ou prepostos, pelos furtos, roubos e sinistros ocorridos com os produtos depositados, bem como pelos danos decorrentes de seu manuseio inadequado.

O depositário e o depositante poderão definir, de comum acordo, a constituição de garantias, as quais deverão estar registradas no contrato de depósito ou no Cerificado de Depósito Agropecuário (CDA) e no *warrant* Agropecuário (WA).

Disponível em: <http://fdamiaonoticias.blogspot.com.br/2012_07_01_archive. html>. Acesso em: 21 maio 2012.

O depósito não é obrigado a se responsabilizar pela natureza, pelo tipo, pela qualidade e pelo estado de conservação dos produtos contidos em invólucros que impossibilitem sua inspeção, ficando sob inteira responsabilidade do depositante a autenticidade das especificações indicadas.

Contudo, para garantir a operação e resguardar-se de qualquer evento futuro, o depositário fica obrigado a celebrar contrato de seguro, a favor do depositante, dos produtos armazenados contra incêndio, inundação e quaisquer eventos que os destruam ou deteriorem.

Ressalto que a prestação de serviços de armazenagem de produtos agropecuários, seus derivados, subprodutos e resíduos de valor econômico, não impede o depositário da prática de comércio de produtos da mesma espécie daqueles usualmente recebidos em depósito, desde que estejam certificadas.

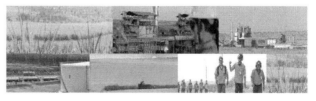

Disponível em: <http://www.eth.com/relatorio2011eth/>. Acesso em: 21 maio 2012.

O depositário terá o direito de reter os produtos depositados até mesmo à massa falida do devedor, até o limite dos valores correspondentes, para garantia do pagamento de:

a) armazenagem e demais despesas tarifárias;

b) adiantamentos feitos com fretes, seguros e demais despesas e serviços, desde que devidamente autorizados, por escrito, pelo depositante; e

c) comissões, custos de cobrança e outros encargos, relativos à operação com mercadorias depositadas.

O direito de retenção não poderá ser exercido quando existir débito perante o depositante, decorrente de contrato de depósito, em montante igual ou superior ao dos créditos relativos aos serviços prestados.

Por fim, o depositário fica obrigado a prestar informações sobre a emissão de títulos representativos do produto em fase de venda e sobre a existência de débitos que possam onerar o produto. Bem como também encaminhar informações ao Ministério da Agricultura e do Abastecimento relativas à identificação das unidades armazenadoras, que serão utilizadas para a constituição do Cadastro Nacional de Unidades Armazenadoras de Produtos Agrícolas e sobre os estoques próprios e de terceiros mantidos sob sua guarda.

Essas informações alimentarão exclusivamente o registro estatístico do sistema de armazenagem e servirá de apoio à política agrícola e de armazenagem.

2.1 - Sinopse da armazenagem de produtos agropecuários

Armazenagem de produtos agropecuários, seus derivados, subprodutos e resíduos de valor econômico se dão de acordo com um contrato de depósito, devidamente registrado na Junta Comercial, bem como também observar o Regulamento interno do armazém, conforme segue na sinopse abaixo.

Disponível em: < http://www.pouptempo.com.br/promocoes.php?p=77>. Acesso em: 15 maio 2012.

Contrato de depósito:
a) as partes;
b) o objeto;
c) o prazo de armazenagem;
d) o preço e a forma de remuneração pelos serviços prestados;
e) os direitos;
f) as obrigações do depositante e do depositário;
g) a compensação financeira por diferença de qualidade e quantidade.

Registro do contrato: Junta comercial.

Litígio relativo a direito patrimonial: as partes poderão utilizar a arbitragem (Lei n° 9.307/1996).

Regulamento interno do armazém: deverão constar os critérios de preferência para a admissão de produtos e para a prestação de outros serviços nas unidades armazenadoras.

Responsabilidade do depositário: pela guarda, conservação, pronta e fiel entrega dos produtos que tiver recebido em depósito.

Garantias: Deverão estar registradas no contrato de

depósito ou no Cerificado de Depósito Agropecuário (CDA) e no *Warrant* Agropecuário (WA).

Chegamos ao final de nossa aula. Espero que tenham entendido as características principais dos armazéns gerais e da armazenagem de produtos agropecuários.

Retomando a aula

Vamos, então, recordar as principais abordagens da Aula 02:

1 - Armazém geral: características

Vimos que os Armazéns Gerais são empresas que têm por objeto a guarda e a conservação de mercadorias. As atividades de armazenagem de produtos agropecuários estão sujeitas às regras do Ministério da Agricultura e do Abastecimento.

2 - Depositário fiel

O depositário é o responsável pela guarda, pela conservação e pela pronta e fiel entrega dos produtos que tiver recebido em depósito, e responderá por culpa ou dolo de seus empregados ou gerente, pelos furtos, roubos e sinistros ocorridos com os produtos depositados, bem como pelos danos decorrentes de seu manuseio inadequado. Pudemos também conferir os elementos do contrato para a armazenagem de produtos agropecuários e do Regulamento interno do armazém.

Vale a pena

Vale a pena **ler**

BARBOSA, Jairo Silveira. *Administração Rural a Nível de Fazendeiro.* São Paulo: Nobel, 2011.

CREPALDI, Silvio Aparecido. *Contabilidade rural:* uma abordagem decisorial. 2. ed. São Paulo: Atlas, 1998.

NEVES, Marcos Fava. *Agronegócios & Desenvolvimento Sustentável.* São Paulo: Atlas, 2011.

Vale a pena **acessar**

Armazém Geral. Disponível em: < http://www.cosif.com.br/publica.asp?arquivo=arm00-indgeral>. Acesso em: 20 abr. 2012.

Conselho Regional de Contabilidade. Disponível em: <www.cfc.org.br>. Acesso em: 10 mar. 2012.

Lei dos Armazéns Gerais - Decreto N° 1102, de 21 de novembro de 1903. Disponível em: < www.tradelogistica.com.br/.../lei_armazens_gerais_comentarios.doc>. Acesso em: 20 abr. 2012.

Revista Contemporânea de Contabilidade. Disponível em: <www.periodicos.ufsc.br/index.php/contabilidade>. Acesso em: 20 mar. 2012.

3º Aula

Contabilização na agricultura: culturas temporárias

Obrigado ao homem do campo
Pela madeira da construção
Pelo couro e os fios das roupas
Que agasalham a nossa nação.

Dom e Ravel

Olá Turma!

Nesta aula, verificaremos como se dá a contabilização na agricultura das culturas temporárias. As culturas temporárias normalmente têm um período de vida curto e estão sujeitas ao replantio após colheita. Identificaremos também a diferença entre o custo da cultura e a despesa do período para atividade agrícola. Ao final conferiremos um modelo de cálculo dos custos das culturas e um modelo de contabilização de culturas temporárias.

Bons estudos!

Boa aula!

Objetivos de aprendizagem

Ao término desta aula, o aluno será capaz de:

• identificar as culturas temporárias;
• distinguir a diferença entre o custo da cultura e a despesa do período para atividade agrícola;
• contabilizar as culturas temporárias.

Seções de estudo

1 - Culturas temporárias
2 - Custo x Despesa
  2.1 Exemplo 1: modelo de cálculo dos custos das culturas
  2.2 Exemplo 2: modelo de contabilização de culturas temporárias

1 - Culturas temporárias

As Culturas Temporárias são aquelas sujeitas ao replantio após a colheita. Normalmente, o período de vida é curto. Após a colheita, são arrancadas do solo para que seja realizado novo plantio. Exemplos: soja, milho, arroz, feijão, batata, legumes, entre outros. Esse tipo de cultura é também conhecido como anual.

Esses produtos são contabilizados no Ativo Circulante, como se fossem um "Estoque em Andamento" numa indústria. Dessa forma, todos os custos serão acumulados numa subconta com o título específico da cultura em formação (arroz, trigo, alho, cebola, etc.), da conta "Culturas Temporárias".

Os custos que contém essa rubrica são: sementes, fertilizantes, mudas demarcações, mão de obra, encargos, energia elétrica, encargos sociais, combustível seguro, serviços profissionais, inseticidas, depreciação de tratores e outros imobilizados na cultura em apreço.

Disponível em: <http://www.noticiasagricolas.com.br/noticias/hortifruti/>. Acesso em: 02 maio 2012.

Observem que, em se tratando de uma única cultura (o que é muito mais raro de ocorrer), todos os custos se tornam diretos à cultura, sendo apropriados diretamente. Todavia, existindo várias culturas, fato que ocorre com maior frequência, há a necessidade do rateio dos custos indiretos, proporcional a cada cultura.

2 - Custo x despesa

Acredito ser oportuno um rápido comentário sobre a diferença entre o custo da cultura e a despesa do período para atividade agrícola.

Por convenção, e para facilitar a comunicação desse assunto, consideram-se custo de cultura todos os gastos identificáveis direta ou indiretamente com a cultura (ou produto), como sementes, adubos, mão de obra (direta ou indiretamente), combustível, depreciação de máquinas e equipamentos utilizados na cultura, serviços agronômicos e topográficos etc.

Disponível em: <http://cienciascontabeis-brasil.blogspot.com.br/2012/03/plano-de-gestao-de-custos-para-pequena.html>. Acesso em: 20 abr. 2012.

Despesa do período são as despesas de venda (propaganda, comissão de vendedores), despesas administrativas (honorários dos diretores, pessoal de escritório) e despesas financeiras (juros, correção monetária).

Todo o custo da colheita será acumulado na conta "Cultura Temporária" e, após o término da colheita, essa conta será baixada pelo seu valor de custo e transferida para uma nova conta denominada "Produtos Agrícolas", sendo especificado, como subconta, o tipo de produto (soja, milho, batata, etc.). Embora não se assemelhe a um estoque em formação, mas a um estoque acabado, recolhido ao depósito ou ao armazém, essa conta também compõe o Ativo Circulante.

A essa conta de "Produtos Agrícolas" serão somados todos os custos posteriores à colheita (para acabamento do produto ou para deixar em condições de ser vendido, consumido ou reaplicado, tais como beneficiamentos, acondicionamentos etc.) e todos os custos para manutenção desse estoque: silagem, congelamento e etc.

À medida que a produção agrícola for vendida, dá-se proporcionalmente baixa na conta "Produtos Agrícolas" e transfere-se o valor de custo para a conta "Custo do Produto Vendido" (resultado), especificando-se o tipo de produto agrícola vendido (trigo, tomate, abóbora...). Dessa forma, haverá o confronto entre a Receita e o Custo do Produto Vendido, podendo-se apurar o Lucro Bruto.

Disponível em: <http://colunas.globorural.globo.com/diariodasafra/>. Acesso em: 20 abr. 2012.

Vejam agora dois exemplos hipotéticos de casos práticos: o Exemplo 01 é um modelo de cálculo dos custos das culturas e o Exemplo 02 é modelo de contabilização de culturas temporárias.

2.1 - Exemplo 01: modelo de cálculo dos custos das culturas

Custo de Produção de Culturas	
Sementes de soja	36.000,00
Sementes de milho	14.000,00
Combustíveis	32.000,00
Mão de obra	22.000,00
Frete de soja	12.000,00
Frete de milho	4.000,00

Área Utilizada como Base de Rateio Custos Indiretos		
Soja	400	80%
Milho	100	20%
	500	

Imobilizado e Taxa de Epreciação			
Tratores	120.000,00	10%	12.000,00
Máquina	60.000,00	10%	6.000,00
Silos	80.000,00	5%	4.000,00

Histórico	Soja	Milho
Sementes	36.000,00	14.000,00
Adubos/Fert.	22.400,00	5.600,00
Combustíveis	25.600,00	6.400,00
Mão de Obra	17.600,00	4.400,00
Frete Soja	12.000,00	
Frete Milho		4.000,00
Deprec. Trat.	9.600,00	2.400,00
Deprec. Máq.	4.800,00	1.200,00
Deprec. Silos	3.200,00	800,00
	131.200,00	38.800,00

2.2 - Exemplo 02: modelo de contabilização de culturas temporárias

Soja:	200 ha.	40%
Milho:	300 ha.	60%

Imobilizado da Propriedade:			
Tratores	R$ 80.000,00	Vida Útil	10 anos
Máquinas	R$ 60.000,00	Vida Útil	10 anos
Galpões	R$ 30.000,00	Vida Útil	25 anos

Gastos Efetuados à Vista	
1 - Sementes de soja	10.000,00
2 - Sementes de milho	12.000,00
3 - Combustíveis	20.000,00
4 - Adubos	15.000,00
5 - Outros Custos	5.000,00
6 - Despesas Adm.	12.000,00
7 - Venda de Soja 100% Colheita	60.000,00
8 - Venda de Milho 50% Colheita	20.000,00

```
        Caixa                         Cult. Form. Soja
100000 | 10000                         10000 |
 60000 | 12000                          8000 |
 20000 | 20000                          6000 |
       | 15000                          2000 |
       |  5000                          6080 |
106000 | 12000                         32080 | 32080


     Tratores      (-) Depr. Trator    Cult. Form.
 80000 |                    | 8000         Milho
       |                               12000 |
       |                               12000 |
                                        9000 |
                                        3000 |
                                        9120 |
                                       45120 | 45120
```

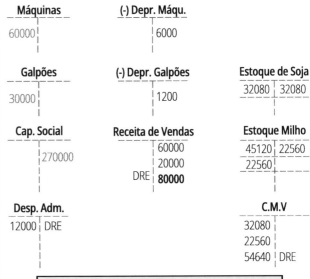

```
    Máquinas          (-) Depr. Máqu.
60000 |                      | 6000
      |                      |

    Galpões          (-) Depr. Galpões        Estoque de Soja
30000 |                      | 1200           32080 | 32080
      |                      |

   Cap. Social        Receita de Vendas       Estoque Milho
      | 270000               | 60000          45120 | 22560
      |                      | 20000          22560 |
      |                DRE   | 80000

   Desp. Adm.                                       C.M.V
12000 | DRE                                  32080 |
      |                                      22560 |
      |                                      54640 | DRE
```

DRE	
Receita de Vendas	80.000,00
(-) CMV	(54.640,00)
Lucro Bruto	25.360,00
(-) Desp. Adm.	(12.000,00)
Lucro Líquido	13.360,00

Balanço Patrimonial

Ativo
Ativo Circulante Disponível
Caixa   106.000,00

Estoque
Milho   22.560,00

Ativo Não Circulante Imobilizado
Tratores   80.000,00
Máquinas 60.000,00
Galpões   30.000,00
(-) Depr. Acum.   (15.200,00)

Total do Ativo   283.360,00

Passivo
Patrimônio Líquido
Capital Social   270.000,00
Lucro Líquido   13.360,00

Total do Passivo   283.360,00

Assim, em linhas gerais, vimos as características que apresentam as Culturas Temporárias, que compõe o Ativo Circulante e as respectivas contas para o lançamento dos custos e despesas. Em caso de dúvidas, acessem as ferramentas "Fórum" ou "Quadro de Avisos".

Espero vocês na próxima aula!

Retomando a aula

Vamos, então, recordar as principais abordagens da Aula 03:

1 - Culturas temporárias

Nesta seção, vimos que as culturas temporárias são aquelas que apresentam um período de vida curto e são sujeitas ao replantio após a colheita. Seus produtos são contabilizados no Ativo Circulante, como se fossem um "Estoque em Andamento" numa indústria.

2 - Custo X Despesa

Verificamos que o custo de uma cultura são todos os gastos identificáveis direta ou indiretamente com a cultura (ou produto), como sementes, adubos, mão de obra (direta ou indiretamente), combustível, depreciação de máquinas e equipamentos utilizados na cultura, serviços agronômicos e topográficos etc. Todo o custo da colheita será acumulado na conta "Cultura Temporária" e, após o término da colheita, essa conta será baixada pelo seu valor de custo e transferida para uma nova conta denominada "Produtos Agrícolas".

Já despesa são todos os gastos não identificáveis com a cultura, mas como despesa do período e compreendem despesas de venda (propaganda, comissão de vendedores), despesas administrativas (honorários dos diretores, pessoal de escritório) e despesas financeiras (juros, correção monetária). Pudemos também conferir um modelo de cálculo dos custos das culturas e um modelo de contabilização de culturas temporárias.

Vale a pena

Vale a pena ler

CREPALDI, Silvio Aparecido. *Contabilidade Gerencial.* Teoria e Prática. 3. ed. São Paulo: Atlas, 2007.

MARION, José Carlos. *Contabilidade Rural:* contabilidade agrícola, contabilidade da pecuária, imposto de renda pessoa jurídica. 8. ed. São Paulo: Atlas, 2005.

SILVA, Roni Antonio Garcia da. *Administração Rural -* Teoria e Prática. 2. ed. Curitiba-PR: Juruá, 2010.

Vale a pena acessar

BORELLI, Cleu; PASSARE, Marcus Barbosa Castro. *Política Agrícola no Brasil sob uma ótica Econômico-Ambiental.* Disponível em: <http://www.marion.pro.br/portal/modules/wfdownloads/visit.php?cid=15&lid=145>. Acesso em: 20 abr. 2012.

BRASIL. *Ministério da Agricultura.* Disponível em: <www.agricultura.gov.br>. Acesso em: 10 mar. 2012.

ULRICH, Elisane Roseli. *Contabilidade rural e perspectivas da gestão no agronegócio.* Revista de Administração e Ciências Contábeis do IDEAU – RACI. ISSN 1809-6212 Vol.4 - n.9 - Julho - Dezembro 2009 – Semestral. Disponível em: <http://www.ideau.com.br/upload/artigos/art_74.pdf>. Acesso em: 15 abr. 2012.

ZANLUCA, Júlio César. *A contabilidade nas operações rurais.*

Disponível em: < http://www.portaldecontabilidade.com.br/tematicas/contabilidaderural.htm>. Acesso em: 10 abr. 2012.

Minhas anotações

4º Aula

Contabilização na agricultura: culturas permanentes

Obrigado ao homem do campo
O boiadeiro e o lavrador
O patrão que dirige a fazenda
O irmão que dirige o trator.

Dom e Ravel

Olá Pessoal!

As Culturas Permanentes são aquelas que permanecem vinculadas ao solo e proporcionam mais de uma colheita e produção. Nesta aula, conheceremos as contas de produção e colheita e os custos indiretos dessas culturas. Aprenderemos também a avaliar a depreciação ou exaustão, a calcular o custo e os gastos pré-operacionais.

Ótima aula!

Boa aula!

Objetivos de aprendizagem

Ao término desta aula, o aluno será capaz de:

- caracterizar as Culturas Permanentes, identificar as contas de produção e colheita e os custos indiretos;
- avaliar a depreciação ou a exaustão e calcular o custo das Culturas Permanentes;
- levantar gastos pré-operacionais das Culturas Permanentes.

Seções de estudo

1 - Culturas permanentes: caracterização

Culturas permanentes são aquelas que permanecem vinculadas ao solo e proporcionam mais de uma colheita e produção. Normalmente, atribui-se às culturas permanentes uma duração mínima de quatro anos.

Do nosso ponto de vista, basta apenas a cultura durar mais de um ano e propiciar mais de uma colheita para ser permanente. Exemplos: cana-de-açúcar, citricultura (laranjeira, limoeiro...), cafeicultura, silvicultura (essências florestais, plantações arbóreas), oleicultura (oliveira), praticamente todas as frutas arbóreas (maçã, pêra, jaca, jabuticaba, goiaba, uva...).

Disponível em: <http://www.grandefm.com.br/rural/embrapa-cafe-epamig-comemora-38-anos-desenvolve-ndo-tecnologia-s-para-o-campo>. Acesso em: 25 abr. 2012.

No caso de Culturas Permanentes, os custos necessários para formação da cultura serão considerados Ativo Permanente – Imobilizado. Os principais custos são: adubação, formicidas, forragem, fungicidas, herbicidas, mão de obra, encargos sociais, manutenção, arrendamento de equipamentos e terras, seguro da cultura, preparo do solo, serviços de terceiros, sementes, mudas, irrigação, produtos químicos, depreciação de equipamentos utilizados na cultura etc.

É importante ressaltar que as despesas administrativas, de vendas e financeiras não compõem o gasto de formação de cultura, mas são apropriados diretamente como "despesa do período" e não são, portanto, ativadas.

Os custos para formação da cultura são acumulados na conta "Cultura Permanente em Formação", da mesma forma como acontece com a conta "Imobilização em Andamento" ou em curso em uma indústria.

Dentro da conta "Cultura Permanente em Formação" há subcontas que indicam especificamente o tipo de cultura: café, pastagem, florestamento (araucária, eucaliptos...), guaraná, seringueira etc. Logicamente, essas contas estão sujeitas à correção monetária anual, e seus valores devem ser sempre atualizados.

Após a formação da cultura, que pode levar vários anos (antes do primeiro ciclo de produção ou maturidade ou antes da primeira florada, ou da primeira produção), é preciso transferir o valor acumulado da conta "Cultura Permanente em Formação" para a conta "Cultura Permanente Formada", identificando-se uma subconta por tipo de cultura específica.

Ao compararmos tal fato com uma indústria que constrói máquinas para seu próprio uso, por exemplo, estaríamos no estágio em que a máquina está pronta para produzir. Daí por diante, na fase produtiva, os custos já não compõem o Imobilizado, mas são tratados como estoque em formação e são acumulados ao produto que está sendo formado.

1.1 – Contas: produção e colheita

A colheita caracteriza-se como um Estoque em Andamento, uma produção em formação, destinada a venda. Daí sua classificação no Ativo Circulante. Como o ciclo de floração, formação e maturação do produto normalmente é longo, podemos criar uma conta de "Colheita em Andamento", sempre identificando o tipo de produto que vai ser colhido.'

Disponível em: <http://www.biinternational.com.br/aluno/hhirano/category/etica-e-sustentabilidade/>. Acesso em: 20 abr. 2012.

A conta de "Colheita em Andamento" é composta de todos os custos necessários para a realização da colheita: mão de obra e respectivos encargos sociais (poda, capina, aplicação de herbicida, desbrota, raleação...), produtos químicos (para manutenção da árvore, das flores, dos frutos, custo do combate às formigas...), custo com irrigação (energia elétrica, transporte de água, depreciação dos motores...), seguro da safra, secagem da colheita, serviços de terceiros e etc.

Adicionamos ao custo da colheita quando a qualquer momento forem aplicados recursos à Cultura Permanente, para melhorar a produtividade ao longo dos anos ou aumentar a vida útil da cultura. A Depreciação/Exaustão, normalmente, é o principal item do cálculo do custo da colheita.

Após o término da colheita, transfere-se o total acumulado de "Colheita em Andamento" para "Produtos Agrícolas". Nessa conta são acumulados, se houver, custos de beneficiamentos, de acondicionamentos (embalagens), de silagem, etc.

À medida que a produção agrícola é vendida, precisamos dar proporcionalmente baixa na conta "Produtos Agrícolas" e transferir o valor do custo à conta "Custo do produto Vendido" (resultado do exercício), especificando-se o tipo de produto agrícola vendido (algodão, café, uva). Dessa forma, haverá o confronto entre a Receita e o Custo do Produto Vendido, podendo-se apurar o Lucro Bruto.

1.2 - Custos indiretos

No período da "Cultura em Formação", como já vimos, todos os custos voltados para a referida cultura serão acumulados nessa conta, inclusive a depreciação dos bens utilizados, desde a preparação do solo até a maturidade da plantação.

Incluem-se também nessa conta os adiantamentos concedidos a fornecedores para o fornecimento de adubos, sementes, mudas etc. É evidente que havendo mais culturas, os custos indiretos deverão ser rateados e apropriados à "Cultura Permanente em Formação", conforme sua atribuição para essa cultura. Consideramos também o número de horas que determinados funcionários estiveram à disposição da cultura em formação, e assim sucessivamente.

2 - Início da depreciação

Enquanto a cultura estiver em formação, não sofrerá à depreciação (ou exaustão), já que, nesse período, não existe perda da capacidade de proporcionar benefícios futuros, mas, muito pelo contrário, essa potencialidade aumenta na proporção do crescimento da planta. A depreciação ou exaustão, portanto, pode ser iniciada por ocasião da primeira colheita ou primeira produção.

2.1 - Casos de exaustão

Florestas e espécies vegetais de menor porte - Apurar-se-á inicialmente, o percentual que o volume dos recursos florestais utilizados ou a quantidade de árvore extraída durante o período-base representa em relação ao volume ou à quantidade de árvores que no início do ano-base compunha a floresta. O percentual encontrado será aplicado sobre o valor da floresta registrado no Ativo, e o resultado será considerado como curso dos recursos florestais extraídos.

Cana-de-açúcar - O custo de formação da plantação de cana-de-açúcar, acumulado na conta "Cultura Permanente em Formação", será registrado no Imobilizado – Ativo Permanente.

O canavial, uma vez plantado, poderá gerar, dependendo da região, de três a quatro cortes (ou mais). A quota da exaustão anual será, admitindo-se três cortes, de 33,33% (se de quatro cortes, 25%).

Exemplo de Cálculo do Custo das Culturas Permanentes

Café	200 ha.	40%
Laranja	300 ha.	60%

Imobilizado da Propriedade

				Depreciação
Tratores	R$ 80.000,00	Vida útil	10 anos	8.000,00
Máquinas	R$ 60.000,00	Vida útil	10 anos	6.000,00
Galpões	R$ 30.000,00	Vida útil	25 anos	1.200,00
Cafezal	R$ 90.000,00	Vida útil	5 anos	18.000,00
Laranjal	R$ 120.000,00	Vida útil	6 anos	20.000,00
				53.200,00

Gastos Efetuados à Vista:	
1 - Manutenção	10.000,00
2 - Defensivos	12.000,00
3 - Mão de obra	20.000,00
4 - Adubos	15.000,00
5 - Outros Custos	5.000,00
6 - Despesas Adm.	12.000,00

	40%	60%
Gastos	Café	Laranja
Manutenção	4.000,00	6.000,00
Defensivos	4.800,00	7.200,00
Mão de obra	8.000,00	12.000,00
Adubos	6.000,00	9.000,00
Outros Custos	2.000,00	3.000,00
Depreciação	21.280,00	31.920,00
Total dos Custos de Produção	46.080,00	69.120,00

3 - Gastos pré-operacionais

Todas as despesas pagas ou incorridas pela empresa, durante o período que antecede o início de suas operações e que não forem identificadas diretamente com a cultura, serão enquadradas como pré-operacionais no Ativo Permanente – Diferido.

Dessa forma, serão acumulados como gastos pré-operacionais: despesas operacionais (propaganda, administrativas, financeiras...), despesas como constituição, despesas com pesquisas e estudos de viabilidade econômica, saldo devedor de correção monetária de balanço (se for o caso) etc.

Pela Teoria da Contabilidade, toda receita obtida nesse período, como receitas financeiras, saldo credor da correção monetária se for o caso etc. deve ser tratada como redução (diminuição) dos gastos pré-operacionais.

No que tange à amortização dos gastos pré-operacionais (distribuição das despesas diferidas ao longo dos períodos), ela ocorrerá a partir da primeira colheita (inclusive), respeitando-se um limite máximo de dez anos e um prazo mínimo de cinco anos.

Baixa dos gastos como custo do período - Conforme a legislação Brasileira, os recursos aplicados no Ativo Diferido serão amortizados em prazo não superior a dez anos, a partir da primeira cultura ou colheita, em um prazo não inferior a cinco anos.

Corretivos - Os corretivos aplicados no solo, que beneficiarão vários períodos (várias culturas), também serão classificados no Ativo Diferido e serão amortizados (distribuídos como custo) de acordo com a quantidade de períodos ou número de culturas que irão beneficiar.

3.1 - Casos de depreciação

Conforme os conceitos apresentados, toda cultura permanente que produzir frutos será alvo de depreciação. Por um lado, a árvore produtora não é extraída do solo; seu produto final é o fruto e não a própria árvore. Um cafeeiro produz grãos de café (frutos), mantendo-se a árvore intacta.

Um canavial, por outro lado, tem sua parte externa extraída (cortada), mantendo-se a parte contida no solo para formar novas árvores. Segundo esse raciocínio, sobre o cafeeiro incidirá depreciação e sobre o canavial, exaustão.

Implementos agrícolas (tratores, máquinas, etc.) - Implementos agrícolas como tratores, colhedeiras, aparelhos agrícolas etc. não são utilizados ininterruptamente durante o ano (como normalmente são os equipamentos industriais) em virtude de entressafra, chuvas, geadas, ociosidades, etc.

Dessa forma, recomenda-se a apropriação da depreciação em decorrência do uso às respectivas culturas ou projetos. Daí a necessidade de se calcular a depreciação por hora, estimando-se um número de horas de trabalho por equipamento, em vez da quantidade de anos de vida útil.

Assim, o cálculo da depreciação do trator ou outros implementos agrícolas seria:

• Valor do equipamento dividido pelo número estimado de horas de trabalho = Valor da depreciação por hora.

Custo por hectare - Para calcular o custo por hectare (ou por alqueire) precisamos conhecer o número de horas necessárias para passar o trator num hectare. Multiplicando-se o número de horas pelo custo de uma hora, temos o custo por hectare.

Como exposto, pudemos conhecer as características da Cultura Permanente e como tratar os casos de depreciação e gastos pré-operacionais daí decorrentes.

É fundamental que não fiquem com dúvidas sobre os conteúdos estudados. Caso ainda tenham questionamentos, solicito que acessem o ambiente virtual, pois terei prazer em equacionar quaisquer dúvidas relacionadas ao conteúdo estudado.

Até a próxima aula!

Retomando a aula

Vamos, então, recordar os pontos principais do que aprendemos na Aula 04:

1 - Culturas permanentes: caracterização

Nesta seção, vimos que as Culturas Permanentes são aquelas que permanecem vinculadas ao solo e proporcionam mais de uma colheita e produção. A colheita, por sua vez, caracteriza-se como um Estoque em Andamento, uma produção em formação, destinada à venda. Daí sua classificação no Ativo Circulante. É preciso confrontar a Receita e o Custo do Produto Vendido, a fim de se apurar o Lucro Bruto.

2 - Início da depreciação

A depreciação ou exaustão pode ser iniciada por ocasião da primeira colheita ou primeira produção. A Depreciação/ Exaustão, normalmente, é o principal item do cálculo do custo da colheita. Como exemplos de exaustão foram mencionados os casos das florestas e espécies vegetais de menor porte e a cana-de-açúcar.

3 - Gastos pré-operacionais

São enquadrados como gastos pré-operacionais, no Ativo Permanente – Diferido, todas as despesas pagas ou incorridas pela empresa, durante o período que antecede o início de suas operações e que não forem identificadas diretamente com a cultura. Vimos que toda cultura permanente que produz frutos será alvo de depreciação e como exemplos citamos os casos de depreciação dos implementos agrícolas (tratores, máquinas, etc.) e os custos por hectare.

Vale a pena

Vale a pena ler

CALLADO, Antônio André Cunha. *Agronegócio*. 3. ed. São Paulo: Atlas, 2011.
CREPALDI, Silvio Aparecido. *Contabilidade rural:* uma abordagem decisorial. São Paulo: Atlas, 2005.
IUDÍCIBUS, Sérgio de. *Contabilidade Gerencial.* 6. ed. São Paulo: Atlas, 2006.

Vale a pena acessar

BRASIL. *Ministério da Agricultura*. Disponível em: <www.agricultura.gov.br>. Acesso em: 10 mar. 2012.
COSTA, Maristela dos Santos; LIBONATI, Jeronymo José; RODRIGUES, Raimundo Nonato. *Conhecimentos sobre Particularidades da Contabilidade Rural:* Um Estudo Exploratório com Contadores da Região Metropolitana de Recife. Artigo publicado na revista eletrônica ConTexto, Porto Alegre, v. 4, n. 7, 2° semestre 2004. Disponível em: <http://www.ufrgs.br>. Acesso em: 15 mar. 2012.
O Empreendedor Individual. Disponível em: <http://www.mundosebrae.com.br/empreendedor-individual/>. Acesso em: 10 abr. 2012.
Revista de Contabilidade e Organizações. Disponível em: <www.rco.usp.br/>. Acesso em: 10 mar. 2012.

Minhas anotações

5º Aula

Contabilidade da pecuária

Obrigado ao homem do campo
O estudante e o professor
A quem fecunda o solo cansado
Recuperando o antigo valor.

Dom e Ravel

Prezados(as) alunos(as),

Até aqui já vimos sobre as atividades agropecuárias, os Armazéns Gerais e a contabilização na agricultura de culturas temporárias e culturas permanentes.

Nesta aula, dando prosseguimento aos nossos estudos, refletiremos a respeito de aspectos da contabilização na pecuária, conheceremos os tipos de atividade pecuária e respectivos casos de exaustão, as taxas de depreciação referentes a pastagens e como se opera o cálculo dos custos de rebanho em formação.

Vamos lá! Boa aula!

Boa aula!

Objetivos de aprendizagem

Ao término desta aula, o aluno será capaz de:

• diferenciar os tipos e identificar os casos de exaustão de atividade pecuária;
• avaliar as taxas de depreciação referentes a pastagens e calcular os custos de rebanho em formação.

Seções de estudo

1 - Tipos de atividade pecuária

Existem três fases distintas na atividade pecuária de corte, pelas quais passa o animal que se destina ao abate:

• Cria: a atividade básica é a produção de bezerros que só serão vendidos após o desmame. Normalmente, a matriz (de boa fertilidade) produz um bezerro por ano.
• Recria: a atividade básica é a partir do bezerro adquirido, a produção e a venda do novilho magro para a engorda.
• Engorda: a atividade básica é, a partir do novilho magro adquirido, a produção e a venda do novilho gordo.

Há empresas que, pelo processo de combinação das várias fases, obtém até seis alternativas de produção (especializações):
   → Cria;
   → Recria;
   → Cria-recria;
   → Cria-recria-engorda;
   → Recria-engorda;
   → Engorda.

1.1 - Gado bovino

Disponível em: <http://www.escritorioruralmt.com.br/portal/>. Acesso em: 02 maio 2012.

O gado que será comercializado pela empresa, em forma de bezerro, novilho magro ou novilho gordo, deverá ser classificado no estoque.

O gado destinado à procriação ou ao trabalho, que não será vendido (reprodutor-touro ou matriz-vaca) será classificado o Ativo Permanente Imobilizado.

No caso de gados reprodutores (touros e vacas), animais de trabalho e outros animais constantes do Ativo Permanente as deduções dos valores são também denominadas Depreciação.

Nesse caso, trata-se de ativo tangível de vida útil limitada, pois com o passar dos anos há uma perda da capacidade normal de trabalho – no caso de animais de trabalho – assemelhando-se nesse aspecto a perda da capacidade de produção de uma máquina ou equipamento qualquer.

No período de crescimento do gado destinado à reprodução, não haverá evidentemente, depreciação, será contada a partir do momento em que estiver em condições de reprodução.
   → gado reprodutor mestiço: cinco anos;
   → gado matriz mestiça: sete anos;
   → gado reprodutor puro: oito anos;
   → gado matriz pura: dez anos.

Ressalto, todavia, que o veterinário é a pessoa mais indicada para terminar a vida útil do gado reprodutor.

Outro aspecto importante na determinação da depreciação do gado de reprodução é que se deveria considerar o valor residual correspondente ao seu peso multiplicado pelo preço por arroba que se conseguiria no frigorífico, por ocasião de sua venda, após castrado e engordado para abate, o que acontece sempre que não é mais utilizado como reprodutor.

1.2 - Casos de exaustão

Pastagens - É o lugar onde o gado pasta (come erva não ceifada). É uma das partes mais importantes do planejamento agropecuário, uma vez que a boa pastagem contribui, em conjunto, para melhoria da qualidade do gado, para o alto rendimento do projeto. Basicamente, há dois tipos de pastagens: a natural e a artificial.

Disponível em: <http://www.jangadeiroonline.com.br/tag/pecuaria/>. Acesso em: 25 maio 2012.

Pastagem Natural - É também denominada pasto nativo e constituída de áreas não cultivadas, utilizadas para pastagem, das quais se aproveita o potencial natural (campos, cerrados, capins naturais etc.). Geralmente, são áreas de boa cobertura vegetal e que não apresentam grandes problemas de erosão. Esse tipo de pasto sofre melhoramentos esporádicos.

Pastagem Artificial - É aquela formada por pastos cultivados. Em geral, exige preparo do solo, através de destocamento, de arações, adubações, gradagem e plantação ou semeadura.

As principais forrageiras utilizadas nos pastos são:

• **gramíneas:** capim-colonião, capim-gordura, capim-jaraguá, capim-pangola, outros capins e cereais;
• **leguminosas:** alfafa, soja perene, siratro, carrapicho, beiço-de-boi etc;
• **cactáceas:** palma, mandacaru, xiquexique etc.;
• **outras:** mandioca, batata-doce etc. (como alimentação suplementar).

As pastagens vêm sofrer exaustão (entendimento também de alguns engenheiros agrônomos), porque, mesmo que o tipo de capim seja permanente, a fertilidade da terra tem capacidade limitada. É recomendado estimar o período de tempo e de vida útil das pastagens com base em estudos agrícolas ou estudo do próprio engenheiro agrônomo da empresa.

2 - Taxas de depreciação

O agrônomo, veterinário, os técnicos agropecuários, são as pessoas mais indicadas para prever a vida útil dos itens que compõem o Ativo permanente de uma fazenda, considerando-se o clima, o solo, o tipo de manejo, a raça (no caso da pecuária) etc., que varia de região para região.

Disponível em: <http://www. cursoseconsultoria.com.br/ contabilidaderural.htm>. Acesso em: 02 maio 2012

O próprio Imposto de Renda, possivelmente considerando essas variáveis, não define taxas. Ressalto, todavia, que o Imposto de Renda assegura à empresa o direito de computar a quota efetivamente adequada às condições de depreciação de seus bens, desde que faça a prova da vida útil do bem determinado.

2.1 - Rebanho em formação

Para a propriedade rural é importante saber o custo da formação de um bezerro, tanto pela necessidade própria e avaliação do valor para sua venda, e mesmo para determinar se é melhor criar ou comprar bezerros para recria.

Diferentemente da apuração do custo e da contabilização dos animais prontos, para determinação do custo do bezerro nascido, é preciso considerar que os custos dos animais reprodutores serão alocados ao rebanho em formação.

Assim, quando um plantel de animais reprodutores é formado e separado para a reprodução, a partir deste momento inicia-se o processo de produção, sendo que a conta contábil será denominada "Rebanho em formação".

A conta rebanho em formação receberá todos os custos dos animais reprodutores (medicamentos, sal mineral, vacinas, depreciação dos pastos e dos próprios animais reprodutores), até o nascimento dos bezerros.

Por ocasião do nascimento dos bezerros inicia-se a segregação das contas, sendo Bezerros Machos e Bezerros Fêmeas, cada conta com o valor dos animais nascidos a partir da formação.

Daí por diante, cada conta recebe os seus custos próprios de manejo desse gado, sendo classificados no ativo circulante como estoque.

O gado para fins de classificação no estoque será separado por idade, em alguns locais chamam de "era". Cada "era" significa um ano. Assim, teremos no plano de contas:

- Machos de 0 a 12 meses;
- Fêmeas de 0 a 12 meses;
- Machos de 12 a 24 meses;
- Fêmeas de 12 a 24 meses;
- Machos de 24 a 36 meses;
- Fêmeas de 24 a 36 meses;
- Machos mais de 36 meses
- Fêmeas mais de 36 meses.

Modelo de Cálculo de Custos de Rebanho em Formação

Custo de Nascimentos e Plantel		
Reprod.	400	80%
Bezerros	100	20%
	500	

	Valor Imobilizado
Vacas Matr	80.000,00
Touros Repr.	30.000,00
Cercas	60.000,00
Currais	20.000,00
Galpões	60.000,00
Pastos	30.000,00

	Depreciação
20%	16.000,00
20%	6.000,00
10%	6.000,00
10%	2.000,00
5%	3.000,00
20%	6.000,00

Gastos	
Vacinas	15.000,00
Marcas Bezerros	1.000,00
Manutenção	8.000,00
Mão de obra	16.000,00
Medicamentos	2.000,00
Outros gastos	1.500,00

Histórico	Nascimentos	Bezerros
Valor Inicial Plantel	-	10.000,00
Vacinas	12.000,00	3.000,00
Medicamentos	1.600,00	400,00
Marcas Bezerros	-	1.000,00
Manutenção	6.400,00	1.600,00
Mão de Obra	12.800,00	3.200,00
Outros Gastos	1.200,00	300,00
Deprec Matriz	16.000,00	-
Depre Couros	6.000,00	-
Deprec. Cercas	4.800,00	1.200,00
Deprec. Currais	1.600,00	400,00
Deprec. Galpões	2.400,00	600,00
Deprec. Pastos	4.800,00	1.200,00
Total dos Custos	69.600,00	22.900,00

Chegamos, assim, ao final de nossa aula. E, então, entenderam sobre todos esses aspectos da contabilização pecuária?! Em caso de dúvidas, acessem as ferramentas "Fórum" ou "Quadro de Avisos".

Agora, vamos rever resumidamente o que estudamos em cada seção. Confiram também as sugestões disponibilizadas a fim de aprofundar os conhecimentos. Espero vocês na próxima aula!

Retomando a aula

Vamos, então, recordar as principais abordagens da Aula 05:

1 - Tipos de atividade pecuária

Nesta seção, vimos que há três fases distintas na atividade pecuária de corte: cria, recria e engorda. Em relação ao gado bovino, observamos como se dá os aspectos contábeis do gado que pode ser comercializado pela empresa, do gado destinado à procriação ou ao trabalho, e dos gados reprodutores (touros e vacas). Nos casos de exaustão, verificamos que as pastagens são os lugares onde o gado pasta (come erva não ceifada), e podem ser: natural ou artificial. A pastagem, considerada uma das partes mais importantes do planejamento agropecuário, contribui conjuntamente para a melhoria da qualidade do gado e para o alto rendimento do projeto pecuário.

2 - Taxas de depreciação

O Imposto de Renda assegura à empresa o direito de computar a quota efetivamente adequada às condições de depreciação de seus bens, desde que faça a prova da vida útil do bem determinado. Para determinação do custo do bezerro nascido, é preciso considerar os custos dos animais reprodutores que precisam ser alocados ao rebanho em formação (medicamentos, sal mineral, vacinas, depreciação dos pastos e dos próprios animais reprodutores), até o nascimento dos bezerros.

Vale a pena

Vale a pena **ler,**

MARION, José Carlos; SEGATTI, Sonia. *Contabilidade da Pecuária:* Atualizada pelas Leis 11.638/2007 e 11.941/2009. 9. ed. São Paulo: Atlas, 2010.

SANTOS, Gilberto J.; MARION, J. C.; SEGATTI, Sonia. *Administração de Custos na Agropecuária.* 4. ed. São Paulo: Atlas, 2009.

VASCONCELLOS, Paulo Mário B. *Guia Prático para o Confinador.* São Paulo: Nobel, 2010.

Vale a pena **acessar,**

Contabilidade Pecuária – Matriz Planilha de Custos. Disponível em: <http://www.marion.pro.br/portal/modules/wfdownloads/viewcat.php?cid=13>. Acesso em: 20 abr. 2012.

Revista Brasileira de Contabilidade - CFC. Disponível em: <www.cfc.org.br/conteudo.aspx?codMenu=9>. Acesso em: 10 mar. 2012.

SEGATTI, Sonia. *Contabilidade Rural* – Técnicas Contábeis. Disponível em: <http://www.marion.pro.br/portal/modules/wfdownloads/visit.php?cid=15&did=139>. Acesso em: 10 abr. 2012.

6º Aula

Tributação na atividade rural: pessoa física

Obrigado ao homem do campo
Do oeste, do norte e do sul
Sertanejo da pele queimada
Do sol que brilha no céu azul.

Dom e Ravel

Prezados(as) acadêmicos(as),

Chegamos a uma temática de suma importância em nossa disciplina que é a tributação na atividade rural Pessoa Física. Assim, discutiremos nesta aula a respeito da apuração do resultado da exploração da atividade rural e vários aspectos a ela relacionados, bem como também sobre as despesas de custeio, investimentos e bens da atividade rural.

Ótima aula!

Boa aula!

Objetivos de aprendizagem

Ao término desta aula, o aluno será capaz de:

• Apurar o resultado da exploração da atividade rural;
• Deduzir das receitas as despesas de custeio e os investimentos efetivamente pagos;
• Contabilizar os bens e as benfeitorias utilizadas na exploração da atividade rural.

Seções de estudo

1 - Apuração do resultado da exploração da atividade rural

1.1 - Livro-caixa

O resultado da exploração da atividade rural por pessoas físicas deve ser apurado mediante escrituração de Livro Caixa, que não precisa ser autenticado por órgão público, mas deve ter suas folhas numeradas sequencialmente e conter, no início e no encerramento, anotações em forma de "Termos" que identifiquem o contribuinte e a finalidade do livro.

Disponível em: <http://www.oberle.com.br/contamais/2012/04/09/comissao-rejeita-regra-para-empresa-tributada-por-lucro-presumido/>. Acesso em: 03 abr. 2012.

A escrituração desse livro:

a) deverá abranger as receitas, as despesas de custeio, os investimentos e demais valores que integram o resultado da atividade rural, relativos a todas as unidades rurais exploradas pelo contribuinte, de modo a permitir a apuração do resultado;

b) não pode conter intervalos em branco, entrelinhas, borraduras, raspaduras ou emendas;

c) pode ser feita por meio de sistema de processamento eletrônico, em formulários contínuos, com suas subdivisões numeradas, em ordem sequencial ou tipograficamente;

d) deverá ser realizada até a data prevista para a entrega tempestiva da Declaração de Ajuste Anual do ano-calendário correspondente.

Por meio da Instrução Normativa RBF nº 1.105/2010, a Secretaria da Receita Federal do Brasil aprovou para o ano-calendário de 2011, exercício de 2012, o programa multiplataforma "Livro-Caixa de Atividade Rural".

As receitas e as despesas lançadas no Livro-Caixa devem ser comprovadas mediante documentação idônea que identifique o adquirente dos bens ou o beneficiário do pagamento das despesas, o valor e a data da operação, devendo essa documentação ser mantida à disposição da fiscalização enquanto não ocorrer a decadência ou prescrição.

No caso de exploração de uma unidade rural por mais de uma pessoa física, cada contribuinte deve escriturar Livro-Caixa próprio. Este deve abranger os valores relativos à sua participação no resultado, acompanhada da respectiva documentação comprobatória (referida no parágrafo anterior), por meio de cópias, quando for o caso.

Dispensa de escrituração - No ano-calendário de 2010, quanto à receita bruta obtida, não tivesse excedido a R$112.436,25, era facultada a apuração do resultado mediante prova documental, dispensada a escrituração do Livro Caixa (Instrução Normativa RBF nº 1.095/2010, art. 2º, IV, letra "a").

É considerada prova documental aquela baseada em documentos nos quais fiquem comprovados e demonstrados os valores das receitas recebidas, das despesas de custeio e dos investimentos pagos no ano-calendário.

Em caso de opção por essa alternativa, o resultado negativo apurado não poderá ser compensado. Mesmo que não esteja obrigado a manter escrituração do l Livro Caixa, o contribuinte deve, quando solicitado pela autoridade fiscal, comprovar a veracidade das receitas e das despesas por meio de documentação hábil e idônea que identifique o adquirente dos bens ou o beneficiário do pagamento das despesas, o valor e a data da operação.

Arbitramento do resultado por falta de escrituração - A ausência de escrituração implicará o arbitramento do resultado a razão de 20% da receita bruta do ano-calendário, exceto na hipótese tratada no item anteriormente visto, 'Dispensa de escrituração'.

Exploração de um mesmo imóvel rural por mais de uma pessoa - Os arrendatários, os condôminos e os parceiros na exploração da atividade rural deverão apurar o resultado, separadamente, na proporção dos rendimentos e das despesas que couberem a cada um, devendo essa condição ser comprovada documentalmente (mediante contrato escrito).

Na hipótese de parceria rural, somente serão considerados como provenientes da atividade rural os rendimentos para cuja abstenção o parceiro houver assumido os riscos inerentes à exploração da respectiva atividade.

Se o contrato assegurar remuneração ao proprietário do imóvel rural independentemente da produção, tal remuneração será tratada como aluguel ou arrendamento, sujeitando-se à tributação, no carnê-leão e na Declaração de Ajuste, se o proprietário do imóvel for Pessoa Física.

Resultado produzido por imóvel rural de propriedade comum do casal - O resultado da atividade rural produzido em unidade rural comum ao casal, em decorrência do regime de casamento, deve ser apurado e tributado pelos cônjuges proporcionalmente à sua parte. Opcionalmente, o resultado da unidade rural comum poderá ser apurado e tributado em conjunto na declaração de um dos cônjuges.

1.2 - Receita bruta da atividade

Valores integrantes

A receita bruta da atividade rural é constituída pelo montante das vendas dos produtos oriundos das atividades rurais, exploradas pelo próprio vendedor, sem exclusão do ICMS e do FUNRURAL.

Integram também a receita bruta da atividade rural:

a) os valores recebidos de órgãos públicos, tais como auxílios, subvenções, subsídios, Aquisições do Governo Federal (AGF), e as indenizações recebidas do PROAGRO;

b) o montante ressarcido ao produtor agrícola pela implantação e manutenção da cultura fumageira;

c) os valores recebidos pela venda de bens utilizados exclusivamente na atividade rural (tais como tratores, implementos agrícolas, máquinas etc.), exceto o valor da terra nua, ainda que adquiridos pelas modalidades de arrendamento mercantil (leasing) e consórcio;

d) o valor de produtos agrícolas entregues em permuta com outros bens ou pela dação em pagamento;

e) o valor pelo qual o subscritos transfere os bens utilizados na exploração da atividade rural e os produtos e os animais dela decorrentes, a título de integralização de capital.

Os rendimentos obtidos pelo usufrutuário que exerça atividade rural no imóvel objeto do usufruto também devem integrar o resultado da atividade rural. Se o usufrutuário não exercer atividade rural, os rendimentos decorrentes de propriedade rural objeto de usufruto não serão considerados integrantes da atividade rural e deverão ser tributados na fonte (se recebidos de pessoa jurídica) ou no carnê-leão (se recebidos de pessoa física) e na Declaração de Ajuste ("Perguntas e Respostas – IRPF/2011 da RBF" – Questão 455).

Na alienação de imóveis rurais, a parcela do preço correspondente às benfeitorias será computada:

a) como receita da atividade rural, quando o seu valor de aquisição houver sido deduzido como custo ou despesa da atividade rural;

b) como valor da alienação, nos demais casos, hipótese em que o resultado apurado na alienação do imóvel todo (terra nua e benfeitorias), quando positivo (lucro), será tributável como ganho de capital.

Não são considerados integrantes da atividade rural:

I – as receitas provenientes de:

a) aluguel ou arrendamento de máquinas e equipamentos agrícolas e pastagens e prestação de serviços de transporte de produtos de terceiros, as quais devem ser incluídas com os demais rendimentos tributáveis na Declaração de Ajuste Anual, sujeitando-se, inclusive, ao recolhimento mensal e obrigatório (carnê-leão), quando recebidas de pessoas físicas;

b) venda de recursos minerais extraídos de propriedade rural, tais como metal nobre, pedras preciosas, areia, aterro, pedreiras;

c) venda de produtos agropecuários recebidos em herança ou doação, quando o herdeiro ou donatário não explore atividade rural;

d) aplicações financeiras de recursos no período compreendido entre dois ciclos de produção;

e) prêmios ganhos a qualquer título pelos animais que participarem em concursos, competições, feiras e exposições;

f) prêmios recebidos de entidades promotoras de competições hípicas pelos proprietários, criadores e profissionais do turfe;

g) receitas de exportação do turismo rural e hotel fazenda;

II – o ganho obtido por proprietário de rebanho entregue, mediante contrato por escrito, à outra parte contratante (simples possuidora do rebanho) para o fim específico de procriação, ainda que o rendimento seja predeterminado em número de animais;

III – o valor de venda da terra nua, devendo o resultado positivo apurado em tal operação ser tributado como ganho capital.

Vendas para recebimento a prazo - Nas vendas para recebimento a prazo, serão computadas como receitas as parcelas efetivamente recebidas. No caso de aquisição de bens por meio de permuta com produtos rurais, quando ficar caracterizado o pagamento parcelado, os valores correspondentes aos produtos rurais entregues serão considerados receita no mês relativo ao pagamento de cada parcela.

Comprovação - A receita bruta da atividade rural decorrente da comercialização dos produtos deverá sempre ser comprovada por documentos usualmente utilizados nessas atividades, tais como Nota Fiscal de Produtor, Nota Fiscal de Entrada, Nota Promissória Rural vinculada à Nota Fiscal de Produtor e demais documentos reconhecidos pelas fiscalizações estaduais e do Distrito Federal.

Disponível em: <http://www.despachantetriangulo.com.br/2215.html>. Acesso em: 10 abr. 2012.

Quando a receita bruta da atividade rural for decorrente da alienação de bens utilizados na exploração da atividade rural, a comprovação poderá ser feita por documentação hábil e idônea, da qual necessariamente constem o nome, o CPF ou CNPJ e o endereço do adquirente ou do beneficiário, bem como a data e o valor da operação em moeda corrente nacional.

Adiantamentos recebidos por conta de safra não colhida - Os adiantamentos de recursos financeiros recebidos por conta de contrato de compra e venda de produtos agrícolas para entrega futura serão computados como receita da atividade rural do mês da efetiva entrega do produto.

Observem que o valor relativo a adiantamento computado como receita, devolvido após a entrega do produto, constitui despesa no mês da devolução. Se a devolução ocorrer antes da entrega do produto, esta não constituirá despesa, devendo ser diminuída da importância recebida por conta de venda para entrega futura.

Vendas com preço final sujeito à variação - Nas vendas de produtos com preço final sujeito à cotação em bolsa de mercadorias ou à cotação internacional do produto, a diferença apurada por ocasião do fechamento da operação compõe o resultado da atividade rural.

2 - Despesas de custeio e investimentos

Dedução das receitas - Valores abrangidos - Na apuração do resultado da atividade rural, serão deduzidos das receitas as despesas de custeio e os investimentos efetivamente pagos, observando-se que:

I – As despesas de custeio são aquelas necessárias à percepção dos rendimentos da atividade rural e à manutenção da fonte produtora, relacionadas com a natureza da(s) atividade(s) rural(is) exercida(s), tais como:

a) gastos realizados com combustíveis, lubrificantes, salários, aluguéis, arrendamentos, ferramentas e utensílios, corretivos e fertilizantes, defensivos agrícolas e animal, rações, vacinas e medicamentos;

b) impostos (exceto Imposto de Renda, taxas e contribuições para o INSS);

c) encargos financeiros efetivamente pagos em decorrência de empréstimos contraídos para o financiamento da atividade rural.

II – Os investimentos são recursos financeiros efetivamente aplicados durante o ano-calendário com vistas as desenvolvimento da atividade, para a expansão da produção e melhoria da produtividade, realizados com:

a) benfeitorias resultantes de construção, instalações, melhoramentos, reparos, bem como de limpeza de diques, comportas e canais;

b) culturas permanentes, essências florestais e pastagens artificiais;

c) aquisição de tratores, implementos e equipamentos, máquinas, motores, veículos de carga, utensílios e bens de duração superior a um ano (computadores, telefones, fax etc.), bem como de botes de pesca ou caíque, frigoríficos para conservação de pesca, cordas, anzóis, boias, guinchos e reformas de embarcações;

d) animais de trabalho, produção e engorda;

e) serviços técnicos especializados, devidamente contratados, que visem a elevar a eficiência do uso dos recursos da propriedade ou exploração rural;

f) insumos que contribuam destacadamente para a elevação da produtividade, tais como reprodutores, matrizes, alevinos e girinos, sementes e mudas selecionadas, corretivo de solo, fertilizantes, vacinas e defensivos vegetais e animais;

g) atividades que visem especificamente à elevação socioeconômica do trabalhador rural, tais como casas de trabalhadores, prédios e galpões para atividades recreativas, educacionais e de saúde;

h) entradas que facilitem o acesso ou a circulação na propriedade;

i) instalação de aparelhagem de comunicação, bússola, sonda, radares e energia elétrica;

j) bolsas para formação de técnicos em atividades rurais, inclusive gerentes de estabelecimentos e contabilistas.

Dedução no mês do pagamento - As despesas de custeio e os investimentos são dedutíveis no mês do efetivo pagamento, observando que:

a) no caso de bens adquiridos por meio de financiamento rural, a dedução ocorrerá no mês do pagamento do bem e não no mês do pagamento do empréstimo;

b) no caso de bens adquiridos por meio de consórcio ou leasing, considera-se dedutível a despesa no momento do pagamento de cada parcela, ressalvando-se que, no caso de consórcio, o valor das parcelas pagas antes do recebimento do bem somente poderá ser deduzido no ano-calendário em que o bem for recebido;

c) os bens adquiridos por meio de permuta com produtos rurais que caracterizem pagamento parcelado serão considerados despesas no mês do pagamento de cada parcela, sendo os valores correspondentes aos produtos rurais tributados como receita no mesmo mês.

Comprovação - As despesas de custeio e os investimentos serão comprovados por meio de documentos idôneos, tais como nota fiscal, fatura, recibo, contrato de prestação de serviços, laudo de vistoria de órgão financiador e folha de pagamento de empregados, de modo que possa ser identificada adequadamente a destinação dos recursos.

2.1 - Declaração de ajuste anual

Obrigatoriedade de apresentação do Demonstrativo da Atividade Rural - A apuração do resultado da atividade rural explorada por pessoa física deverá ser demonstrada na Atividade Rural, cujo preenchimento é obrigatório caso o contribuinte se enquadre em qualquer uma das seguintes situações:

a) em 2010, tenha apurado resultado positivo de atividade rural, em qualquer montante, e está obrigado a apresentar a Declaração de Ajuste relativa a esse ano;

b) o montante da sua participação nas receitas brutas das unidades rurais exploradas individualmente, em parceria ou condomínio, em 2010, superior a R$ 112.436,25, caso tenha exclusivamente receitas da atividade rural;

c) deseje compensar saldo de prejuízo acumulado.

Caso o contribuinte exerça atividades rurais no exterior, deverá preencher as fichas correspondentes à apuração do resultado em cada país, na respectiva moeda.

Disponível em: <http:// contabilidadepessoal.com/>. Acesso em: 23 abr. 2012.

Formas de apresentação

Lembrem-se de que a Receita Federal impôs a alguns contribuintes a obrigatoriedade de apresentação da declaração somente em meio eletrônico. Entre eles estavam aqueles que:

a) obtiveram receita bruta, proveniente de atividade rural, em 2010, em valor superior a R$ 112.436,25;

b) desejaram compensar, no ano-calendário de 2010 ou posteriores, prejuízos de anos-calendário anteriores ou do próprio ano-calendário de 2010 (a compensação de prejuízos, tratando-se de pessoa física aplica-se, somente, à atividade rural);

c) atingiram resultado positivo da atividade rural.

Disponível em: <http://www.imagemnews.com/noticias.asp?cd=14492>. Acesso em: 20 abr. 2012.

Opção pelo desconto simplificado - O desconto simplificado é o percentual de 20% dos rendimentos tributáveis, limitado, em 2010, a R$ 13.317,09, em substituição a todas as deduções legais da declaração completa, sem necessidade de comprovação.

Qualquer contribuinte pode optar pelo desconto simplificado, exceto aquele que deseje compensar no ano-calendário de 2010 ou posteriores resultado negativo (prejuízo) da atividade rural de anos-calendário anteriores ou do próprio ano-calendário de 2010 ou compensar imposto pago no exterior. Nesses casos, o contribuinte deve entregar a declaração no modelo completo.

Resultado tributável - Considera-se resultado da atividade rural a diferença entre os valores das receitas recebidas e das despesas de custeio e dos investimentos pagos no ano-calendário, correspondentes a todas as unidades rurais exploradas pela pessoa física.   Entretanto, à opção do contribuinte, o resultado tributável da atividade rural, quando positivo, limitar-se-á a 20% da receita bruta do ano-calendário,

mas sem direito de compensar prejuízos de anos anteriores.

Compensação de prejuízos - O prejuízo da atividade rural apurado pela pessoa física em um ano-calendário poderá ser compensado com o resultado positivo obtido nos anos-calendário posteriores. No ano-calendário de 2010, para essa compensação, bastava transportar o saldo dos prejuízos constantes do Demonstrativo da Atividade rural do ano-calendário de 2009.

Para a compensação de prejuízos, a pessoa física deverá:

a) manter a escrituração do Livro-Caixa, ainda que esteja dispensada dessa obrigação;

b) apresentar o Demonstrativo da Atividade Rural juntamente com a Declaração de Ajuste Anual.

O saldo de prejuízos apurados por contribuinte falecido (ainda não deduzido) poderá ser utilizado pelo meeiro e pelos sucessores legítimos, que continuarem a exploração da atividade rural, após o encerramento do inventário, proporcionalmente à parcela da unidade rural a que corresponder o prejuízo que couber a cada beneficiário.

Se o contribuinte optar pela apuração do resultado mediante arbitramento, à razão de 20% da receita bruta, perderá o direito à compensação do total dos prejuízos.

3 - Bens da atividade rural

Os bens e as benfeitorias utilizados na exploração da atividade rural, exceto a terra nua, devem ser informados no quadro relativo a bens da atividade rural, constante do Demonstrativo da Atividade Rural do ano-calendário de 2010, observando que:

a) os adquiridos até 31.12.2009 devem ser relacionados apenas na coluna "Discriminação", sem o preenchimento da coluna "Valores em reais";

b) os adquiridos a partir de 1º.01.2010 e utilizados exclusivamente na exploração da atividade rural, ainda que sejam considerados despesas no mês do pagamento, devem ser relacionados nas colunas "Discriminação" e "Valores em reais";

c) os adquiridos até 31.12.2009 e alienados em 2010 constarão apenas na coluna "Discriminação", devendo ser informados a data e o valor da alienação;

d) os adquiridos e alienados em 2010 constarão apenas na coluna "Discriminação", devendo ser informados as datas e os valores de aquisições e alienações;

e) a produção em estoque deverá ser informada apenas na coluna "Discriminação" em quantidade, sem indicação de valor.

O contribuinte obrigado à apresentação da Declaração de Ajuste Anual e desobrigado do preenchimento do anexo da Atividade Rural poderá declarar os bens destinados à exploração da atividade rural no primeiro exercício em que ficar obrigado à apresentação do Demonstrativo da Atividade rural ("Perguntas e Respostas – IRPF da RBF" – Questão 482). A terra nua deverá ser informada somente na "Declaração de Bens e Direitos" da Declaração de Ajuste Anual.

3.1 - Atividade rural exercida no exterior

O resultado da atividade rural exercida no exterior por residentes e domiciliados no Brasil, quando positivo, integrará a base de cálculo do imposto devido na Declaração de Ajuste Anual, observando-se que:

I – na apuração do resultado da atividade rural exercida no

exterior, aplicam-se as mesmas normas previstas para contribuintes que exploram atividade rural no Brasil, mais as seguintes:

a) o contribuinte deverá preencher as fichas correspondentes à apuração do resultado em cada país, na respectiva moeda. O resultado da atividade no exterior será convertido da moeda de cada país para o dólar dos Estados Unidos da América e consolidado (soma algébrica), para posterior conversão em reais;

b) o resultado positivo da atividade rural exercida no exterior, por residente ou domiciliado no Brasil, não poderá ser compensado com o resultado negativo obtido no Brasil. Também não poderá ser compensado o resultado negativo (prejuízo) obtido no exterior com resultado positivo obtido no Brasil;

II – o Imposto de renda pago no exterior sobre os rendimentos da exploração de atividades rurais poderá ser compensado com o imposto devido no Brasil, sob as seguintes condições:

a) o valor compensável fica limitado à diferença entre o imposto, devido no Brasil, calculado com a inclusão dos rendimentos obtidos no exterior e o imposto calculado sem a inclusão desses rendimentos;

b) somente poderá ser compensado o imposto pago em país:

b1) com o qual o Brasil tenha firmado acordos, tratados ou convenções internacionais que prevejam a compensação; ou

b2) no qual haja reciprocidade de tratamento para o imposto pago no Brasil, comprovada com cópia da lei publicada em órgão de imprensa oficial do país de origem do rendimento, traduzida por tradutor juramentado e autenticada pela representação diplomática do Brasil naquele país, ou mediante declaração deste órgão que ateste a reciprocidade de tratamento tributário; é dispensada a prova por esses meios quando a existência da reciprocidade já tenha sido reconhecida pela Receita Federal, por meio de Ato Declaratório, como nos casos dos Estados Unidos da América e do Reino Unido (Inglaterra, Escócia, País de Gales e Irlanda do Norte (Ato Declaratório SRF nº 28/2000 e Ato Declaratório SRF nº 48/2000);

c) não poderá ser compensado o imposto pago no exterior que seja compensável ou restituível no país de origem dos rendimentos;

III – a conversão da moeda do país para dólar dos Estados Unidos da América de que trata o tópico I deve ser feita utilizando-se o valor fixado para este pela autoridade monetária do país onde é exercida a atividade rural para o último dia do ano-calendário a que se refere.

Atividade rural exercida no Brasil por residente no exterior - O resultado decorrente da atividade rural, exercida no Brasil por residente ou domiciliado no exterior, apurado por ocasião do encerramento do ano-calendário, constituirá a base de cálculo do imposto e será tributado à alíquota de 15%, observando o seguinte:

I – a apuração do resultado deverá ser feita por procurador, a quem compete reter e recolher o imposto devido;

II – o imposto apurado deverá ser pago na data da ocorrência do fato gerador;

III – ocorrendo remessa de lucros antes do encerramento do ano-calendário, o imposto deverá ser recolhido no ato sobre o valor remetido por ocasião do evento, exceto no caso de devolução de capital;

IV – na apuração do resultado da atividade rural não são permitidas:

a) opção pelo arbitramento da base de cálculo à razão de 20% da receita bruta;

b) compensação de prejuízos apurados.

Espero que tenham acompanhado o desenvolvimento do tema e que os assuntos tratados contribuam para enriquecer e fundamentar seus conhecimentos quanto à tributação da atividade rural, referentes à Pessoa Física.

Aguardo vocês na próxima aula, quando estudaremos sobre a tributação da atividade rural, referentes à Pessoa Jurídica. Até lá!

Retomando a aula

Antes de encerrar a Aula 06, vamos retomar os conteúdos estudados:

1 - Apuração do resultado da exploração da atividade rural

Verificamos que o resultado da exploração da atividade rural por pessoas físicas deve ser apurado mediante escrituração de Livro Caixa das receitas e das despesas, comprovadas mediante documentação idônea. Também investigamos sobre como proceder nos caso de dispensa de escrituração, de arbitramento do resultado por falta de escrituração, da exploração de um mesmo imóvel rural por mais de uma pessoa, do resultado produzido por imóvel rural de propriedade comum do casal.

Já os valores que integram a receita bruta da atividade rural compõem-se pelo montante das vendas dos produtos provenientes das atividades rurais, exploradas pelo próprio vendedor, sem exclusão do ICMS e do FUNRURAL. Vimos também sobre os procedimentos contábeis nas situações de vendas para recebimento a prazo, a comprovação, os adiantamentos recebidos por conta de safra não colhida e as vendas com preço final sujeito à variação.

2 - Despesas de custeio e investimentos

Na apuração do resultado da atividade rural são deduzidos das receitas as despesas de custeio e os investimentos efetivamente pagos. As despesas de custeio e os investimentos são dedutíveis no mês do efetivo pagamento e devem ser comprovados por meio de documentos idôneos.

Em relação à declaração de ajuste anual, vimos que a apuração do resultado da atividade rural explorada por pessoa física deverá ser demonstrada na Atividade Rural e conhecemos os casos cujo preenchimento é obrigatório. Quanto à apresentação, constatamos as situações nas quais a Receita Federal impõe a alguns contribuintes a obrigatoriedade de apresentação da declaração somente em meio eletrônico.

Verificamos que qualquer contribuinte pode optar pelo desconto simplificado, cujo percentual é de 20% dos rendimentos tributáveis, limitado, em 2010, a R$ 13.317,09, em substituição a todas as deduções legais da declaração completa, sem necessidade de comprovação.

Conhecemos que o resultado tributável da atividade rural, quando positivo, limita-se a 20% da receita bruta do ano-calendário, mas sem direito de compensar prejuízos de anos anteriores. Já o prejuízo da atividade rural apurado pela Pessoa Física em um ano-calendário poderá ser compensado com o resultado positivo obtido nos anos-calendário posteriores.

3 - Bens da atividade rural

Nessa última seção, apontamos que os bens e as benfeitorias utilizadas na exploração da atividade rural, exceto a terra nua, devem ser informados no quadro relativo a bens da atividade rural, constante do Demonstrativo da Atividade Rural. A terra nua deverá ser informada somente na "Declaração de Bens e Direitos" da Declaração de Ajuste Anual.

O resultado da atividade rural exercida no exterior por residentes e domiciliados no Brasil, quando positivo, integrará a base de cálculo do imposto devido na Declaração de Ajuste Anual e nos inteiramos das particularidades tributárias deste caso.

O resultado decorrente da atividade rural, exercida no Brasil por residente ou domiciliado no exterior, apurado por ocasião do encerramento do ano-calendário, constituirá a base de cálculo do imposto e será tributado à alíquota de 15%. Nesse caso, conferimos o que é e o que não é permitido na apuração do resultado da atividade rural.

Vale a pena

Vale a pena ler

ANCELES, Pedro Einstein dos Santos. *Manual de Tributos da Atividade Rural.* 2. ed. São Paulo: Atlas, 2002.

BATALHA, Mario Otavio. *Gestão Agroindustrial.* Vol. 1 – 3.ed. São Paulo: Atlas, 2009.

CREPALDI, Silvio Aparecido. *Auditoria contábil:* Teoria e prática. São Paulo: Atlas, 2004.

MARQUES, Benedito Ferreira. *Direito agrário brasileiro.* 8. ed. São Paulo: Atlas, 2009.

Vale a pena acessar

BRASIL. Receita Federal. Atividade Rural - Conceitos Gerais. Disponível em: <http://www.receita.fazenda.gov.br/pessoafisica/irpf/2012/perguntao/assuntos/atividade-rural-conceitos-gerais.htm>. Acesso em: 15 abr. 2012.

BRASIL. Lei Nº 11.945, de 4 de junho de 2009. Altera a legislação tributária federal e dá outras providências. Conversão da Medida Provisória nº 451, de 2008. Disponível em: <http://www.planalto.gov.br/ccivil_03/_ato2007-2010/2009/lei/l11945.htm>. Acesso em: 20 abr. 2012.

PORTAL TRIBUTÁRIO. IRPF - Atividades Rurais da Pessoa Física – Tributação. Disponível em: <http://www.portaltributario.com.br/guia/atividades_rurais_pf.html>. Acesso em: 15 abr. 2012.

Minhas anotações

Aula 7º

Tributação na atividade rural: pessoa jurídica

Obrigado ao homem do campo
Que ainda guarda com zelo a raiz
Da cultura, da fé, dos costumes
E valores do nosso país.

Dom e Ravel

Caros(as) alunos(as),

Dando continuidade aos nossos estudos, veremos que as Pessoas Jurídicas Rurais submetem-se às regras aplicáveis no tocante à apuração e à tributação dos resultados decorrentes da exploração da atividade rural.

Nesta aula, verificaremos como se dá a exploração da atividade rural, os benefícios fiscais, bem como conheceremos as diferenças entre a depreciação normal, a depreciação acumulada, a depreciação acelerada incentivada, a depreciação complementar, a compensação de prejuízos fiscais decorrentes da atividade rural com o lucro real e as opções de tributação estendidas à Pessoa Jurídica.

Vamos lá?! Ótima aula!

Boa aula!

Objetivos de aprendizagem

Ao término desta aula, o aluno será capaz de:

- apurar a compensação de prejuízos fiscais e identificar as atividades consideradas rurais e não rurais;
- computar a depreciação normal e complementar dos bens das atividades rurais;
- detectar casos particulares de tributação e compensar prejuízos fiscais decorrentes da atividade rural.

Seções de estudo

1 - Exploração da atividade rural: pessoa jurídica

As pessoas jurídicas que tenham por objeto a exploração da atividade rural estão sujeitas aos procedimentos a seguir focalizados, no tocante à apuração e à tributação dos resultados decorrentes desta atividade, em consonância com o RIR/1999, arts. 406, 541, § 1º e 542, § 2º; Lei nº 9.250/1995, art. 17; Lei nº 9.430/1996, art. 59; e nas Instruções Normativas SRF nº 11/1996, 93/1997 e 257/2002.

Os condomínios e consórcios constituídos por agricultores e trabalhadores rurais, nos termos da Lei nº 4.504/1964, art. 14, com a redação dada pela Medida Provisória nº 2.183-56/2001, art. 2º, submetem-se às regras aplicáveis às demais pessoas jurídicas rurais.

Disponível em: <http://www.sabetudo.net/comprovante-de-cnpj-como-emitir-pela-internet.html>. Acesso em: 20 abr. 2012.

1.1 - Benefícios fiscais

Desde o ano-calendário de 1996, os últimos benefícios fiscais de que gozam as empresas que exploram atividade rural são:

a) depreciação de bens do ativo imobilizado, exceto terra nua, adquiridos para uso nessa atividade, integralmente no ano da aquisição, observados os procedimentos tratados no subitem 2.5;

b) não sujeição ao limite de 30% do lucro real, para fins de compensação de prejuízos fiscais de períodos-base anteriores, apurados na atividade rural.

Saliento que a não sujeição ao referido limite de 30% somente se aplica à compensação de prejuízos para fins de apuração do lucro real.

Para efeito de determinação da base de cálculo da Contribuição Social sobre o Lucro (CSL), a compensação de resultado negativo apurado na determinação da base de cálculo da contribuição em período-base anterior fica limitada a 30% do resultado positivo apurado, depois de ajustado o lucro líquido pelas adições e exclusões previstas na legislação pertinente.

Não se aplica o limite de 30%, dentro do mesmo período de apuração, na compensação de base negativa da atividade rural com o resultado ajustado das demais atividades ou na compensação do resultado positivo da atividade rural com a base negativa das demais atividades.

Para fins de apuração da CSL, portanto, o limite de 30% aplica-se somente na compensação das bases negativas decorrentes das demais atividades da pessoa jurídica rural com os resultados positivos da atividade rural ou de demais atividades em período subsequente. Bem como também à compensação de bases negativas da atividade rural com o resultado ajustado de outra atividade determinado em período subsequente (Instruções Normativas SRF nº 257/2002 e RBF nº 390/2004, art. 107).

Atividades consideradas rurais - Na exploração da atividade rural, incluem-se as operações de giro normal da pessoa jurídica, em decorrência das seguintes atividades consideradas rurais:

a) a agricultura;

b) a pecuária;

c) a extração e a exploração vegetal e animal;

d) a exploração de atividades zootécnicas, tais como apicultura, avicultura, cunicultura, suinocultura, piscicultura e outras culturas animais;

e) o cultivo de florestas que se destinem ao corte para comercialização, consumo ou industrialização;

f) a venda de rebanho de renda, reprodutores ou matrizes;

g) a transformação de produtos decorrentes da atividade rural, sem que sejam alteradas a composição e as características do produto in natura, feita pelo próprio agricultor ou criador, atividades rurais, utilizando exclusivamente matéria-prima produzida na área rural explorada, tais como:

g.1) beneficiamento de produtos agrícolas: descasque de arroz e de outros produtos semelhantes, debulha de milho, conserva de frutas;

g.2) transformação de produtos agrícolas: moagem de trigo e milho, moagem de cana-de-açúcar para produção de açúcar mascavo, melado, rapadura, grãos em farinha ou farelo;

g.3) transformação de produtos zootécnicos: produção de mel acondicionado em embalagem de apresentação, laticínio (pasteurização e acondicionamento de leite; transformação de leite em queijo, manteiga e requeijão), produção de sucos de frutas acondicionados em embalagem de apresentação, produção de adubos orgânicos;

g.4) transformação de produtos florestais: produção de carvão vegetal, produção de lenha com arvores da propriedade rural, venda de pinheiros e madeira de arvores plantadas na propriedade rural;

g.5) produção de embriões de rebanho em geral, alevinos e girinos, em propriedade rural, independentemente de sua destinação (reprodução ou comercialização).

A atividade de captura de pescado in natura é considerada extração animal, desde que a exploração se faça com apetrechos semelhantes aos da pesca artesanal (arrastões de praia, rede de cerca etc.), inclusive a exploração em regime de parceria.

É considerada unidade rural, para fins do Imposto

de Renda, a embarcação para captura in natura do pescado, e o imóvel, ou qualquer lugar, utilizado para exploração ininterrupta da atividade rural.

Atividades que não são consideradas como rurais - Não se consideram atividades rurais:

a) a industrialização de produtos, tais como bebidas alcoólicas em geral, óleos essenciais, arroz beneficiado em máquinas industriais, fabricação de vinho com uvas ou frutas;

b) a comercialização de produtos rurais de terceiros e a compra e venda de rebanho com permanência em poder da pessoa jurídica rural em prazo inferior a 52 dias, quando em regime de confinamento, ou 138 dias, nos demais casos;

c) o beneficiamento ou a industrialização de pescado in natura;

d) o ganho obtido pela pessoa jurídica rural proprietária de rebanho, entregue, mediante contrato por escrito, à outra parte contratante (simples possuidora do rebanho) para o fim específico de procriação, ainda que o rendimento seja predeterminado em números de animais;

e) as receitas provenientes do aluguel ou arrendamento de máquinas, equipamentos agrícolas e pastagens, e da prestação de serviços em geral, inclusive a de transporte de produtos de terceiros;

f) as receitas decorrentes da venda de recursos minerais extraídos de propriedade rural, tais como metal nobre, pedras preciosas, aterro, pedreiras;

g) as receitas financeiras de aplicações de recursos no período compreendido entre dois ciclos de produção;

h) os valores dos prêmios ganhos a qualquer título pelos animais que participarem em concursos, competições, feiras e exposições;

i) os prêmios recebidos de entidades promotoras de competições hípicas pelos proprietários, criadores e profissionais do turfe;

j) as receitas oriundas da exploração do turismo rural e de hotel fazenda (Instrução Normativa SRF n° 257/2002, arts. 2° e 3° e Lei n° 8.023/1990, art. 2°).

2 - Depreciação de bens do ativo imobilizado

A depreciação, integralmente no ano da aquisição de bens do ativo imobilizado adquiridos por empresa que explora atividade rural, para uso nessa atividade, que havia sido autorizada pela Lei n° 8.023/1990, art. 12, § 2° (incorporado RIR/1994, art. 351), foi eliminada pela Lei n° 9.249/1995, art. 36, inciso III, mas depois foi restaurada pela Medida Provisória n° 1.459/1996 (art. 7°), e mantida nas reedições posteriores dessa MP. Atualmente, está prevista na MP n° 2.159-70/2001, art. 6°.

O gozo deste benefício, cuja restauração aplica-se a bens adquiridos desde 22.05.1996 (data da publicação da MP n° 1.459/1996), subordina-se às regras de depreciação acelerada, a saber (RIR/1999, art. 314; Instrução Normativa SRF n° 257/2002, arts. 14 e 15).

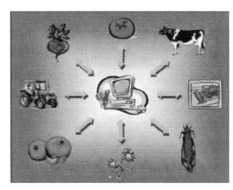

Disponível em: <http://agrogestao.com/artigo_detail.asp?ID_Recurso=26>. Acesso em: 10 maio 2012.

Assim, os bens do ativo permanente imobilizado, exceto a terra nua, adquiridos por pessoa jurídica rural, para uso nessa atividade, poderão ser depreciados integralmente no próprio ano de aquisição.

O encargo de depreciação dos bens, calculado à taxa normal, será registrado na escrituração comercial e o complemento para atingir o valor integral do bem constituirá exclusão para fins de determinação da base de cálculo do imposto correspondente à atividade rural.

O valor a ser excluído, correspondente à atividade rural, será igual a diferença entre o custo de aquisição do bem do ativo permanente destinado à atividade rural e o respectivo encargo de depreciação normal escriturado durante o período de apuração do imposto, e deverá ser controlado na Parte "B" do LALUR.

A partir do período de apuração seguinte ao da aquisição do bem, o encargo de depreciação normal que vier a ser registrado na escrituração comercial deverá ser adicionado ao resultado líquido correspondente à atividade rural, efetuando-se a baixa do respectivo valor no saldo da depreciação incentivada controlado na Parte "B" do LALUR.

Observem que o total da depreciação acumulada, incluindo a normal e a complementar, não poderá ultrapassar o custo de aquisição do bem. Portanto, de acordo com esses procedimentos, no período-base em que a depreciação normal reajustada na escrituração mercantil (só ela) atingir 100% do custo do bem, o saldo da depreciação acelerada, registrado na Parte "B" do LALUR, ficará zerado.

Alienação dos bens da atividade rural - No caso de alienação dos bens, o saldo da depreciação complementar existente na Parte "B" do LALUR, será adicionado ao resultado líquido da atividade rural no período de apuração da alienação.

2.1 Utilização dos bens da atividade rural em outras atividades

Não fará jus ao benefício a pessoa jurídica rural que direcionar a utilização do bem exclusivamente para outras atividades estranhas à atividade rural própria.

No período de apuração em que o bem já totalmente depreciado, em virtude de depreciação incentivada, for desviado exclusivamente para outras atividades, deverá ser adicionado ao resultado líquido da atividade rural o saldo da depreciação complementar existente na Parte "B" do LALUR.

Retornando o bem a ser utilizado na produção rural própria da pessoa jurídica, esta poderá voltar a fazer jus ao benefício da depreciação incentivada, excluindo do resultado líquido da atividade rural no período a diferença entre o custo de aquisição do bem e a depreciação acumulada até à época, fazendo os devidos registros na Parte "B" do LALUR.

Pessoa jurídica rural que retornar ao lucro real - A pessoa jurídica rural que retornar à tributação com base no lucro real deverá adicionar o encargo de depreciação normal registrado na escrituração comercial, relativo a bens já totalmente depreciados, ao resultado líquido do período de apuração, para determinação do lucro real da atividade rural, efetuando a baixa do respectivo valor no saldo da depreciação incentivada, controlado na Parte "B" do LALUR.

Exemplo: Se admitirmos hipoteticamente que uma empresa explora atividade rural, submetida à apuração anual do lucro real, adquiriu um trator em janeiro de 2010, cuja taxa normal de depreciação é de 20%, pelo valor de R$ 100.000,00, temos o seguinte:

a) na escrituração comercial, registrou-se a depreciação normal, importando a quota anual em R$ 20.000,00 (20% de R$ 100.000,00);

b) em 31 de dezembro de 2010, pôde ser excluída do lucro líquido, na Parte A do LALUR, a título de depreciação acelerada, a quantia de R$ 80.000,00;

c) a importância de R$ 80.000,00, relativa à depreciação acelerada excluída do lucro líquido, deve ser registrada em conta de controle na Parte "B" do LALUR;

d) a partir de 2011, a depreciação normal que for contabilizada (20% ao ano) deverá ser adicionada ao lucro líquido na Parte "A" do LALUR e os valores que forem adicionados em casa ano deverão ser baixados na conta de controle da Parte "B".

Saliento que, no caso de bens adquiridos até 31.12.1995, o valor da depreciação complementar, registrado na Parte "B" do LALUR até essa data, ficou sujeito à correção monetária até a mesma data, com base no valor da UFIR em 1º.01.1996, de R$ 0,8287.

Disponível em: <http:// contaxcontabilidade.com.br/ contabilidade.htm>. Acesso em: 10 abr. 2012.

Observem que, a partir do ano-calendário de 1997, a empresa que submeter-se à tributação com base no lucro presumido ou arbitrado, se até o ano-calendário anterior houver sido tributada pelo lucro real, deverá adicionar à base de cálculo do Imposto de Renda, correspondente ao primeiro período de apuração no qual for tributada pelo lucro presumido ou arbitrado, os saldos dos valores cuja tributação foi diferida, controlados na Parte "B" do LALUR (art. 54 da Lei nº 9.430/1995), entre os quais inclui-se a depreciação acelerada.

Empresa rural que explora outra atividade - A pessoa jurídica que explorar outras atividades além da atividade rural e desejar beneficiar-se dos incentivos fiscais próprios concedidos àquela atividade, deverá segregar, contabilmente, as receitas, os custos e as despesas referentes à atividade rural das demais atividades, bem como demonstrar no Livro de Apuração do Lucro Real (LALUR), separadamente, o lucro ou prejuízo contábil e o lucro ou prejuízo fiscal dessas atividades.

Para esse fim, a pessoa jurídica deverá reaver, proporcionalmente à percentagem que a receita líquida de cada atividade representar em relação à receita líquida total:

a) os custos e despesas comuns a todas as atividades;

b) os custos e despesas não dedutíveis, comuns a todas as atividades, a serem adicionados ao lucro líquido, na determinação do lucro real;

c) os demais valores, comuns a todas as atividades, que devam ser computados no lucro real.

Se a pessoa jurídica não possuir receita líquida no ano-calendário, a determinação dessa percentagem será efetuada com base nos custos ou despesas de cada atividade explorada.

Exemplo: Vamos admitir que uma empresa tenha apurado os seguintes valores no período-base:

Receita de atividades rurais	R$ 1.570.000,00
Receita de outras atividades	R$ 930.000,00
Receita líquida total	R$ 2.500.000,00
Despesas operacionais (comuns)	R$ 1.475.000,00
Despesas comuns não dedutíveis	R$ 182.000,00
Depreciação acelerada de bens da atividade rural	R$ 80.000,00
Receita de aplicações financeiras	R$ 58.300,00

Fonte: acervo pessoal.

Neste caso, temos:

I – Determinação da percentagem que a receita de cada atividade representa em relação à receita total:

a) Atividade rural:

$$\frac{R\$\ 1.570.000,00 \times 100}{R\$\ 2.500.000,00} = 62,80\%$$

b) Demais atividades:

$$\frac{R\$\ 930.000,00 \times 100}{R\$\ 2.500.000,00} = 37,20\%$$

II – Rateio proporcional dos custos e despesas comuns (dedutíveis e não dedutíveis) e das receitas de aplicações financeiras:

a) Atividade rural:

Despesa/Receita	Valor total R$	Percentual do rateio %	Valor proporcional
Despesas operacionais	R$ 1.475.000,00	62,80	R$ 926.300,00
Despesas indedutíveis	R$ 182.000,00	62,80	R$ 114.926,00
Rec. de apl. financeiras	R$ 58.300,00	62,80	R$ 36.612,40

Fonte: acervo pessoal.

III – Determinação do lucro líquido e do lucro real da atividade rural e das demais atividades, separadamente (admitindo-se custos da atividade rural de R$ 500.000,00 e custos das demais atividades de R$ 400.000,00):

	Atividade rural	Demais atividades
Receita líquida	R$ 1.570.000,00	R$ 930.000,00
Custo das vendas	R$ (500.000,00)	R$ (400.000,00)
(-) Despesas operacionais	R$ 926.300,00	R$ (548.700,00)
(+) Receita de aplicações financeiras	R$ 36.612,40	R$ 21.687,60
Resultado do período-base	R$ 180.312,40	R$ 2.987,60
(-) Contribuição Social sobre o Lucro	R$ (19.314,76)	R$ (6.362,24)
Lucro antes do IRPJ	R$ 160.997,64	R$ (3.374,64)
(+) Despesas indedutíveis	R$ 114.296,00	R$ 67.704,00
(+) Contribuição Social sobre o Lucro	R$ 19.314,76	R$ 6.362,24
(-) Depreciação acelerada incentivada	R$ (80.000,00)	
Lucro real antes da compensação de prejuízos fiscais	R$ 214.608,40	R$ 70.691,60

Fonte: acervo pessoal.

3 - Compensação de prejuízos fiscais

A compensação de prejuízos fiscais decorrentes da atividade rural com o lucro real da mesma atividade não está sujeita ao limite de 30%, ou seja, pode ser integralmente compensado em um único período-base desde que o lucro real apurado na atividade rural comporte a compensação, observando o seguinte:

a) O prejuízo fiscal da atividade rural a ser compensado é o apurado no livro de Apuração do Lucro Real (LALUR);

b) Se a empresa explorar atividades mistas:

b.1) o prejuízo fiscal da atividade rural apurado no período-base poderá ser compensado com o lucro real das demais atividades, apurado no mesmo período-base, sem limite;

b.2) a compensação de prejuízos fiscais das demais atividades, assim como a da atividade rural com o lucro real das demais atividades, fica sujeita ao limite de 30% (ressalva a hipótese da letra "a") e demais condições estabelecidas na legislação para a compensação de prejuízos fiscais (Instrução Normativa SRF nº 257/2002, art. 17).

Exemplo: Vamos admitir que a empresa tenha saldo de prejuízos fiscais apurado na atividade rural em período-base anteriores, no valor de R$ 212.000,00, esse valor poderá ser totalmente compensado com o lucro real da atividade rural apurado em 2009:

Lucro real da atividade rural apurado em 2009	R$ 214.608,40
Prejuízos fiscais apurados na atividade rural em períodos-base anteriores	R$ 212.000,00
Lucro real da atividade rural tributável em 2009	R$ 2.608,40

Fonte: acervo pessoal.

Importa saber que:

1) os prejuízos fiscais da atividade rural correspondentes aos anos-calendário de 1986 a 1990 somente podem ser compensados com lucro da atividade rural;

2) desde 1991, a compensação de prejuízos fiscais originados na atividade rural deve obedecer aos seguintes limites:

a) 30% do valor das "Atividades em Geral";

b) 100% do valor na coluna "Atividade Rural".

3) os prejuízos não operacionais, apurados pelas pessoas jurídicas que exploram atividade rural, somente poderão ser compensados, nos períodos subsequentes ao de sua apuração, com lucros de mesma natureza, observando o limite de redução do lucro de, no máximo, 30% previsto na Lei nº 9.065/1995, art. 15.

4) consideram-se não operacionais os resultados decorrentes da alienação de bens e direitos do ativo permanente não utilizados exclusivamente na produção rural, incluída a terra nua, exceto as perdas decorrentes de baixa de bens ou direitos do ativo permanente, em virtude de terem-se tornado imprestáveis, obsoletos ou caído em desuso, ainda que posteriormente venham a ser alienados como sucata.

3.1 - Opção pela tributação com base no lucro presumido

A pessoa jurídica que explora atividade rural, desde que não esteja enquadrada em qualquer das situações que a obriguem à apuração do lucro real, poderá optar pela tributação com base no lucro presumido, apurado trimestralmente, observando os procedimentos aplicáveis às demais pessoas jurídicas.

Para a determinação do lucro presumido, sobre o valor da receita bruta proveniente da atividade rural, aplica-se o percentual de 8%. Observem que, no regime do lucro presumido, não há como aproveitar os benefícios concedidos à atividade rural.

Ressalto ainda, que a pessoa jurídica rural que estiver usufruindo o benefício fiscal da depreciação acelerada incentivada, vindo, posteriormente, a ser tributada pelo lucro presumido, caso aliene o bem depreciado com o incentivo durante a permanência nesse regime, deverá adicionar à base de cálculo para determinação do lucro presumido o saldo remanescente da depreciação não realizada (Instrução Normativa SRF nº 257/2002, arts. 19 e 20).

3.2 - Opção pela tributação no lucro arbitrado

A pessoa jurídica rural pagará o imposto de renda sobre o lucro arbitrado nas hipóteses e condições previstas para as demais pessoas jurídicas.

A pessoa jurídica rural, que tiver usufruído o benefício fiscal da depreciação acelerada incentivada, vindo, posteriormente, a ser tributada pelo lucro arbitrado, caso aliene o bem depreciado com o incentivo durante a permanência nesse regime, deverá adicionar à base de cálculo para determinação do lucro arbitrado o saldo remanescente de depreciação não realizada (Instrução Normativa SRF nº 257/2002, arts. 21 e 22).

3.3 - Tributação com base no lucro real

No regime do lucro real, a empresa que explora atividade rural, assim como as demais pessoas jurídicas, pode:

a) apurar o lucro real trimestralmente, em 31 de março, 30 de junho, 30 de setembro e 31 de dezembro; ou

b) optar pelo pagamento mensal do imposto por estimativa, hipótese em que fica obrigada a apurar o lucro real anualmente, em 31 de dezembro.

Cálculo do imposto – Alíquotas - Sobre o lucro real, presumido ou arbitrado, apurado pela pessoa jurídica que explora atividade rural, incidirá o Imposto de Renda calculado de acordo com as mesmas normas aplicáveis às demais atividades, ou seja, mediante a aplicação:

I – da alíquota de 15% sobre a totalidade do lucro apurado; e

II – da alíquota adicional de 10% sobre a parcela do lucro que exceder:

a) R$ 60.000,00 no trimestre (no caso de apuração trimestral);

b) R$ 240.000,00 no ano (no caso de apuração anual); ou

c) No caso de início ou encerramento de atividades, o limite equivalente ao resultado da multiplicação de R$ 20.000,00 pelo número de meses do período de apuração.

Observem que, se a empresa explorar outra atividade além da rural, no calculo do imposto incidente sobre o lucro real, aplicam-se as alíquotas mencionadas, tomando por base a totalidade do lucro real (proveniente da atividade rural e das demais atividades).

Do valor do imposto devido, poderão ser deduzidos o IRPJ pago ou IR Fonte sobre receitas computadas na determinação da base de calculo do imposto, os incentivos fiscais a que tiver direito a pessoa jurídica (comuns às demais empresas) e o saldo de imposto pago a maior ou indevidamente relativo a períodos-base anteriores.

Base de cálculo - A base de cálculo estimada (em casa mês) será determinada mediante a aplicação do percentual de 8% sobre a receita bruta auferida na atividade rural.

No caso de pessoa jurídica rural que explorar outras atividades, será aplicado o percentual correspondente a cada uma dessas atividades.

Serão acrescidos à base de cálculo, no mês em que forem obtidos, os ganhos de capital, as demais receitas e os resultados positivos decorrentes de receitas não compreendidas na base estimada ou na base de cálculo do lucro presumido.

O balanço ou balancete de suspensão ou redução da pessoa jurídica rural tributada pelo lucro real deverá abranger os resultados acumulado do período em curso até o mês em que desejar suspender ou reduzir o valor a ser pago, determinado sobre a base de calculo estimada.

Na apuração do lucro real relativa ao período em curso, abrangido pelo balanço ou balancete de suspensão ou redução, a pessoa jurídica poderá computar os benefícios da compensação integral de prejuízo fiscal rural e da depreciação acelerada incentivada (Instrução Normativa SRF nº 257/2002, arts. 12 e 13).

3.4 - Contribuição social sobre o lucro (CSL)

As pessoas jurídicas que exploram atividade rural estão sujeitas à Contribuição Social sobre o Lucro segundo as normas aplicáveis às demais pessoas jurídicas.

Contribuição devida nos regimes de tributação trimestral pelo lucro presumido ou de pagamento mensal por estimativa - As regras de cálculo da contribuição devida por empresas rurais optantes pela tributação do IRPJ com base no lucro presumido são as comuns aplicáveis a qualquer empresa optante por esse regime de tributação.

Aplicam-se as regras comuns às demais empresas também no cálculo da contribuição devida mensalmente pelas empresas que optarem pelo pagamento mensal do IRPJ por estimativa.

Contribuição Social sobre o lucro (CSL) devida com base no lucro efetivamente apurado - No cálculo da CSL devida com base no resultado efetivamente apurado por empresa que explora atividade rural, aplicam-se as regras comuns às demais pessoas jurídicas, mas com observância adicional dos procedimentos especiais aqui tratados.

A depreciação, integralmente no ano da aquisição, de bens do ativo imobilizado adquiridos para uso na atividade rural aplica-se inclusive para efeito de determinação da base de calculo da CSL.

Assim, a parcela do custo do bem que exceder o valor da depreciação normal, apropriada na escrituração comercial, poderá ser excluída na base de calculo da CSL no período-base em que o bem for adquirido (Instruções Normativas SRF nº 93/1997, art. 52 e 390/2004, arts. 103 a 106).

3.5 - Segregação de receitas

As empresas que exercerem outras atividades, além da atividade rural, devem segregar, contabilmente, as receitas, os custos e as despesas referentes à atividade rural das demais atividades e demonstrar, no Livro de Apuração do Lucro Real (LALUR), separadamente, o lucro ou prejuízo contábil e o lucro ou prejuízo fiscal dessas atividades.

A pessoa jurídica rural deve reaver proporcionalmente à percentagem que a receita líquida de cada atividade representar em relação à receita líquida total:

a) os custos e as despesas comuns a todas as atividades;

b) os custos e as despesas não dedutíveis, comuns a todas as atividades, a serem adicionados ao lucro líquido, na determinação do lucro real;

c) os demais valores comuns a todas as atividades, que devam ser computados no lucro real.

Na hipótese de a pessoa jurídica rural não possuir receita líquida no ano-calendário, a determinação da percentagem é efetuada com base nos custos ou despesas de cada atividade explorada.

Assim, a pessoa jurídica rural deverá separar as receitas da atividade rural das demais atividades, caso tenha condições de fazê-lo.

Para efeito do rateio proporcional, a pessoa jurídica rural deverá partir da totalidade do seu lucro líquido e apurar um único valor da CSL, rateando-se esse valor proporcionalmente à percentagem que a receita líquida de cada atividade representar em relação à receita líquida total.

Exemplo: Admitindo-se que as despesas indedutíveis para efeitos do IRPJ são também indedutíveis para fins da CSL, temos:

	Atividade Rural	Demais Atividades
Lucro líquido	R$ 180.312,40	R$ 2.987,60
(+) Despesas indedutíveis	R$ 114.296,00	R$ 67.704,00
(-) Depreciação acelerada incentivada	R$ (80.000,00)	
Base de cálculo da CSL	R$ 214.608,40	R$ 70.691,60
Alíquota	9%	9%
CSL	R$ 19.314,76	R$ 6.362,24

Fonte: acervo pessoal.

Atividade rural exercida no exterior - Os resultados da atividade rural exercida no exterior por pessoas jurídicas domiciliadas no Brasil estão sujeitos à incidência do IRPJ na forma prevista para as demais pessoas jurídicas, observando o disposto neste texto.

É vedada a compensação do prejuízo fiscal da atividade rural apurado no exterior com o lucro real obtido no Brasil, seja este oriundo da atividade rural ou não (Instrução Normativa SRF nº 257/2002, arts. 23 e 24).

3.6 - Simples nacional

As pessoas jurídicas rurais poderão optar pela tributação no Simples Nacional, na condição de microempresas (ME) ou empresas de pequeno porte (EPP), desde que não incorram em nenhuma situação impeditiva.

Consideram-se ME ou EPP a sociedade empresária, a sociedade simples e o empresário a que se refere a Lei nº 10.406/2002, art. 966, devidamente registrados no Registro de Empresas Mercantis ou no Registro Civil de Pessoas Jurídicas, conforme o caso, desde que (Lei Complementar nº 123/2006, art. 3º):

a) no caso das ME, o empresário, a pessoa jurídica, ou a ela equiparada, obtenha em cada ano-calendário, receita bruta igual ou inferior a R$ 240.000,00;

b) no caso das EPP, o empresário, a pessoa jurídica, ou a ela equiparada, aufira, em cada ano-calendário, receita bruta superior a R$ 240.000,00 e igual ou inferior a R$ 2.400.000,00.

A apuração do valor devido mensalmente pela pessoa jurídica rural ME ou EPP, optante pelo Simples Nacional, será determinada mediante aplicação da tabela constante do Anexo I, da Lei Complementar nº 123/2006.

Para efeito de determinação da alíquota, o sujeito passivo utilizará a receita bruta acumulada nos 12 meses anteriores ao do período de apuração.

Sobre a receita bruta obtida no mês, incidirá a alíquota determinada dentro no Anexo I, na faixa que represente a receita bruta acumulada dos 12 meses que antecedem ao período apurado, podendo tal incidência se dar, à opção do contribuinte, sobre a receita recebida no mês (regime de caixa), sendo essa opção irretratável para todo o ano-calendário.

Para tanto, o contribuinte deverá considerar, destacadamente, para fim de pagamento, as receitas decorrentes da revenda de mercadorias objeto da atividade rural, das demais receitas, caso haja.

Por meio da Solução de Consulta nº 242/2009 – DISIT 08, a Receita Federal se manifestou favoravelmente quanto à opção pelo Simples Nacional, bem como no sentido da aplicação do Anexo I, para as receitas decorrentes da atividade rural, conforme segue: "Para efeito de determinação do valor devido mensalmente pela microempresa ou empresa de pequeno porte, optante do Simples Nacional, as receitas decorrentes da venda de mudas de plantas ornamentais cultivadas, consideradas decorrentes de atividade rural, são tributadas na forma do Anexo I da LC nº 123, de 2006."

Exemplo: Imaginemos hipoteticamente que uma pessoa jurídica rural, optante pelo Simples Nacional, obteve receita bruta resultante exclusivamente da revenda de produtos por ela cultivados e não sujeitos à substituição tributária, apresente os seguintes dados:

a) a receita bruta do mês de julho/2011: R$ 15.000,00;

b) a receita bruta total dos últimos 12 meses (junho/2010 a julho/2011): R$ 220.000,00;

c) alíquota correspondente à receita bruta total acumulada (R$ 220.000,00) no Anexo I = 5,47% (vide Anexo I da Resolução CGSN nº 51/2008 abaixo).

d) Simples Nacional devido no mês de julho/2011: R$ 15.000,00 x 5,47% = R$ 820,50.

Anexo I da Resolução CGSN nº 51/2008							
Receita Bruta em 12 meses (em R$)	Alíquota	IRPJ	CSLL	Cofins	PIS/PASEP	CPP	ICMS
Até 120.000,00	4,00%	0,00%	0,00%	0,00%	0,00%	2,75%	1,25%
De 120.000,01 a 240.000,00	5,47%	0,00%	0,00%	0,86%	0,00%	2,75%	1,86%
De 240.000,01 a 360.000,00	6,84%	0,27%	0,31%	0,95%	0,23%	2,75%	2,33%
De 360.000,01 a 480.000,00	7,54%	0,35%	0,35%	1,04%	0,25%	2,99%	2,56%
De 480.000,01 a 600.000,00	7,60%	0,35%	0,35%	1,05%	0,25%	3,02%	2,58%
De 600.000,01a 720.000,00	8,28%	0,38%	0,38%	1,15%	0,27%	3,28%	2,82%
De 720.000,01a 840.000,00	8,36%	0,39%	0,39%	1,16%	0,28%	3,30%	2,84%
De 840.000,01 a 960.000,00	8,45%	0,39%	0,39%	1,17%	0,28%	3,35%	2,87%
De 960.000,01 a 1.080.000,00	9,03%	0,42%	0,42%	1,25%	0,30%	3,57%	3,07%
De 1.680.000,01 a 1.800.000,00	10,32%	0,48%	0,48%	1,43%	0,34%	4,08%	3,51%
1.800.000,01 a 1.920.000,00	11,23%	0,52%	0,52%	1,56%	0,37%	4,44%	3,82%
De 1.920.000,01 a 2.040.000,00	11,32%	0,52%	0,52%	1,57%	0,37%	4,49%	3,85%
De 2.040.000,01 a 2.160.000,00	11,42%	0,53%	0,53%	1,58%	0,38%	4,52%	3,88%
De 2.160.000,01 a 2.280.000,00	11,51%	0,53%	0,53%	1,60%	0,38%	4,56%	3,91%
De 2.280.000,0 a 2.400.000,00	11,61%	0,54%	0,54%	1,60%	0,38%	4,60%	3,95%

Fonte: acervo pessoal.

Importante observar que o cálculo da Declaração Anual do Simples (DAS), se dá mediante acesso por meio de certificado digital ou código de acesso, no endereço eletrônico <www.receita.fazenda.gov.br/simplesnacional>, opções "Outros Serviços" e "Cálculo do Valor Devido e Geração do DAS".

Assim, adquirimos conhecimentos sobre tributação na atividade rural pessoa jurídica essenciais para a nossa formação profissional e futura atuação na área contábil.

E então, entenderam o conteúdo? Ficaram com alguma dúvida? Em caso de dúvidas, acessem as ferramentas "Fórum" ou "Quadro de Avisos". Espero vocês na próxima aula!

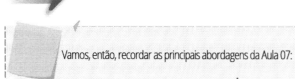

Retomando a aula

Vamos, então, recordar as principais abordagens da Aula 07:

1 - Exploração da atividade rural: pessoa jurídica

No tocante à apuração e à tributação dos resultados decorrentes da exploração da atividade rural, as Pessoas Jurídicas Rurais submetem-se às regras aplicáveis.

Quanto aos benefícios fiscais, vimos que desde o ano-calendário de 1996, citamos: a) depreciação de bens do ativo imobilizado, exceto terra nua; b) não sujeição ao limite de 30% do lucro real, para fins de compensação de prejuízos fiscais de períodos-base anteriores, apurados na atividade rural. E também definimos quais as características das atividades são consideradas rurais e quais não são.

2 - Depreciação de bens do ativo imobilizado

O encargo de depreciação dos bens, calculado à taxa normal, será registrado na escrituração comercial e o complemento para atingir o valor integral do bem constituirá exclusão para fins de determinação da base de cálculo do imposto correspondente à atividade rural.

Foi possível identificar a depreciação acumulada, a depreciação acelerada incentivada e a depreciação complementar. Não contemplará o benefício a pessoa jurídica rural que direcionar a utilização do bem exclusivamente para outras atividades estranhas à atividade rural própria.

3 - Compensação de prejuízos fiscais

Nesta última seção, verificamos que a compensação de prejuízos fiscais decorrentes da atividade rural com o lucro real da mesma atividade não está sujeita ao limite de 30%, ou seja, pode ser integralmente compensado em um único período-base desde que o lucro real apurado na atividade rural comporte a compensação.

Compreendemos que a pessoa jurídica que explora atividade rural, desde que não esteja enquadrada em qualquer das situações que a obriguem à apuração do lucro real, poderá optar pela tributação com base no lucro presumido, na tributação lucro arbitrado.

As pessoas jurídicas que exploram atividade rural estão sujeitas à Contribuição Social sobre o Lucro (CSL), segundo as normas aplicáveis às demais pessoas jurídicas.

As empresas que exercerem outras atividades, além da atividade rural, devem segregar, contabilmente, as receitas, os custos e as despesas referentes à atividade rural das demais atividades e demonstrar, no Livro de Apuração do Lucro Real (LALUR), separadamente, o lucro ou prejuízo contábil e o lucro ou prejuízo fiscal dessas atividades.

Já em relação ao Simples Nacional, as pessoas jurídicas rurais poderão optar por esta tributação na condição de microempresas (ME) ou empresas de pequeno porte (EPP), desde que não incorram em nenhuma situação impeditiva.

Vale a pena

Vale a pena ler,

ANCELES, Pedro Einstein dos Santos. *Manual de Tributos da Atividade Rural.* 2. ed. São Paulo: Atlas, 2002.

MARION, José Carlos. *Contabilidade Rural:* contabilidade agrícola, contabilidade da pecuária, imposto de renda pessoa jurídica. 8. ed. São Paulo: Atlas, 2005.

MARION, José Carlos. *et al. Contabilidade e controladoria em agribusiness.* São Paulo: Atlas, 1996.

MARTINS, Ives Gandra da Silva; NASCIMENTO, Carlos Valder do. *Comentários à Lei de Responsabilidade Fiscal* – São Paulo: Saraiva, 2001.

YOUNG, Lúcia Helena Briski. *Atividade Rural - Aspectos Contábeis e Tributários - Coleção Prática Contábil.* 2. ed. Revista e Atualizada. Curitiba-PR: Juruá, 2011.

Vale a pena acessar,

Atualização sobre o Imposto de Renda. Disponível em: < http://www.marion.pro.br/portal/modules/wfdownloads/viewcat.php?cid=13>. Acesso em: 10 abr. 2012.

BRASIL. *Ministério da Fazenda.* Disponível em: <www.receita.fazenda.gov.br>. Acesso em: 10 abr. 2012.

COSTA, Vanivaldo Avelar da. *Atividades Rurais - Normas e Procedimentos Tributários.* Disponível em: < http://www.contabeis.com.br/artigos/116/atividades-rurais-normas-e-procedimentos-tributarios/>. Acesso em: 10 abr. 2012.

Legislação Tributária. Disponível em: <www.fiscosoft.com.br> Acesso em: 30 mar. 2012.

Portal Tributário. IRPJ - Atividades Rurais das Pessoas Jurídicas - Incentivos e Benefícios. <http://www.portaltributario.com.br/guia/atividades_rurais_pj.html>. Acesso em: 10 abr. 2012.

Minhas anotações

Aula 8º

Plano de contas da atividade rural

> Obrigado ao homem do campo
> Pela semeadura do chão
> E pela conservação do folclore
> Empunhando a viola na mão.
>
> Dom e Ravel

Olá Pessoal!

Até aqui refletimos a respeito das atividades agropecuárias, dos armazéns gerais e dos produtos agropecuários. Investigamos sobre a contabilização na agricultura: culturas temporárias e culturas permanentes, e também a contabilização na pecuária.

Prosseguindo em nossos estudos, verificamos como se dá a tributação na atividade rural: pessoa física e pessoa jurídica. Nesta aula, que contará uma única seção, conheceremos os componentes para a realização do Plano de Contas da atividade rural.

Bons estudos!

Boa aula!

Objetivos de aprendizagem

Ao término desta aula, o aluno será capaz de:

• definir o que é um Plano de Contas;
• compreender quais são as contas patrimoniais e contas de resultado.

> Seções de estudo

1 - Plano de Contas da atividade rural

1 - Plano de contas da atividade rural

Conceito

Para Ribeiro (2009, p. 26), "o Plano de Contas é um conjunto de contas, diretrizes e normas que disciplina as tarefas do Setor de Contabilidade, objetivando a uniformização dos registros contábeis".

Quero lembrar-lhes que vocês já viram sobre Plano de Contas, desde a disciplina de Contabilidade I, quando aprenderam que as contas podem ser classificadas em Patrimoniais e de Resultado.

As contas patrimoniais representam o Ativo, o Passivo e o Patrimônio Líquido e são divididas em: Ativos (Bens e Direitos) e Passivos (Obrigações e Patrimônio Líquido).

Já por meio das Contas de Resultado é possível apurar o resultado do exercício, ao confrontar as Receitas subtraídas das Despesas. Daí, então, se as Receitas forem maiores que as Despesas temos Lucro, caso contrário, temos Prejuízo.

Agora, conforme segue abaixo, vamos conhecer o Plano de Contas da atividade rural:

1. Ativo
I. Ativo Circulante
1. Disponível
Caixa
Depósitos bancários à vista
Numerário em trânsito
Aplicações de liquidez imediata

2. Clientes
Duplicatas a receber
   a) Clientes
   b) Controladas e coligadas – transações operacionais
Duplicatas descontadas (conta credora)
Provisão para créditos de liquidação duvidosa (conta credora)
Ajuste a valor presente (conta credora)
Faturamento para entrega futura
Saques de exportação
Saques de exportação descontados (conta credora)

3. Outros Créditos
Títulos a receber
   a) Clientes – renegociação de contas a receber
   b) Devedores mobiliários
   c) Empréstimos a receber de terceiros
   d) Títulos descontados (conta credora)
   e) Receitas financeiras a transcorrer (conta credora)

Cheques em cobrança
Dividendos propostos a receber
Bancos – Contas vinculadas
Juros a receber
Adiantamentos a terceiros
Créditos de funcionários

   a) Adiantamentos para viagens
   b) Adiantamentos para despesas
   c) Antecipação de salários e ordenados
   d) Empréstimos a funcionários
   e) Antecipações de 13º salário
   f) Antecipações de férias
   g) Previdência social sobre 13º salário a recuperar
Impostos a recuperar
   a) IPI a compensar
   b) ICMS a compensar
   c) IRRF a compensar
   d) IR a restituir
   e) IR deferido
   f) Outros impostos a recuperar
Operação em bolsa
   a) Depósitos para garantia de operação a termo
   b) Prêmios pagos – Mercado de opções

Depósitos restituíveis e valores vinculados
Provisão para créditos de liquidação duvidosa (conta credora)
Provisão para perdas (conta credora)
Ajuste a valor presente (conta credora)

4. Investimentos Temporários
Aplicações temporárias em ouro
Títulos e valores mobiliários
Provisão para redução ao valor de mercado (conta credora)
Provisão para perdas (conta credora)

5. Estoques
5.l. Estoques de Produtos
Soja
Milho
Café
5.2 Estoques de animais
Bezerros Machos
Bezerros Fêmeas
5.3 Culturas em Formação
Cultura em formação soja
5.4 Rebanho em formação
Rebanho bovino em formação
5.5 Insumos agrícolas
Adubos
Defensivos
Almoxarifado
Ajuste a valor presente (conta credora)

6. Despesas Do Exercício Seguinte Pagas Antecipadamente
Prêmios de seguros a apropriar
Encargos financeiros a apropriar (desconto de duplicatas)
Assinaturas e anuidades a apropriar
Comissões e prêmios pagos antecipadamente
Aluguéis pagos antecipadamente
Outros custos e despesas pagos antecipadamente

II. Ativo Não Circulante
1. Créditos e Valores

Bancos – contas vinculadas
Clientes
Títulos a receber
Créditos de acionistas – Transações não operacionais
Crédito de diretores – Transações não operacionais
Adiantamentos a terceiros
Provisão para créditos de liquidação duvidosa (conta credora)
Impostos a recuperar
Empréstimos compulsórios sobre veículos
Empréstimos compulsórios sobre combustíveis
Empréstimos compulsórios da Eletrobrás
    a) Obrigações da Eletrobrás
    b) Créditos da Eletrobrás
Empréstimos feitos com incentivos fiscais
Depósitos restituíveis e valores vinculados
Provisão para perdas (conta credora)

2. Investimentos Temporários de Longo Prazo
Títulos e valores mobiliários
Depósitos e aplicações de incentivos fiscais
FINOR
FINAM
EMBRAER
Participações não permanentes em outras empresas
Provisão para perdas (conta credora)
Provisão para redução ao valor de mercado (conta credora)

3. Despesas Antecipadas
    Prêmios de seguro a apropriar em longo prazo
    Imposto de renda diferido

4. Ativo Permanente
Investimentos
A. Participações Permanentes Em Outras Sociedades
a) Avaliadas pelo método da equivalência patrimonial
Valor da equivalência patrimonial
a) Em sociedades controladas (conta por empresa)
b) Em sociedades coligadas (conta por empresa)
Ágio ou deságio dos investimentos menos amortizações (conta por empresa)
a) Por diferença de valor de mercado dos bens
b) Por valor de rentabilidade fatura
c) Por fundo de comércio, intangíveis e outras razões econômicas
Provisão para perdas permanentes (conta credora)
    a) Avaliadas pelo método de custo
    Participações em sociedades controladas e coligadas
    Participações em outras empresas
    Participações em fundos de investimentos – (F.I.)
    FINOR
    FINAM
    EMBRAER
Provisão para perdas permanentes

Outros Investimentos Permanentes
Obras de arte
Terrenos e imóveis para futura utilização
Imóveis não de uso (para renda)
Provisão para perdas permanentes (conta credora)

Depreciação acumulada corrigida (conta credora)

Ativo Imobilizado
Bens Em Operação – Custo Corrigido
Terras
Obras preliminares e complementares
Obras civis
Instalações
Máquinas, aparelhos e equipamentos
Equipamentos de processamento eletrônico de dados
Sistemas aplicativos – Software
Móveis e utensílios
Veículos
Vacas Matrizes Reprodutoras
Touros Reprodutores
Animais de Trabalho
Pastagens Artificiais
    Floresta e reflorestamento
Direitos sobre recursos naturais - Outros
    Benfeitoras em propriedades arrendadas

Depreciaçao, Amortização E Exaustão Acumulada
(contas credoras)
Obras preliminares e complementares – Depreciação
Obras civis – Depreciação
Instalações – Depreciação
Máquinas, aparelhos e equipamentos – Depreciação
Equipamentos de processamento eletrônico de dados – Depreciação
Sistemas aplicativos – Software
Móveis e utensílios – Depreciação
Veículos - Depreciação
Ferramentas – Depreciação ou Amortização
Peças e conjuntos de reposição – Depreciação
Marcas, direitos e patentes industriais – Amortização
Direitos sobre recursos naturais – Exaustão
Benfeitorias em propriedades arrendadas – Amortização

Imobilizado Em Andamento – Custo Corrigido
Bens em uso na fase de implantação
Custo corrigido (por conta)
Depreciação acumulada corrigida (por contas credoras)
Construções em andamento
Importações em andamento de bens do imobilizado
Adiantamentos para inversões fixas
Almoxarifado de inversões fixas
Ativo Diferido – Custo Corrigido

A. Gastos De Implantação E Pré-Operacionais
Gastos de organização e administração
Encargos financeiros líquidos
Correção monetária
Estudos, projetos detalhamentos
Juros a acionistas na fase de implantação
Gastos preliminares de operação
Amortização acumulada (conta credora)

B. Pesquisa E Desenvolvimento De Produtos
Custo
Salários e encargos

Depreciação
Gastos gerais
Outros custos
Amortização acumulada

C. Gastos de Implantação de Sistemas e Métodos-Custo
Amortização acumulada (conta credora)

D. Gastos de Reorganização
Custo
Amortização acumulada (conta credora)

2. Passivo
I - Passivo Circulante
• Empréstimos e financiamentos
Parcela a curto prazo dos empréstimos e financiamentos
Credores por financiamento
Financiamentos bancários a curto prazo
Adiantamentos de contratos de câmbio
Títulos a pagar
Encargos financeiros a transcorrer (conta devedora)
Juros a pagar de empréstimo e financiamento
• Debêntures
Conversíveis em ações
Não conversíveis em ações
Juros e participações
Deságio a apropriar (conta devedora)
• Fornecedores
Fornecedores nacionais
Ajuste a valor presente
Fornecedores estrangeiros
• Obrigações fiscais
ICMS a recolher
IPI a recolher
Provisão para imposto de renda
Imposto de renda recolhido (conta redutora)
Provisão para imposto de renda deferido
Contribuição social a recolher
Provisão para IOF
ISS a recolher
PIS a recolher
COFINS a recolher
Retenções de impostos a recolher
Outros impostos e taxas a recolher
• Outras obrigações
Adiantamentos de clientes
Faturamento para entrega futura
Contas a pagar
Arrendamento mercantil a pagar
Salários a pagar
Encargos sociais a pagar
FGTS a recolher
Honorários da administração a pagar
Comissões a pagar
Gratificações a lançar
Retenções contratuais
Dividendos a pagar
Juros a pagar
Operações em bolsa

Prêmios recebidos – mercado de opções
Outras contas a pagar
Ajuste a valor presente (conta devedora)
• Outras provisões
Dividendos propostos
Gratificações e participações a empregados
Gratificações e participações a administradores
Participações de partes beneficiárias
Férias
13º salário
Comissões
Riscos fiscais e outros passivos contingentes

II – Passivo Não Circulante
• Empréstimos e financiamentos
Empréstimos e financiamentos a longo prazo –
Em moeda nacional
Em moeda estrangeira
Credores por financiamento
Títulos a pagar
Encargos financeiros a transcorrer (conta devedora)
Juros a pagar de empréstimos e financiamentos
• Debêntures
Conversíveis em ações
Não conversíveis em ações
Juros e participações
• Retenções contratuais
• provisão para imposto de renda diferido
• provisão para resgates de partes beneficiárias
• provisão para riscos fiscais e outros passivos contingentes
III - Resultados de exercícios futuros
Receitas de exercícios futuros
Custos e despesas correspondentes às receitas
IV - Patrimônio líquido (valores corrigidos)
• Capital social
a) capital subscrito
capital autorizado
capital a subscrever
b) capital a integralizar (conta devedora)
Correção monetária do capital realizado
• Reservas de capital
Ágio na emissão de ações/quotas
Alienação das partes beneficiárias
Alienação de bônus da subscrição
Prêmio na emissão de debêntures
Doações e subvenções para investimentos (contas por natureza)
Correção especial de reflorestamento
• Reservas de reavaliação
Reavaliação de ativos próprios (contas por natureza dos ativos)
Reavaliação de ativos de coligadas e controladas avaliadas ao método de equivalência patrimonial
• Reservas de lucros
Reserva legal
Reservas estatutárias (contas por tipo)
Reservas para contingências
Reservas de lucros a realizar
Reservas de lucros para expansão

Reserva especial para dividendo obrigatório não distribuído
• Lucros ou prejuízos acumulados
Lucros acumulados
Prejuízos acumulados (conta devedora)
• Ações em tesouraria (conta devedora)

Contas de Resultado
Receita bruta de vendas de produtos e serviços
• Vendas de produtos
    Mercado Nacional
    Exportação
• Vendas de serviços
    Mercado Nacional
    Exportação
• Deduções da receita bruta
    Vendas Canceladas e devoluções
    Abatimentos
• Impostos incidentes sobre vendas
Imposto sobre Produtos Industrializados (IPI)*
Imposto sobre Circulação de Mercadorias e Serviços (ICMS)
    Imposto sobre Serviços (ISS)
    Imposto sobre vendas a varejo de combustíveis líquidos e gasosos (IVVC)
    PIS ou PASEP sobre receita bruta
    COFINS sobre receita bruta
• Ajuste a valor presente de clientes (conta devedora)
Custo dos produtos vendidos e dos serviços prestados
Custo dos produtos vendidos
Custo dos serviços prestados
Custos de produção
Matéria-prima direta
Outros materiais diretos
Mão de obra direta
Salários dos departamentos produtivos
Prêmios de produção
Gratificações
Férias
13º Salário
INSS
FGTS
Aviso prévio e indenizações
Assistência médica e social
Seguro de vida em grupo
Seguro de acidentes do trabalho
Auxílio alimentação
Assistência social
Outros encargos
• Outros custos diretos
Serviços de terceiros
Outros
• Custos indiretos
Material indireto
Mão de obra indireta
Salários dos supervisores de produção
Salários dos departamentos de serviços
Gratificações
Férias
13º Salário

INSS
FGTS
Aviso prévio e indenizações
Assistência médica e social
Seguro de vida em grupo
Seguro de acidentes do trabalho
Outros encargos
Honorários da diretoria de produção e encargos
Aluguéis e condomínios
Depreciações e amortizações
Manutenção e reparos
Energia elétrica (luz e força)
Água
Transporte do pessoal
Comunicações
Reproduções
Refeitório
Despesas gerais
Recrutamento e seleção
Treinamento do pessoal
Roupas profissionais
Conduções e refeições
Impostos e taxas
Segurança e vigilância
Ferramentas perecíveis
• Despesas operacionais
De vendas
Despesas com pessoal
Comissões de venda
Ocupação
Utilidade e serviços
Propaganda e publicidade
Propaganda
    Publicidade
    Amostras
Anúncios
    Pesquisas de mercado e de opinião
• Despesas gerais
Contas como o subgrupo B.5
• Impostos e taxas
Provisão para devedores duvidosos
Constituição do novo saldo
Reversão do saldo anterior (conta credora)
• Despesas administrativas
Despesas com pessoal
Salário e ordenados
    Gratificações
    Férias
    13º Salário
    INSS
    FGTS
    Indenizações
    Assistência médica e social
    Seguro de vida em grupo
    Seguro de acidentes de trabalho
    Outros encargos
        Aluguéis e condomínios
        Depreciações e amortizações
        Manutenção e reparos

• Utilidade e serviços
Energia elétrica
Água e esgoto
Telefone e comunicações
Correio e malotes
Reprodução
Seguros
Transporte do pessoal
• Honorários
Diretoria
Conselho de Administração
Conselho Fiscal
• Despesas gerais
Viagens e representações
Material de escritório
Materiais auxiliares e de consumo
Higiene e limpeza
Copa, cozinha e refeitório
Conduções e lanches
Revistas e publicações
Donativos e contribuições
    Legais e Judiciais
Serviços profissionais e contratados
    Auditoria
    Consultoria
    Recrutamento e seleção
    Segurança e vigilância
    Treinamento do pessoal
Impostos e taxas
Imposto sobre a propriedade territorial rural
Imposto sobre a propriedade predial e territorial urbana
Imposto sobre a propriedade de veículos automotores
Taxas municipais
Contribuição sindical
Contribuição para o PIS
Contribuição para o PASEP
• Despesas com provisões
Constituição de provisão para perdas diversas
Constituição de provisão para despesas com riscos e contingências
Reversão da provisão para perdas diversas
Reversão da provisão para despesas com riscos e contingências
• Resultados financeiros líquidos
• Receitas e despesas financeiras
Despesas financeiras
Juros pagos ou incorridos
Descontos concedidos
Comissões e despesas bancárias
Correção monetária prefixada de obrigações
• Receitas financeiras
Descontos obtidos
Juros recebidos ou auferidos
Receitas de títulos vinculados ao mercado aberto
Receitas sobre outros investimentos temporários
Prêmio de resgate de títulos e debêntures
• Resultado financeiro comercial
Receita financeira comercial
• Variações monetárias de obrigações e créditos

Variações de obrigações
Variação cambial
Correção monetária passiva, excerto pré-fixada
• Variações de créditos
Variação cambial
Correção monetária ativa
• PIS sobre receitas financeiras
• Outras receitas e despesas operacionais
• Lucros e prejuízos de participações em outras sociedades
Participação nos resultados de coligadas e controladas pelo método de equivalência patrimonial
Dividendos e rendimentos de outros investimentos
Amortização de ágio ou deságio de investimentos
• Vendas diversas
Vendas de sucatas (líquido do ICMS)
• Resultados não operacionais
Ganhos e perdas de capital nos investimentos
Ganhos e perdas na alienação de investimentos
Provisão para perdas prováveis na realização de investimentos
Resultados não-operacionais em investimentos pela equivalência patrimonial
Ganhos e perdas de capital imobilizado
Ganhos e perdas na alienação ou baixa de imobilizado
Valor líquido de bens baixados
Ganhos e perdas de capital no ativo diferido
Baixa de ativos diferidos
• Provisão para o imposto, a renda, e a contribuição social
• Participações e contribuições
• Debêntures
• Empregados
• Administradores
• Artes beneficiárias
• Instituições ou fundo de assistência ou previdência a empregados
• Lucro (prejuízo) líquido do exercício

Chegamos ao final da Aula 08 e da disciplina de Contabilidade Rural. Parabéns por terem vencido mais esta etapa do curso de Ciências Contábeis, da UNIGRAN Net!

Espero que tenham se apropriado dos conteúdos disponibilizados e que aprofundem conhecimentos teórico-práticos sobre as temáticas estudadas. Assim, espero ter contribuído de maneira construtiva com o aprendizado de vocês.

Retomando a aula

Vamos agora recordar os principais elementos que compõe o Plano de Contas da atividade rural:

1 - Plano de Contas da atividade rural

1. Ativo
I. Ativo Circulante
1. Disponível
2. Clientes
3. Outros créditos

4. Investimentos temporários

5. Estoques

6. Despesas do exercício seguinte pagas antecipadamente

II. Ativo Não Circulante

1. Créditos e valores

2. Investimentos temporários de longo prazo

3. Despesas antecipadas

4. Ativo permanente

Investimentos

A. Participações permanentes em outras sociedades

Outros investimentos permanentes

ATIVO IMOBILIZADO

Bens em operação – custo corrigido

Depreciação, amortização e exaustão acumulada (contas credoras)

Imobilizado em andamento – custo corrigido

Ativo Diferido – custo corrigido

A. Gastos de implantação e pré-operacionais

B. Pesquisa e desenvolvimento de produtos

C. Gastos de implantação de sistemas e métodos-custo

D. Gastos de reorganização

2. Passivo

I - Passivo Circulante

II – Passivo Não Circulante

Contas De Resultado

Vale a pena

Vale a pena **ler**

CREPALDI, Silvio Aparecido. *Contabilidade rural:* uma abordagem decisorial. São Paulo: Atlas, 2005.

MARION, José Carlos. *Contabilidade Rural:* contabilidade agrícola, contabilidade da pecuária, imposto de renda pessoa jurídica. 8. ed. São Paulo: Atlas, 2005.

MATTOS, Z. P. de B. *Contabilidade financeira rural.* São Paulo: Atlas, 1999.

Vale a pena **acessar**

Classe Contábil. Disponível em: <www.classecontabil. com.br>. Acesso em: 20 mar. 2012.

Fundação Brasileira de Contabilidade - FBC. Disponível em: <www.fbc.org.br/fbc.htm>.

Revista Universo Contábil - Furb. Disponível em: <furb. br/universocontabil/>.

ZANLUCA, Júlio César. *Plano de contas contábil.* Disponível em: < http://www.portaltributario.com.br/ modelos/modelo_plano_contas_entidade.htm>. Acesso em: 20 mar. 2012.

Referências bibliográficas

BATALHA, Mário Otávio (coord.). *Gestão agroindustrial :* GEPAI : grupo de estudos e pesquisas agroindustriais. Vol. II. 5ª ed. Atlas. São Paulo. 2011.

FRANCO JÚNIOR, Hilário. *Contabilidade industrial com apêndice de contabilidade agrícola.* São Paulo: Atlas, 2004. MARION, José Carlos. Contabilidade rural: São Paulo: Atlas, 2012.

BATALHA, Mário Otávio (coord.). *Gestão agroindustrial :* GEPAI : grupo de estudos e pesquisas agroindustriais. Vol. I. 3ª ed. Atlas. São Paulo. 2011.

IUDÍCIBUS, Sérgio de; MARTINS, Eliseu; GELBCKE, Ernesto Rubens; SANTOS, Ariovaldo dos. *Manual de contabilidade societária : aplicável a todas as sociedades :* de acordo com as normas internacionais e do CPC. São Paulo. Atlas. 2010.

MARION, José Carlos. *et al. Contabilidade e controladoria em agribusiness.* São Paulo: Atlas, 2006.

MATARAZZO, Dante C. *Análise Financeira de Balanços – abordagem básica e gerencial.* São Paulo: Atlas, 2007.

MATTOS, Z. P. de B. *Contabilidade financeira rural.* São Paulo: Atlas, 1999.

BRASIL. *Ministério da Agricultura.* Disponível em: <www. agricultura.gov.br>. Acesso em: 10 abr. 2012.

BRASIL. Presidência da República. Casa Civil. Lei Nº 4.504, de 30 de novembro de 1964. *Dispõe sobre o Estatuto da Terra, e dá outras providências.* Disponível em: < http://www. planalto.gov.br/ccivil_03/leis/L4504.htm>. Acesso em: 10 abr. 2012.

BRASIL. *Presidência da República.* Casa Civil. Subchefia para Assuntos Jurídicos. Lei Nº 9.065, de 20 de junho de 1995. Dá nova redação a dispositivos da Lei nº 8.981, de 20 de janeiro de 1995, que altera a legislação tributária federal, e dá outras providências. Disponível em: <http://www.planalto. gov.br/ccivil_03/leis/L9065.htm>. Acesso em: 10 abr. 2012.

BRASIL. IR - Lei Nº 9.250, de 26 de dezembro de 1995. *Altera a legislação do imposto de renda das pessoas físicas e dá outras providências.* Disponível em: <http://www.receita.fazenda.gov. br/legislacao/leis/ant2001/lei925095.htm>. Acesso em: 15 abr. 2012.

BRASIL. *Ministério da Agricultura.* Disponível em: <www. agricultura.gov.br>. Acesso em: 10 abr. 2012.

BRASIL. *Presidência da República.* Casa Civil. Lei Nº 4.504, de 30 de novembro de 1964. Dispõe sobre o Estatuto da Terra, e dá outras providências. Disponível em: < http:// www.planalto.gov.br/ccivil_03/leis/L4504.htm>. Acesso em: 10 abr. 2012.

BRASIL. *Presidência da República.* Casa Civil. Subchefia para Assuntos Jurídicos. Lei Nº 9.065, de 20 de junho de 1995. Dá nova redação a dispositivos da Lei nº 8.981, de 20 de janeiro de 1995, que altera a legislação tributária federal, e dá outras providências. Disponível em: <http://www.planalto. gov.br/ccivil_03/leis/L9065.htm>. Acesso em: 10 abr. 2012.

BRASIL. *Presidência da República.* Casa Civil. Subchefia para Assuntos Jurídicos. Decreto Nº 3.000, de 26 de março de 1999. Regulamento do Imposto de Renda - RIR/99. Regulamenta a tributação, fiscalização, arrecadação e administração do

Imposto sobre a Renda e Proventos de Qualquer Natureza. Disponível em: <http://www.planalto.gov.br/ccivil_03/decreto/d3000.htm>. Acesso em: 10 abr. 2012.

BRASIL. *Presidência da República.* Casa Civil. Subchefia para Assuntos Jurídicos. Medida Provisória - MP Nº 2.159-70, de 24 de agosto de 2001. Altera a legislação do imposto de renda e dá outras providências. Disponível em: < http://www.planalto.gov.br/ccivil_03/mpv/2159-70.htm>. Acesso em: 10 abr. 2012.

BRASIL. *Presidência da República.* Casa Civil. Subchefia para Assuntos Jurídicos. Medida Provisória - MP Nº 2.183-56, 24 de agosto de 2001. Acresce e altera dispositivos do Decreto-Lei no 3.365, de 21 de junho de 1941, das Leis nos 4.504, de 30 de novembro de 1964, 8.177, de 1o de março de 1991, e 8.629, de 25 de fevereiro de 1993, e dá outras providências. Disponível em: < http://www.planalto.gov.br/ccivil_03/mpv/2183-56.htm>. Acesso em: 30 mar. 2012.

BRASIL. *Receita Federal do Brasil.* Instrução Normativa RFB nº 1.105, de 23 de dezembro de 2010. Aprova, para o ano-calendário de 2011, o programa multiplataforma Livro Caixa da Atividade Rural, relativo ao Imposto sobre a Renda da Pessoa Física. Disponível em: < http://www.receita.fazenda.gov.br/legislacao/ins/2010/in11052010.htm> Acesso em: 10 abr. 2012.

BRASIL. *Secretaria da Receita Federal do Brasil.* Instruções Normativas SRF Nº 11, de 21 fevereiro de 1996. Dispõe sobre a apuração do imposto de renda e da contribuição social sobre o lucro das pessoas jurídicas a partir do ano-calendário de 1996.

Alterada pela IN SRF nº 14/96, de 15 de março de 1996. Disponível em: <http://www.receita.fazenda.gov.br/legislacao/ins/ant2001/ant1997/1996/insrf01196.htm>. Acesso em: 21 abr. 2012.

BRASIL. *Secretaria da Receita Federal do Brasil.* Instruções Normativas SRF Nº 093, de 24 de dezembro de 1997. Dispõe sobre a apuração do imposto de renda e da contribuição social sobre o lucro das pessoas jurídicas a partir do ano-calendário de 1997. Alterada pela IN SRF nº 15/99, de 12 de fevereiro de 1999. Disponível em: < http://www.receita.fazenda.gov.br/legislacao/ins/ant2001/1997/insrf09397.htm>. Acesso em: 30 mar. 2012.

BRASIL. *Secretaria da Receita Federal do Brasil.* Instrução Normativa SRF Nº 257, de 11 de dezembro de 2002. Dispõe sobre a tributação dos resultados da atividade rural na apuração do imposto de renda das pessoas jurídicas. Disponível em: <http://www.receita.fazenda.gov.br/legislacao/ins/2002/in2572002.htm>. Acesso em: 10 abr. 2012.

BRASIL. *Secretaria da Receita Federal do Brasil.* Instrução Normativa SRF Nº 390, de 30 de janeiro de 2004. Dispõe sobre a apuração e o pagamento da Contribuição Social sobre o Lucro Líquido. Disponível em: < http://www.receita.fazenda.gov.br/legislacao/ins/2004/in3902004.htm>. Acesso em: 10 mar. 2012.

CREPALDI, Silvio Aparecido. *Contabilidade rural:* uma abordagem decisorial. São Paulo: Atlas, 2005.

DOM & RAVEL. *Obrigado ao Homem do Campo.* Disponível em: <http://letras.mus.br/dom-ravel/487572/>. Acesso em: 30 mar. 2012.

FRANCO JÚNIOR, Hilário. *Contabilidade industrial com* apêndice de contabilidade agrícola. 9 ed. São Paulo: Atlas, 1994.

JUSCEP - *Junta Comercial do Estado de São Paulo.* Armazéns Gerais. Disponível em: <http://www.jucesp.fazenda.sp.gov.br/empresas_armazens.php>. Acesso em: 20 abr. 2012.

MARION, José Carlos. *Contabilidade Rural:* contabilidade agrícola, contabilidade da pecuária, imposto de renda pessoa jurídica. 8. ed. São Paulo: Atlas, 2005.

MARION, José Carlos. *et al. Contabilidade e controladoria em agribusiness.* São Paulo: Atlas, 1996.

MATARAZZO, Dante C. *Análise Financeira de Balanços –* abordagem básica e gerencial. 4. ed. São Paulo: Atlas, 1997.

MATTOS, Z. P. de B. *Contabilidade financeira rural.* São Paulo: Atlas, 1999.

ORTIZ, Aldenir; BUSCH, Cleber; GARCIA, Edino Ribeiro; TODA, William Haruo. *A Nova Contabilidade Rural.* São Paulo: IOB, 2011.

RIBEIRO, Osni Moura. *Contabilidade Comercial Fácil.* 16. ed. Ampl. e atual. São Paulo: Saraiva, 2009.

Minhas anotações

Graduação a Distância

Ciências Contábeis
6º Semestre

AUDITORIA II

Graduação a Distância

AUDITORIA II

CEAD
Coordenadoria de Educação A Distância

DEBOLETO, Gustavo Anderson Gimenes
Auditoria II. Gustavo Anderson Gimenes
Deboleto. Dourados: UNIGRAN, 2017/2.

76 p.: 23 cm.

1. Planejamento. 2. Amostragem.
3. Procedimentos.

_____ Apresentação do Docente

Gustavo Anderson Gimenes Deboleto Possui graduação em Ciências Contábeis pelo Centro Universitário da Grande Dourados (2006), especialização lato sensu em Gestão Financeira, pela Universidade Federal da Grande Dourados - UFGD (2009), pós-graduado em Gestão Hospitalar, pela Universidade Federal de São Paulo - UNIFESP (2008). Atualmente é professor temporário da FACE - Faculdade de Administração, Ciências Contábeis e Economia da UFGD (Universidade Federal da Grande Dourados). Lecionou nos Cursos de Graduação em Ciências Contábeis e Administração das Faculdades Anhanguera S.A; e professor convidado dos cursos de MBA em Gestão Estratégica de Negócios e MBA em Controladoria. Perito Judicial cadastrado junto a Justiça Federal e Estadual; Consultor Empresarial atuando como profissional liberal nas áreas de Administração Financeira, Finanças Corporativas, Custos e Gestão de Projetos. Tem experiência em docência, atuando principalmente nos seguintes temas: Teoria da Contabilidade, Contabilidade e Análise de Custos, Estrutura e Análise das Demonstrações Contábeis, Orçamento Empresarial, Administração Financeira e Orçamentária, Sistemas de Informações, Empreendedorismo, Controladoria e Gestão de Projetos. Experiência profissional em avaliação de resultados empresariais; avaliação financeira de projeto; planejamento financeiro de curto e longo prazo; Conhecimento em controle e execução de orçamento, experiência em elaboração de normas e procedimentos internos, conhecimento em análise e mapeamento de processos, fluxograma de atividades; atendimento à auditoria; ótima vivência em controles internos; análises financeiras; Contabilidade Gerencial; Controladoria; Análise Financeira e Econômica de Balanços; desenvolvimento de relatórios de planejamentos gerenciais e operacionais; Coordenação de Equipe; Pleno domínio de informática e Excel avançado, conhecimento em sistemas integrados (E.R.P). Conhecimento em ferramentas de gestão financeira como; Ponto de Equilíbrio, Budget, Cash Flow, VAL, Payback, GAO, GAF, além das ferramentas de planejamento como; Matriz de SWOT, Árvore de Problemas, Matriz de GUT. Dinâmico, próativo, com boa fluência e comunicação escrita e verbal; Comprometido no desenvolvimento do trabalho e flexível a mudanças e inovações; Motivado e com perspectiva de crescimento profissional na busca de novos desafios.

Sumário

Introdução

Caros Alunos,

A disciplina de Auditoria trata de uma forma geral, da exatidão dos atos e fatos contábeis, bem como da autenticidade de seus registros nas entidades com ou sem fins lucrativos. Examinando os resultados dos exercícios contábeis, a Auditoria informa as condições contábeis e financeiras da entidade para o proprietário. deste modo sua função é de auxiliar todos os membros da administração no setor efetivo de suas funções e responsabilidades, fornecendo-lhes análises, apreciações, recomendações e comentários pertinentes às atividades examinadas. O objetivo desta disciplina é propiciar um conhecimento mais íntimo da Auditoria, bem como seus procedimentos mais usuais.

Essa disciplina exige muita leitura e atenção.
Desejo a todos os alunos um ótimo aprendizado.

Auditoria II - UNIGRAN

Aula 01

RELEMBRANDO AUDITORIA

Depois de estudar os conceitos desta aula você conseguirá definir o que é auditoria, seus objetivos, sua filosofia, gestão da informação e seus princípios éticos.

RELEMBRANDO AUDITORIA

Segundo Silvio Aparecido Crepaldi (2000), Hilário Franco e Ernesto Marra (1992), a auditoria é definida como uma especialização contábil, voltada a testar a eficiência e a

---

Aula resumida dos livros "Auditoria Contábil", de Silvio Aparecido Crepaudi, "Auditoria" e "Auditoria Interna", de William Attie, "Auditoria Governamental", de Flávio da Cruz, "Introdução à Auditoria", de Paulo Adolpho Santi, "Sistemas de Informações Contábeis", de Clóvis Luís Padoveze, "Auditoria Contábil", de Hilário Franco e Ernesto Marra, "Auditoria", de Marcelo Cavalcanti Almeida e "Curso de Auditoria", de Antonio Lopes de Sá.

eficácia do controle patrimonial. A auditoria compreende o exame de documentos, livros, registros e obtenção de informações e confirmações de caráter interno e externo, relacionados com o patrimônio, com o objetivo de refletir e exatidão desses registros.

Para William Attie (1998), a auditoria é uma especialização contábil, com a finalidade de testar a eficiência e eficácia das demonstrações contábeis, implantada com o objetivo de expressar uma opinião sobre um determinado dado. O exame da auditoria engloba a verificação documental, os livros e registros com características controladoras, a obtenção de evidências de informações de caráter interno ou externo que se relacionam com o controle de patrimônio e a exatidão dos registros e as demonstrações deles decorrentes.

O TRABALHO DA AUDITORIA

Inúmeras vezes, o trabalho do auditor é percebido como mera avaliação das atividades do Departamento de Contabilidade de uma organização. Com a chegada do auditor, os funcionários, normalmente se sentem vigiados e ficam intranquilos. O trabalho de auditoria, ainda que em algumas situações especiais necessite fazer fiscalizações rigorosas, não tem como objetivo policiar profissionais ou suas atividades.

Para Crepaudi (2000), a auditoria deve ser compreendida como um conjunto de ações de assessoramento e consultoria. A verificação de procedimentos e a validação dos controles internos, utilizados pela organização, permitem ao profissional auditor emitir uma opinião de aconselhamento à direção, garantindo precisão e segurança na tomada de decisão.

OBJETIVO

De acordo com Crepaudi (2000), o principal objetivo da Auditoria Contábil consiste em verificar se as demonstrações contábeis refletem adequadamente a situação patrimonial, financeira e econômica das empresas. Para alcançar tal objetivo, o auditor necessita planejar adequadamente seu trabalho, avaliar o sistema de controle interno relacionado com a parte contábil e proceder à revisão analítica das contas do ativo, passivo, despesas e receita, colhendo evidências comprobatórias das informações contábeis para, a partir da avaliação emitir seu parecer.

O QUE PODEMOS DIZER

A auditoria faz parte das atividades normais da Administração, sendo o ápice da pirâmide do sistema de controle. Está subordinada ao titular do órgão ou da entidade e tem como função acompanhar a execução dos atos, indicar, em caráter opinativo, preventivo ou corretivo, as ações a serem desempenhadas, com vistas a atender o controle da execução orçamentária, financeira, contábil e patrimonial, bem como a administração de um modo geral.

Um quadro sinóptico da visão da auditoria pode ser assim resumido:

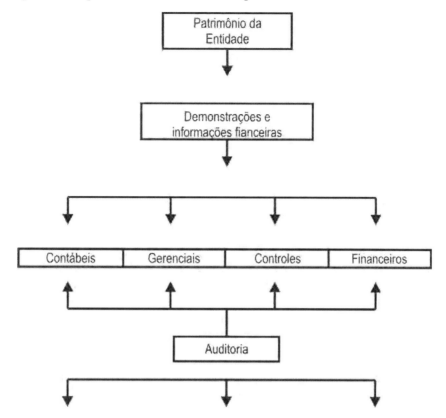

Fonte: Retirado de Attie, William, "Auditoria: conceitos e aplicações", São Paulo: Atlas, 1998: 25.

Filosofia da Auditoria

A filosofia da auditoria consiste de uma forma geral, em avaliar a política de sistema de informações da empresa, em termos de adequação, aceitação, aplicação e controle. Para Crepaudi (2000):

> A base fundamental da Auditoria está ligada, diretamente, à contabilidade que, embora exerça o principal papel da empresa, no sentido de registrar e informar os reflexos das transações nos aspectos econômicos – financeiros, muitas vezes é manipulada, por interesse estranho ao objetivo maior da empresa, visando a vantagens ilícitas ou malversação de recursos como empréstimos, aprovação cadastral, financiamentos.

Papel da Auditoria

O papel primeiro da auditoria não é detectar fraudes, mas se no decurso de seu trabalho as descobre, comunica por meio de seu relatório, os efeitos correspondentes.

Reconhecem-se como demonstrações contábeis, uma série de afirmações contabilizadas e relatadas de diversas formas, apresentadas como verdadeiras pela administração da empresa que as emite. O auditor revisa tais afirmações, de forma crítica e, quando completa essa revisão, emite relatório em separado, no qual dá seu próprio parecer quanto à fidelidade das demonstrações feitas pela administração.

Nesse prisma, Crepaudi (2000) valida que:

> Como auditor, ele não é responsável pelas demonstrações contábeis em si. Pode dar à administração sugestões relacionadas com as demonstrações contábeis, no que tange a sua forma, conteúdo etc., Contudo, cabe à administração aceitar ou não sugestões. Em última análise, o auditor é responsável apenas por seu próprio parecer sobre as demonstrações contábeis elaboradas, refletindo, adequadamente, os fenômenos patrimoniais que nelas objetivam refletir.

TIPOS DE AUDITORIA

A auditoria basicamente se classifica em auditor externo ou ainda auditor independente, cujas atribuições são: verificar demonstrações, procedimentos e atividades em um determinado período, em uma determinada empresa, com o objetivo de emitir um parecer. Esse tipo de classificação de auditoria independente permite ao auditor, não ter nenhum tipo de vínculo empregatício com a empresa auditada, e que tal trabalho seja efetuado através de um contrato formal de prestação de serviços de auditoria.

O auditor interno, especializado em avaliar procedimentos e atividades, e emitir parecer ou opiniões a respeito das demonstrações contábeis, procedimentos e atividades da empresa, passa agora a emitir também o chamado "relatório de comentários", no qual apresenta sugestões para solucionar os problemas encontrados em sua verificação.

A auditoria interna, para Crepaudi (2000), funciona como a melhor possibilidade de eliminar erros de processos e inconvenientes de gestão, fornecendo à administração, análises, apreciações, recomendações e comentários pertinentes às atividades executadas na empresa.

GESTÃO DA INFORMAÇÃO

Dentro da atividade chamada auditoria, a informação passa a ser uma das principais ferramentas do auditor, uma vez que ele depende dessas informações, oriundas de várias atividades internas, para verificação, análise e elaboração de outras novas informações a fim de que o corpo diretivo da empresa possa tomar suas decisões.

Baseado nessas "informações", citaremos a seguir um conteúdo sobre Informação e Conhecimento.

Informação

O conceito da informação está relacionado com:

- A redução da incerteza no processo de tomada de decisão;
- A relação do benefício gerado pela informação versus o custo de produzi-la;
- O aumento da qualidade da decisão.

O valor da informação reside no fato de que ela deve reduzir a incerteza na tomada de decisão, ao mesmo tempo, que procura aumentar a qualidade na decisão. Ou

---

SILVA, Sergio Luis da, Informação e competitividade: a contextualização da gestão do conhecimento nos processos organizacionais. Material resumido do Artigo disponível em http://www.scielo.br/scielo.php?pid=S010019652002000200015&script=sci_arttext&tlng=pt. Acesso em 01/07/2008.

PENSANDO ESTRATEGICAMENTE E BUSCANDO O CONHECIMENTO PARA O INCREMENTO DA COMPETITIVIDADE EMPRESARIAL

Na sociedade atual e futura, o conhecimento cada vez mais assume um papel central. Os recursos econômicos básicos passam a contar, além do capital, dos recursos naturais e da mão-de-obra, com o aporte dos conhecimentos necessários aos processos produtivos e de negócios.

O compartilhamento de informação significa, então, repassar às pessoas, ou obter delas algum conjunto de dados com valor econômico variável. Compartilhar conhecimento, na opinião de Gibson, é algo fundamentalmente diferente e ocorre quando as pessoas estão genuinamente interessadas em ajudar umas às outras a desenvolver novas capacitações para a ação e criar processos de aprendizagem.

Referências

1. DRUCKER, P. Sociedade pós-capitalista. São Paulo: Pioneira, 1993.
2. STAIR, R. M. Princípios de sistemas de informação: uma abordagem gerencial. Rio de Janeiro: LTC, 1998.
3. GIBSON, R. Repensando o futuro. São Paulo: Makron, 1998.
4. LEONARD, D. Wellspring of knowledge. Boston: Harvard Business School, 1995.

PRINCÍPIOS ÉTICOS NA AUDITORIA

Ética profissional

Conforme Attie (1998), a função da auditoria deve e tem que ser exercida de maneira clara e objetiva e que o trabalho executado, tenha e mereça toda a credibilidade possível, não sendo permitido sequer existir sombra de dúvida quanto à honestidade e aos padrões morais do auditor. A pessoa do auditor deve ser a de alguém com profundo equilíbrio e probidade, uma vez que sua opinião influenciará outras pessoas, principalmente em relação a interesses financeiros e comerciais que eventuais acionistas, proprietários, clientes e fornecedores possam ter.

A profissão exige obediência aos princípios éticos profissionais fundamentais nos seguintes itens:

Independência - Segundo Attie (1998) e Santi (1988), a independência é condição primordial e pilar do trabalho de auditoria, tendo em vista a obtenção dos elementos de prova e exercício de seu julgamento. O auditor não deve possuir apenas aptidões técnicas, mas também manter os mais elevados padrões de honestidade e objetividade em seu juízo e consideração. Para o exercício de sua função, o condicionamento de seus atos constitui-se elemento restritivo e, portanto, impeditivo de executar o que de fato é necessário.

Para Attie (1998):

> O auditor deve ser absolutamente independente e imparcial na interpretação de tudo que lhe for apresentado, atestando a cada dado um pronunciamento conclusivo. A independência necessita orientar o trabalho do auditor no sentido da verdade.

Integridade – De acordo com Attie (1998), o auditor em sua independência deve ser uma pessoa íntegra em todos os seus compromissos que envolva a empresa auditada quanto as suas opiniões e exposições, pois, as pessoas interessadas na opinião do auditor necessitam da certificação de veracidade dessas informações contidas em sua opinião.

O auditor será culpado em ato de descrédito quando, no desempenho de suas funções, deixar de expressar um fato de suma importância que conheça, ou ainda, deixar de informar algum fato errôneo que conheça e que seja importante. Será culpado ainda se for negligente ou não reunir provas suficientes para justificar a emissão de sua opinião.

Eficiência - O trabalho do auditor independente precisa ser executado de forma técnica, estimando-se, dentro do possível, perspectivas de sua concretização quanto a prazos, extensão e momento de obtenção das provas. No entanto, o auditor só deve opinar ou dar algum tipo de informação quando o exame assim o permitir e houver condições para fazê-lo, afirma Attie (1998). Seu parecer precisa ser redigido com objetividade e clareza, em qualquer circunstância, seja em condições favoráveis ou não, e apresentar as razões queo motivaram para tal.

Confidencialidade - O trabalho de auditoria garante à pessoa do auditor e aos assistentes, livre e irrestrito acesso a informações estratégicas importantes da empresa auditada, como características de produção, distribuição, compras, estoque, faturamento, resultados, entre outros. Essa confidencialidade torna-se elementar na atividade de auditoria e as informações obtidas somente podem ser usadas na extensão do serviço para o qual o auditor foi contratado, não devendo ele, em hipótese alguma, divulgar fatos que conheça e ou utilizar-se dessas informações em seu próprio benefício ou de terceiros. Assim, informações sobre o trabalho do auditor, somente poderão ser fornecidas a terceiros se houver determinação legal, como autorização judicial ou formalmente expressa pela empresa auditada.

ATIVIDADES

As atividades referentes a esta aula estão disponibilizadas na ferramenta "Atividades". Após respondê-las, envie-nas por meio do Portfólio- ferramenta do ambiente de aprendizagem UNIGRAN Virtual. Em caso de dúvidas, utilize as ferramentas apropriadas para se comunicar com o professor.

114

Aula 02

PLANEJAMENTO DE AUDITORIA

Depois de estudar os conceitos desta aula você será capaz de identificar a importância do planejamento de auditoria, bem como suas etapas de execução.

PLANEJAMENTO DA AUDITORIA

Conforme Franco e Marra (1992), o planejamento da auditoria deverá elaborar programas específicos para cada área a ser auditada, com o objetivo de propiciar maiores

Aula retirada, resumida e adaptada dos livros "Auditoria Contábil", de Hilário Franco e Ernesto Marra, "Auditoria", de Marcelo Cavalcanti Almeida, "Auditoria Independente", de José Ademir Dalmas, "Auditoria", de William Attie e "Auditoria Contábil", de Silvio Aparecido Crepaudi.

facilidades na execução do trabalho, e, permitir que vários auditores possam trabalhar concomitantemente.

Para Sá (1993), plano de auditoria, programa de auditoria, previsão de auditoria, roteiro de verificações e expressões equivalentes significam:

> Tarefa preliminar traçada pelo auditor, que se caracteriza pela previsão de trabalhos que devem ser executados em cada serviço, a fim de que se cumpra integralmente as suas finalidades dentro das normas científicas da contabilidade e da técnica de auditoria.

O planejamento de auditoria, ou plano de auditoria, precisa ditar: "o que" se vai examinar, "o quanto" de cada coisa se examinará, "quando" será feito o exame, "por quem" será examinado e finalmente "para que" será examinado.

PROCEDIMENTOS DE AUDITORIA

De acordo com os críticos Franco e Marra (1992), o desempenho da atividade de auditoria requer, como em qualquer outra função, a utilização de ferramentas de trabalho que possibilitem formar uma opinião. Geralmente, o objetivo da auditoria é fundamentar seu ponto de vista com fatos, evidências e informações possíveis, necessárias e materiais.

Cabe ao auditor identificar e atestar a validade de qualquer afirmação, aplicando os procedimentos adequados a cada caso, na extensão e profundidade que cada caso requer, até a obtenção de provas materiais que comprovem, satisfatoriamente, a afirmação analisada.

A aplicação dos procedimentos de auditoria precisa estar atrelada ao objetivo que se quer atingir, haja vista que o objetivo é a meta a ser alcançada. E, os procedimentos são os caminhos que levam à consecução do objetivo.

Dessa forma, se o objetivo é determinar a existência de um bem, o caminho a seguir é inspecioná-lo fisicamente, buscar uma prova material e satisfatória.

A atitude no recolhimento e na avaliação das provas necessita ser independente e impessoal, e o auditor deve agir com critério de forma isenta e inquestionável.

diante disso, elucidamos que os procedimentos de auditoria consistem nas investigações técnicas que, tomadas em conjunto, permitem a formação fundamentada da opinião do auditor sobre as demonstrações financeiras ou sobre o trabalho realizado.

Ao certo, os procedimentos de auditoria são as ferramentas técnicas, das quais o auditor se utiliza para a realização de seu trabalho, consistindo na reunião das informações possíveis e necessárias e avaliação das informações obtidas, para a formação de sua opinião imparcial.

Fatos, evidências e informações

A opinião formada pelo auditor, conforme esclarece Crepaudi (2000), precisa estar apoiada em bases sólidas, alicerçada em fatos comprovados, evidências factuais e informações irrefutáveis. O auditor é, em essência, um elemento ligado a investigações minuciosas que lhe deem a certeza de que os dados submetidos ao exame são ou não exatos. Caso obtenha provas concretas suficientes que o convençam, precisa estar seguro para convencer, por outro lado, pessoas que não estejam ligadas ao fato.

Extensão e profundidade

De acordo com Attie (1998), a complexidade e o volume das operações realizadas pelas empresas fazem com que os procedimentos de auditoria sejam aplicados por meio de provas seletivas, testes e amostragem, conforme veremos em uma aula próxima. Cabe ao auditor, com base nos elementos de juízos de que disponha determinar o número e a profundidade de operações a serem examinadas, de forma a obter elementos de convicção que sejam válidos para o todo.

A quantidade e a profundidade requeridas para suportar a opinião do auditor são questões que o mesmo deve determinar quando no exercício de seu juízo profissional, após estudo meticuloso que cada caso requer. Não há uma receita para medir a extensão e a profundidade que cada caso requer, como na composição, a título ilustrativo de um bolo. A natureza do item em exame, a materialidade, o risco envolvido e o tipo de material como prova disponível devem ser analisados pelo auditor para exercer juízo à luz de elementos palpáveis.

Segundo Attie (1998), o uso de amostragem tem sido em alguns casos, considerado vantajoso. O emprego dessa prática não restringe o julgamento do auditor, mas fornece fórmulas estatísticas para a medição dos resultados obtidos que, de outro modo, poderiam não ser conseguidos.

Oportunidade

A oportunidade com que se aplicam os procedimentos de auditoria implica a fixação de época apropriada a sua realização.

Um procedimento de auditoria proporciona maior ou menor benefício em decorrência de ser aplicado no momento oportuno. A execução da auditoria tem por objetivo determinar a adequação do dado colocado à prova.

Assim sendo, vemos que a oportunidade deve ser vista e perseguida permanentemente. Para Attie (1998), muitas vezes, a argúcia e a perspicácia tornam-se fatores imprescindíveis para a aplicação do procedimento em momento oportuno. À medida que o conhecimento do auditor avança em todos os sentidos, sua visão torna-se mais ampla, conhecendo em detalhes a forma com que se processam os elementos e seus riscos, podendo determinar a aplicação de determinados procedimentos nos momentos mais oportunos.

Diferença entre normas e procedimentos

As normas de auditoria são os requisitos a serem observados no desempenho do

118

trabalho de auditoria. De acordo com Dalmas (2000), elas diferem dos procedimentos de auditoria naquilo em que os procedimentos se relacionam com atos a serem praticados. Já as normas, que tratam das medidas de qualidade na execução desses atos e dos objetivos a serem alcançados com o uso dos procedimentos de auditoria, dizem respeito não apenas às qualidades profissionais do auditor, mas também à sua avaliação pessoal do exame efetuado e do parecer emitido.

APLICAÇÃO DOS PROCEDIMENTOS DE AUDITORIA

Para Almeida (2003), a aplicação dos procedimentos de auditoria deve ser realizada em razão da complexidade e do volume das operações, por meio de provas seletivas, testes e amostragens, cabendo ao auditor, com base na análise de riscos de auditoria e outros elementos de que dispuser, determinar a amplitude dos exames necessários à obtenção dos elementos de convicção que sejam válidos para o todo.

Exame físico

Segundo Attie (2000), o exame físico é a verificação. Deverá proporcionar ao auditor a formação de opinião quanto à existência física do objeto ou item examinado. Este, deve conter as seguintes características:

Identificação, existência física, autenticidade, quantidade e qualidade.

O exame físico não existe por si só. Ele é um procedimento complementar para o auditor certificar-se de que há uma correspondência contábil. Assim, a existência física serve para determinar se os registros contábeis estão corretos e seus valores adequados, em função da qualidade do item examinado.

Itens de procedimentos de auditoria de exame físico:

• Contagem de caixa; (conforme exemplo a seguir).
• Contagem de estoques;
• Contagem de investimentos;
• Contagem de ativo imobilizado;
• Contagem de duplicatas a receber/a pagar;
• Contagem de cautela de ações do capital.

EXEMPLO DE CONTAGEM DE CAIXA

CIA. AU+DITO+RIA
Caixa
Contagem física de Caixa, em 31/12/X3, às 18:00 horas

	Ref.	Valor
		W
Valor em espécie:		100,00
moedas de 0,01		**
moedas de 0,05		**
moedas de 0,10		**
moedas de 0,25		**
moedas de 0,50		**
moedas de 1,00		**
notas de 5,00		**
nota de 10,00		**
Vale em nome de Antônio da Silva de 10/09/X3,		20,00
Nota Fiscal n0 164 Cial. Auriverde Ltda., aquisição		
a vista de material dc copa/cozinha.		**
Retirada de numerário para viagem de funcionário		
a Lençóis Paulista (SP).		**
Cheque n0 434.434 emissão de Arthur Mcdonald		
(diretor da empresa).		**
Cheque n0 100.348 emissão de Cial. Faleiro Ltda.		
devolvido em 20/f12/X3 por falta de fundos.		**
Saldo conforme boletim de caixa		120,00
		T

Recibo-Devolução

Recebi em devolução do Sr. SILVIO (auditor da UNIGRAN Auditores Ltda.) a quantia de _120,00_(cento e vinte reais), como acima demonstrado, os quais estavam intactos. Declaro ter presenciado a contagem e não dispor de outros valores da Cia. AU+DITO+RIA que não tenham sido entregues para contagem.

Dourados, 31/12/X3
Ass: Luis Siul (caixa)

Inspecionado fisicamente.

Preparação	Data	Revisão	Data	Aprovação	Data
SILVIO	31/12/X3				

Exame dos documentos originais

É o procedimento de auditoria voltada para o exame de documentos que comprovem transações comerciais ou de controle.

De acrodo com Crepaudi (2000), as transações comerciais compreendem o repasse de propriedades de bens ou serviços prestados. Esta, acompanha e atesta a idoneidade de sua realização, documentação hábil que é à base de inúmeras ocorrências contábeis, fiscais e legais. Por outro lado, dentro da própria empresa, existem transações que merecem ser evidenciadas por documentação que forneça suporte contábil e de controle interno de sua realização.

Quando o auditor realizar o exame dos documentos originais, deve ter sempre em mente:

Autenticidade, normalidade, aprovação e registro.

Exemplos de procedimentos de auditoria de exame dos documentos originais:

• Documentação de aquisição de matérias primas;
• Documentação de aquisição de itens do imobilizado;
• Documentação de vendas realizadas;
• Documentação de serviços adquiridos ou vendidos;
• Documentação de requisição de matérias primas;
• Documentação de apontamento de mão de obra direta;
• Documentação de contratos de empréstimos obtidos.

Conferência de cálculos

Segundo Attie (1998), essa técnica é amplamente utilizada em virtude da quase totalidade das operações dentro da empresa estar voltada para esse processo contábil. Não se deve, em qualquer que seja a situação, subestimar essa técnica, que pode relevar as situações em que erros possam ter sido cometidos e que levaram, conseqüentemente, a distorções nas demonstrações financeiras.

Exemplos de procedimentos de auditoria de ocorrências de cálculos:

• Cálculo da listagem de estoque;
• Soma do razão auxiliar de clientes/fornecedores;
• Soma do diário auxiliar de clientes/fornecedores;
• Cálculo da equivalência patrimonial sobre os investimentos;
• Cálculo dos dividendos a distribuir aos acionistas;
• Cálculo da depreciação dos bens do imobilizado;
• Cálculo da variação cambial sobre empréstimos;
• Cálculo dos juros a receber/pagar.

ATIVIDADES

As atividades referentes a esta aula estão disponibilizadas na ferramenta "Atividades". Após respondê-las, envie-nas por meio do Portfólio- ferramenta do ambiente de aprendizagem UNIGRAN Virtual. Em caso de dúvidas, utilize as ferramentas apropriadas para se comunicar com o professor.

Auditoria II - UNIGRAN

AMOSTRAGEM EM AUDITORIA

Depois de estudar os conceitos desta aula você conhecerá os objetivos da amostragem de auditoria.

INTRODUÇÃO

A presente aula tem como finalidade desenvolver um estudo mais aprofundado

---

Aula resumida dos livros, "Auditoria Contábil", de Silvio Aparecido Crepaudi, "Métodos e Técnicas de Pesquisa Social", de Antonio Carlos Gil, "Auditoria", de William C. Boynton, Raymond N. Johnson e Walter G. Kell, "Código de Ética do Profissional Contabilista", do Decreto Lei 9.295 de maio de 1946 – Resolução 1.012/05 – NBC T – 11.11, "Auditoria", de Marcelo Cavalcanti Almeida e material disponível em www.furb.br /Cunha, Paulo Roberto da; Hein, Nelson, "Amostragem de Auditoria", acesso em 26/09/2008, 15h 56.

acerca da *Amostragem de Auditoria*, facilitando os auditores na formação de suas opiniões, aplicando técnicas de procedimentos de auditoria, que abrangem os testes de observância de substantivos.

O trabalho de auditoria não contempla a totalidade das transações ocorridas nas empresas, ele é efetuado com base em testes de amostragens. O objetivo maior da amostragem consiste em obter provas de auditoria suficientes, permitindo que os auditores cheguem às conclusões sobre a avaliação de desempenho da organização.

PLANEJAMENTO DE AUDITORIA NA APLICAÇÃO DAS TÉCNICAS DE AMOSTRAGEM NOS TESTES DE OBSERVÂNCIA

O Auditor Contábil necessita ter responsabilidade e confiabilidade perante a sociedade, refletida no seu parecer de auditoria.

Segundo Crepaudi (2000), para o auditor criar sua opinião, deve aplicar procedimentos de auditoria, que são o conjunto de técnicas que possibilitam reunir provas suficientes para fundamentar seu parecer. É necessário que o auditor analise e teste todas as transações ocorridas na empresa, os documentos, livros, controles internos e demonstrações contábeis, ou seja, todos os meios utilizados para formar sua opinião devem ser observados e analisados.

Os procedimentos de auditoria abrangem os testes de observância e os testes substantivos. Os testes de observância são aplicados com o objetivo de verificar os controles internos estabelecidos pela empresa (administradores e gerentes), se estes estão sendo observados e cumpridos corretamente pelos funcionários, já os testes substantivos são usados para obter clareza suficiente sobre a precisão das transações e demonstrações contábeis.

Para Cunha e Hein (2006), na auditoria, não é necessário examinar detalhadamente todos os registros, devido ao grande volume de documentos, a complexidade das organizações, o curto tempo e o custo do serviço, dificultando ainda mais o andamento do seu trabalho. deste modo, o auditor opta pela utilização de amostras para concluir sobre o universo de transações examinadas e testadas.

As técnicas de amostragem constituem-se num método viável para conduzir a execução dos procedimentos de auditoria. Amostragens são válidas a todos os tipos de auditoria.

TESTES DE OBSERVÂNCIA

Os testes de observância são conhecidos também como testes de aderência ou testes de controle. É definido como: o conjunto de procedimentos de auditoria destinados a confirmar se as funções críticas de controle interno, das quais o auditor dependerá nas fases subsequentes da auditoria, estão sendo efetivamente executadas.

Para Cunha e Hein (2006), na aplicação dos testes de observância, o auditor deve verificar a existência, efetividade e continuidade dos controles internos. De acordo com a NBC (Norma Brasileira de Contabilidade), os testes de observância visam à obtenção de razoável segurança de que os procedimentos de controle interno estabelecidos pela administração estão em efetivo funcionamento e cumprimento.

Os testes de observância são realizados nas áreas que necessitam de maior controle por estarem mais expostas a um risco maior, em termos de distorção nos saldos das demonstrações contábeis. Por isso, o auditor verifica as áreas que apresentam maior risco e que necessitam de controle mais intensivo, para então efetuar os testes necessários à avaliação. A literatura junto á experiência obtida na atividade de auditoria aponta os principais testes de observância, que são: testes de compras, testes de vendas, testes de custos e testes na área de pessoal.

TÉCNICAS DE AMOSTRAGEM EM AUDITORIA

As técnicas de amostragem são utilizadas com o objetivo de facilitar a coleta de dados necessários a um determinado estudo, sem precisar examinar cada um de seus elementos. Segundo Boynton, Johnson e Kell (2002), o uso da amostragem é importante na medida em que o auditor necessita realizar, de forma objetiva e prática, no menor espaço de tempo e de custo, conclusões de acordo com as necessidades de informações e respostas rápidas solicitadas.

A título de esclarecimento, amostragem de auditoria é a aplicação de procedimentos da área sobre uma parte da totalidade dos itens que compõem o saldo de uma conta, ou classe de transações, para permitir que o auditor obtenha e avalie a evidência de auditoria sobre algumas características dos itens selecionados, a fim de formar, ou ajudar a formar, uma conclusão sobre a população.

O auditor pode aplicar a amostragem estatística (probabilística), a não estatística (não-probabilística) ou ambas. A amostragem estatística utiliza-se das leis de probabilidades, com o objetivo de controlar o risco de amostragem. Sua função é aquela em que a amostra é selecionada cientificamente com a finalidade de que os resultados obtidos possam ser estendidos ao conjunto de acordo com a teoria da probabilidade ou as regras estatísticas. O emprego de amostragem estatística é recomendável quando os itens da população apresentam características homogêneas.

Já na amostragem não-estatística utiliza-se de critérios subjetivos e experiência profissional, pois não se aplicam fórmulas estatísticas.

Da amostra que o auditor utilizar na aplicação dos testes de observância, irá obter uma estimativa, que se refere à taxa de desvios. Se o auditor utilizar a amostragem estatística, tais técnicas serão identificadas como amostragem de atributos. A amostragem de atributos tem como finalidade verificar o cumprimento ou não de determinado procedimento de controle interno.

AMOSTRAGEM NOS TESTES DE OBSERVÂNCIA

Para Crepaudi (2000), a amostragem nos testes de observância tem por objetivo verificar a taxa de desvios aplicada a um determinado tipo de controle. Sua aplicação não se relaciona a valores monetários e sim a aplicação de procedimentos que irão servir de base à valorização e mensuração das transações ocorridas. Sendo assim, é necessária a existência de uma seqüência de documentos verdadeiros referente ao procedimento de controle que se está testando.

Nos testes de observância, segundo Cunha e Hein (2006), para desenvolver a amostragem estatística, assim como em qualquer forma de amostragem, precisa-se criar um planejamento que sirva como guia no desenvolver das tarefas do auditor, para que se possa concluir com êxito o trabalho.

SEQUÊNCIA	DESCRIÇÃO
1º passo	Determinação dos objetivos de auditoria
2º passo	Definição da população e da unidade de amostragem
3º passo	Especificação dos atributos de interesse
4º passo	Determinação do tamanho da amostra
5º passo	Determinação do método de seleção da amostra
6º passo	Execução do plano de amostragem
7º passo	Avaliação dos resultados da amostra

As etapas que compreendem do 1º ao 5º passo são determinadas no momento do planejamento de auditoria, e do 6º passo em diante são efetuados no trabalho de campo. Todos os passos devem ser rigorosamente seguidos, observados suas particularidades, a fim de realizar os procedimentos necessários à amostragem estatística nos testes de observância.

TAMANHO DA AMOSTRA

De acordo com Cunha e Hein (2006), vamos identificar a forma como as empresas de auditoria chegam à precisão e confiabilidade para os testes de observância; quais são os elementos considerados no cálculo do tamanho da amostra; e qual o critério utilizado para determinar o montante da amostra, se este é subjetivo ou estatístico.

Precisão e Confiabilidade

Os critérios que devem ser utilizados, segundo Almeida (2003), para o cálculo da precisão e confiabilidade são: Subjetividade - com base na materialidade envolvida; conforme a detecção de problemas em trabalhos anteriores; com base no volume das operações;

aplicação de percentuais preestabelecidos; Esses critérios utilizados não são expressamente determinados, porém, utilizam-se tabelas probabilísticas.

Critério Utilizado para o Cálculo da Precisão e Confiabilidade

No critério subjetividade, de acordo com Almeida (2003), o auditor utiliza-se, como base do seu julgamento, a experiência que vem acumulando ao longo de sua carreira profissional. Em relação à subjetividade, cria-se uma idéia de pessoalidade do auditor, que não deve ser desprezada, quando ele indicar maior ou menor rigidez a ser empregada na indicação da precisão e da confiabilidade nos testes de observância.

A precisão e a confiabilidade determinadas com base na materialidade envolvida são recomendáveis quando os testes de auditoria são aplicados em controles que não são materialmente representativos, que não se refletirão em montantes financeiros. A precisão e a confiabilidade empregadas para esses testes tendem a não ser tão exigentes, principalmente se for observado o custo/benefício de efetuar tal teste.

Segundo Boynton, Johnson e Kell (2002), a detectação de problemas em trabalhos anteriores é um critério adotado na determinação da precisão e confiabilidade quando o auditor efetua testes em determinada área e, por vezes, detecta problemas no transcorrer de seus trabalhos. A tendência é de haver maior rigidez ao determinar a precisão e a confiabilidade dos testes. O volume de operações é outro critério analisado pelo auditor para determinar a precisão e a confiabilidade. Quanto maior o volume de operações, maior é a probabilidade de estar incorrendo em erros.

Critério Utilizado na Determinação da Amostra

Segundo Almeida (2003) e Cunha e Hein (2006), para determinação da amostra, é necessário que se utilizem critérios probabilísticos ou não-probabilísticos.

Critérios não probabilísticos referem-se à subjetividade, fundamentada na experiência profissional adquirida durante os anos de auditoria para determinação da amostra.

Nos critérios probabilísticos utilizam-se das leis da probabilidade e da matemática para auxiliá-los na determinação da amostra, sendo que as justificativas para seu uso são: relevância, risco e responsabilidade; obtenção de resultados mais adequados; garantia na cobertura dos testes; obtenção de maior segurança; imparcialidade nos resultados obtidos.

Métodos de Classificação da Amostra

Para Almeida (2003) as amostras se classificam em:

• **Amostragem aleatória**: Amostra escolhida aleatoriamente para assegurar dados isentos de tendências ou distorções.

• **Amostragem sistemática**: Regra de seleção estabelecendo níveis de representatividade, observando um intervalo constante entre as transações.

• AMOSTRAGEM ESTRATIFICADA: Estabelece extratos de modo que a variância do valor do item seja o menor possível (homogeneidade). O número de extratos resultantes é normalmente pequeno.

• AMOSTRAGEM POR JULGAMENTO: Baseiam-se no julgamento pessoal do auditor.

• AMOSTRAGEM POR CONGLOMERADO: Estabelece subgrupos heterogêneos representativos da população total.

Todos os tipos de amostragem são consideradas e utilizadas nos testes de observância, porém, os principais tipos de são as amostragens aleatória simples e a estratificada.

Avaliação dos Resultados da Amostra

• Analisar qualquer erro detectado na amostra;
• Extrapolar os erros encontrados na amostra para a população
• Reavaliar o risco de amostragem.

Ao analisar os erros detectados na amostra, o auditor deve, inicialmente, determinar se o item em questão é, de fato, um erro, considerados os objetivos específicos planejados.

Exemplificando: em um teste substantivo relacionado com o registro de contas a receber, um lançamento feito na conta cliente errada não afeta o total das contas a receber, razão pela qual talvez seja impróprio considerar tal fato como um erro ao avaliar os resultados da amostra desse procedimento, em particular, ainda que esse fato possa ter efeito sobre as outras áreas da auditoria, como, por exemplo, a avaliação de créditos de liquidação duvidosa.

O auditor deve verificar todas as possibilidades quanto ao resultado dos erros da amostra para a população da qual foi selecionada. Existem diversos métodos aceitáveis para extrapolar os resultados de erros. Entretanto, em todos os casos, o método de extrapolação precisa ser consistente com o método usado para selecionar a amostra. Quando a população tiver sido dividida em subpopulações, a extrapolação de erros é feita separadamente para cada subpopulação e os resultados combinados.

O auditor deve considerar se os erros projetados pela extrapolação para a população podem exceder o erro tolerável, levando-se em conta os resultados de outros procedimentos de auditoria.

Quando o erro projetado exceder o erro tolerável, o auditor deve reconsiderar sua avaliação anterior. Se esse erro tolerável for inaceitável, considerar a possibilidade de ampliar o procedimento de auditoria ou executar procedimentos de auditoria alternativos.

Erro Tolerável

De acordo com o Código de ética do Profissional Contabilista – Resolução CFC

Auditoria II - UNIGRAN

1.012/05 – NBC T 11.11, nos testes de observância, o erro tolerável é a taxa máxima de desvio de um procedimento de controle estabelecido que o auditor esteja disposto a aceitar, baseado na avaliação preliminar de risco de controle.

Nos testes substantivos, o erro tolerável é o erro monetário máximo no saldo de uma conta ou uma classe de transações que o auditor está disposto a aceitar, de forma que, quando os resultados de todos os procedimentos de auditoria forem considerados, o auditor possa concluir, com segurança razoável, que as Demonstrações Contábeis não contêm distorções relevantes.

ATIVIDADES

As atividades referentes a esta aula estão disponibilizadas na ferramenta "Atividades". Após respondê-las, envie-nas por meio do Portfólio- ferramenta do ambiente de aprendizagem UNIGRAN Virtual. Em caso de dúvidas, utilize as ferramentas apropriadas para se comunicar com o professor.

130

Auditoria II - UNIGRAN

Aula 04

AMOSTRAGEM EM AUDITORIA - CONTINUAÇÃO

Van Jader

Depois de estudar os conceitos desta aula você conhecerá os objetivos da amostragem de auditoria.

DIREÇÃO DOS TESTES

Para Crepaudi (2000), o saldo de uma conta do balanço patrimonial ou da

Aula resumida dos livros, "Auditoria Contábil", de Silvio Aparecido Crepaudi, "Auditoria" e "Auditoria Interna", de William Attie, "Código de Ética do Profissional Contabilista", do Decreto Lei 9.295 de maio de 1946 – Resolução 1.012/05 – NBC T – 11.11, "Auditoria", de Marcelo Cavalcanti Almeida e material disponível em www.furb.br /Cunha, Paulo Roberto da; Hein, Nelson, "Amostragem de Auditoria", acesso em 26/09/2008, 15h56'.

demonstração do resultado do exercício pode estar errado para mais (superavaliado) ou para menos (subavaliado).

Devido a esse risco, todas as contas da contabilidade devem ser testadas para superavaliaçao e para subavaliação. A experiência tem demonstrado que é mais prático dirigir os testes principais de superavaliação para as contas devedoras (normalmente, as contas do ativo e despesas) e os de subavaliação para as contas credoras (geralmente, contas de passivo e receitas).

Devido ao fato de as transações na contabilidade serem registradas pelo sistema de partidas dobradas, Crepaudi (2000) afirma que, quando se testam as contas devedoras para superavaliação, as contas credoras também estão sendo testadas indiretamente nesta mesma direção. Da mesma forma, quando se testam as contas credoras para subavaliação, as contas devedoras estão sendo testadas secundariamente nesta mesma direção.

Teste para Superavaliação

Neste teste, segundo Almeida (2003), o auditor parte do valor registrado no razão geral para o documento inicial da operação. São demonstrados os passos de auditoria no teste para superavaliação. O registro final representa o último registro contábil antes do razão geral.

O registro inicial é elaborado com base no documento e representa o primeiro registro contábil em função de uma operação. O registro intermediário representa qualquer registro contábil elaborado entre o registro inicial e o registro final.

Para Crepaudi (2000), os procedimentos básicos de auditoria do teste para superavaliação são os seguintes:

• Conferir a soma da conta do razão geral;
• Selecionar o débito e conferir o seu valor com o valor total do registro final;
• Conferir a soma do registro final;
• Selecionar parcela no registro final e conferir seu valor com o valor total do registro intermediário;
• Conferir a soma do registro intermediário;
• Selecionar parcela no registro intermediário e conferir seu valor com o valor total do registro inicial;
• Conferir a soma do registro inicial;
• Selecionar parcela no registro inicial e conferir o seu valor com a documentação comprobatória.

Teste para Subavaliação

Para Crepaudi (2000), os procedimentos básicos de auditoria do teste para subavaliação são os seguintes:

- Selecionar e inspecionar o documento-suporte;
- Verificar a inclusão do valor do documento no registro inicial;
- Conferir a soma do registro inicial;
- Verificar a inclusão do valor total do registro inicial no registro intermediário;
- Conferir a soma do registro intermediário;
- Verificar a inclusão do valor total do registro intermediário no registro final;
- Conferir a soma do registro final;
- Verificar a inclusão do valor total do registro final no registro geral;
- Conferir a soma do razão geral.

TESTES EM AUDITORIA

Segundo Attie (1998), a finalidade dos testes em auditoria consiste em obter provas de auditoria suficientes que permitam aos auditores chegarem às conclusões sobre a avaliação de desempenho da organização.

Para atingir esse objetivo, os testes de auditoria são realizados por grupo de duas ou três pessoas, em que os auditores inspecionam documentos, verificam os valores dos documentos nos registros iniciais da contabilidade, conferem cálculos, somas e inclusões no registro geral.

Reunindo assim provas de auditoria, usando procedimento por meio do qual o auditor consegue a exatidão dos fatos contábeis, através de uma quantidade menor que o total geral do conjunto de dados. São poucas as situações nas quais os auditores precisam fazer uma verificação total.

EVIDÊNCIA EM AUDITORIA

Para Cunha e Hein (2006), evidência em auditoria é um conjunto de fatos comprovados, suficientes, competentes e pertinentes, e por definição, mais consistentes que os achados.

Sem evidência um auditor não tem nenhuma base para fazer julgamento, formar opinião ou efetuar um relatório. A evidência é um componente vital no processo de auditoria.

Existência física

De acordo com Crepaudi (2000), o exame físico consiste na verificação física de um bem, se há existência de uma propriedade, prédio, equipamento, máquina, dinheiro, joias, quadros de valor, instalações e etc. O auditor examina pessoalmente o bem, constatando sua existência. Subsidiariamente, outras constatações também são possíveis.

Dessa forma, para Crepaudi (2000), o exame físico compreende contagem, identificação, verificação de pleno uso e qualidade do bem. A efetividade de aplicação dessa técnica é limitada a bens *corpóreos*, que possam ser objeto de qualquer prova tangível de sua existência.

Na emissão de sua opinião demonstrada através do parecer, o auditor deve ter a confiança nos dados, deve ter a certeza de que os registros estão corretos e os valores são adequados em função da qualidade do bem examinado.

Declaração de fontes consultadas

Para Almeida (2003), o auditor deve obter uma declaração que evidencie a responsabilidade da administração quanto às informações e dados e a preparação e apresentações contábeis submetidas aos exames de auditoria.

Declaração de fontes consultadas é aquela obtida dos exames de ofício, contrato, documentos comprobatórios (notas fiscais, recibos, duplicatas quitadas, etc.) e informações prestadas por pessoas de dentro e de fora da entidade auditada, sendo que a evidência obtida de fontes externas é de mais confiança que a obtida na própria organização sob auditoria.

Documentos Comprobatórios

Acolhendo estudos oriundos do Direito Comercial, para Crepaudi (2000), a prova documental, é a preferida por todos aqueles em busca da comprovação de um fato. Nas transações comerciais sempre existirá um tipo de documento que lhe explicará as origens, como, por exemplo, cheques, notas fiscais, faturas, recibos e duplicatas. Logo podemos ver que na Auditoria não é difícil concluir que as evidências constituídas por documentos são poderosas.

Quanto ao poder de convicção, segundo Crepaudi (2000), existem documentos externos que produzem um efeito maior, por serem produzidos por fontes independentes da empresa. Já os documentos produzidos internamente e que têm circularização externa, como cheques, atas de reuniões registradas e arquivadas na junta comercial, notas fiscais de vendas, embora não proporcionem o mesmo grau de convicção, também são bem aceitos nos exames de auditoria.

PROCEDIMENTOS DE CONTROLE INTERNO

Um sistema de controle interno eficiente para Crepaudi (2000), é uma garantia de que as demonstrações contábeis foram preparadas de forma cuidadosa. O auditor nesse, caso, vale-se das evidências que se formam com base na explicação pela empresa, dos procedimentos de controle interno, tais como: autorização, conferência processual, registros etc.

Para usar os procedimentos de controle interno como evidência, é fundamental que o auditor avalie seu grau de efetividade, conforme tópico anterior, e se realmente estão funcionando como previsto. É comum o caso de funcionários que tomam atalhos a título de simplificar o trabalho, deixando de executar tarefas fundamentais para a segurança do sistema.

CIRCULARIZAÇÃO

Segundo Almeida (2003), esse procedimento é utilizado pelo auditor para confirmar, por meio de carta, bens de propriedade da empresa em poder de terceiros, direitos a receber e obrigações conforme exemplificada abaixo:

- Dinheiro em conta corrente bancária;
- Contas a receber de clientes;
- Estoque em poder de terceiros;
- Títulos em poder de terceiros;
- Contas a pagar a fornecedores;
- Empréstimos a pagar.

Consiste na obtenção, pelo auditor, de uma declaração escrita, junto a fontes externas capacitadas para tanto. O documento com a declaração deve seguir diretamente para o auditor, sem interferência da empresa auditada.

Para Crepaudi (2000), o pedido de informações a fontes externas deve ser preparado por um funcionário da empresa, sob atenta supervisão do auditor. Isso se justifica em face do relacionamento da empresa com a fonte externa.

Esse tipo de técnica permite reunir evidências sobre a fidedignidade dos saldos das contas a receber e a pagar, saldo bancário, conta de empréstimos, estoques em poder de terceiros, passivos contingentes, coberturas de seguros e credores em geral.

AVERIGUAÇÃO

Embora o auditor seja um profissional experiente de acordo com Crepaudi (2000) e Almeida (2003), surgem várias dúvidas a respeito de transações e procedimentos de controle, que ele esclarece por meio de formulação de perguntas aos funcionários da empresa do cliente. Não pode existir qualquer constrangimento por parte do auditor em fazer perguntas, sob a alegação de que está mostrando pouco conhecimento técnico.

Para Crepaudi (2000), a técnica de auditoria da averiguação consiste, justamente, em fazer perguntas e obter respostas favoráveis de certas questões, que podem conduzir a um incremento na profundidade dos exames ou, em sentido oposto, a não-realização de determinado teste de auditoria. Pois é normal o auditor fazer perguntas ao pessoal do cliente sobre quaisquer aspectos dos quais o auditor tenha dúvidas ou queira simplesmente confirmar seu pensamento.

CONSIDERAÇÕES FINAIS

Conclui-se com esta aula que, de acordo com Attie (1998), Almeida (2003) e

Crepaudi (2000), para que seja feita a auditoria em uma empresa não é necessário examinar todos os registros devido ao fato de as empresas possuírem grande volume de documentos, o tempo ser curto e pelo custo do serviço, dificultando ainda mais o andamento do trabalho do auditor. Assim, o auditor opta pela utilização de amostras para concluir sobre o universo de transações examinadas e testadas.

De acordo com o Código de Ética do Profissional Contabilista, o uso da amostragem é importante, pois o auditor necessita realizar, de forma objetiva e prática, conclusões de acordo com as necessidades de informações e respostas solicitadas, observando sempre o tamanho da amostra, sua precisão e confiabilidade, os critérios utilizados na determinação e métodos de seleção.

Para Cunha e Hein (2006), a amostragem nos testes de observância tem por objetivo verificar a taxa de desvio aplicada a um determinado tipo de controle. Os testes são realizados nas áreas que estão expostas a um risco maior, em termos de distorção nos saldos das demonstrações contábeis, sendo que a finalidade dos testes em auditoria consiste em obter provas para que o auditor possa formar sua opinião quanto à avaliação de desempenho da organização sobre as empresas auditadas.

ATIVIDADES

As atividades referentes a esta aula estão disponibilizadas na ferramenta "Atividades". Após respondê-las, envie-nas por meio do Portfólio- ferramenta do ambiente de aprendizagem UNIGRAN Virtual. Em caso de dúvidas, utilize as ferramentas apropriadas para se comunicar com o professor.

Auditoria II - UNIGRAN

Aula 05

PROCEDIMENTOS DE AUDITORIA - PARTE 1

Van Jader

Depois de estudar os conceitos desta aula você será capaz de identificar a importância dos procedimentos de auditoria.

Aula retirada, resumida e adaptada dos livros "Auditoria" de William Attie, "Auditoria Contábil" de Silvio Aparecido Crepaudi, do Instituto dos Auditores Independentes do Brasil, disponível em http://ww.ibracon.com.br, acesso em 27/09/2008, 18h 30', Lei das Sociedades Anônimas – Lei nº. 6.404, disponível em http://www.cosif.com.br, acesso em 28/09/2008, 20h 16' e "Manual de Auditoria Contábil" de Paulo Henrique Teixeira, disponível em http://www.portaltributario.com.br e http://www.portaldecontabilidade.com.br, acesso em 02/10/2008, 13h 06'.

INTRODUÇÃO

Segundo Crepaudi (2000) e Attie (1998), existem inúmeros procedimentos de auditoria estabelecidos pela técnica e consagrados pela experiência, cuja aplicação, em cada caso, se condiciona aos objetivos e à natureza do exame e às circunstâncias prevalecentes.

Os procedimentos de auditoria, conforme Attie (1998) são as principais ferramentas que o auditor utiliza para a realização de seus trabalhos. Os procedimentos de auditoria que serão utilizados para o auditor atingir os objetivos previamente delineados são vários, como mencionado anteriormente, dependendo das circunstâncias, da efetividade do controle interno e da materialidade envolvida.

Enquanto o Instituto dos Auditores Independentes do Brasil - IBRACON, não deliberar sobre os procedimentos de auditoria aplicáveis em áreas e situações específicas, caberá a cada auditor fixar o critério de sua escolha, atendidas as circunstâncias em que seria recomendável sua aplicação.

> O conteúdo a seguir, se constitui um resumo e adaptação dos Livros "AUDITORIA – Conceitos e Aplicações" de Willian Attie, 3º ed. São Paulo: Atlas, 1998, dos capítulos 14 a 23, páginas 253 à 430, "AUDITORIA CONTÁBIL – Teoria e Prática" de Silvio Aparecido Crepaudi, São Paulo: Atlas, 2000, dos capítulos 11 à 15, páginas 332 à 441 e resumo e adaptação do "MANUAL DE AUDITORIA CONTÁBIL" de Paulo Henrique Teixeira, disponível em www.portaltributario.com.br e www.portaldecontabilidade.com.br, acesso em 02/10/2008, 13h 06'.

AUDITORIA DAS DISPONIBILIDADES

Segundo Attie (1998), a auditoria do disponível tem a finalidade de:

• Determinar sua existência, que poderá estar na companhia, em bancos ou com terceiros;
• Determinar se é pertencente à companhia;
• Determinar se foram utilizados os princípios de contabilidade geralmente aceitos, em bases uniformes;
• Determinar a existência de restrições de uso ou de vinculações em garantia;
• Determinar se está corretamente classificado nas demonstrações financeiras e se as divulgações cabíveis foram expostas por notas explicativas.

Alguns exemplos de procedimentos de auditoria relacionados: contagem de caixa, fundo fixo, confirmação de saldos bancários, pessoas autorizadas a assinar, exames em documentos, razão auxiliar dos bancos, juros pagos ou recebidos, observação de classificações contábeis, etc.

PROCEDIMENTOS

Caixa

Para Crepaudi (2000), uma vez que o caixa é considerado um bem que envolve um grande risco e relativamente difícil de ser controlado, os procedimentos de auditoria a eles destinados tendem a ser um pouco mais extensos e mais detalhados que outras áreas.

Para Teixeira (2005), deve-se manter boletim ou outros livros de caixa para suportar o registro das operações do caixa. Tais boletins ou outros livros de caixa devem conter:

• Vistos do caixa responsável;
• Vistos de aprovação superior;
• Evidências de conferências de somas e apuração dos saldos;
• Composição dos valores constantes no caixa: vales, cheques, dinheiro, etc.;
• Numeração dos boletins.

Os pagamentos efetuados pelo caixa devem estar suportados por documentos hábeis. Os documentos devem conter:

• Visto do responsável que autorizou a realização do gasto;
• Visto do responsável que autorizou o pagamento;
• Carimbo de PAGO, com o objetivo de evitar futuras reapresentações do mesmo documento.

Efetuar revisões internas das operações de caixa.

Efetuar contagem diária dos fundos por funcionários alheios ao caixa, com evidências adequadas, tais como termo de conferência de caixa, devendo ser assinados pelos funcionários que participaram da contagem.

Para Teixeira (2005), deve-se efetuar contagem de surpresa dos fundos por funcionários alheios ao caixa, com evidências adequadas.

As funções do Caixa devem ser limitadas às específicas de caixa. O funcionário não pode ter outra atividade na empresa.

Bancos

Para Teixeira (2005), os sistemas de pagamentos evitam que os mesmos sejam consumados sem conferência e aprovações prévias e obedecidos os esquemas de autorizações e assinaturas de cheques. Tendo em vista, que já foram efetuados todos os procedimentos anteriores de controle interno: requisição da compras e aprovação da requisição de compras (necessidade), ordem de compra (cotações de preços) e autorização da compra, recepção da mercadoria e encaminhamento para o departamento de Contas a Pagar.

Os cheques devem ser cruzados antes de serem encaminhados para assinatura.

Os cheques são emitidos com cópias e estas deverão:

• Conter as rubricas dos assinantes dos cheques;
• Conter as destinações adequadas da finalidade da emissão dos cheques.

Os cheques emitidos para pagamentos em geral, inclusive para depósitos, suprimentos de caixa, etc. deverão ser:

• Assinados por duas pessoas
• Assinados mediante sistema atribuído em função de valores (por um diretor, por um procurador; por um diretor e um procurador; por dois procuradores; por dois diretores).

Segundo Crepaudi (2000), quando os cheques forem emitidos para o pagamento de várias contas, deve constar no seu verso e na cópia de cheque a especificação das mesmas.

Utilizar o fundo fixo de caixa na empresa, observando o seguinte:

• Os fundos devem ser mantidos em níveis aceitáveis ou razoáveis às necessidades da empresa;
• Os fundos estão sob a responsabilidade do caixa;
• Fixar limite para pagamentos em dinheiro;
• Os adiantamentos, inclusive para despesas, serão previamente autorizados por funcionários responsáveis;
• Emitir e assinar adequadamente os recibos ou vales para posterior apresentação dos documentos de despesa;
• Definir prazos para liquidação ou prestação de contas e de adiantamento de viagens.

Não efetuar pagamentos em dinheiro, exceto caixa pequeno (fundo fixo) que é constituído para pagar pequenos valores. O pagamento de quaisquer despesas, mesmo as decorrentes de instrumentos contratuais, deve ser precedido por análise adequada pelos departamentos responsáveis.

Aprovação para pagamentos de despesas deve obedecer a limites estabelecidos conforme diversos níveis hierárquicos. O departamento de contas a pagar deve estar ciente dos limites estabelecidos; e efetuar as checagens devidas.

Outras considerações sobre Bancos

Para Teixeira (2005), todas as contas bancárias ou procuradores estão devidamente:

• Autorizados pela direção;

• Registradas no razão geral ou em razões auxiliares;

• Abertas em nome da empresa.

Os bancos são oficial e imediatamente informados quanto aos procuradores que deixam a empresa.

Os extratos bancários recebidos são entregues diretamente ao responsável pelas conciliações bancárias.

Os serviços de conciliações bancárias são:

• Efetuados mensalmente e mantidos de forma atualizada;

• Elaborados por funcionário que não intervém na preparação, aprovação ou assinatura de cheques nem no manuseio do numerário;

• Preparados em formulários adequados, indicando natureza e datas de regularização das pendências;

• Somas dos extratos bancários e apuração de saldos;

• Somas das conciliações bancárias;

• Providências no sentido de eliminar as pendências o mais prontamente possível;

• Comparação de datas dos registros nos extratos e na contabilidade;

Para Teixeira (2005) e Attie (1998), os funcionários com alta responsabilidade sobre numerários devem estar afiançados e cobertos por seguro e também devem gozar suas férias anualmente, sendo suas funções exercidas por pessoal substituto.

A responsabilidade de recebimento de depósitos de valores deve estar centralizada no menor número possível de pessoas, e as funções devem estar segregadas.

Deve haver registros independentes da contabilidade na Tesouraria, sobre títulos e valores mantidos no departamento, e periodicamente deve haver um procedimento de contagem e conciliação com a contabilidade.

AUDITORIA DAS CONTAS A RECEBER

Para Attie (1998), a terminologia de contas a receber é utilizada em sentido amplo, uma vez que inclui todos os valores a receber da companhia, que podem ser duplicatas a receber por vendas (clientes), adiantamentos concedidos a terceiros ou a empregados, notas promissórias e etc.

De acordo com Crepaudi (2000) e Attie (1998), a auditoria das contas a receber tem a finalidade de:

• Determinar sua existência e representatividade contra os devedores envolvidos;

• Determinar se é de propriedade da companhia;

• Determinar se foram utilizados os princípios de contabilidade geralmente aceitos, em bases uniformes;

• Determinar a existência de restrições de uso, de vinculações em garantia ou de contingências;

• Determinar que esta corretamente classificada nas demonstrações financeiras e que as divulgações aplicáveis foram expostas por notas explicativas.

Alguns exemplos de procedimentos de auditoria relacionados: contagem de duplicatas a receber, títulos a receber, adiantamentos concedidos a fornecedores e funcionários, exame de vendas, duplicatas a receber, exame das contas, investigação detalhada das vendas, investigação na baixa de duplicatas, observação de princípios contábeis, etc.

PROCEDIMENTOS

Clientes

Para Teixeira (2005), obter relação ou posição atual das contas, efetuando, numa base de testes:

• Conferência contra os saldos contábeis e contra os registros ou posições subsidiárias das contas a receber;

• Conferência de somas e confronto do total com a conta do razão geral e/ou auxiliar;

• Exame das notas fiscais, atentando para evidência da saída dos bens ou materiais vendidos;

• Verificação de baixas nos registros ou fichas de estoques;

• Exame dos recibos, duplicatas quitadas e/ou avisos bancários de cobrança, ordens de pagamento, etc.;

• Exames necessários à comprovação de que, no caso de faturamento por prestação de serviços, eles foram efetivamente prestados (indicar nos papéis o trabalho feito).

Revisar as fichas de razão, investigando, detalhadamente:

• A existência de contas tais como: "Notas Fiscais a Receber", "Recebimentos a Classificar", "Vendas à Vista a Receber", "Diversos", etc.;

• Lançamentos que pareçam incomuns, não relacionados às atividades normais da empresa ou pendentes por tempo excessivo.

Examinar processos de conciliações das contas, certificando-se da validade das pendências indicadas e de sua eliminação posterior.

Confrontar extratos ou posições bancárias, bem como verificação de conciliações existentes, atentando para pendências indicadas e sua efetiva eliminação posterior.

Para Crepaudi (2000), é essencial revisar a movimentação das contas de descontos, abatimentos e devoluções, com o objetivo de investigar valores substanciais deduzidos das contas a receber e eventualmente não suportadas por notas de crédito.

Examinar processos de contas vencidas e não recebidas, incluindo valores em aberto, ou não, na contabilidade, no sentido de verificar e avaliar a procedência das mesmas.

ATIVIDADES

As atividades referentes a esta aula estão disponibilizadas na ferramenta "Atividades". Após respondê-las, envie-nas por meio do Portfólio- ferramenta do ambiente de aprendizagem UNIGRAN Virtual. Em caso de dúvidas, utilize as ferramentas apropriadas para se comunicar com o professor.

Auditoria II - UNIGRAN

Aula 06

PROCEDIMENTOS DE AUDITORIA - PARTE 2

Depois de estudar os conceitos desta aula, você será capaz de identificar a importância dos procedimentos de auditoria.

Aula retirada, resumida e adaptada dos livros "Auditoria", de William Attie, "Auditoria Contábil", de Silvio Aparecido Crepaudi, do Instituto dos Auditores Independentes do Brasil, disponível em http://ww.ibracon.com.br, acesso em 27/09/2008, 18h30, Lei das Sociedades Anônimas – Lei nº. 6.404, disponível em http://www.cosif.com.br, acesso em 28/09/2008, 20h16 e "Manual de Auditoria Contábil", de Paulo Henrique Teixeira, disponível em www.portaltributario.com.br e www.portaldecontabilidade. com.br, acesso em 02/10/2008, 13h 06

INTRODUÇÃO

De acordo com Attie (1998), cada companhia como uma entidade diferente estabelece o controle interno de acordo com suas reais necessidades e baseada na materialidade envolvida, pessoal existente e número de ítens de estoque, embora isto seja variável de companhia para companhia, a administração deve estabelecer os controles internos que lhe concedam, periódicamente, segurança para efeito de gestão.

A área de estoques, constitui o maior desafio ao auditor, pois geralmente envolve o ativo circulante de maior importância, e qualquer erro influi diretamente no resultado. Entretanto, quando ocorrer esse erro, seja compensável quase de imediato, o exercício em exame estará incorreto, prejudicando o princípio da competência e, consequentemente, o resultado do ano e o patrimônio líquido.

> O conteúdo a seguir se constitui um resumo e adaptação dos Livros "AUDITORIA – Conceitos e Aplicações", de Willian Attie, 3º ed. São Paulo: Atlas, 1998, dos capítulos 14 a 23, páginas 253 a 430, "AUDITORIA CONTÁBIL – Teoria e Prática", de Silvio Aparecido Crepaudi, São Paulo: Atlas, 2000, dos capítulos 11 a 15, páginas 332 a 441 e resumo e adaptação do "MANUAL DE AUDITORIA CONTÁBIL", de Paulo Henrique Teixeira, disponível em <www.portaltributario.com.br> e <www. portaldecontabilidade.com.br>, acesso em 02/10/2008.

PROCEDIMENTOS

Auditoria dos estoques

Crepaudi (2000) argumenta que os estoques constituem o principal item do ativo de muitas empresas, que por sua vez geralmente dedicam um tempo considerável à verificação dos estoques. Considerando que estes constituem itens tangíveis, os auditores têm de se preocupar com aspectos quantitativos e qualitativos dos estoques, bem como conferir a exatidão dos cálculos referentes a seu valor.

A auditoria dos estoques tem a finalidade de:

• Determinar sua existência, que poderá estar na companhia, em custódia com terceiros ou em trânsito;
• Determinar se pertence à companhia;
• Determinar se foram aplicados os princípios de contabilidade geralmente aceitos, em bases uniformes;
• Determinar a existência de estoques penhorados ou dados em garantia;

• Determinar se está corretamente classificado nas demonstrações financeiras e se as divulgações cabíveis foram expostas por notas explicativas.

Alguns exemplos de procedimentos de auditoria relacionados: exame de estoques, processo, confirmações de materiais e estoques com terceiros, etc.

Estoques

Na visão de Teixeira (2005), a empresa deve estar organizada no sentido de controle e vigilância permanente de seus estoques, bem como quanto à guarda e movimentação. Os estoques mantidos pela empresa estão sob controle e responsabilidade de pessoal adequado. Os locais de armazenagem ou estocagem são adequados quanto a:

• Roubo, fogo, perdas, extravios, etc;
• Inacessibilidade de terceiros não autorizados.

Os sistemas de controles mantidos evitam as entradas e as saídas de estoques sem documentação suficiente e aprovada.

São adotados registros ou fichas para controle dos estoques. Tais registros ou fichas:

• São utilizados para indicação de máximos e mínimos de estoques;
• Registram movimentação e saldos em quantidades e valores (controle físico e financeiro);
• Registram custo unitário e em conformidade com a legislação;
• Têm sua movimentação integrada à contabilidade.

As existências indicadas pelos registros ou fichas de estoques são balanceadas mensalmente com as contas da contabilidade:

• As diferenças são investigadas por pessoal da contabilidade, antes de serem ajustadas, e os lançamentos dos ajustes contêm aprovação do contador;
• Os ajustes na contabilidade, decorrentes de ajustes nos registros ou fichas de estoque, são efetuados à vista de documentação aprovada como acima descrito.

Quanto aos estoques imprestáveis, deteriorados, obsoletos, entre outros:

• São baixados dos registros ou fichas de estoque e da contabilidade mediante autorização de pessoal responsável;
• São sucateados para venda e, recuperáveis ou não, são controlados fisicamente.

Os referidos estoques em poder de terceiros são verificados periodicamente, bem como são devidamente investigadas e corrigidas eventuais divergências fora das épocas do inventário anual, por meio de:

- Contagens nos estabelecimentos de terceiros;
- Pedidos de confirmação emitidos aos estabelecimentos de terceiros.

Para Crepaudi (2000) e Attie (1998), quanto às entradas de materiais, produtos ou mercadorias:

- São registrados nos controles de estoques e na contabilidade com base em relatórios ou boletins de recepção, numerados tipograficamente;
- Os relatórios ou boletins de recepção são controlados quanto à seqüência numérica e indicam quantidades e aprovação do controle de qualidade;
- Os relatórios ou boletins de recepção que acusem devoluções de vendas são conferidos e aprovados por pessoal qualificado da área de vendas;
- Os produtos prontos são lançados nos registros ou fichas de estoque com base em relatórios de produção numerados tipograficamente, controlados quanto à seqüência numérica e aprovados por pessoal qualificado da área de produção.

Quanto às saídas de materiais, produtos ou mercadorias:

- As entregas são feitas somente com base em requisições autorizadas e numeradas tipograficamente;
- É controlada a seqüência numérica dos referidos documentos (nota Fiscal);
- Os procedimentos existentes garantem que toda a saída seja registrada.

Inventários

Recomenda-se à empresa utilizar-se do processo de inventários permanentes rotativos, visando a diminuir custos e uma paralisação geral das atividades durante o balanço geral. Segundo Teixeira (2005), são emitidas instruções por escrito para a realização dos inventários. São entregues com antecipação, para apreciação e discussão, cópias das referidas instruções:

- Ao pessoal que participa dos inventários;
- À contabilidade;
- À auditoria interna.

São designados como responsáveis pela supervisão, controle e execução dos inventários, pessoas que sejam alheias à custódia e registro dos estoques e competentes para identificar os produtos, mercadorias, matérias-primas, etc., bem como o estágio de produtos em elaboração.

O planejamento dos inventários prevê, entre outros procedimentos:

• Utilização de etiquetas, inclusive para segunda contagem, bem como o controle de sua seqüência numérica;

• Extensão das contagens para os itens embalados, encaixotados, etc.

• Medidas para evitar duplicidade ou omissão na contagem (marcação dos itens contados, colocação de fichas, etiquetas, etc.);

• Assinaturas ou vistos nas planilhas ou etiquetas de contagem, indicando inclusive aprovação para alterações;

• Acompanhamento da auditoria interna;

• Que as etiquetas somente sejam recolhidas após a evidência de visto de pessoal habilitado, denotando adequação quanto ao seu preenchimento;

• Que antes de ser iniciada uma nova contagem sejam retiradas as etiquetas da contagem anterior;

• Que sejam efetuadas provas para se certificar que todos os estoques foram inventariados.

Os procedimentos de após contagem observam:

• Conservação das planilhas, fichas ou etiquetas da contagem;

• Confirmação de que toda planilha, fichas ou etiquetas entregues foram devolvidas, inclusive quanto às canceladas;

• Conferência dos dados da contagem contra os registros de estoques na contabilidade.

AUDITORIA DO REALIZÁVEL A LONGO PRAZO

Os objetivos de auditoria e os procedimentos de auditoria relacionados com o realizável a longo prazo são os mesmos que os aplicados ao caixa, contas a receber e estoques, uma vez que as contas classificadas no realizável a longo prazo são da mesma natureza daquelas. Diferem-se apenas quanto à realização, visto que ocorre em prazo superior a um exercício da data de encerramento das demonstrações financeiras.

A Lei das S.A. (nº 6.404), determina a classificação como realizável a longo prazo para os direitos, após o término do exercício seguinte, assim como os derivados de vendas, adiantamentos ou empréstimos a sociedades coligadas ou controladas, diretores, acionistas ou participantes no lucro da companhia, que não constituírem negócios usuais na exploração do objeto da companhia.

AUDITORIA DOS INVESTIMENTOS

Segundo Crepaudi (2000), para algumas empresas, os investimentos representam uma parcela substancial do ativo. Para outras, são apenas bens temporários ou meros reflexos de aspectos incidentais da atividade. Conforme o auditor, os investimentos são bens que envolvem riscos muito grandes, por serem atraentes e por sua negociabilidade potencial. A auditoria dos investimentos classificados no ativo permanente tem a finalidade de:

• Determinar sua existência em poder da companhia ou em custodia com terceiros;
• Determinar se é de propriedade da companhia;
• Determinar se foram utilizados os princípios de contabilidade geralmente aceitos, em bases uniformes;
• Determinar a existência de vinculações em garantia;
• Determinar se a receita ou o prejuízo apropriavel ao período foram adequadamente contabilizados;
• Determinar se está corretamente classificado nas demonstrações financeiras e se as divulgações cabíveis foram expostas por notas explicativas.

Alguns exemplos de procedimentos de auditoria relacionados: exame e contagem física dos investimentos, confirmação com terceiros, exame documental das vendas, compras, cálculo da participação acionária, registros, correlação entre contas do ativo e passivo, análise da equivalência patrimonial, observação da classificação adequada dos investimentos, etc.

INVESTIMENTOS

Teixeira (2005), diz para examinar as principais adições e/ou baixas do período, verificando:

• Se foram autorizadas pela direção, de forma evidenciada; se foram registradas em tempo hábil; se conformam com a documentação suporte; se essa documentação é hábil e suficiente e se é mantida em arquivo permanente;
• Se foram correspondidas nos registros subsidiários;
• Se as decorrentes de incentivos fiscais conformam com as declarações do imposto de renda;

Nas aquisições e baixas de investimentos relevantes em controladas e coligadas verificar ainda:
• A adequação do valor registrado em relação ao patrimônio líquido da investida, inclusive se este foi considerado com base em demonstrações contábeis formais levantadas em tempo hábil (caso contrário, indicar critério adotado);

Auditoria II - **UNIGRAN**

• A adequação dos registros contábeis, inclusive quanto ao desdobramento do custo de aquisição em ágio ou deságio, o seu fundamento econômico e a sua amortização, no caso de baixas;

• Se os dividendos recebidos foram baixados das próprias contas de investimentos.

De acordo com Teixeira (2005), além dos procedimentos descritos anteriormente, ainda sim, é viável que:

• Examine as adições e baixas mais significativas havidas no período em questão.

• Confira cálculos e contabilização da correção monetária, integralmente ou numa base de testes.

• Confira respostas aos pedidos de confirmação de saldos ou posições, investigando divergências havidas.

• Examine, detalhadamente, as avaliações dos investimentos relevantes em controladas e coligadas (demonstrações financeiras, relatórios, etc.; cálculos e contabilização), quanto à equivalência patrimonial e constituição de provisão para perdas;

• Confira saldos do razão contra registros ou posições subsidiárias.

• Certifique-se quanto à adequação da classificação e divulgação das contas nas demonstrações financeiras e nas notas explicativas.

ATIVIDADES

As atividades referentes a esta aula estão disponibilizadas na ferramenta "Atividades". Após respondê-las, envie-nas por meio do Portfólio- ferramenta do ambiente de aprendizagem UNIGRAN Virtual. Em caso de dúvidas, utilize as ferramentas apropriadas para se comunicar com o professor.

152

Aula 07

PROCEDIMENTOS DE AUDITORIA - PARTE 3

Depois de estudar os conceitos desta aula você será capaz de identificar a importância dos procedimentos de auditoria.

Aula retirada, resumida e adaptada dos livros "Auditoria" de William Attie, "Auditoria Contábil", de Silvio Aparecido Crepaudi, do Instituto dos Auditores Independentes do Brasil, disponível em http://ww.ibracon.com.br, acesso em 27/09/2008, 18h30, Lei das Sociedades Anônimas – Lei nº. 6.404, disponível em http://www.cosif.com.br, acesso em 28/09/2008, 20h16 e "Manual de Auditoria Contábil", de Paulo Henrique Teixeira, disponível em www.portaltributario.com.br e www.portaldecontabilidade.com.br, acesso em 02/10/2008, 13h06.

INTRODUÇÃO

De acordo com Crepaudi (2000), o campo de exame do imobilizado compreende os direitos que tenham por objeto bens destinados à manutenção das atividades da empresa, ou exercidos com essa finalidade, inclusive os de propriedade industrial ou comercial, conforme a Lei nº 6.404, art. 179, IV.

Nesse conceito legal estão incluidos, exemplificadamente: Terrenos, Prédios, Construções, Instalações, Máquinas, Benfeitorias, Equipamentos, Ferramentas, Veículos, Móveis e Utensílios, Embarcações, Aeronaves, Jazidas Minerais ou Direitos de Exploração, Florestamento, Reflorestamento, Construções em Andamento, Bens Intangíveis (Marcas, Patentes, Direitos de Uso).

Estão igualmente incluídas no campo de exame as contas retificadoras do ativo imobilizado (contas credoras) que digam respeito às depreciações, amortizações e exaustões.

O conteúdo a seguir, se constitui um resumo e adaptação dos Livros "AUDITORIA – Conceitos e Aplicações", de Willian Attie, 3º ed. São Paulo: Atlas, 1998, dos capítulos 14 a 23, páginas 253 a 430, "AUDITORIA CONTÁBIL – Teoria e Prática", de Silvio Aparecido Crepaudi, São Paulo: Atlas, 2000, dos capítulos 11 a 15, páginas 332 a 441 e resumo e adaptação do "MANUAL DE AUDITORIA CONTÁBIL" de Paulo Henrique Teixeira, disponível em <www.portaltributario. com.br> e <www.portaldecontabilidade.com.br>, acesso em 02/10/2008, 13h 06.

PROCEDIMENTOS

Auditoria do imobilizado

Crepaudi (2000) diz que o auditor deverá analisar as respectivas contas, fazendo verificações sobre os débitos lançados no exercício, recorrendo, posteriormente, ao exame da documentação de suporte dos lançamentos. A verificação dos débitos e da respectiva documentação objetiva assegurar que os lançamentos correspondem exatamente ao acréscimo do imobilizado, apropriados, por sua vez, corretamente. A auditoria do imobilizado tem as seguintes finalidades:

• Determinar sua existência física e a permanência em uso;
• Determinar se pertence à companhia;
• Determinar se foram utilizados os princípios de contabilidade geralmente aceitos, em bases uniformes;
• Determinar se o imobilizado não contém despesas capitalizadas e, por outro lado, a despesa não contém itens capitalizáveis;

• Determinar se os bens do imobilizado foram adequadamente depreciados e corrigidos monetariamente em bases aceitáveis;

• Determinar a existência de imobilizado penhorado, dado em garantia ou com restrição de uso;

• Determinar se o imobilizado está corretamente classificado nas demonstrações financeiras e se as divulgações cabíveis foram expostas por notas explicativas.

Alguns exemplos de procedimentos de auditoria relacionados: exame de bens, inspeção em obras em andamento, confirmação das escrituras em cartório, exame de documentos de compra e de venda, cálculo da depreciação, etc.

Imobilizado

Examinar as principais aquisições do período, verificando ou efetuando:

• Se foram autorizadas pela direção, de forma evidenciada, para os casos aplicáveis; se foram registradas em tempo hábil; se conformam com a documentação suporte; se essa documentação é hábil e suficiente e se é mantida em arquivo permanente;

• Se foram correspondidas nos registros subsidiários;

• Se conformam com as normas estabelecidas pela direção (concorrência, tomadas de preços, ordens de compra, etc.);

• Se foram aproveitados os créditos fiscais de IPI a que tem direito a empresa, nas condições estabelecidas pela legislação fiscal;

• Se aos valores de custo são acrescidos os gastos adicionais necessários à instalação e funcionamento dos demais bens (transporte, despesa de instalação, impostos, taxas alfandegárias, desembaraços, etc.);

• Se foram informadas para fins de inclusão em cobertura de seguros;

• Inspeção física dos bens.

Examinar as principais baixas ocorridas no período, verificando:

• Se foram autorizadas pela direção, de forma evidenciada; se foram registradas em tempo hábil; se conformam com a documentação suporte e se essa documentação suporte é hábil e suficiente;

• Se foram correspondidas nos registros subsidiários;

• Se foram registrados os resultados apurados, as contas de receitas ou despesas extra-operacionais e se esses resultados foram apurados adequadamente, inclusive quanto à depreciação e correção até o momento da baixa (conferir a depreciação e correção);

• Se foram informadas para fins de exclusão em cobertura de seguros.

Examinar as imobilizações em andamento, quanto aos aspectos de avaliação e registros, verificando:

• Se incluem todos os custos dessas imobilizações, tais como: (materiais, mão-de-obra e gastos gerais; transportes, instalação, impostos e taxas alfandegárias, desembaraços aduaneiros, etc.);

• Se foram transferidas para as contas definitivas em tempo hábil, inclusive para fins de correção e depreciação adequadas (das imobilizações na data efetiva de conclusão das mesmas ou de recebimento e instalação dos bens).

Verificar se os bens adquiridos são imobilizados somente a partir de sua efetiva instalação e utilização, inclusive para fins de correção e depreciação adequadas.

Examinar ajustes no razão em decorrência de levantamentos físicos efetuados, verificando se foram devidamente justificados e aprovados pela direção e se foram correspondidos nos registros subsidiários.

Confira cálculos e contabilização, integralmente ou numa base de testes:

• Da correção monetária;
• Das depreciações, amortizações ou exaustões.

Concilie os montantes das depreciações, amortizações e exaustões contra os valores lançados nas contas de resultado.

Se houve reavaliação de bens próprios no exercício sob exame, verifique (em conjugação com exame do patrimônio líquido):

• Aprovação da reavaliação de bens próprios e existência do respectivo laudo, nos termos do artigo 8º da Lei n.º 6404/76;

• Contabilização da mesma contra os valores registrados no referido laudo;

• Se a contrapartida da reavaliação foi efetuada na conta de "Reserva de Reavaliação", nos termos da citada lei, artigo 182, parágrafo 3º;

• Se foram baixados da referida reserva, para resultados acumulados, os valores de realização dessa reserva em decorrência de alienação dos bens, depreciação, amortização ou exaustão, baixas por desativação, etc.;

• Se os valores das referidas realizações foram apurados adequadamente.

Inspecione certidões de registros de imóveis obtidas por confirmação direta.

Certifique-se da adequada classificação e divulgação das contas nas demonstrações financeiras e nas notas explicativas.

AUDITORIA DOS PASSIVOS

De acordo com Crepaudi (2000), as obrigações representam fontes de recursos e reivindicações de terceiros contra os ativos da empresa. O auditor, por sua vez, estabelece a importância das contas passivas a serem testadas, verificando se todas as dívidas da empresa foram devidamente registradas na contabilidade. A auditoria dos passivos tem a finalidade de:

• Determinar se são pertencentes à companhia;

• Determinar se foram utilizados os princípios de contabilidade geralmente aceitos, em bases uniformes;

• Determinar a existência de ativos dados em garantia ou vinculações aos passivos;

• Determinar se estão corretamente classificados nas demonstrações financeiras, e se as divulgações cabíveis foram expostas por notas explicativas.

Alguns exemplos de procedimentos de auditoria relacionados: confirmação com fornecedores, exame de notas fiscais, cálculo dos encargos, impostos a pagar, exame das contas do passivo, verificação de passivos não registrados etc.

Passivo

Contabilmente, as obrigações são classificadas no Balanço Patrimonial nos grupos do Passivo Circulante e no Passivo Exigível a Longo Prazo. O passivo circulante apresenta os valores que explicam a origem dos investimentos e de vencimentos a curto prazo. O exame de auditoria do passivo visa averiguar a exatidão e correta classificação das contas.

Obtenha a relação ou posição atual das contas de fornecedores, efetuando, numa base de teste:

• Conferência contra os saldos contábeis e contra os registros de contas a pagar;

• Exame de recibos, duplicatas quitadas e cópias de cheques emitidos para pagamento;

• Exames necessários à comprovação de que, nos casos de fornecimento de serviços, eles foram efetivamente prestados (indicar nos papéis o trabalho feito).

Revise as fichas de razão dos fornecedores, investigando, detalhadamente:

• A existência de contas com saldos devedores e de contas tais como: "notas fiscais a pagar", "pagamentos a classificar", "diversos" etc.;

• Lançamentos que pareçam incomuns, não relacionados às atividades normais da empresa ou pendentes por tempo excessivo;

• Examine processos de conciliações das contas de fornecedores, certificando-se da validade das pendências indicadas e de sua eliminação posterior.

• Verifique o efetivo abatimento nas contas a pagar;

• Revise a movimentação das contas de descontos, abatimentos e devoluções de compras.

Examine a movimentação das contas com instituições financeiras, para um determinado período, compreendendo:

• Revisão detalhada dos contratos com a sua descrição resumida, incluindo as garantias existentes;

• Conferência dos valores lançados contra os dados desses contratos;

• Conferência dos pagamentos contra avisos bancários e/ou cópias de cheques;

• Conferência dos cálculos de atualização dos saldos e apropriação de encargos devidos, inclusive por atraso nos pagamentos, e de sua contabilização nas respectivas contas de despesas.

Examine as provisões para férias, 13º salário e encargos respectivos, para um determinado período, compreendendo:

• Conferência de cálculos e somas nas relações analíticas preparadas pela área de pessoal, integralmente ou numa base de testes, bem como dos períodos aquisitivos;

• Conferência dos valores lançados contra as referidas relações e contra as contas de despesas respectivas;

• Revisão documental relativa aos pagamentos (recibos, cópias de cheques, relações de débito nas contas bancárias etc.).

Examine a movimentação ocorrida na provisão para Imposto de Renda, para um determinado período, compreendendo:

• Conferência dos cálculos de atualização de saldos e de apropriação de encargos por atrasos nos pagamentos e de sua contabilização nas respectivas contas de despesas, inclusive por parcelamento de débitos;

• Revisão documental dos pagamentos, inclusive subsequentes, contra guias de recolhimento e cópia de cheques e destes contra declaração do imposto de renda;

• Revisão e conferência da classificação das contas nas demonstrações financeiras quanto aos valores decorrentes de parcelamentos de débitos, em função dos prazos respectivos.

Examine a movimentação das contas de impostos e contribuições a pagar, para um determinado período, compreendendo:

• Conferência de cálculos de atualização de saldos e apropriação de encargos por atrasos nos pagamentos, incluindo processos de parcelamento, e de sua contabilização nas contas respectivas de despesas;

• Conferência de valores lançados na contabilidade e dos saldos nos livros fiscais;

• Revisão documental dos pagamentos, inclusive subsequentes, contra guias de recolhimento, cópias de cheques ou débitos nas contas bancárias;

• Revisão e conferência da classificação das contas nas demonstrações financeiras, para os casos de parcelamento, em função de seus prazos.

Investigue, junto ao pessoal responsável, a existência de (indicar com quem foram tratados os assuntos):

• Compras ou cancelamentos de compras de valores substanciais, com registros ainda não efetuados, por estarem as mercadorias em trânsito ou pendentes de apreciação e aprovação os respectivos processos;

• Diferenças de preços, faturamentos adicionais ou extraordinários etc, reclamados pelos credores em situações especiais.

ATIVIDADES

As atividades referentes a esta aula estão disponibilizadas na ferramenta "Atividades". Após respondê-las, envie-nas por meio do Portfólio- ferramenta do ambiente de aprendizagem UNIGRAN Virtual. Em caso de dúvidas, utilize as ferramentas apropriadas para se comunicar com o professor.

Auditoria II - UNIGRAN

PROCEDIMENTOS DE AUDITORIA - PARTE 4

Depois de estudar os conceitos desta aula você será capaz de identificar a importância dos procedimentos de auditoria.

Aula retirada, resumida e adaptada dos livros "Auditoria", de William Attie, "Auditoria Contábil", de Silvio Aparecido Crepaudi, do Instituto dos Auditores Independentes do Brasil, disponível em http://ww.ibracon.com.br, acesso em 27/09/2008, 18h30, Lei das Sociedades Anônimas – Lei nº. 6.404, disponível em http://www.cosif.com.br, acesso em 28/09/2008, 20h16 e "Manual de Auditoria Contábil", de Paulo Henrique Teixeira, disponível em www.portaltributario.com.br e www.portaldecontabilidade.com.br, acesso em 02/10/2008, 13h06.

INTRODUÇÃO

De acordo com Crepaudi (2000), a auditoria das contas do Patrimônio Líquido consiste em o auditor checar as transações que ocorreram durante o período auditado, observando se foram atendidas as disposições societárias e estatutárias.

Os exames de auditoria voltados à área do Patrimônio Líquido, levam o auditor a entrar em contato com normas, regulamentos oficiais e estatutos societários. Segundo Crepaudi (2000) e Teixeira (2005), nem sempre o auditor dispõe de experiência suficiente para o completo entendimento das implicações legais e fiscais impostas por essas normas, regulamentos e estatutos. Em caso de dúvidas ou interpretações, o auditor deve recorrer a fontes externas, como advogados, para melhor consubstanciar sua opinião ou reformular conceitos.

O conteúdo a seguir é resumo e adaptação dos livros "AUDITORIA – Conceitos e Aplicações", de Willian Attie, 3° ed. São Paulo: Atlas, 1998, dos capítulos 14 a 23, páginas 253 a 430, "AUDITORIA CONTÁBIL – Teoria e Prática", de Silvio Aparecido Crepaudi, São Paulo: Atlas, 2000, dos capítulos 11 a 15, páginas 332 a 441 e resumo e adaptação do "MANUAL DE AUDITORIA CONTÁBIL", de Paulo Henrique Teixeira, disponível em <www.portaltributario.com.br> e <www.portaldecontabilidade.com.br>, acesso em 02/10/2008, 13h 06.

PROCEDIMENTOS

Auditoria do patrimônio líquido

Para Crepaudi (2000), os procedimentos de auditoria a serem utilizados dependem da avaliação do controle interno e da materialidade envolvida, podendo ser descritos separadamente, sem que isso encubra o relacionamento existente entre as diversas contas patrimoniais.

A auditoria do patrimônio líquido tem as seguintes finalidades:

• Determinar se as ações ou o título de propriedade do capital social foram adequadamente autorizados e emitidos;

• Determinar se toda a norma descrita nos estatutos social as obrigações sociais e legais foram cumpridas;

• Determinar se foram utilizados os princípios de contabilidade geralmente aceitos, em bases uniformes;

• Determinar a existência de restrições de uso das contas patrimoniais;

• Determinar se o patrimônio líquido está corretamente classificado nas demonstrações financeiras, se as divulgações cabíveis foram expostas por notas explicativas.

Alguns exemplos de procedimentos de auditoria relacionados: contagem das ações, confirmação da participação acionária, exame em documentos, atas, estatutos, exame em contas de reserva, correlação entre saldos de reservas e resultado do exercício etc.

Patrimônio líquido

Examine a movimentação das contas de patrimônio líquido, verificando ou efetuando:

• Se correspondem à movimentação havida, às deliberações da lei, da assembleia geral e/ou dos estatutos sociais;
• Teste documental, para os casos aplicáveis;
• Adequação da classificação contábil das contas.

Teixeira (2005) e Attie (1998) afirmam que é aconselhável examinar processos de emissão de ações, de debêntures, partes beneficiárias, etc., por tipos, classes, espécies, quantidades, valores, número dos certificados ou títulos. Os referidos processos devem ser examinados integralmente ou em uma base de testes, verificando ou efetuando:

• Autorizações e registros nos órgãos oficiais controladores (CVM, BCB, Bolsa de Valores, Cartórios de Títulos e Documentos, etc.);
• Atas das assembleias gerais respectivas em que são autorizados os processos (pelas publicações e/ou pelos registros de atas);
• Autorização de emissão pela diretoria para efeito de controles internos;
• Cálculos e distribuição proporcional das ações e frações resultantes;
• Registros de ações nominativas e/ou outros registros subsidiários;
• Listas ou boletins de emissão/subscrição;
• Nomeação de agentes oficiais / especializados, identificando-os;
• Direito de preferência na subscrição e abstenção desse direito;
• Conformidade com as determinações estatutárias a respeito.

Selecione, para um determinado período, processos de distribuição e pagamento de dividendos, bem como de prêmios ou resgate de debêntures, partes beneficiárias etc., efetuando os seguintes procedimentos:

• Conferência de cálculos e somas dos processos de distribuição;

• Adequação dos valores em termos legais, de decisão de assembleia geral e/ou dos estatutos sociais;

• Exame dos cupons/recibos, inclusive da sequência numérica dos recibos, quando utilizados exclusivamente, investigar se há n.º faltante;

• Cancelamento dos cupons/recibos para evitar representações;

• Certificar-se de que os cupons/recibos liquidados referem-se efetivamente ao dividendo, prêmios ou resgates chamados e identificados por meio de editais;

• Conferência da retenção de IRF;

• Verificar contabilização da distribuição e dos pagamentos, nas contas individuais, inclusive na de retenção de IRF;

• Exame das conciliações bancárias das contas exclusivas;

• Autorização da diretoria para efetuar os processos.

Para ações em tesouraria, efetue, examine ou obtenha:

• Inspeção física e conciliação contra registros subsidiários e razão;

• Confirmação de ações em poder de terceiros;

• Se a empresa está utilizando todos os livros a que está obrigada;

• Confronto da posição do registro de ações nominativas com o saldo contábil da conta de capital.

PROCEDIMENTOS AINDA ACONSELHÁVEIS

Confira cálculos e contabilização da correção monetária, integralmente.

Concilie a conta do capital social com o livro de registro de ações nominativas.

Teixeira (2005) nos orienta ainda que verifique a adequação legal e estatutária da proposta de destinação do resultado, quanto a dividendos, reserva legal, reserva de lucros a realizar e outros, bem como da destinação do saldo de lucros acumulados, nas companhias abertas.

Verifique compensação obrigatória de prejuízo contra saldo de lucros acumulados, de reservas de lucros e da reserva legal, nessa ordem (Lei nº. 6404/76, artigo 89 parágrafo único).

N O saldo de prejuízo eventualmente remanescente da compensação acima, pode ser compensado, ainda, contra reservas de capital, exceto quanto à de correção monetária do capital social.

Verifique a correta constituição e reversão das reservas constituídas em exercícios anteriores contra a sua conta de origem (resultados acumulados), ou seja:

• De reservas de reavaliação, inclusive reflexa;

• De reservas de lucros a realizar;

• De reservas para contingências ou outras.

Verifique se as reversões acima devem compor a base de cálculo dos dividendos. Em caso positivo, se compõem a referida base de cálculo, adequadamente.

Os autores, Crepaudi (2000) e Teixeira (2005) afirmam que é sempre aconselhável se certificar da existência de situações especiais sobre o capital, ações, dividendos, reservas, etc., quanto à destinação proposta ou divulgação em notas explicativas como:

• Restrições, preferências ou vantagens estatutárias sobre dividendos;

• Aprovação de dividendo ou redistribuição de resultados determinados pela assembléia geral;

• Composição do capital pelos tipos e classes de ações;

• Ações oferecidas em caução;

• Outras situações que mereçam atenção e destaque.

Caso haja restrições, preferências ou vantagens estatutárias sobre dividendos, ou aprovação destes, ou redistribuição de resultados determinados pela assembléia geral:

• Confira os cálculos das determinações propostas sobre dividendos, verificando se tais destinações levaram em conta tais restrições, preferências, dividendo mínimo obrigatório, etc.;

• Confira os cálculos da aprovação de dividendos ou redistribuição dos resultados determinados pela assembléia geral, verificando se obedeceram a essa determinação, bem como às restrições, preferências ou vantagens antes citadas.

AUDITORIA DOS RESULTADOS

Segundo Crepaudi (2000), o exame desta área demanda dedicação e paciência por parte do auditor. Normalmente, o volume de lançamentos é muito grande, assim como o de comprovantes, e a possibilidade de erros, intencionais ou não, é infinita. Logo, ao iniciar seu exame, será desejável que o auditor não esteja premido pela necessidade de concluir outras tarefas.

A auditoria do resultado tem como finalidades:

• Determinar se todas as receitas, custos e despesas atribuídos ao período estão devidamente comprovados e contabilizados;

• Determinar se todas as receitas, custos e despesas não atribuídos ao período ou que beneficiem exercícios futuros estão corretamente diferidos.

166

• Determinar se os custos e despesas estão corretamente contrapostos às receitas devidas;

• Determinar se as receitas, custos e despesas estão contabilizados de acordo com os princípios de contabilidade geralmente aceitos, em bases uniformes;

• Determinar se as receitas, custos e despesas estão corretamente classificados nas demonstrações financeiras, e se as divulgações cabíveis foram expostas por notas explicativas.

Alguns exemplos de procedimentos de auditoria relacionados: exame das contas correlatas ao balanço patrimonial, estudo e avaliação dos controles internos e exame das contas de resultado.

RECEITAS, CUSTOS E DESPESAS

Compare, a partir de orçamentos, análises ou balancetes contábeis, os saldos das contas de receitas, custos e despesas operacionais e extra-operacionais, mensalmente para o período sob exame, no sentido de detectar flutuações, significativas.

Sobre as referidas flutuações, se houver, proceda como segue:

• Revise as análises e justificativas sobre as flutuações existentes nos relatórios sobre orçamentos e suas variações;

• Obtenha, junto a pessoal habilitado, informações sobre as suas causas.

Teste as referidas justificativas e informações, cobrindo, se for o caso, somente os valores registrados nessas contas e que tenham determinado as flutuações verificadas, efetuando ou verificando:

• Exame da documentação comprobatória, incluindo, conforme o caso, faturas, notas fiscais, recibos, contratos e tudo o mais que comprove a legitimação dos valores lançados, e se estão em nome da empresa;

• Se os lançamentos efetuados são comuns ou normais às atividades da empresa ou denotam caráter de inabitualidade, caso em que devem ser investigadas mais detalhadamente, inclusive quanto a estornos;

• Se os valores são registrados em tempo hábil, inclusive em termos de sua competência, e se não incluem receitas, custos e despesas de valores significativos que devam ser registradas como ajustes de exercícios anteriores;

• Cruzamento ou referência para valores já cobertos pelos exames das contas ativas;

Comente, tendo em conta o trabalho feito, sobre as justificativas e informações obtidas a respeito das flutuações referidas e da sua validade e fidedignidade.

Verifique a provisão para imposto de renda apropriada ao resultado do exercício:

• Está formada com base nos valores do lucro real, de forma adequada (provisão a curto prazo);

• Inclui valores relativos ao lucro inflacionário diferido (provisão a longo prazo) bem como exclui as reversões das provisões constituídas a esse título em exercícios anteriores;

• Inclui e/ou exclui valores relativos às inclusões e/ou exclusões temporárias registradas no lucro real (imposto de renda diferido).

Verifique se as participações nos lucros atribuídas a debêntures, empregados, administradores, etc., foram calculadas de acordo com a lei e com os estatutos.

Verifique se a classificação das contas e sua apresentação na demonstração do resultado são efetuadas de acordo com preceitos contábeis que propiciam:

• Demonstração adequada de todas as contas de receitas, custos e despesas para efeitos de análise, controle e acompanhamento orçamentário, etc;

• Demonstração adequada da apuração dos resultados das operações.

Verifique a correta classificação e apresentação das contas e resultados na Demonstração do Resultado do Exercício.

ATIVIDADES

As atividades referentes a esta aula estão disponibilizadas na ferramenta "Atividades". Após respondê-las, envie-nas por meio do Portfólio- ferramenta do ambiente de aprendizagem UNIGRAN Virtual. Em caso de dúvidas, utilize as ferramentas apropriadas para se comunicar com o professor.

BIBLIOGRAFIA BÁSICA

ALMEIDA, Marcelo Cavalcanti. AUDITORIA. Conceitos e Aplicações. São Paulo: Atlas, 2003.

CREPALDI, S. A. Auditoria contábil: teoria e prática. São Paulo: Atlas, 2000.

DALMAS, J. A. Auditoria independente: treinamento de pessoal, introdução aos procedimentos de auditoria. São Paulo: Atlas, 2000.

BIBLIOGRAFIA COMPLEMENTAR

ATTIE, William. Auditoria: Conceitos e Aplicações. São Paulo: Atlas, 2010.

CONSELHO REGIONAL DE CONTABILIDADE DO ESTADO DE SÃO PAULO; INSTITUTO BRASILEIRO DE CONTADORES. Controles internos contábeis e alguns aspectos de auditoria. São Paulo: Atlas, 2000. (Seminários CRC-SP/IBRACON).

FUNDAÇÃO INSTITUTO DE PESQUISAS CONTÁBEIS, ATUÁRIAS E FINANCEIRAS - USP. Manual de contabilidade Societária – aplicável às demais sociedades. São Paulo: Atlas, 2010.

GIL, Antonio de Loureiro. Auditoria operacional e de gestão. São Paulo: Atlas, 2007.

IUDÍCIBUS, Sérgio de; MARTINS, Eliseu, GELBCKE, Ernesto Rubens. Manual de Contabilidade Societária. São Paulo: Atlas, 2010.

170

Auditoria II - **UNIGRAN**

74

Auditoria II - UNIGRAN

Referências

ALMEIDA, Marcelo Cavalcante. Auditoria um curso moderno e completo. 6. ed. São Paulo: Atlas, 2003.

ATTIE, William. Auditoria: conceitos e aplicações. 3.ed. São Paulo: Atlas, 1998.

BOYNTON, William C.; JOHNSON, Raymond N.; KELL, Walter G. Auditoria. Tradução de José Evaristo do Santos. São Paulo: Atlas, 2002.

COMISSÃO DE VALORES MOBILIÁRIOS. Disponível em <http://www.cvm.gov. br>. Acesso em 03/07/2008 às 22h11.

CREPALDI, Silvio Aparecido. Auditoria Contábil: teoria e prática. São Paulo: Atlas, 2000.

CRUZ, Flávio da. Auditoria governamental. São Paulo: Atlas, 1997.

CUNHA, Paulo Roberto da; HEIN, Nelson. Amostragem de Auditoria. (<http:)//www. furb.br/especiais/download/571008-381859/Sem%20Cont%2018.doc. Acesso em 16 abr. 2008.

FRANCO, Hilário; MARRA, Ernesto. Auditoria contábil. 2.ed. São Paulo: Atlas. 1992.

GIL, Antonio Carlos. Métodos e técnicas de pesquisa social. 5. ed. São Paulo: Atlas, 1999.

INSTITUTO DOS AUDITORES INDEPENDENTES DO BRASIL. Disponível em <http://www.ibracon.com.br>. Acesso em 03/07/2008, 15h11.

INSTITUTO DOS AUDITORES INTERNOS DO BRASIL. Disponível em <http:// www.audibra.org.br>. Acesso em 03/07/2008, 18h30.

JUNIOR, José Hernandez Perez. Auditoria das demonstrações contábeis. 3. ed. São Paulo: Atlas, 2006.

LEI DAS SOCIEDADES ANÔNIMAS – Lei 6.404. Disponível em <http://www.cosif. com.br>. Acesso em 28/09/2008, 20h16.

MANUAL DE AUDITORIA CONTÁBIL, de Paulo Henrique Teixeira, disponível em <http://www.portaltributario.com.br> e <http://www.portaldecontabilidade.com.br>, acesso em 02/10/2008, 13h06.

MOTA, João Maurício. Auditoria: Princípios e Técnicas. São Paulo: Atlas, 1988.

Resolução CFC nº 1.012/05 - NBC T - 11.11 - Decreto-Lei n° 9.295, de 27 de maio de 1946 - Código de Ética do Profissional Contabilista.

SÁ, A. L. Curso de auditoria. 6. ed. São Paulo: Ed. Atlas, 1986.

SÁ, Antonio Lopes de. Curso de Auditoria. 10.ed. São Paulo: Atlas, 2002.

SANTI, Paulo Adolpho. Introdução à auditoria. São Paulo: Atlas, 1988.

SOUZA, Bendito Felipe de: PEREIRA, Anísio Candido. Auditoria contábil: abordagem prática e operacional. São Paulo: Atlas, 2004.

Graduação a Distância 6º SEMESTRE

Ciências Contábeis

PERÍCIA
CONTÁBIL

UNIGRAN - Centro Universitário da Grande Dourados

Rua Balbina de Matos, 2121 - CEP 79.824 - 9000
Jardim Universitário
Dourados - MS
Fone: (67) 3411-4141 / Fax: (67) 3411-4167

CEAD
Coordenadoria de Educação a Distância

Apresentação do Docente

Bem-vindo!

Antonio Henrique Barbosa Real formou-se em Ciências Contábeis pelas Faculdades Integradas de Campo Grande – FIC UNAES, em 2001. É pós-graduado na mesma instituição em Metodologia do Ensino Superior. Como professor atuou na Universidade Federal da Grande Dourados (UFGD), nas disciplinas Contabilidade Pública, Contabilidade Rural, Perícia Contábil e Ética Contábil. Já lecionou na UNIGRAN, no curso de Ciências Contábeis presencial a disciplina de Contabilidade Pública, Perícia Contábil, Administração Financeira e Orçamentária, Controladoria e Ética Contábil. Atualmente, na mesma instituição, ministra aulas no ensino a distância, nas disciplinas de Contabilidade Pública, Perícia Contábil, Teoria da Contabilidade e Controladoria.

REAL, Antônio Henrique Barbosa. Perícia Contábil. Antônio Henrique Barbosa Real. Dourados: UNIGRAN, 2019.

38 p.: 23 cm.

1. Perícia. 2. Contábil.

Sumário

Conversa Inicial

O desenvolvimento da perícia acompanha a crescente necessidade de o homem levantar provas para elucidar um litígio. Para isso, o perito-contador é o profissional responsável por averiguar os fatos, emitir uma opinião e apresentá-la ao poder judiciário.

Ao longo da disciplina, perceberemos a importância do perito-contábil e as atribuições do contador durante um processo, como também as suas responsabilidades quanto à apresentação da verdade dos fatos. Uma vez que cabe à Perícia Judicial os procedimentos técnicos e científicos, que visam destinar à instância decisória, o poder judiciário, informações exatas e claras.

Esses conhecimentos permitem a transformação dos fatos relacionados à causa em relato exato e confiável, que resultam em um laudo eficiente, capaz de munir o processo com esclarecimentos e auxiliar o juiz a exarar a sentença. Nesses termos, a responsabilidade do perito paira sobre a conduta de oferecer uma opinião, resultante da ética e do profissionalismo.

Dentre os elementos envolvidos diretamente na elaboração de uma perícia, destacam-se o perito-contador e suas competências, o processo judicial, as provas periciais, o laudo.

Nesse sentido, o perito-contador caracteriza-se por ser um profissional que possui capacidades científicas, técnicas, legais, éticas e morais para conduzir uma investigação. Este, por sua vez, objetiva, durante seus trabalhos periciais, levantar provas que sanem as dúvidas levantadas pelo juiz no processo judicial.

Com o objetivo de contribuir para a formação profissional para uma realidade da Perícia, nesta disciplina iremos transmitir a vocês, o conhecimento teórico sobre a Perícia contábil.

Desejamos a todos vocês uma boa leitura e um ótimo aprendizado sobre Perícia contábil.

Prof Antonio Henrique (Tony)

Aula 1º

História da perícia contábil

Olá, nesta primeira aula iremos abordar a história da Perícia Contábil.

Se ao final desta aula vocês tiverem dúvidas, tentem saná-las através das ferramentas "Fórum" ou "Quadro de Avisos" e "Chat".

Comecemos, então, analisando os objetivos e verificando as seções que serão desenvolvidas ao longo desta aula.

Bom trabalho!

Bons estudos!

Objetivos de aprendizagem

Ao término desta unidade, o aluno será capaz de:

• saber como surgiu a Perícia Contábil;
• compreender o histórico do surgimento da Perícia Contábil;
• entender e refletir sobre o conceito de Perícia Contábil;
• identificar os procedimentos teórico-técnicos contidos na perícia Contábil, segundo sua classificação.

1 - História da perícia

Com o início da própria Civilização, têm-se os primeiros indícios de perícia. De acordo com Valder Luiz Palombo Alberto (2000), o surgimento da perícia ocorre em uma era primitiva, criando uma relação entre esta e os tempos mais longínquos da Humanidade. Nessa época, o poder se confundia com a força, e aqueles que dominavam assumiam o papel de líder, e, a estes, cabia o poder de decidir, julgar e ditar uma resolução conforme seu ponto de vista.

Tratava-se de um líder, que bem longe de aspectos formais, tinha atribuído em sua pessoa à responsabilidade tanto de juiz, quanto de perito, dentro de costumes tão primitivos quanto sua própria existência e convivência em comunidade. O surgimento de qualquer conflito era submetido ao seu exame e o mesmo era responsável por um veredicto.

A evolução dos tempos, na Índia, permitiu uma das primeiras concepções para o título de árbitro, que, devidamente escolhido pelas partes, e mais uma vez servindo ao propósito de juiz e perito, passou a ser executor de ambas as funções, pois, além da análise dos fatos, cabia a ele decidir e dar a sua sentença, uma vez que gozava de alto poder por causa da investidura do seu cargo, de altíssimo grau hierárquico no sistema de castas e privilégios indianos presentes no feudalismo.

A Grécia e o Antigo Egito também foram berços para concepção da perícia, com a constatação registrada, após o reconhecimento da necessidade de alguém que realizasse um exame de forma devida, que também usasse de procedimentos que o levasse a exaurir qualquer tipo de dúvida em relação a determinado fato. Todo esse processo tinha sua utilização fundamentada no direito que firmava alicerce na época, sendo que, no Direito Romano, ainda que, conservando a função de perito e árbitro na mesma pessoa, diferenciava-se pela razão de começar a prover indícios de uma maior eficiência, apoiado na clareza e na objetividade do trabalho realizado.

Por volta do século VI a.C., a necessidade de averiguar as províncias e os resultados obtidos resultava em delegar inspetores, que, em amplo entendimento, seriam pessoas que desfrutavam da confiança do rei e detinham alguns conhecimentos ligados à geometria e à agrimensura. Esses inspetores deveriam investigar e descobrir, junto aos súditos, a razão da diminuição dos tributos. Após colher as informações que lhes fossem pertinentes, aplicavam sua avaliação e arbitramento.

Tamanha confiança gerou aos inspetores fiscais a atribuição de transmitirem ao rei todos os acontecimentos. Tratava-se, dessa forma, de um esboço do que seria um perito, que, no decorrer da história, mais especificamente no Direito Romano primitivo, constituía sentenças por meio do laudo. A ideia de auxiliar a justiça, que é propagada nos dias atuais, surgiu com o início do século XVII, e fixou-se de forma inexorável, admitindo ao trabalho judicial munir-se de tal especialidade.

> A perícia Contábil foi legalizada, no Brasil, em 1946, pelo decreto – lei n° 9.295/46, que criou o Conselho Federal de Contabilidade e definiu as atribuições do contador.

No Brasil, a perícia teve sua introdução através do Código de Processo Civil de 1939, tendo sua matéria delimitada nos artigos 238 e 254. Em 27 de maio de 1946, para efeito de normatização do trabalho do Contador e do Técnico em Contabilidade, com uma extensão de 41 artigos, cria-se o Decreto-lei n° 9.295/46, e, com ele, o Conselho Federal de Contabilidade legalizando a perícia contábil, uma vez que antes integrava o Código de Processo Civil abordando o assunto de maneira superficial.

A institucionalização da perícia estabeleceu regras, advindas, juntamente, com a criação do Conselho Federal de Contabilidade e das prerrogativas do contador.

Após termos compreendido como surgiu a Perícia Contábil, focalizaremos, agora, o seu conceito!

2 - Conceitos da perícia

A perícia é uma expressão que tem sua origem no latim, conferindo-lhe o significado de experiência, conhecimento e saber. Trata-se de um instrumento da comprovação da verdade, que faz jus a tal expressão, por ter em si a responsabilidade de averiguar os fatos e extrair deles a veracidade sobre a matéria periciada.

Assim, cabe à execução do trabalho pericial dirimir a dúvida, esclarecendo as questões propostas e emitindo laudo pautado nos motivos que ensejaram a perícia.

A Resolução NBC TP 01, do Conselho Federal de Contabilidade, em seu segundo item traz a seguinte afirmativa:

> A perícia contábil constitui o conjunto de procedimentos técnico-científicos destinados a levar à instância decisória elementos de prova necessários a subsidiar a justa solução do litígio ou constatação de fato, mediante laudo pericial contábil e/ou parecer pericial contábil, em conformidade com as normas jurídicas e profissionais, e com a legislação específica no que for pertinente.

O trabalho pericial relaciona o que o perito deve fazer e como deve proceder de acordo com o objeto pericial. O nível adequado de conhecimento do perito permite que este desempenhe sua função de maneira ordenada, pois, com intuito de torná-la compreensível e de manter a sua veracidade, objetiva explicitar a matéria fática. A execução de tal tarefa resulta na convicção que orientará a decisão.

Conceito
Palombo Alberto (2000, p. 35) apresenta a perícia contábil como:

> (...) um instrumento técnico-científico de constatação, prova ou demonstração, quanto à veracidade de situações, coisas ou fatos oriundos das relações, efeitos e haveres que fluem do patrimônio de quaisquer entidades.

A contabilidade, quando matéria fática da perícia, forma opinião relevante com base na averiguação de documentos da mesma natureza, que remetam aos fatos que originou a dúvida sobre o patrimônio. Os elementos que têm influência sobre a produção da prova representam todo o sustentáculo da elaboração de uma deliberação formada a partir das informações apuradas.

Conceito

O professor Antonio Lopes de Sá (2007, p. 14) apresenta a seguinte definição para a perícia contábil:

> Perícia contábil é a verificação de fatos ligados ao patrimônio individualizado visando oferecer opinião mediante questão proposta. Para tal opinião realizam-se exames, vistorias, indagações, investigações, avaliações, arbitramentos, em suma todo e qualquer procedimento necessário à opinião.

Verifica-se que o entendimento contábil confere à perícia a qualidade de apresentar a devida compreensão sobre dúvidas acerca do patrimônio, seja de pessoa física ou jurídica. Trata-se de uma elaboração que exige a técnica de um contador, conhecimento este que escapa ao juiz, e, para tanto, faz uso do laudo para exarar sua sentença.

A perícia contábil é uma tecnologia porque é a aplicação dos conhecimentos científicos da contabilidade.

Para Ril Moura, que apresenta uma definição com respaldo na lei processual, a perícia trata de uma "medida que vem mostrar o fato, quando não haja meio de prova documental para revelá-lo, ou quando se quer esclarecer circunstâncias a respeito dele e que não se achem perfeitamente definidos". Dessa forma, a perícia desfruta de toda credibilidade, de modo que o novo Código Civil reconhece, em seus artigos, sua plena eficácia como fato jurídico, e dispõe sobre a autenticidade e a veracidade do que está sendo apurado.

Vale ressaltar que a perícia abrange tudo o que há acerca da matéria analisada, devendo ser considerados todos os elementos pertinentes à formação de opinião. O seu caráter técnico está em produzir prova dotada de credibilidade, capaz de promover decisão acertada.

O artigo 464 do Código de Processo Civil apresenta, com exatidão, no que se refere à perícia como prova, os seguintes termos:

> **Art. 464.** A prova pericial consiste em exame, vistoria ou avaliação.
> § 1 º O juiz indeferirá a perícia quando:
> I - a prova do fato não depender do conhecimento especial de técnico;
> II - for desnecessária em vista de outras provas produzidas;
> III - a verificação for impraticável. (CÓDIGO DE PROCESSO CIVIL).

A plena execução da perícia depende de uma coordenação perfeita entre todos os elementos que interferem na sua realização, considerando cada detalhe e assimilando cada fato de forma a proferir informações de extrema confiabilidade.

Lopes de Sá (2007, p.19), em suas considerações sobre a perícia, descreve o método como sendo, basicamente, analítico e salienta a extrema necessidade de:

1. identificar-se bem o objetivo;
2. planejar competentemente o trabalho;
3. executar o trabalho baseado em evidências inequívocas, plenas e totalmente confiáveis;
4. ter muita cautela na conclusão e só emiti-la depois de que se esteja absolutamente seguro sobre os resultados.
5. concluir de forma clara, precisa, inequívoca.

Saber Mais

O método da perícia contábil não se confunde com o da auditoria, pois o método básico da perícia contábil é o analítico e de maior abrangência, visando à confiabilidade da opinião, como prova que deverá ser para terceiros.

A princípio, no início do século XX, muitos autores renomados denominavam "Auditoria" de "Perícia Administrativa", porém, em nossa época, não há mais lugar para que se confundam tais conceitos.

3 - Classificação das perícias

De acordo com o que foi explicitado até este momento, é possível classificar as perícias em três grandes grupos gerais:

- Perícias Judiciais;
- Perícias Administrativas;
- Perícias Especiais.

Nesse contexto, temos os seguintes exemplos quanto à classificação das perícias acima citadas:

Perícia judicial - Realizada dentro dos procedimentos processuais do Poder Judiciário, por determinação, requerimento ou necessidade de seus agentes ativos. Tem por escopo trazer a verdade real, demonstrável cientificamente ou tecnicamente, para subsidiar a formação da convicção do julgador.

Perícia administrativa - São perícias realizadas no âmbito administrativo de uma instituição que tem como finalidade apurar algum feito. Estas perícias poderão instruir processos judiciais como peças para fundamentar o que se alega.

Perícia especial - São perícias necessárias para alteração societária nos casos de incorporação, fusão e cisão. Essa perícia tem como fundamento resguardar os direitos dos sócios.

Segundo Lopes de Sá (2007, p.20)

> Em verdade, há enormes tendências para que se classifiquem as administrativas e especiais no campo da auditoria, mas, repetimos, tais fatos não devem ser confundidos.

Para Refletir

Vários são os fins para os quais pode-se requerer uma perícia, mas, por servir como instrumento de prova, é preciso que se baseie em elementos verdadeiros e competentes.

Retomando a aula

Chegamos, assim, ao final da primeira aula. Esperamos que agora tenha ficado mais claro o entendimento sobre a história da Perícia Contábil.

1 - História da Perícia

Aprendemos como foi o surgimento da perícia, passando pelos seus dados históricos, pelos países que foram melhorando o trabalho pericial e o surgimento da perícia no Brasil.

2 - Conceito da Perícia Contábil

Verificamos vários conceitos de autores sobre o que é perícia contábil e destacamos a sua importância no desenvolvimento dos trabalhos, ou seja, cabe à execução do trabalho pericial dirimir a dúvida, esclarecendo as questões propostas e emitindo laudo pautado nos motivos que ensejaram a perícia.

3 - Classificação das Perícias

Vimos que não podemos confundir perícia com auditoria. Destacando que a perícia tem algumas classificações específicas e, a fim de entendê-las melhor, temos que saber as diferenças entre perícia e auditoria.

Vale a pena

Vale a pena ler

SÁ, Antônio Lopes de. *Perícia Contábil.* 7ª ed. São Paulo: Atlas, 2007.

RESOLUÇÃO NBC TP 01 – *Perícia Contábil*

Vale a pena assistir

http://pt.scribd.com/doc/19458630/Apostila-Pericia-Contabil

http://www.classecontabil.com.br/neo/09.pdf

www.crc.org.br

Minhas anotações

Aula 2º

Perícia

Olá, iremos, nesta aula, focalizar nossos estudos nos temas sobre a perícia judicial contábil e sobre o perito contador.

Se no final vocês tiverem dúvidas, poderão saná-las através das ferramentas "Fórum" ou "Quadro de Avisos" e "Chat".

Comecemos, então, analisando os objetivos e verificando as seções que serão desenvolvidas ao longo desta aula.

Bom trabalho!

Boa aula!

Objetivos de aprendizagem

Ao término desta unidade, o aluno será capaz de:

• entender e conceituar o que é Perícia judicial contábil;
• compreender as engrenagens teóricas e práticas de um Perito Contábil;
• conceituar, refletir e aplicar o saber técnico-científico de um Perito Contábil.

1- Perícia judicial contábil

A perícia se define pela peculiaridade de apresentar uma exposição fiel dos fatos, contemplada por esclarecimentos pertinentes à questão. Lopes de Sá (2007, p. 63) afirma que a "Perícia contábil judicial é a que visa servir de prova, esclarecendo o juiz sobre assuntos em litígio que merecem seu julgamento".

Assim, a perícia judicial objetiva sanar questões técnicas pertinentes à contabilidade e a averiguação dos fatos resulta na possibilidade de afirmar, com segurança e exatidão, sanando as dúvidas inerentes ao litígio, informações de caráter elucidativo perante a causa.

A realização do trabalho pericial respeita a ordem precedida em lei, pois são nas normas emanadas do CFC e da legislação contida no CPC, que se apresenta o desenvolvimento de como deve ser realizada a prova.

Na fase preliminar, a parte interessada requer ao juiz a perícia, e este, por sua vez, defere-a e escolhe o perito de sua confiança. A seguir ocorre o momento em que as partes devem formular seus quesitos e indicar os assistentes técnicos. Os peritos são cientificados da indicação, propondo os honorários e requerendo o depósito. Com isso, o juiz estabelece prazo, local e hora para o início.

A fase operacional determina os acontecimentos iniciando a perícia e as diligências. Desse ponto decorre todo o curso do trabalho pericial, resultando na elaboração do laudo com as devidas conclusões.

A fase final, com o término dos trabalhos em torno da lide, o profissional responsável assina o laudo, que é entregue mediante protocolo, no mesmo cartório em que retirou os autos do processo. Com isso, realiza-se o levantamento dos honorários, e caso haja a necessidade de esclarecimentos, serão requeridos ao perito (LOPES DE SÁ, 2007).

Fica a cargo do magistrado promover um julgamento justo que aponte para a honestidade em todas as fases do processo, garantindo a equidade dos direitos reservados às partes. A legitimidade da relação jurídica é o que propõe a extinção das irregularidades em torno do objeto da perícia, cabendo ao juiz satisfazer às necessidades processuais, ressalvando o cumprimento metódico das normas em observância da lei.

A instauração do processo acontece quando uma das partes, denominada autor, fazendo uso de diretos pertinentes a si, invoca a tutela da lei, para ver sua pretensão satisfeita. Diante disso, caberá ao juiz deferir ou não a petição inicial, ou seja, a tramitação do processo, analisando se estão presentes as condições da ação. O processo, após o deferimento da inicial, correrá até uma possível perícia.

No processo estão presentes os quesitos que são questões formuladas pelas partes ou pelo juiz com a finalidade detentora da verdade. Pelo fato de terem relação direta com a produção da prova pericial, devem manter seus objetivos focados no objeto da perícia e, por conseguinte, obedecer a uma sequência lógica que leve a dúvida à exaustão.

O perito do juízo, ao responder os quesitos, submete-os ao entendimento das partes, devidamente assistidas por seus peritos assistentes. Esses assistentes técnicos podem, por sua vez, discordar da opinião do perito nomeado pelo magistrado.

Através do questionário emitido por réu e autor, o perito, em uso dos plenos poderes conferidos a ele pela lei, pode desvincular irregularidades em torno da matéria periciada. No caso da perícia judicial contábil, o perito contador tem sob sua tutela a responsabilidade de formar convicção, a partir do questionamento realizado pelas partes e pelo juiz.

> O Assunto abaixo é muito cobrado em concursos públicos, portanto, preste atenção!

2 - Perito contábil

O perito é o profissional que ostenta, em sua estirpe, a responsabilidade de ser especialista em determinada área ou assunto. Na perícia judicial contábil, a função de perito é uma atribuição exclusiva do profissional devidamente habilitado, ou seja, do contador. Dessa forma, cabe a ele executar seu trabalho de forma minuciosa, apurando os fatos e transmitindo ao juiz a interpretação necessária para a sentença.

Conselho Federal de Contabilidade, na NBC PP 01 – Perito Contábil, determina as normas profissionais do perito, em seu item 2:

> Perito é o contador, regularmente registrado em Conselho Regional de Contabilidade, que exerce a atividade pericial de forma pessoal, devendo ser profundo conhecedor, por suas qualidades e experiências, da matéria periciada.

> O perito precisa ser um profissional habilitado, legal, cultural e intelectualmente, e exercer virtudes morais e éticas com total compromisso com a verdade.

O perito, quando nomeado pelo juiz, recebe o encargo de perito-contador ou de perito-contador assistente, quando contratado pelas partes e, em qualquer das situações, deve ater-se aos fatos, orientado pela ética profissional. Para Amaral Santos (1983 *apud* ORNELAS, 2003, p. 50), o perito,

> [...] é uma pessoa que, pelas qualidades especiais que possui, geralmente de natureza científica ou artística, supre as insuficiências do juiz no que tange à verificação ou apreciação daqueles fatos da causa que para tal exijam conhecimentos especiais ou técnicos.

A NBC PP 01, do Conselho Federal de Contabilidade, expõe a função do perito quanto à competência profissional, considerando, em seus termos, a extrema necessidade da atualização contínua do aprendizado e da observância com relação às mudanças na legislação vigente, sustentáculo da perícia. A capacitação resulta do nível de conhecimento do profissional e de sua atitude perante o trabalho a ser desempenhado. O domínio sobre a matéria, que é objeto da perícia, presume oferecer técnica suficiente para realizar os procedimentos e extrair destes uma opinião fiel, com preceitos na dignidade e na honestidade que o leve a realizar uma apreciação satisfatória dos fatos alegados.

Dentre as atribuições da responsabilidade profissional, o perito deve ser cauteloso e zelar para que realize e conclua a lide em tempo hábil, dispensando atenção e cuidados necessários aos documentos, aos profissionais ligados à perícia, às autoridades competentes, garantindo uma deliberação passível de credibilidade.

O perito, ao relatar os fatos inseridos na perícia, assume a condição de delator a serviço da lei, e para que seus préstimos sejam dignos de mérito e de confiabilidade, é de coerência inexorável que preencha todos os requisitos legais. É um princípio resultante de que a lei é para todos, cabendo a cada qual exercer de forma merecedora de crédito a função que lhe é designada, e na mesma proporção em que advém do mesmo princípio, toda prudência de assegurar prerrogativas.

Dentro desta lógica conceitual, o impedimento pode ser considerado legal ou técnico. Ou seja, o impedimento assume caráter de legal quando o perito não puder executar seu trabalho de forma imparcial, referente ao impedimento, este assume caráter técnico quando decorrer do perito a comprovação de que não está apto a realizar o trabalho para o qual foi designado, isto é, com neutralidade.

O perito contábil necessita levantar, durante o seu trabalho, as provas periciais que têm a finalidade de comprovar, de demonstrar de forma confiável uma opinião que possa suprir a carência sobre a verdade em qualquer questão litigiosa. Trata-se do resultado inequívoco de um estudo pautado em procedimentos reconhecidos juridicamente e realizados por um profissional dotado de excelência sobre o assunto.

A prova consiste em uma modalidade do direito que, por ter caráter comprobatório, arraiga em sua função o conhecimento determinante e o domínio inexorável sobre a questão examinada. No âmbito judicial, pressupõe que esses conhecimentos, padronizados como técnicos sejam convertidos em entendimento, assumindo o papel da comprovação da verdade.

> Vários são os fins para as quais se podem requerer uma perícia, mas, como prova que ela vai ser, é preciso que se baseie em elementos verdadeiros e competentes.

Conforme Ornelas (2003, p. 24), "a prova, no significado comum e geral, visa à demonstração da verdade, ao passo que a prova específica processual civil limita-se à produção da certeza jurídica".

Também faz parte do trabalho do perito contábil elaborar um laudo pericial. O laudo pericial representa meio de prova, pois nele é concretizada a prova pericial, como está devidamente explicitado no art. 465 do Código de Processo Civil.

Conceito

Lopes de Sá (2007, p. 43) afirma que "a manifestação literal do perito sobre fatos patrimoniais devidamente circunstanciados gera a peça tecnológica denominada Laudo Pericial Contábil".
Por conseguinte, enfoca o laudo tal qual uma sustância, aduzindo-o como um julgamento que deve ter suas bases solidificadas no conhecimento do profissional contábil, na presença fática que resultou no objeto da perícia.

Ainda, Lopes de Sá (2007, p. 45) afirma que "laudo pericial contábil é uma peça tecnológica que contém opiniões do perito contador, como o pronunciamento, sobre questões que lhe são formuladas e que requerem seu pronunciamento".

Estamos indo bem, não é mesmo? Vamos continuar nossa matéria de perícia contábil!

3 - Saber técnico-científico do Perito Contábil

Além do requisito legal do registro nos órgãos fiscalizadores do exercício profissional, o Conselho Regional de Contabilidade, hoje, exige que o Perito tenha formação universitária e conhecimentos técnico-científicos da matéria. Tais aspectos formativos proporcionarão profundidade científica na interpretação do fato em sua especialidade, que visa levar aos autos a verdade real, que resultará para qualquer das partes a adequada aplicação da justiça no processo judicial ou a administração de um patrimônio, quando a perícia for extrajudicial.

O Perito, então, pode extrair elementos, interpretá-los e ainda delimitar um fato quanto tiver pleno domínio dos conhecimentos de sua realidade.

A necessidade de educação continuada está vinculada ao constante aprimoramento da ciência, especialmente a contábil, mediante o qual os cientistas perseguem a melhor forma de apresentação do estudo da matéria, objeto da ciência. Além, é claro, de estabelecer sempre uma condição de adequada fundamentação científica no laudo pericial.

3.1 Vivência Profissional

A vivência profissional é considerada em perícia como seu elemento fundamental.

A perícia versa sempre sobre matéria de fato, que, muitas vezes, não é atingida pelos conhecimentos teóricos puros de uma Ciência. Resultando, dessa condição, a integração entre conhecimento teórico e experiência profissional.

Nesse sentido, a teoria define padrões de comportamento profissional, porém, a prática os torna pessoais, ou seja, dois Contadores podem, sobre um mesmo evento, ter duas interpretações distintas.

Existem práticas grosseiras, e que saltam à vista até de leigos em Contabilidade; entretanto, também existem práticas bastante sutis, que mesmo o Contador encontra dificuldades em detectar. Daí a extrema necessidade do equilíbrio e do bom-senso, advindos da vivência profissional exigida de um Perito.

3.2 Índole criativa e indutiva

Embora tais qualidades sejam fruto do íntimo do ser humano, em alguns desenvolvidos e aprimorados de forma mais evidente, não significa que o profissional, que objetiva tornar-se um Perito, desconsidere tais particularidades.

Pode-se dizer que tais características sejam o sexto sentido do profissional, que encontra no trabalho pericial a sua forma plena de servir ao próximo e à humanidade, trabalhando com a união de seu corpo e espírito.

Saber Mais
A qualidade do trabalho do perito espelha-se na própria confiança que seu relato e opinião despertam.

Retomando a aula

Parece que estamos indo bem. Então, para encerrar esta aula, vamos recordar.

1 - Perícia Judicial Contábil

Perícia contábil é a verificação de fatos ligados ao patrimônio individualizado visando oferecer opinião, mediante questão proposta. Para tal opinião realizam-se exames, vistorias, indagações, investigações, avaliações, arbitramento, em suma, todo e qualquer procedimento necessário à opinião.

2 - Perito Contador

O profissional que executa a perícia contábil precisa ter um conjunto de capacidades, entendidas como qualidade. Entre elas estão:

1. Legal
2. Profissional
3. Ética
4. Moral

Assim, o exercício da perícia contábil depende de formação superior, de sólidos princípios e conhecimento prático razoável.

3 - Saber técnico-científico do Perito Contábil

O saber técnico-científico diz respeito à qualidade do profissional, ou seja, à qualidade do trabalho que executa.

Vale a pena

Vale a pena ler

SÁ, Antônio Lopes de. *Perícia Contábil*. 7ª ed. São Paulo: Atlas, 2007.

Norma brasileira de contabilidade – NBC PP 01, de 27 de fevereiro de 2015.

Norma brasileira de contabilidade – NBC TP 01, de 27 de fevereiro de 2015.

Vale a pena assistir

http://www.cfc.org.br/

http://www.portaldecontabilidade.com.br/tematicas/periciacontabiljudicial.htm

http://www.notapositiva.com/br/trbestsup/administr/contabaudit/periciacontab.htm

Minhas anotações

Aula 3º

Planejamento

Olá! Nesta aula iremos abordar o planejamento da perícia judicial contábil, aspecto muito importante para o bom desenvolvimento dos trabalhos periciais.

Fiquem atentos: Se ao final desta aula vocês tiverem dúvidas, tentem saná-las através das ferramentas "Fórum" ou "Quadro de Avisos" e "Chat".

Comecemos, então, analisando os objetivos e verificando as seções que serão desenvolvidas ao longo desta aula.

Bom trabalho!

Boa aula!

Objetivos de aprendizagem

Ao término desta unidade, o aluno será capaz de:

- saber com clareza o conceito de planejamento;
- compreender o objetivo do planejamento;
- saber aplicar a execução do planejamento de perícia;
- identificar e aplicar os termos de diligência.

Seções de estudo

1 - Planejamento
2 - Execução
3 - Diligências

Nesta aula iremos entender sobre o planejamento nos trabalhos periciais!
Bom trabalho.

1 - Planejamento

A perícia tem seu planejamento atrelado à cautela e depende do profundo conhecimento que o perito possui sobre o objeto da perícia para relacionar o tempo que será necessário para exercer o trabalho de maneira precisa. O planejamento é uma etapa em que o perito-contador e o perito-contador assistente fazem uma estimativa de prazos e uma relação dos procedimentos a serem desenvolvidos ao longo do curso do trabalho.

Conceito

Segundo a NBC TP 01 do Conselho Federal de Contabilidade, no que tange ao planejamento, em seu item 31 determina que:

> O planejamento da perícia é a etapa do trabalho pericial, que antecede as diligências, pesquisas, cálculos e respostas aos quesitos, na qual o perito estabelece os procedimentos gerais dos exames a serem executados no âmbito judicial, extrajudicial para o qual foi nomeado, indicado ou contratado, elaborando-o a partir do exame do objeto da perícia.

O planejamento da perícia Judicial Contábil requer que o perito, para realizar seus trabalhos de acordo com o que foi deferido ou contratado, possua um nível conveniente de conhecimento contábil, que o possibilite exercer seu múnus com discernimento e ética, resultando na supressão da questão.

É inerente ao profissional conter em seus valores a extrema necessidade de considerar cada fato, tendo a noção da suma importância em conhecer minuciosamente o objeto da causa, bem como as alegações e contestações ligadas ao caso. Por intermédio de tal objetivo, as diligências a serem realizadas, como parte, ofertarão bases suficientes para formação de opinião.

A cautela no planejamento retrata, então, o cuidado indispensável que se deve ter com os prazos e a importância em considerar todos os aspectos ligados ao objeto da perícia.

Saber Mais

Plano de trabalho em perícia contábil é a previsão, racionalmente organizada, para a execução das tarefas no sentido de garantir a qualidade dos serviços via redução dos riscos sobre a opinião ou resposta.

Objetivo do Planejamento, segundo a Norma Brasileira de Contabilidade - TP 01:

(a) conhecer o objeto da perícia, a fim de permitir a adoção de procedimentos que conduzam à revelação da verdade, a qual subsidiará o juízo, o árbitro ou o interessado a tomar a decisão a respeito da lide;

(b) definir a natureza, a oportunidade e a extensão dos exames a serem realizados em consonância com o objeto da perícia, os termos constantes da nomeação, dos quesitos ou da proposta de honorários oferecida pelo perito;

(c) estabelecer condições para que o trabalho seja cumprido no prazo estabelecido;

(d) identificar potenciais problemas e riscos que possam vir a ocorrer no andamento da perícia;

(e) identificar fatos que possam vir a ser importantes para a solução da demanda de forma que não passem despercebidos ou não recebam a atenção necessária;

(f) identificar a legislação aplicável ao objeto da perícia;

(g) estabelecer como ocorrerá a divisão das tarefas entre os membros da equipe de trabalho, sempre que o perito necessitar de auxiliares;

(h) facilitar a execução e a revisão dos trabalhos.

2 - Execução

A perícia descende da necessidade de suprimir dúvidas, e apresentar de forma clara, relevante e concisa informações que possam ser indispensáveis ao magistrado. Carrega, ainda, em sua estirpe, no que se refere a elucidar a questão litigiosa, o vínculo com a imparcialidade, exigindo a realização de um trabalho aprimorado, que seja considerado eficiente e eficaz. Para tanto, é indispensável que seja realizada com esmero e considere como apoio procedimentos que se destinem ao objetivo.

Estes procedimentos estão ligados ao método envolvido nas descobertas acerca do assunto, com a finalidade de fundamentar a opinião do perito, tornando as informações confiáveis. Os procedimentos abarcam o exame, a vistoria, a indagação, a investigação, o arbitramento, a mensuração, a avaliação e a certificação.

Conceito

A NBC TP 01, do Conselho Federal de Contabilidade em seu item 16, trazem a seguinte redação:

> 18 - Os procedimentos de perícia contábil visam fundamentar as conclusões que serão levadas ao laudo pericial contábil ou parecer pericial contábil, e abrangem, total ou parcialmente, segundo a natureza e a complexidade da matéria [...].

As Normas Brasileiras de Contabilidade enfocam cada um dos procedimentos e assim os definem:

1. O exame é a análise de livros, registros das transações e documentos.

2. A vistoria é a diligência que objetiva a verificação e a constatação de situação, coisa ou fato, de forma circunstancial.

3. A indagação é a busca de informações mediante entrevista com conhecedores do objeto ou de fato relacionado à perícia.

4. A investigação é a pesquisa que busca trazer

ao laudo pericial contábil ou parecer pericial contábil o que está oculto por quaisquer circunstâncias.

5. O arbitramento é a determinação de valores ou a solução de controvérsia por critério técnico-científico.

6. A mensuração é o ato de qualificação e quantificação física de coisas, bens, direitos e obrigações.

7. A avaliação é o ato de estabelecer o valor de coisas, bens, direitos, obrigações, despesas e receitas.

8. A certificação é o ato de atestar a informação trazida ao laudo ou ao parecer pelo perito.

É possível verificar que cada um dos procedimentos focaliza um determinado tipo de estudo, seja este realizado com o intuito de analisar coisa ou pessoa ligada à questão que procede à causa. Quaisquer que sejam os fatos, a perícia deve total conhecimento sobre tais estudos, de tal forma que sua interpretação seja inerente à verdade.

Os procedimentos, ao converterem os acontecimentos ligados à lide em informações, devem preservar a imparcialidade e a garantia de que são estritamente confiáveis, tornado passíveis de um julgamento justo. Trata-se de uma sequência lógica que permite desvendar eventos pertinentes à matéria, para que somente depois o profissional possa contemplar os interessados com opinião centrada nos aspectos que originaram a perícia.

Vale ressaltar que estes procedimentos são as bases sólidas dentro do plano que abrange o momento em que se dá o início da perícia até o esclarecimento do laudo, se necessário. Além das Normas Brasileiras de Contabilidade, outra fonte para conhecimento dos procedimentos na perícia é a própria legislação, que atribui a conceituação de procedimentos preliminares.

Nesse sentido, os procedimentos preliminares iniciam-se com a análise imediata da perícia, tratando-se apenas de uma familiarização do assunto. Após esse contato, o perito tem capacidade de responder se está apto ou não a prestar seus serviços de maneira satisfatória na causa para qual está sendo nomeado ou contratado.

Nesse sentido, observa-se que é fundamental o reconhecimento da parte do profissional em ter o conhecimento indispensável para a realização do trabalho, e no caso de um perito nomeado pelo juiz, deve-se atentar para o disposto no artigo 466, do Código de Processo Civil, que afirma: "O perito cumprirá escrupulosamente o encargo que lhe foi cometido, independentemente do termo de compromisso. Os assistentes técnicos são de confiança da parte, não sujeitos a impedimento ou suspeição".

Proceder de acordo com a norma garante ao perito do juízo gozar da confiança do magistrado. Se a matéria razão da discórdia não é de sua especialidade, ou se ainda não tiver tempo hábil para desempenhar seu trabalho de acordo com as bases técnicas e científicas essenciais à consumação do laudo, deverá reportar-se ao juiz escusando-se do encargo a que foi incumbido.

Assim, o compromisso estabelecido ao aceitar a função desencadeia a necessidade do perito em manter sua palavra, quando se compromete a produzir provas que não se afastam do objeto que motivou a causa, esboçando uma opinião pautada na seriedade.

A convicção formada a partir de tal relato é o que permite ao magistrado exarar a sentença.

Outro aspecto considerável é o proceder ético do profissional quanto à realização da lide. O juiz defere a perícia e necessita que o profissional, ao qual depositou total confiança, aja de acordo com o que é "reto", seguindo os padrões estabelecidos por lei e pela própria moral inerente ao perito.

Convém apreciar tais explanações sobre os procedimentos ligados ao trabalho pericial, pois estes antecedem todos os demais. É preciso que o perito esteja devidamente habilitado a realizar o trabalho antes que inicie suas funções. Esse vínculo com a honestidade faz-se imprescindível, garantindo que o profissional exerça uma intermediação entre a lide e a convicção íntegra.

> O perito, na fase de elaboração do planejamento, com vistas a elaborar a proposta de honorários, deve avaliar os riscos decorrentes de responsabilidade civil, despesas com pessoal e encargos sociais, depreciação de equipamentos e despesas com manutenção do escritório.

3 - Diligências

São acontecimentos de fundo investigativo, relacionados a determinado trabalho na esfera judicial e necessários para esclarecimentos do objeto da lide. Mesmo tratando-se de serviço judicial, acontece fora dos tribunais.

A diligência é, em suma, uma das etapas da execução da perícia que exige que os documentos sejam solicitados por escrito. Essa fase engloba todas as ações que objetivam a consecução de informações com intenção de subsidiar o relato.

O CPC apresenta o paradigma de entendimento para diligência, condicionando a necessidade de munir o juiz de provas imprescindíveis e relevantes, para a dissipação da causa.

Ao acolher o interesse das partes, o juiz incumbe o perito de tais diligências, sendo notificado das procedências das provas, ou mesmo da negativa em fornecê-las.

Conceito

Caso a situação acima descrita aconteça, o item 45 da resolução NBC TP 01 esclarece:

> Caso ocorra a negativa da entrega dos elementos de prova ou para a colaboração na busca da verdade, deve o perito se reportar diretamente a quem o nomeou, contratou ou indicou, narrando os fatos por meio de provas e solicitando as providências cabíveis e necessárias, para que não seja imputado responsabilidade por omissão na atividade profissional.

A idoneidade da prova pericial depende da seriedade da lide, razão esta que faz com que o perito seja responsabilizado pela junção de fatos que resultem em uma deliberação restrita da matéria fática. Tal fato necessita o uso aprimorado de todos os eventos correlacionados, muitos obtidos através de diligência, portanto exalam profunda importância no resultado, e qualquer que seja a dificuldade em arrolá-los, resultará em obstáculos à exposição fiel dos acontecimentos.

Em sentido amplo, a diligência responde pelas providências em que resultam no aprimoramento da verdade; e, em sentido mais restrito, pela lógica da exatidão. Trata-se do trabalho pericial, que objetiva subsidiar a opinião com fatos imprescindíveis à compreensão da matéria.

3.1 Estrutura do Termo Diligência

O termo de diligência segundo a Norma Brasileira de Contabilidade - NBC TP 01, deve conter os seguinte elementos:

(a) identificação do diligenciado;

(b) identificação das partes ou dos interessados, e, em se tratando de perícia judicial ou arbitral, o número do processo, o tipo e o juízo em que tramita;

(c) identificação do perito com indicação do número do registro profissional no Conselho Regional de Contabilidade;

(d) indicação de que está sendo elaborado nos termos do item 49 desta Norma;

(e) indicação detalhada dos livros, documentos, coisas e demais elementos a serem periciados, consignando as datas e/ou períodos abrangidos, podendo identificar o quesito a que se refere;

(f) indicação do prazo e do local para a exibição dos livros, documentos, coisas e elementos necessários à elaboração do laudo pericial contábil ou parecer pericial contábil, devendo o prazo ser compatível com aquele concedido pelo juízo, contratante ou convencionado pelas partes, considerada a quantidade de documentos, as informações necessárias, a estrutura organizacional do diligenciado e o local de guarda dos documentos;

(g) após atendidos os requisitos da alínea (e), quando o exame dos livros, documentos, coisas e elementos, tiver de ser realizado junto à parte ou ao terceiro que detém em seu poder tais provas, haverá a indicação da data e hora para sua efetivação; e

(h) local, data e assinatura.

Retomando a aula

Parece que estamos indo bem. Então, para encerrar esta aula, vamos recordar os assuntos contemplados nesta aula!

1 - Planejamento

O planejamento é uma etapa em que o perito-contador e o perito-contador assistente fazem uma estimativa de prazos e uma relação dos procedimentos a serem desenvolvidos ao longo do curso do trabalho.

2 - Execução

A perícia descende da necessidade de suprimir dúvidas e de apresentar de forma clara, relevante e concisa informações que possam ser indispensáveis ao magistrado.

3 - Diligências

A diligência é uma das etapas da execução da perícia que exige que os documentos sejam solicitados por escrito. Essa fase engloba todas as ações que objetivam a consecução de informações com intenção de subsidiar o relato.

Vale a pena

Vale a pena ler

SÁ, Antônio Lopes de. *Perícia contábil.* 7ª ed. São paulo: atlas, 2007.

Norma brasileira de contabilidade – NBC PP 01, de 27 de fevereiro de 2015.

Norma brasileira de contabilidade – NBC TP 01, de 27 de fevereiro de 2015.

Vale a pena assistir

http://www.cfc.org.br/
http://www.crcpr.org.br/new/content/portal/peritoContabil/
http://www.notapositiva.com/br/trbestsup/administr/contabaudit/periciacontab.htm

Minhas anotações

Aula 4º

Honorários

Olá! Nesta aula iremos focalizar em nossos estudos os honorários, aspecto muito importante para o bom desenvolvimento dos trabalhos periciais.

Fiquem atentos: Se ao final desta aula vocês tiverem dúvidas, tentem saná-las através das ferramentas "Fórum" ou "Quadro de Avisos" e "Chat".

Comecemos, então, analisando os objetivos e verificando as seções que serão desenvolvidas ao longo desta aula.

Bom trabalho!

Boa aula!

Objetivos de aprendizagem

Ao término desta unidade, o aluno será capaz de:

- reconhecer a importância do Planejamento do honorário;
- aperfeiçoar e compreender o estudo e a análise dos honorários;
- fazer a elaboração dos honorários;
- organizar a apresentação dos honorários.

1 - Honorários

Os honorários do perito têm sido pauta de muitos debates nos últimos tempos, pois há bastante controvérsia a respeito de como eles devem ser calculados, porém, cada profissional segue uma linha de raciocínio lógico e prudente para não se desviar muito do ponto de equilíbrio. Para haver equilíbrio, levamos em consideração o trabalho a ser executado, bem como as horas trabalhadas, a pesquisa e o estudo dos autos, ou seja, essa seria uma análise básica e fundamental.

Mas, ainda temos certos critérios a ponderar para chegar à ilação dos honorários do perito, tais como a lide nos autos, o valor requerido pelo autor, o grau de elevada responsabilidade do perito entre outros.

Contudo, para uma proposta justa, é preciso rever alguns pontos imprescindíveis nos autos e levá-los em consideração de maneira que não surja uma situação constrangedora. Ainda enfatizamos que o perito deve analisar com prudência os autos e em seguida concluir a proposta honorária.

1.1 A relevância do trabalho

A importância do trabalho a ser executado é vital para que se faça uma avaliação dos honorários para, posteriormente, ser aprovado pelas partes e, até mesmo, pelo juiz.

É preciso ter o máximo de cuidado com o valor dos honorários profissionais, pois o valor deverá espelhar, ou seja, refletir o volume dos serviços a serem executados, como também o tempo gasto para a execução dos trabalhos e para a pesquisa/estudo.

Deve-se verificar qual a relevância do trabalho, o grau de importância, a necessidade, se premente ou não, para a conclusão dos trabalhos.

Toda essa análise irá caracterizar o valor dos honorários profissionais e terá como objetivo convencer as partes e o juiz.

O perito terá que usar de perspicácia para elaborar a proposta de honorários, pois deverá, além de tudo isso, ser fundamentada, embasada de tal forma que tenha forte poder de convencimento, embora sabendo que apesar de todo convencimento que possa parecer, sempre haverá contestação por parte de quem irá arcar com as despesas.

Ainda, como meio de prover condições para o juiz prolatar a sentença e também contribuir para a celeridade processual; tendo em vista que o envolvido, ou seja, a parte sucumbente não pode prover de meios para quitar os honorários, o perito tem que perceber que, em alguns casos, deverá prestar serviço gratuito como forma de auxiliar a justiça e a sociedade.

É bastante relevante a qualidade dos trabalhos a serem executados, pois irá influir no convencimento que a proposta de honorários motivará. Destacando que é muito importante mostrar isso a fim de que os usuários tomem conhecimento do trabalho, de como deverá ser feito e as características do trabalho realizado.

1.2 O estudo e a análise

O perito deve ficar atento ao estudo que deverá fazer a fim de saber expor esse estudo na proposta de honorários e explicar de maneira clara e entendível para o usuário. Para realizar esse trabalho, o perito deverá analisar os autos e fazer um estudo da lide para, em seguida, fazer a proposta de honorários.

Com o propósito de concluir a perícia com o máximo de equidade, através dos estudos, o perito irá pesquisar a respeito das indagações encontradas no processo. Portanto, é a partir dos estudos e pesquisas realizadas que se encontram as respostas para que o processo e, sobretudo, as partes cheguem a uma solução.

Por isso que o profissional deverá ter bastante atenção quando estiver pesquisando e estudando um caso, pois dependerão disso os bons resultados a serem obtidos.

O estudo e a pesquisa compreendem a busca em livros, revistas, periódicos, Internet, textos de jurisprudência sobre o tema que se quer encontrar a resposta para a feitura do laudo, ou seja, para se chegar a uma conclusão e se lograr o resultado desejado.

O perito deve perseguir a prudência no estudo e pesquisa, procurando, durante todo o tempo, analisar cautelosamente os quesitos e as respostas, não deixando margem para dúvidas, evitando, assim, que o laudo seja indeferido pelo juiz, ou que seja preciso elaborar um laudo complementar.

Como se pode ver, dependendo do estudo que o laudo requer, poderá vir a ser bem aceito, ou não, ou, até mesmo, ser indeferido. Por isso que a responsabilidade do estudo é de vital importância para o perito contador.

Do exposto, pode-se concluir que o estudo é primordial para se fazer uma boa proposta de honorários, pois nela estarão implícitos a respeito do resultado do laudo pericial e certamente o juiz e as partes irão observar com minúcias.

1.3 O tempo necessário

A disponibilidade de tempo para a execução dos trabalhos deverá ser analisada com muita cautela, pois o perito deverá estimar sempre com sobra de tempo, porém observando os prazos estabelecidos conforme o Código de Processo Civil, pois terão que ser cumpridos rigorosamente pelo perito.

De forma clara e leal, o perito irá colocar na planilha de custos dos honorários o tempo que irá gastar na execução dos serviços para não gerar demora no processo e, consequentemente, atrasar a justiça em cumprir ao que se propõe.

Quando o perito estiver estudando o processo e fazendo pesquisas, deverá, outrossim, estar verificando o tempo que gastará com cada tarefa a ser executada, determinando, dessa forma, as horas que irá gastar com a tarefa, usando de prudência para não se exceder na quantidade de horas que será preciso para a execução dos trabalhos.

É necessário, portanto, que o perito informe claramente e com antecedência as horas e o tempo que serão gastos para executar o trabalho. Porém, se o tempo não for suficiente, o perito poderá requerer ao juiz um prazo maior, para poder concluir o seu serviço, conforme preceitua o Código de Processo Civil.

2 - Elaboração de proposta

Segundo a **NBC PP 01** do Conselho Federal de Contabilidade, o perito deve elaborar a proposta de honorários estimando, quando possível, por etapa e por qualificação dos profissionais (auxiliares, assistentes, seniores, etc.) considerando os trabalhos a seguir especificados, o número de horas para a realização do trabalho:

(a) retirada e entrega do processo ou procedimento arbitral;
(b) leitura e interpretação do processo;
(c) elaboração de termos de diligências para arrecadação de provas e comunicações às partes, terceiros e peritos-assistentes;
(d) realização de diligências;
(e) pesquisa documental e exame de livros contábeis, fiscais e societários;
(f) elaboração de planilhas de cálculo, quadros, gráficos, simulações e análises de resultados;
(g) elaboração do laudo;
(h) reuniões com peritos-assistentes, quando for o caso;
(i) revisão final;
(j) despesas com viagens, hospedagens, transporte, alimentação, etc.;
(k) outros trabalhos com despesas supervenientes.

Segundo a resolução **NBC PP 01** do Conselho Federal de Contabilidade, o perito deve considerar, na proposta de honorários, os seguintes itens: a relevância, o vulto, o risco, a complexidade, a quantidade de horas, o pessoal técnico, o prazo estabelecido e a forma de recebimento, entre outros fatores.

A proposta de honorários deve, pois, ser bem feita.
Portanto: fazer a proposta e pleitear o depósito são coisas que o perito pode realizar concomitantemente, mas com zelo suficiente para não cometer erros contra si, nem contra a parte.

3 - Apresentação de proposta dos honorários

O perito-contador deve apresentar sua proposta de honorários, devidamente fundamentada ao juízo ou contratante, podendo conter o orçamento ou este constituir-se em um documento anexo. Ainda, deve explicitar a sua proposta no contrato que, obrigatoriamente, celebrará com o seu cliente, observando as normas estabelecidas pelo Conselho Federal de Contabilidade.

Cabe também ao perito-contador assistente estabelecer, mediante "Contrato Particular de Prestação de Serviços Profissionais de Perícia Contábil", o objeto, as obrigações das partes e os honorários profissionais, podendo, para tanto, utilizar-se dos parâmetros estabelecidos nessa Norma com relação aos honorários do perito-contador.

Por fim, o perito-contador assistente deve adotar, no mínimo, o modelo constante nessa Norma referente ao seu contrato de prestação de serviços.

3.1 Levantamento dos honorários

O perito-contador deve requerer o levantamento dos honorários periciais, previamente depositados, na mesma petição em que requer a juntada do laudo pericial aos autos. Ainda pode requerer a liberação parcial dos honorários quando julgar necessário para o custeio de despesas durante a realização dos trabalhos.

3.2 Execução de honorários periciais

Quando os honorários periciais forem fixados por decisão judicial, estes podem ser executados, judicialmente, pelo perito-contador em conformidade com os dispositivos do Código de Processo Civil.

3.3 Despesas supervenientes na execução da perícia

Nos casos em que houver necessidade de desembolso para despesas supervenientes, tais como viagens e estadas para a realização de outras diligências, o perito deve requerer ao juízo ou solicitar ao contratante o pagamento das despesas, apresentando a respectiva comprovação, desde que não estejam contempladas ou quantificadas na proposta inicial de honorários.

Retomando a aula

Parece que estamos indo bem. Então, para encerrar esta aula, vamos recordar os assuntos contemplados nesta aula!

1 - Honorários
Os honorários do perito têm sido alvo de muitos debates nos últimos tempos, pois há bastante controvérsia a respeito de como devem ser calculados, porém, cada profissional segue uma linha de raciocínio lógico, e também prudente para não se desviar muito do ponto de equilíbrio. Contudo, para executar tal cálculo, são levados em consideração o trabalho a ser executado, bem como as horas trabalhadas, a pesquisa e o estudo dos autos.

2 - Elaboração de propostas
O perito deve elaborar a proposta de honorários estimando, quando possível, o número de horas para a realização do trabalho, por etapa e por qualificação dos profissionais (auxiliares, assistentes, seniores etc.).

3 - Apresentação de proposta de honorários
O perito-contador deve apresentar sua proposta de honorários, devidamente fundamentada, ao juízo ou contratante, podendo conter o orçamento ou este constituir-se em um documento anexo.

Cabe ao perito-contador assistente explicitar a sua

proposta no contrato que, obrigatoriamente, celebrará com o seu cliente, observando as normas estabelecidas pelo Conselho Federal de Contabilidade.

Vale a pena

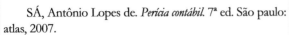

Vale a pena **ler,**

SÁ, Antônio Lopes de. *Perícia contábil.* 7ª ed. São paulo: atlas, 2007.

Norma brasileira de contabilidade – NBC PP 01, de 27 de fevereiro de 2015.

Norma brasileira de contabilidade – NBC TP 01, de 27 de fevereiro de 2015.

Vale a pena **assistir,**

http://www.notapositiva.com/br/trbestsup/ administr/contabaudit/periciacontab.htm
www.crc.org.br

Minhas anotações

Aula 5º

Laudo pericial

Olá! Nesta aula abordaremos o Laudo Pericial contábil, aspecto muito importante para o bom desenvolvimento dos trabalhos periciais. Nele estão embasadas todas as informações para que o Juiz tome sua decisão.

Fiquem atentos: Se ao final desta aula vocês tiverem dúvidas, tentem saná-las através das ferramentas "Fórum" ou "Quadro de Avisos" e "Chat".

Comecemos, então, analisando os objetivos e verificando as seções que serão desenvolvidas ao longo desta aula.

Bom trabalho!

Boa aula!

Objetivos de aprendizagem

Ao término desta unidade, o aluno será capaz de:

- saber conceituar laudo;
- conhecer os requisitos para elaboração do laudo;
- saber organizar a entrega dos laudos;
- identificar e utilizar a estrutura dos laudos durante os trabalhos periciais;
- entender e organizar o conceito de parecer contábil.

Nesta aula estudaremos a diferença entre LAUDO e PARECER.
Interessante não acham?????

1 - Laudo pericial contábil

O laudo pericial é o resultado do trabalho do profissional, devidamente qualificado e legalizado de acordo com o Conselho Federal de Contabilidade, após realizar a verificação necessária nos fatos apresentados, expondo uma opinião pertinente à matéria analisada.

O laudo pericial representa um meio de prova de acordo com o que está disposto no art. 465 do Código de Processo Civil.

Conceito

Para Ornelas:

O laudo pericial contábil é uma peça técnica da lavra do perito nomeado em cumprimento à determinação judicial, arbitral, ou ainda por força de contratação. No primeiro caso, surge o laudo pericial contábil judicial. Nos demais, surge o laudo pericial contábil extrajudicial, um por solicitação do Tribunal Arbitral, outro em decorrência de contrato (2003, p. 93).

Ainda sob a orientação literária de Ornelas (2003, p. 93), o laudo pericial, de um ponto de vista geral, pode conceber o entendimento tanto da própria prova pericial, quanto da materialização do trabalho pericial desenvolvido pelo perito. Conforme Amaral dos Santos, o laudo também "consiste na fiel exposição das operações e ocorrências da diligência, com o parecer fundamentado sobre a matéria que lhes foi submetida" (*apud* ORNELAS, 2003, p. 94).

Lopes de Sá (2007, p. 43) afirma que "a manifestação literal do perito sobre fatos patrimoniais devidamente circunstanciados gera a peça tecnológica denominada Laudo Pericial Contábil". Por conseguinte, enfoca o laudo tal qual uma sustância, aduzindo-o como um julgamento que deve ter suas bases solidificadas no conhecimento do profissional contábil, na presença fática que resultou no objeto da perícia:

Conceito

Laudo pericial contábil é uma peça tecnológica que contém opiniões do perito contador, como o pronunciamento, sobre questões que lhe são formuladas e que requerem seu pronunciamento (LOPES DE SÁ, 2007, p. 45).

Percebe-se que o laudo pericial traz, em sua estrutura, a responsabilidade em limitar a questão e ofertar uma opinião passível de entendimento. Assim, deve ater-se à veracidade fática, o que motiva supressão de toda incerteza que tenha gerado o litígio. Para atribuir ao laudo pericial a excelência, é de suma importância que atente para alguns requisitos, conforme aponta Lopes de Sá (2007, p. 46):

1. Objetividade;
2. Rigor Tecnológico;
3. Concisão;
4. Argumentação;
5. Exatidão;
6. Clareza.

Esses requisitos salientam o quanto é indispensável que o laudo seja prático e preciso, não tendo alicerces em suposições, ou fazendo uso da subjetividade.

Você Sabia?

Um laudo contábil não pode ser baseado apenas em opiniões e testemunhos de terceiros. Deve basear-se, também, em materialidades de natureza contábil.

Um laudo deve se caracterizar pela exatidão e transparência na exposição das ideias, fazendo uso de uma linguagem instruída e acessível, de modo que seja bem redigido, tornando evidente o raciocínio pelo qual se permite a justificativa, e sendo explícito ao permitir o entendimento dos que venham a fazer uso da opinião nele existente.

Saber Mais

Um laudo não pode basear-se em suposições, mas apenas em fatos concretos.

2 - Estrutura e esclarecimento do laudo

2.1 Estrutura dos Laudos

Não existe um padrão de laudo, mas existem formalidades que compõem a sua estrutura.

Segundo Antônio Lopes de Sá (2007, p 45), o laudo, em geral, deve ter em sua estrutura no mínimo os elementos seguintes:

I – Prólogo de encaminhamento;
II – Quesitos;
III – Respostas;
IV – Assinatura do Perito;
V – Anexos;
VI – Pareceres (se houver).

O prólogo de encaminhamento é a identificação e o pedido de anexação aos autos. Por isto, é dirigido ao Juiz identificando a Vara, a comarca, o número do processo, os autores e os réus, a natureza da ação, bem como o perito (nos casos judiciais).

Assim, no caso judicial, os quesitos são divididos nos grupos de: quesitos dos autores e quesitos dos réus.

Já no caso administrativo, os quesitos são identificados pelas áreas de interesse que foram objeto de indagação (que pode ser setores da empresa, grupo de pessoas, filiais, agentes etc).

Dessa forma, as respostas devem seguir-se aos quesitos.

Segundo a **NBC TP 01**, tanto o laudo e o parecer devem conter, no mínimo, os seguintes itens:

(a) identificação do processo e das partes;

(b) síntese do objeto da perícia;

(c) resumo dos autos;

(d) metodologia adotada para os trabalhos periciais e esclarecimentos;

(e) relato das diligências realizadas;

(f) transcrição dos quesitos e suas respectivas respostas para o laudo pericial contábil;

(g) transcrição dos quesitos e suas respectivas respostas para o parecer técnico-contábil, onde houver divergência das respostas formuladas pelo perito do juízo;

(h) conclusão;

(i) termo de encerramento, constando a relação de anexos e apêndices;

(j) assinatura do perito: deve constar sua categoria profissional de contador, seu número de registro em Conselho Regional de Contabilidade, comprovado mediante Certidão de Regularidade Profissional (CRP) e sua função: se laudo, perito do juízo e se parecer, perito-assistente da parte. É permitida a utilização da certificação digital, em consonância com a legislação vigente e as normas estabelecidas pela Infraestrutura de Chaves Públicas Brasileiras - ICP-Brasil;

(k) para elaboração de parecer, aplicam-se o disposto nas alíneas acima, no que couber.

2.2 Esclarecimento de Laudo

Um laudo pode não estar devidamente claro, embora não seja insuficiente, pois há uma diferença de conceitos, vejamos: o laudo insuficiente é geralmente o que omite ou distorce; o laudo que enseja esclarecimentos é que não omite, não distorce, mas permite interpretação duvidosa.

Existem expressões que podem permitir duplo sentido ou que possam conduzir a entendimentos opostos, que devem ser evitadas pelo perito.

Saber Mais
Faz-se necessário o esclarecimento de um laudo todas as vezes que uma das partes interessadas entender que as respostas permitem dupla interpretação ou forem vagas ou sem objetividade.

2.3 Entrega dos Laudos

Os laudos possuem "prazos", ou seja, tempo certo em que devem ser produzidos. Portanto, para que haja prova de que o prazo se cumpre é preciso "formalizar" a entrega.

O perito deve, então, proteger-se com a "prova da entrega".

A formalização de entrega deve obedecer à natureza e às formalidades de cada caso; nas periciais administrativas, uma carta ou um ofício; nas judiciais a petição ao juiz para anexação aos autos.

O laudo é um compromisso em tempo determinado e por isso sua entrega deve ser comprovada.

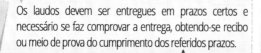
Os laudos devem ser entregues em prazos certos e necessário se faz comprovar a entrega, obtendo-se recibo ou meio de prova do cumprimento dos referidos prazos.

2.4 Laudos de consenso

Quando todos os peritos concordam com as respostas, o laudo é denominado de "Consenso" e é assinado por todos. Tal tarefa em muito ajuda o juiz e facilita o curso dos processos.

Laudo de consenso é aquele que todos os perito estão de acordo com todas as respostas e assinam juntos o mesmo laudo.

3 - Parecer pericial contábil

3.1 Parecer Pericial

O parecer pericial é o trabalho que o perito assistente elabora no processo, expondo opinião que detenha a mesma profundidade do laudo, com objetivos centrados no objeto da perícia.

Essa conduta é peculiar à profissão, uma vez que o perito assistente tem as mesmas responsabilidades que as do perito instituído pelo juízo. Assim, a natureza comprobatória persiste em vista que o parecer é um relato do trabalho pericial.

Gomes de Ornelas (2003, p. 104) aponta a convicção de que o trabalho do perito assistente possui semelhante importância e responsabilidade, comparado ao do perito que é incumbido pelo juiz de emitir laudo. Sua capacidade técnica deve contemplar a ideia de defesa de opinião, com obediência às regras que determinam a relação entre a elaboração da peça escrita com os autos do processo.

O Parecer Pericial Contábil deve ser uma peça escrita, na qual o perito-contador assistente deve visualizar, de forma abrangente, o conteúdo da perícia e particularizar os aspectos e as minudências que envolvam a demanda.

A qualidade do parecer em sentido amplo está correlacionada à apuração dos fatos, e, dessa averiguação, não devem decorrer induções que possam levar ao erro, ou que possam ser consideradas alheias ao objeto da perícia. Ao ofertar o parecer pericial contábil, o perito-contador assistente, tem sob sua responsabilidade as afirmações prestadas, respondendo por elas.

Produzir um parecer acresce no profissional a atenção em conceber um trabalho que ostente o conhecimento, apresentando-se livre de subterfúgios e de informações distorcidas, de modo que atente para as necessidades das partes e do magistrado, a fim de que permita conciliar a opinião provida da lide com a solução do litígio. O CFC dispõe no item 51 e 63 da NBC TP 01 que:

Conceito
A linguagem adotada pelo perito deve ser clara, concisa, evitando o prolixo e a tergiversação, possibilitando aos julgadores e às partes o devido conhecimento da prova técnica e interpretação dos resultados obtidos. As respostas devem ser objetivas, completas e não lacônicas. Os termos técnicos devem ser inseridos no laudo e no parecer, de modo a se obter uma redação que qualifique o trabalho pericial, respeitadas as Normas Brasileiras de Contabilidade.

Tratando-se de termos técnicos atinentes à profissão contábil, devem quando necessário, ser acrescidos de esclarecimentos adicionais e recomendada a utilização daqueles consagrados pela doutrina contábil.

O parecer limita-se a matéria da perícia, tendo por fundamento abranger todos os fatos, obedecendo a uma sequência ordenada, que transmita adequado nível de entendimento àqueles que se utilizem da opinião profissional. O fato de ser um trabalho de natureza técnica, não implica em fazer uso de termos alheios à concepção das partes, advogados e magistrado, devendo atender à solicitação de prover clareza no trabalho ofertado.

Quanto à existência de discordância entre as opiniões do perito assistente para com as do perito do juízo, revela a necessidade de tal oposição ser manifestada e argumentada. Desse modo, expor as razões que resultam na opinião contraditória requer fundamentação proveniente sobre o estudo do objeto da ação.

Assim, entende-se que a representatividade do parecer motiva a indução plena do conhecimento imparcial de todos os fatos e as opiniões advindas da elaboração pericial.

Abordar a perícia exige que o perito-contador assistente realize seus trabalhos regidos pela mesma índole ética e profissional do perito do juízo, relatando, por sua vez, todos os acontecimentos arrolados no processo. Produzir um parecer competente supõe que a capacidade de utilizar seus conhecimentos em prol da elucidação da causa vincule o perito ao modelo, não permitindo a omissão de fatos.

Atender às necessidades da parte que o contratou não exime o perito assistente do compromisso ético de demonstrar a verdade por meio da apuração fática. Dessa forma, na tentativa de encontrar algum detalhe que possa contestar, cabe ao perito, então, orientar os trabalhos sob a forma de argumentação. Deve constar no parecer de o perito assistente as razões, devidamente explicitadas, em torno da deficiência das respostas que foram oferecidas em relação aos quesitos.

A Resolução NBC TP 01, ao dissertar sobre a terminologia referente ao laudo e parecer pericial, resulta em uma normatização da lide que obriga o perito a seguir tais padrões, na intenção de prover informações fiéis e compreensíveis àqueles que dependam da realização do seu múnus.

Em sua totalidade temos:

1. Forma circunstanciada: a redação pormenorizada, minuciosa, efetuada com cautela e detalhamento em relação aos procedimentos e aos resultados do laudo e do parecer.

2. Síntese do objeto da perícia e resumo dos autos: o relato ou a transcrição sucinta, de forma que resulte em uma leitura compreensiva dos fatos relatados sobre as questões básicas que resultaram na nomeação ou na contratação do perito.

3. Diligência: todos os atos adotados pelos peritos na busca de documentos, coisas, dados e informações e outros elementos de prova necessários à elaboração do laudo e do parecer, mediante termo de diligência, desde que tais provas não estejam colacionadas aos autos. Ainda são consideradas diligências as comunicações às partes, aos peritos-assistentes ou a terceiros, ou petições judiciais.

4. Critério: é a faculdade que tem o perito de distinguir como proceder em torno dos fatos alegados para julgar ou decidir o caminho que deve seguir na elaboração do laudo e do parecer.

5. Metodologia: conjunto dos meios dispostos convenientemente para alcançar o resultado da perícia por meio do conhecimento técnico-científico, de maneira que possa, ao final, inseri-lo no corpo técnico do laudo e parecer.

6. Conclusão: é a quantificação, quando possível, do valor da demanda, podendo reportar-se a demonstrativos apresentados no corpo do laudo e do parecer ou em documentos. É na conclusão que o perito registrará outras informações que não constaram na quesitação, porém, encontrou-as na busca dos elementos de prova inerentes ao objeto da perícia.

7. Apêndices: são documentos elaborados pelo perito contábil; e Anexos são documentos entregues a estes pelas partes e por terceiros, com o intuito de complementar a argumentação ou elementos de prova.

Nesse sentido, o parecer é o resultado de um trabalho que deve ser realizado a partir de um planejamento, apresentando os detalhes envolvidos na situação fática.

Verifica-se que essa cautela em proferir um resultado satisfatório, resume a concepção de que o relato elaborado pelo perito assistente deve estar atento à condução de suas ideias, bem como no direcionamento do trabalho ao objeto da perícia.

O mérito em atingir a satisfação está centrado nas formas determinantes de conceber informações créculas, pautadas em procedimentos que evitem formar ideias dúbias em torno do assunto. Ao concluir o parecer, o perito assistente tem uma opinião formada, devendo, pois, apresentar toda explicação necessária para a acepção do conhecimento perante os autos. Com a finalização, resta entregar, referente à apresentação do laudo pericial.

Retomando a aula

Parece que estamos indo bem. Então, para encerrar esta aula, vamos recordar os assuntos aqui contemplados!

1 - Laudo Pericial Contábil

O laudo pericial contábil é uma peça técnica da lavra do perito nomeado em cumprimento à determinação judicial, arbitral, ou ainda por força de contratação. No primeiro caso, surge o laudo pericial contábil judicial. Nos demais, surgem o laudo pericial contábil extrajudicial, um por solicitação do Tribunal Arbitral, outro em decorrência de contrato.

2 - Estrutura e esclarecimento do laudo

Não existe um padrão de laudo, mas existem formalidades que compõem a sua estrutura.

3 - Parecer Pericial Contábil

O parecer pericial é o trabalho que o perito assistente elabora no processo, expondo opinião que detenha a mesma profundidade do laudo, com objetivos centrados no objeto da perícia.

Vale a pena

Vale a pena **ler**

SÁ, Antônio Lopes de. *Perícia Contábil*. 7ª ed. São Paulo: Atlas, 2007.

Norma brasileira de contabilidade – **NBC PP 01**, de 27 de fevereiro de 2015.

Norma brasileira de contabilidade – **NBC TP 01**, de 27 de fevereiro de 2015.

Vale a pena **assistir**

http://www.cfc.org.br/

http://pt.scribd.com/doc/19458630/Apostila-Pericia-Contabil

http://www.peritoscontabeis.com.br/

Minhas anotações

6º Aula

Impedimento e suspeição do perito

Olá! Nesta aula, iremos abordar o tema impedimento e suspeição na perícia, pois os futuros peritos precisam saber se estão preparados para executar os trabalhos com independência e transparência.

Fiquem atentos: Se ao final desta aula vocês tiverem dúvidas, tentem saná-las através das ferramentas "Fórum" ou "Quadro de Avisos" e "Chat".

Comecemos, então, analisando os objetivos e verificando as seções que serão desenvolvidas ao longo desta aula.

Bom trabalho!

Boa aula!

Objetivos de aprendizagem

Ao término desta unidade, vocês serão capazes de:

• identificar os tipos de impedimentos (legal e técnico);
• entender como acontece a escusa do perito;
• compreender a importância da responsabilidade do perito.

Seções de estudo

1 - Impedimento
2 - Escusa
3 - Responsabilidade

1 - Impedimento

O perito pode recusar sua indicação por vários motivos, dentre eles encontram-se os de:

1 – estado de saúde;
2 – impedimentos éticos;
3 – indisponibilidade de tempo etc.

As situações que impossibilitam o perito de exercer, regularmente, suas funções ou realizar atividade pericial em processo judicial ou extrajudicial, inclusive arbitral são fáticas ou circunstanciais. Os itens previstos nesta "Norma" explicitam os conflitos de interesse motivadores dos impedimentos e das suspeições a que está sujeito o perito nos termos da legislação vigente e do Código de Ética Profissional do Contabilista.

Conforme determina o artigo 144, do Código de Processo Civil, aplicam-se também os motivos de impedimento e de suspeição à atuação do perito.

Conceito

Assim, o artigo 144 do Código de Processo Civil traz que:

"É defeso ao perito (impedimento) exercer as suas funções no processo contencioso ou voluntário nos seguintes casos":

I – em que interveio como mandatário da parte, oficiou como perito, funcionou como membro do Ministério Público ou prestou depoimento como testemunha;

II – de que conheceu em outro grau de jurisdição, tendo proferido decisão;

III – quando nele estiver postulando, como defensor público, advogado ou membro do Ministério Público, seu cônjuge ou companheiro, ou qualquer parente, consanguíneo ou afim, em linha reta ou colateral, até o terceiro grau, inclusive;

IV – quando for parte no processo ele próprio, seu cônjuge ou companheiro, ou parente, consanguíneo ou afim, em linha reta ou colateral, até o terceiro grau, inclusive;

V – quando for sócio ou membro de direção ou de administração de pessoa jurídica parte no processo;

VI – quando for herdeiro presuntivo, donatário ou empregador de qualquer das partes;

VII – em que figure como parte instituição de ensino com a qual tenha relação de emprego ou decorrente de contrato de prestação de serviços;

VIII – em que figure como parte cliente do escritório de advocacia de seu cônjuge, companheiro ou parente, consanguíneo ou afim, em linha reta ou colateral, até o terceiro grau, inclusive, mesmo que patrocinado por advogado de outro escritório;

IX – quando promover ação contra a parte ou seu advogado.

1.1 Impedimento e Suspeição

Segundo a NBC TP 01 - Impedimento e suspeição são situações fáticas ou circunstanciais que impossibilitam o perito de exercer, regularmente, suas funções ou realizar atividade pericial em processo judicial ou extrajudicial, inclusive arbitral. Os itens previstos nessa Norma explicitam os conflitos de interesse motivadores dos impedimentos e das suspeições a que está sujeito o perito nos termos da legislação vigente e do Código de Ética Profissional do Contador.

Para que o perito possa exercer suas atividades com isenção, é fator determinante que ele se declare impedido, após nomeado ou indicado, quando ocorrerem as situações previstas nesta Norma, nos itens abaixo.

Quando nomeado, o perito do juízo deve dirigir petição, no prazo legal, justificando a escusa ou o motivo do impedimento ou da suspeição.

Quando indicado pela parte e não aceitando o encargo, o perito-assistente deve comunicar a ela sua recusa, devidamente justificada por escrito, com cópia ao juízo.

1.2 Suspeição e impedimento legal

O perito do juízo deve se declarar impedido quando não puder exercer suas atividades, observados os termos do Código de Processo Civil.

O perito-assistente deve declarar-se suspeito quando, após contratado, verificar a ocorrência de situações que venham suscitar suspeição em função da sua imparcialidade ou independência e, dessa maneira, comprometer o resultado do seu trabalho.

O perito do juízo ou assistente deve declarar-se suspeito quando, após nomeado ou contratado, verificar a ocorrência de situações que venham suscitar suspeição em função da sua imparcialidade ou independência e, dessa maneira, comprometer o resultado do seu trabalho em relação à decisão.

Os casos de suspeição a que está sujeito o perito do juízo são os seguintes:

(a) ser amigo íntimo de qualquer das partes;
(b) ser inimigo capital de qualquer das partes;
(c) ser devedor ou credor em mora de qualquer das partes, dos seus cônjuges, de parentes destes em linha reta ou em linha colateral até o terceiro grau ou entidades das quais esses façam parte de seu quadro societário ou de direção;
(d) ser herdeiro presuntivo ou donatário de alguma das partes ou dos seus cônjuges;
(e) ser parceiro, empregador ou empregado de alguma das partes;
(f) aconselhar, de alguma forma, parte envolvida no litígio acerca do objeto da discussão; e
(g) houver qualquer interesse no julgamento da causa em favor de alguma das partes.

O perito pode ainda declarar-se suspeito por motivo íntimo.

Haverá impedimento sempre quando o profissional for parte direta ou indiretamente interessada no processo.

Até aqui estamos tranquilos, não é mesmo??? Ok, então vamos iniciar nossos estudos sobre o tema: Escusa do perito!
Vejamos...

2 - Escusa do perito

O perito-contador, nomeado ou escolhido, deve declarar-se suspeito quando, depois de nomeado, contratado ou escolhido verificar a ocorrência de situações a que venha suscitar suspeição em função da sua imparcialidade ou independência e, dessa maneira, comprometer o resultado do seu trabalho em relação à decisão.

Segundo o CPC no art. 145, os casos de suspeição aos quais estão sujeitos o perito-contador são os seguintes:

I – amigo íntimo ou inimigo de qualquer das partes ou de seus advogados;

II – que receber presentes de pessoas que tiverem interesse na causa antes ou depois de iniciado o processo, que aconselhar alguma das partes acerca do objeto da causa ou que subministrar meios para atender às despesas do litígio;

III – quando qualquer das partes for sua credora ou devedora, de seu cônjuge ou companheiro ou de parentes destes, em linha reta até o terceiro grau, inclusive;

IV – interessado no julgamento do processo em favor de qualquer das partes.

§ 1º Poderá o juiz declarar-se suspeito por motivo de foro íntimo, sem necessidade de declarar suas razões.

§ 2º Será ilegítima a alegação de suspeição quando:

I – houver sido provocada por quem a alega;

II – a parte que a alega houver praticado ato que signifique manifesta aceitação do arguido.

> Um perito pode escusar-se a aceitar a perícia para qual foi nomeado ou indicado, mas deve fazê-lo dentro de cinco dias a partir da data que foi notificado de sua designação.

De acordo com o dispositivo do artigo 146, parágrafo único do Código de Processo Civil, o perito pode escusar-se, dentro do prazo de quinze dias, contados a partir da intimação efetuada pelo juiz ou do impedimento superveniente do encargo, alegando motivo legítimo, sob pena de se reputar renunciando o direito a alegá-lo.

Escusar é recusar, ou seja, o perito pode recusar o encargo que lhe foi atribuído pelo juiz, alegando motivo legítimo. Motivo legítimo para que o perito possa recusar o encargo que lhe foi atribuído pelo juiz é aquele que, dentro do razoável, justifica a recusa. Dentro dessa razoabilidade encontramos vários fatores a considerar, tais como fatores profissionais e pessoais.

Constituem motivos legítimos para a escusa, entre outros:
• a ocorrência de força maior;
• tratar-se de perícia relativa a matéria sobre a qual se considere inabilitado para apreciá-la, seja por falta de um melhor domínio sobre o assunto controverso, ou ainda, se o assunto não tiver pertinência com sua especialidade;
• versar a perícia sobre questão a que não possa responder sem grave dano a si próprio, bem como ao seu cônjuge e aos parentes consanguíneos ou afins, em linha reta, ou na colateral em segundo grau;
• versar a perícia sobre assunto em que interveio como interessado;
• estar ocupado com outra perícia, no mesmo lapso de tempo, e em condições de não poder aceitar aquela para a qual venha a ser nomeado ou indicado.

Ressalta-se, portanto, que o perito tem o dever de cumprir o ofício para o qual fora nomeado, todavia, conforme explicitado acima, poderá escusar-se alegando motivo legítimo, no prazo de cinco dias, que será apreciado pelo magistrado e caso o acate nomeará outro profissional em substituição.

3 - Responsabilidades

3.1 Responsabilidade do Perito

O artigo 158 do Código de Processo Civil diz o seguinte: "perito que, por dolo ou culpa, prestar informações inverídicas responderá pelos prejuízos que causar à parte e ficará inabilitado para atuar em outras perícias no prazo de 2 (dois) a 5 (cinco) anos, independentemente das demais sanções previstas em lei, devendo o juiz comunicar o fato ao respectivo órgão de classe para adoção das medidas que entender cabíveis".

Já o artigo 468 inciso II do mesmo diploma legal em seu parágrafo único, diz: "No caso previsto no inciso II, o juiz comunicará a ocorrência à corporação profissional respectiva, podendo, ainda, impor multa ao perito, fixada tendo em vista o valor da causa e o possível prejuízo decorrente do atraso no processo".

Portanto, é de se notar que a responsabilidade do perito se dá nas esferas civis, penais, administrativas e processuais. Na esfera civil, o perito responderá pelos prejuízos que causar à parte. Na esfera penal, incorrerá na sanção que a lei penal estabelecer. Na esfera administrativa, será comunicada a ocorrência à corporação profissional, ficará inabilitado, por dois anos, a funcionar em outras perícias e ainda pagará multa imposta pelo juiz.

3.2 Responsabilidade do Perito na Esfera Civil e Penal

A legislação civil determina responsabilidades e penalidades para o profissional que exerce a função de perito, as quais consistem em multa, indenização e inabilitação.

A legislação penal estabelece penas de multa e reclusão para os profissionais que exercem a atividade pericial que vierem a descumprir as normas legais.

3.3 Poderes do perito

Após aceitar o encargo, o perito deve dar início aos trabalhos, devendo, para isso, inteirar-se dos autos do processo e, caso haja necessidade, poderá solicitar documentos e informações que estejam em poder das partes ou repartição pública, conforme dispõe o art. 473 do Código de Processo Civil, Verbis:

> **Conceito**
>
> Art. 473 § 3º - para o desempenho das suas funções, podem o perito e os assistentes técnicos utilizar-se de todos os meios necessários, ouvindo testemunhas, obtendo informações, solicitando documentos que estejam em poder da parte ou em repartições públicas, bem como instruir o laudo com plantas, desenhos, fotografias e outras quaisquer peças.

Retomando a aula

Parece que estamos indo bem. Então, para encerrar esta aula, vamos recordar os assuntos aqui contemplados!

1 - Impedimento

Segundo a NBC TP 01 - Impedimento e suspeição são situações fáticas ou circunstanciais que impossibilitam o perito de exercer, regularmente, suas funções ou realizar atividade pericial em processo judicial ou extrajudicial, inclusive arbitral. Os itens previstos nessa Norma explicitam os conflitos de interesse motivadores dos impedimentos e das suspeições a que está sujeito o perito nos termos da legislação vigente e do Código de Ética Profissional do Contador.

2 - Escusa

O perito-contador, nomeado ou escolhido, deve declarar-se suspeito quando, depois de nomeado, contratado ou escolhido verificar a ocorrência de situações a que venha suscitar suspeição em função da sua imparcialidade ou independência e, dessa maneira, comprometer o resultado do seu trabalho em relação à decisão.

3 - Responsabilidade

O artigo 158 do Código de Processo Civil diz o seguinte: "perito que, por dolo ou culpa, prestar informações inverídicas responderá pelos prejuízos que causar à parte e ficará inabilitado para atuar em outras perícias no prazo de 2 (dois) a 5 (cinco) anos, independentemente das demais sanções previstas em lei, devendo o juiz comunicar o fato ao respectivo órgão de classe para adoção das medidas que entender cabíveis".

Vale a pena

Vale a pena ler,

SÁ, Antônio Lopes de. *Perícia Contábil.* 7ª ed. São Paulo: Atlas, 2007.

Norma brasileira de contabilidade – **NBC PP 01**, de 27 de fevereiro de 2015.

Norma brasileira de contabilidade – **NBC TP 01**, de 27 de fevereiro de 2015.

Vale a pena assistir,

http://www.cfc.org.br
http://www.peritoscontabeis.com.br/

7º Aula

Perícia judicial contábil

Olá! Nesta aula iremos aprender os caminhos e suas fases para a elaboração de uma perícia contábil.

Fiquem atentos: se ao final desta aula vocês tiverem dúvidas, tentem saná-las através das ferramentas "Fórum" ou "Quadro de Avisos" e "Chat".

Comecemos, então, analisando os objetivos e verificando as seções que serão desenvolvidas ao longo desta aula.

Bom trabalho!

Boa aula!

Objetivos de aprendizagem

Ao término desta unidade, vocês serão capazes de:

- compreender e aplicar o conceito de perícia contábil;
- saber identificar as fases da perícia;
- perceber o que são e qual a importância dos quesitos suplementares e impertinentes.

1 - Perícia judicial contábil

A perícia se define pela peculiaridade de apresentar uma exposição fiel dos fatos, contemplada por esclarecimentos pertinentes à questão. É um trabalho que permite a interpretação da matéria fática, uma vez que o domínio de tal conhecimento requer a intervenção de um profissional que disponha da técnica relativa que possibilite processar as informações e extrair a verdade.

Conceito
Segundo Lopes de Sá:

(...) a Perícia contábil judicial é a que visa servir de prova, esclarecendo o juiz sobre assuntos em litígio que merecem seu julgamento, objetivando fatos relativos ao patrimônio aziendal ou de pessoas (2007, p. 63).

Sob a ótica dessa definição, verifica-se o entendimento notório da perícia, pressupondo toda sua relevância para o poder judiciário, quando na missão de conferir à matéria examinada, um entendimento passível de julgamento, que transmita ao magistrado ,de forma clara, o que antes era conhecimento, além de suas bases de conhecimento, sanando dúvidas e servindo de convicção.

1.1 Processo

Todo o trabalho do perito em torno de dirimir dúvidas origina-se na função primordial de verificar cada detalhe ligado à causa. Vale destacar a noção exata do processo, ambiente em que se procede a lide, com todos os aspectos pertinentes à perícia.

O processo refere-se a um conjunto de atividades que evoluem, objetivando a elucidação do litígio. Essa relação tem sua evolução acompanhada pelo Código de Processo Civil, em que as partes e o juízo têm direitos e deveres.

A instauração do processo se efetiva quando uma das partes, denominada autor, fazendo uso de direitos pertinentes a si invoca a tutela da lei, para ver sua pretensão satisfeita. Diante disso, caberá ao juiz deferir ou não a petição inicial, ou seja, a tramitação do processo, analisando se estão presentes as condições da ação, sendo estas as seguintes:

Possibilidade jurídica do pedido – às vezes, determinado pedido não tem a menor condição de ser apreciado pelo Poder Judiciário, porque já excluído a *priori* pelo ordenamento jurídico sem qualquer consideração das peculiaridades do caso concreto.
Interesse de agir – essa condição da ação assenta-se na premissa de que, tendo embora o Estado o interesse no exercício da jurisdição (função indispensável para manter a paz e a ordem na sociedade), não lhe convém acionar o aparato judiciário sem que dessa atividade se possa extrair algum resultado útil. É preciso, pois,

sob esse prisma, que, em cada caso concreto, a prestação jurisdicional solicitada seja necessária e adequada. Repousa a necessidade da tutela jurisdicional na impossibilidade de se obter a satisfação do alegado direito sem a intercessão do Estado, (ou porque a parte contrária se nega a satisfazê-lo, sendo vedado ao autor o uso da autotutela, ou porque a própria lei exige que determinados direitos só possam ser exigidos mediante prévia declaração judicial (...).
Legitimidade – (...) em princípio, é titular de ação apenas a própria pessoa que se diz titular do direito cuja tutela pede (legitimidade ativa), podendo ser demandado apenas aquele que seja titular da obrigação correspondente (legitimidade passiva).

O processo, em um breve resumo, após o deferimento da inicial (que é o instrumento verbal ou escrito em que a parte autora se vale para requerer a tutela da justiça), se este for o caso, correrá até uma possível perícia da seguinte forma:

1ª) Citação é o ato pelo qual o poder judiciário cientifica a parte ré da ação proposta..
2ª) Audiência é a sessão onde as partes litigantes e suas testemunhas prestam depoimentos. Acontece nos tribunais, e após serem ouvidas acontece a tentativa de conciliação e a instauração do processo.
3ª) Contestação é o ato pelo qual a parte ré impugna a pretensão da parte autora. Confere o caráter de defesa perante as acusações direcionadas ao réu.
4ª) Conciliação é a intervenção do magistrado na tentativa de propor acordo entre as partes. Acontece antes da instrução do processo ou logo depois da apresentação da defesa da parte ré.
5ª) Provas: local onde, normalmente, é requisitada ou determinada de ofício a realização de perícia, são consideradas todas as formas capazes de contribuir para a formação da convicção do juiz diante dos fatos relacionados à lide.

Com o deferimento da prova pericial, o juiz nomeia o perito devidamente habilitado e merecedor de sua confiança, intimando-o sob os parâmetros legais do respectivo compromisso. Feita a cientificação, o juiz fixará o prazo para a entrega do laudo pericial e facultará às partes indicar assistentes técnicos no prazo comum de cinco dias.

A perícia judicial contábil tem seu objetivo na necessidade de sanar questões técnicas pertinentes à contabilidade. A averiguação dos fatos resulta na possibilidade de afirmar, com segurança e exatidão, clareando as dúvidas inerentes ao litígio, e oferecer informações de caráter elucidativo perante a causa. Essa verificação tem participação determinante, pois procede do conhecimento profissional a capacidade de descobrir erros e irregularidades na análise fática.

Na obra Fundamentos da Perícia Contábil, (p.119), os autores delimitam o espaço de atuação da perícia contábil, relacionando em quais situações o serviço do perito contador se torna imprescindível, perante a comprovação da autenticidade. Confere ao objeto da matéria a qualidade de contábil quando envolver:

- exame pericial;
- verificação de valores;
- exame de contas;
- apuração de interesses pecuniários;
- análise da capacidade econômico-financeira ou incapacidade da geração de resultado.

A perícia acontece quando o juiz admite no processo judicial, a necessidade de deferi-la, podendo fazê-lo com ou sem o requerimento das partes litigantes, ou ainda, pela imposição da própria lei como no caso de falência. Decorre, portanto, da necessidade da prova pericial o primeiro procedimento que confere a responsabilidade de realizar os trabalhos que resultem no laudo. O perito terá ciência de sua nomeação por escrito ou de maneira informal, procedente do Cartório, onde o perito deverá dirigir-se para a retirada dos autos do processo.

2 - Ciclo normal da perícia

A realização do trabalho pericial respeita a ordem precedida em lei. Nas normas emanadas do CFC e da legislação contida no CPC, que se apresenta o desenvolvimento de como deve ser realizada a prova. O professor Antonio Lopes de Sá (2007, p. 64/65) refere-se ao ciclo da perícia judicial, enfocando todos os eventos envolvidos no desenvolvimento da lide, predispondo as fases como preliminar, operacional e final.

Fase preliminar:
• a perícia é requerida ao juiz, pela parte interessada;
• o juiz defere a perícia e escolhe seu perito;
• as partes formulam quesitos e indicam seus assistentes;
• os peritos são cientificados da indicação;
• os peritos propõem honorários e requerem depósitos;
• o juiz estabelece prazos, local e hora para início.

Fase operacional:
• início da perícia e diligências;
• curso do trabalho;
• elaboração do laudo.

Fase final:
• assinatura do laudo;
• entrega do laudo ou laudos;
• levantamento dos honorários;
• esclarecimentos (se requisitado).

> O ciclo da perícia judicial compõe-se das fases inicial, operacional e final, e estas de eventos distintos que formam todo o conjunto de ocorrências que caracterizam tais tarefas.

Em todas as fases, existem prazos e formalidades a serem cumpridos.

3 - Quesitos

Quesitos são questões formuladas pelas partes ou pelo juiz com a finalidade detentora da verdade. Tem natureza técnica e científica, e exigem conhecimentos específicos do perito para respondê-los. Pelo fato de terem relação direta com a produção da prova pericial, devem manter seus objetivos focados no objeto da perícia e, por conseguinte, obedecer uma sequência lógica que leve a dúvida à exaustão.

Ao expressar o assunto em torno da questão, aduz que "os quesitos devem resultar de um esforço conjunto entre o contador e o advogado de modo a possuírem uma forma lógica competente para se chegar às conclusões desejadas como prova" (SILVA, 2010).

No sentido amplo de provar, os quesitos propiciam a ordenação lógica para elucidação. O perito do juízo, ao responder os quesitos, submete-os ao entendimento das partes, devidamente assistidas por seus peritos assistentes. Esses assistentes técnicos podem, por sua vez, discordar da opinião do perito nomeado pelo magistrado.

Através do questionário emitido por réu e autor, o perito em uso dos plenos poderes conferidos a ele pela lei, pode desvincular irregularidades em torno da matéria periciada. No caso da perícia judicial contábil, o perito contador tem sob sua tutela a responsabilidade de formar convicção, a partir do questionamento realizado pelas partes e pelo juiz.

A compreensão da matéria requer do perito conhecimento extensivo sobre os fatos, de forma a responder com eficiência o questionamento, sendo necessário que este seja considerado pertinente ao objeto da perícia.

A importância da análise dos quesitos resulta no aprimoramento do trabalho pericial e quando são considerados impertinentes com os objetivos perseguidos na perícia, resta ao profissional responder ao questionamento salientando que a questão referida não está ao alcance de sua efetividade prática, não condizendo responsabilidade técnica.

Com a entrega dos laudos, pode ocorrer que, após a apuração dos fatos, surja a necessidade de complementação derivada da argumentação do perito perante os quesitos. Não requer a realização de um novo exame pericial, mas apenas agregar novas indagações ao que já foi feito e, para tanto, são denominados quesitos suplementares, pois é a isto que vem sua função, a de complementar a produção da prova.

O atendimento à solicitação dos quesitos suplementares incumbe o perito a realizar novo laudo, ou seja, com ligação direta no primeiro que foi apresentado. Consta depois de análise realizada pelas partes que pressupõe a precisão de novos quesitos mediante as respostas que foram apresentadas. Condiciona a perseguição do objeto a prosseguir no mesmo raciocínio lógico.

3.1 Quesitos Suplementares

Não se trata de estabelecer um novo exame, mas de adicionar aos já feitos elementos que se fazem necessários.

Após a entrega dos laudos, o juiz abre às partes o seu exame; então sim pode surgir a necessidade de complementar, considerando que com o surgimento de novas respostas, novos exames pertinentes são feitos.

O juiz deverá deferir o pedido, pois, se não o fizer, ainda que requeridos, não serão motivos de trabalho pericial.

Quando o perito vai realizar seu trabalho com base em quesitos complementares, deve, em seu laudo, identificar que de fato são dessa natureza. Na prática, há um "novo laudo", embora vinculado ao primeiro.

3.2 Quesitos Impertinentes

O perito pode deixar de responder um quesito se julgar que foge à sua especialidade. Obviamente, o que extrapola ao campo contábil não é responsabilidade do perito contador. Pois se um quesito é formulado no sentido, por exemplo, de avaliar o "estado de saúde" de um empregado, tal matéria foge ao campo contábil, devendo ser dirigida a um médico.

Tais quesitos são ditos "impertinentes", ou seja, não referem à matéria da capacidade profissional do contador.

Ornelas (2003, p. 84), citando Pestana de Aguiar, menciona que:

Conceito
Evidentemente, encontra-se o perito apto para afirmar, no mais das vezes, se um quesito é manifestamente impertinente ou não. De outro modo não se acha preparado para o exercício da função. Se tiver dúvidas, sobretudo nas perguntas cuja impertinência não seja manifesta, nada impede se dirija ao magistrado, por petição nos autos ou verbalmente, para que este decida ou o oriente a respeito. Estas cautelas não devem ser postergadas, pois uma má quesitação pode condenar uma boa perícia e até mesmo abalar o conceito do perito.

A impertinência de tais quesitos está no aspecto de não estarem relacionados ao objeto da lide. São questões fora da abrangência do campo de atuação do perito, por não se tratarem de sua especialidade, desobrigando-o a respondê-las.

Saber Mais
Os quesitos impertinentes são aqueles que não apresentam nenhum tipo de colaboração para o desenvolvimento da elucidação do trabalho.

Retomando a aula

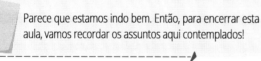
Parece que estamos indo bem. Então, para encerrar esta aula, vamos recordar os assuntos aqui contemplados!

1 - Perícia Judicial
A perícia se define pela peculiaridade de apresentar uma exposição fiel dos fatos, contemplada por esclarecimentos pertinentes à questão. É um trabalho que permite a interpretação da matéria fática, quando o domínio de tal conhecimento requer a intervenção de um profissional que disponha da técnica relativa que possibilite processar as informações e extrair a verdade.

2 - Ciclo da perícia
A realização do trabalho pericial respeita a ordem precedida em lei. Nas normas emanadas do CFC e da legislação contida no CPC, que apresenta o desenvolvimento de como deve ser realizada a prova. O professor Antonio Lopes de Sá (2007, p. 64/65) refere-se ao ciclo da perícia judicial, enfocando todos os eventos envolvidos no desenvolvimento da lide, predispondo às fases como preliminar, operacional e final.

3 - Quesitos
Quesitos são questões formuladas pelas partes ou pelo juiz com a finalidade detentora da verdade. Têm natureza técnica e científica e exigem conhecimentos específicos do perito para respondê-los.

Vale a pena

Vale a pena ler

SÁ, Antônio Lopes de. *Perícia Contábil*. 7ª ed. São Paulo: Atlas, 2007.

BARBOZA, Jovi. *Perícia Contábil e Arbitragem*. 8ª. Ed. Maringá, PR : Projus, 2015.

Norma brasileira de contabilidade – **NBC PP 01**, de 27 de fevereiro de 2015.

Norma brasileira de contabilidade – **NBC TP 01**, de 27 de fevereiro de 2015.

CRC-GO/ASPECON-GO *Manual de Procedimentos Periciais*. Disponível em: http://crcgo.org.br/novo/wp-content/uploads/2014/09/Livro_pericia.pdf , Acesso em 01/07/2015.

Vale a pena assistir

http://www.cfc.org.br/
http://www.peritoscontabeis.com.br/
http://pt.scribd.com/doc/19458630/Apostila-Pericia-Contabil

Minhas anotações

8º Aula

Perícia arbitral

Olá! Nesta aula vamos estudar a Perícia Arbitral, seus objetivos e a sua importância.

Fiquem atentos: Se ao final desta aula vocês tiverem dúvidas, tentem saná-las através das ferramentas "Fórum" ou "Quadro de Avisos" e "Chat".

Comecemos, então, analisando os objetivos e verificando as seções que serão desenvolvidas ao longo desta aula.

Bom trabalho!

Boa aula!

Objetivos de aprendizagem

Ao término desta unidade, vocês serão capazes de:

- saber o conceito de perícia arbitral;
- compreender sobre os procedimentos da arbitragem;
- entender o que é e como se organiza a Sentença Arbitral.

1 - Perícia Arbitral

Esse material é sobre arbitragem. Por se tratar de um assunto que tem poucos autores, estudaremos essa lei mostrando as vantagens e desvantagens entre os tipos de perícia.

Então, vamos aprender sobre a arbitragem, pois esse assunto está sendo cobrado em provas e concursos.

História da Perícia Arbitral

Nas palavras de Gonçalves (2010), foi na milenária Índia que surgiu a figura do árbitro, eleito pelas partes que, na verdade, era perito e Juiz ao mesmo tempo, pois a ele era dada a verificação direta dos fatos, o exame do estado das coisas e lugar, também, a decisão "judicial" a ser homologada pelo que detinha o poder real, feudal, no sistema de castas e privilégios indianos.

Alguns autores afirmam que a arbitragem foi muito utilizada na Grécia Antiga e no Império Romano. O sacerdote dos templos romanos fazia o papel de árbitro nas questões de guerra e resolvia as pendências cíveis e criminais nos períodos de paz.

Arbitragem

A Arbitragem é uma alternativa à situação que a Justiça brasileira vem enfrentando com o marasmo na resolução de conflitos. Existem alguns processos cujos objetos são **direitos puramente patrimoniais**, ou seja, discute-se, apenas, a questão de bens e direitos, envolvendo o PATRIMÔNIO. Nesses casos, havendo pessoas capazes na relação, podem elas optar pela **Arbitragem**, que é um instituto trazido para o direito brasileiro através da Lei nº. 9.307/96, pelo qual as partes elegem um árbitro para fazer o julgamento do litígio (Barboza, 2015).

Características principais da arbitragem

Tendo em vista que a arbitragem é sempre conduzida por profissionais de nível superior e especializados, livremente escolhidos pelas partes, geralmente credenciados por uma instituição, utilizando técnicas específicas visando solucionar conflitos ou controvérsias, cujos poderes lhes são conferidos pelos litigantes, a arbitragem baseia-se no bom senso, na boa fé e na autonomia da vontade das partes. Na arbitragem, diferentemente da Justiça Estatal, em que as partes não têm qualquer ingerência, a figura do árbitro é de livre escolha das partes, entre profissionais de sua confiança. Caracteriza-se por ser um processo célere, cujo prazo máximo para prolação da Sentença Arbitral é de 6 (seis) meses, contado a partir da sua instituição. Por não tramitar na esfera estatal, os atos a ela relacionados são essencialmente sigilosos, não estando sujeitos a qualquer publicidade. É conduzida por um terceiro imparcial que solucionará o conflito proferindo uma Sentença Arbitral, e que terá efeito de suma Sentença Judicial (ASPECON-GO).

2 - Árbitros

Arbitro é qualquer pessoa capaz, que pode ser escolhida pelas partes, para dirimir controvérsias entre elas e investida da autoridade que lhe confere a lei para prolatar sentença de mérito idêntico à da Justiça Comum. A figura do árbitro ou árbitros é definida no art. 13 da Lei de Arbitragem:

> Artigo 13 – Pode ser árbitro qualquer pessoa capaz e que tenha a confiança das partes.
> Parágrafo 1º. – As partes nomearão um ou mais árbitros, sempre em número ímpar, podendo nomear, também, os respectivos suplentes.
> Parágrafo 2º. – Quando as partes nomearem árbitros em número par, estes estão autorizados, desde logo, a nomear mais um árbitro. Não havendo acordo, requererão as partes ao órgão do Poder Judiciário a que tocaria, originariamente, o julgamento da causa a nomeação do árbitro, aplicável, no que couber, o procedimento previsto no artigo 7º desta Lei.
> Parágrafo 3º. – As partes poderão, de comum acordo, estabelecer o processo de escolha dos árbitros, ou adotar as regras de um órgão arbitral institucional ou entidade especializada.
> Parágrafo 4º. – Sendo nomeados vários árbitros, estes, por maioria, elegerão o presidente do Tribunal Arbitral. Não havendo consenso, será designado presidente o mais idoso.
> Parágrafo 5º. – O árbitro ou o Presidente do tribunal designará, se julgar conveniente, um secretário, que poderá ser um dos árbitros.
> Parágrafo 6º. – No desempenho de sua função, o árbitro deverá proceder com imparcialidade, independência, competência, diligência e discrição.
> Parágrafo 7º. – Poderá o árbitro ou o Tribunal Arbitral determinar às partes o adiantamento de verbas para despesas e diligências que julgar necessárias.

Quem não pode ser árbitro

1. Os incapazes;
2. Os analfabetos;
3. Os legalmente impedidos conforme o CPC.

Impedimento e suspeição do árbitro

As situações que caracterizam impedimentos e suspeição do árbitro são de extrema importância, pois poderão ser a razão posterior para anulação da arbitragem. Pela Lei de Arbitragem, árbitros são igualados a juízes em atividade e as responsabilidades e deveres destes estão previstas no Código de Processo Civil. O impedimento ou suspeição é definido no art. 14 da Lei de Arbitragem:

> Art. 14. Estão impedidos de funcionar como árbitros as pessoas que tenham, com as partes ou com o litígio que lhes for submetido, algumas das relações que caracterizam os casos de impedimento ou suspeição de juízes, aplicando-se-lhes, no que couber, os mesmos deveres e responsabilidades, conforme

previsto no Código de Processo Civil.

§ 1º As pessoas indicadas para funcionar como árbitro têm o dever de revelar, antes da aceitação da função, qualquer fato que denote dúvida justificada quanto à sua imparcialidade e independência.

§ 2º O árbitro somente poderá ser recusado por motivo ocorrido após sua nomeação. Poderá, entretanto, ser recusado por motivo anterior à sua nomeação, quando:

a) não for nomeado, diretamente, pela parte; ou

b) o motivo para a recusa do árbitro for conhecido posteriormente à sua nomeação.

O Compromisso Arbitral

O compromisso arbitral é o documento que dá início à Arbitragem. Diferentemente da cláusula compromissória, o compromisso arbitral é posterior ao surgimento do conflito, isto é, se este não vier a acontecer, mesmo que haja cláusula compromissória, o compromisso arbitral não terá que ser lavrado. Mas, mesmo que não haja cláusula compromissória, é possível se realizar a Arbitragem se o compromisso for firmado.

O compromisso arbitral pode ser judicial, caso a parte não compareça espontaneamente para responder à arbitragem, se houver cláusula compromissória. Nesse caso, será necessário ajuizar o pedido de instauração ao juiz estatal, que determinará a citação da outra parte para firmar o compromisso arbitral. Caso não compareça, o juiz decretará a revelia da parte e a sentença valerá como compromisso arbitral. Assim, o que se entende é que não haverá "revelia" na arbitragem enquanto não houver sido lavrado o compromisso arbitral, pois é esse documento que dá início à arbitragem (Barboza, 2015). O compromisso arbitral é definido no art. 09 da Lei de Arbitragem:

Conceito

Art. 9º O compromisso arbitral é a convenção através da qual as partes submetem um litígio à arbitragem de uma ou mais pessoas, podendo ser judicial ou extrajudicial.

§ 1º O compromisso arbitral judicial celebrar-se-á por termo nos autos, perante o juízo ou tribunal, onde tem curso a demanda.

§ 2º O compromisso arbitral extrajudicial será celebrado por escrito particular, assinado por duas testemunhas, ou por instrumento público.

Art. 10. Constará, obrigatoriamente, do compromisso arbitral:

I - o nome, profissão, estado civil e domicílio das partes;

II - o nome, profissão e domicílio do árbitro, ou dos árbitros, ou, se for o caso, a identificação da entidade à qual as partes delegaram a indicação de árbitros;

III - a matéria que será objeto da arbitragem; e

IV - o lugar em que será proferida a sentença arbitral.

Art. 11. Poderá, ainda, o compromisso arbitral conter:

I - local, ou locais, onde se desenvolverá a arbitragem;

II - a autorização para que o árbitro ou os árbitros julguem por equidade, se assim for convencionado pelas partes;

III - o prazo para apresentação da sentença arbitral;

IV - a indicação da lei nacional ou das regras corporativas aplicáveis à arbitragem, quando assim convencionarem as partes;

V - a declaração da responsabilidade pelo pagamento dos honorários e das despesas com a arbitragem; e

VI - a fixação dos honorários do árbitro, ou dos árbitros.

Parágrafo único. Fixando as partes os honorários do árbitro, ou dos árbitros, no compromisso arbitral, este constituirá título executivo extrajudicial; não havendo tal estipulação, o árbitro requererá ao órgão do Poder Judiciário que seria competente para julgar, originariamente, a causa que os fixe por sentença.

Cláusula compromissória

É a convenção, por escrito, mediante a qual as partes escolhem a justiça arbitral para dirimir possíveis desavenças futuras. Ela não pode, por si só, desencadear o procedimento de arbitragem. Para que esta ocorra, será necessário o compromisso arbitral. A cláusula pode tanto estar estipulada no contrato de negócio entre as partes como também poderá estar inserida em documento separado. Em caso de documento separado, aconselha-se que tenha clareza e detalhes suficientes acerca daquilo a que se refere (ASPECON-GO).

O objeto principal da cláusula compromissória será a escolha da arbitragem como meio de solução de conflitos. A cláusula detém características próprias, tais como:

1. caráter genérico e aleatório – visto que estipula a previsão de solucionar, por meio da arbitragem, um número não-definido de litígios, oriundos do contrato, sem que seja possível estabelecer, temporalmente, se ela será aplicada;

2. formal – deve ser inserida no contrato mediante forma escrita;

3. bilateralidade – ambas as partes se vinculam à cláusula, assumindo os direitos e deveres a ela inerentes;

4. típica – não existindo a possibilidade de agastamento da jurisdição estatal sem expressa previsão legal do sistema jurídico competente.

3 - Sentença arbitral

A decisão arbitral é expressa pela sentença arbitral, também denominada por outros autores de laudo arbitral. A Lei de Arbitragem utiliza esses termos como sinônimos, mas alguns autores preferem empregar sentença arbitral, por entenderem que o laudo arbitral se constitui na sentença da jurisdição estatal. A sentença é o resultado do procedimento arbitral e produz entre as partes e seus sucessores os mesmos efeitos de uma sentença judicial.

Conceito

Da Sentença Arbitral

Art. 23. A sentença arbitral será proferida no prazo estipulado pelas partes. Nada tendo sido convencionado, o prazo para a apresentação da sentença é de seis meses, contado da instituição da arbitragem ou da substituição do árbitro.

Parágrafo único. As partes e os árbitros, de comum acordo, poderão prorrogar o prazo estipulado.

Art. 24. A decisão do árbitro ou dos árbitros será expressa em documento escrito.

§ 1º Quando forem vários os árbitros, a decisão será tomada por maioria. Se não houver acordo majoritário, prevalecerá o voto do presidente do tribunal arbitral.

§ 2º O árbitro que divergir da maioria poderá, querendo, declarar seu voto em separado.

Art. 25. Sobrevindo no curso da arbitragem controvérsia acerca de direitos indisponíveis e verificando-se que de sua existência, ou não, dependerá o julgamento, o árbitro ou o tribunal arbitral remeterá as partes à autoridade competente do Poder Judiciário, suspendendo o procedimento arbitral.

Parágrafo único. Resolvida a questão prejudicial e juntada aos autos a sentença ou acórdão transitados em julgado, terá normal seguimento a arbitragem.

Art. 26. São requisitos obrigatórios da sentença arbitral:

I - o relatório, que conterá os nomes das partes e um resumo do litígio;

II - os fundamentos da decisão, onde serão analisadas as questões de fato e de direito, mencionando-se, expressamente, se os árbitros julgaram por eqüidade;

III - o dispositivo, em que os árbitros resolverão as questões que lhes forem submetidas e estabelecerão o prazo para o cumprimento da decisão, se for o caso; e

IV - a data e o lugar em que foi proferida.

Parágrafo único. A sentença arbitral será assinada pelo árbitro ou por todos os árbitros. Caberá ao presidente do tribunal arbitral, na hipótese de um ou alguns dos árbitros não poder ou não querer assinar a sentença, certificar tal fato.

Art. 27. A sentença arbitral decidirá sobre a responsabilidade das partes acerca das custas e despesas com a arbitragem, bem como sobre verba decorrente de litigância de má-fé, se for o caso, respeitadas as disposições da convenção de arbitragem, se houver.

Art. 28. Se, no decurso da arbitragem, as partes chegarem a acordo quanto ao litígio, o árbitro ou o tribunal arbitral poderá, a pedido das partes, declarar tal fato mediante sentença arbitral, que conterá os requisitos do art. 26 desta Lei.

Art. 29. Proferida a sentença arbitral, dá-se por finda a arbitragem, devendo o árbitro, ou o presidente do tribunal arbitral, enviar cópia da decisão às partes, por via postal ou por outro meio qualquer de comunicação, mediante comprovação de recebimento, ou, ainda, entregando-a diretamente às partes, mediante recibo.

Art. 30. No prazo de cinco dias, a contar do recebimento da notificação ou da ciência pessoal da sentença arbitral, a parte interessada, mediante comunicação à outra parte, poderá solicitar ao árbitro ou ao tribunal arbitral que:

I - corrija qualquer erro material da sentença arbitral;

II - esclareça alguma obscuridade, dúvida ou contradição da sentença arbitral, ou se pronuncie sobre ponto omitido a respeito do qual devia manifestar-se a decisão.

Parágrafo único. O árbitro ou o tribunal arbitral decidirá, no prazo de dez dias, aditando a sentença arbitral e notificando as partes na forma do art. 29.

Art. 31. A sentença arbitral produz, entre as partes e seus sucessores, os mesmos efeitos da sentença proferida pelos órgãos do Poder Judiciário e, sendo condenatória, constitui título executivo.

Art. 32. É nula a sentença arbitral se:

I - for nulo o compromisso;

II - emanou de quem não podia ser árbitro;

III - não contiver os requisitos do art. 26 desta Lei;

IV - for proferida fora dos limites da convenção de arbitragem;

V - não decidir todo o litígio submetido à arbitragem;

VI - comprovado que foi proferida por prevaricação, concussão ou corrupção passiva;

VII - proferida fora do prazo, respeitado o disposto no art. 12, inciso III, desta Lei; e

VIII - forem desrespeitados os princípios de que trata o art. 21, § 2º, desta Lei.

Art. 33. A parte interessada poderá pleitear ao órgão do Poder Judiciário competente a decretação da nulidade da sentença arbitral, nos casos previstos nesta Lei.

§ 1º A demanda para a decretação de nulidade da sentença arbitral seguirá o procedimento comum, previsto no Código de Processo Civil, e deverá ser proposta no prazo de até noventa dias após o recebimento da notificação da sentença arbitral ou de seu aditamento.

§ 2º A sentença que julgar procedente o pedido:

I - decretará a nulidade da sentença arbitral, nos casos do art. 32, incisos I, II, VI, VII e VIII;

II - determinará que o árbitro ou o tribunal arbitral profira novo laudo, nas demais hipóteses.

§ 3º A decretação da nulidade da sentença arbitral também poderá ser argüida mediante ação de embargos do devedor, conforme o art. 741 e seguintes do Código de Processo Civil, se houver execução judicial.

Câmara de mediação e arbitragem

É o local que, destinado à instauração e tramitação de processos, trata de resolução de conflitos, gerenciado por segmento organizador da sociedade civil, em que as partes litigantes comparecem para manifestar o desejo de solução por via não estatal. Arbitragem e Mediação, embora integrantes da mesma família, são diferentes na forma de solução. Independentemente dos métodos de negociação para solução dos conflitos, ambas são modalidades de justiça privada.

Diferença entre perícia contábil e arbitragem

A Arbitragem é um procedimento de julgamento de um litígio, realizado de forma pacífica, isto é, de acordo com a vontade das partes, diferentemente do que ocorre com o processo no Judiciário, pois aqui a situação é totalmente diferente: uma parte deseja o litígio e a outra resiste. Na Arbitragem, as partes entendem conjuntamente que devem proceder para a solução do litígio (Barboza, 2015).

A perícia contábil, ainda que vise ao mesmo fim que o julgamento arbitral atingirá, não tem qualquer conotação de julgamento, podendo até proceder à arbitragem de valores, com base em juízos formados pelo profissional da perícia. Mas, essa arbitragem, proferida no bojo do laudo pericial não terá qualquer peso de julgamento do mérito da demanda arbitral (ou mesmo judicial), pois o julgador poderá, até mesmo com base no próprio laudo pericial julgar de forma diferente (Barboza, 2015).

Retomando a aula

Parece que estamos indo bem. Então, para encerrar esta aula, vamos recordar os assuntos aqui contemplados!

1 - Perícia Arbitral

A Arbitragem é uma alternativa à situação que a Justiça brasileira vem enfrentando com o marasmo na resolução de conflitos. Existem alguns processos cujos objetos são direitos puramente patrimoniais, ou seja, discute-se, apenas, a questão de bens e direitos, envolvendo o PATRIMÔNIO (Barboza, 2015).

2 - Árbitros

Arbitro é qualquer pessoa capaz que pode ser escolhida pelas partes para dirimir controvérsias entre elas e investida da autoridade que lhe confere a lei para prolatar sentença de mérito idêntico ao da Justiça Comum.

3 - Sentença arbitral

A decisão arbitral é expressa pela sentença arbitral, também denominada por outros autores de laudo arbitral. A Lei de Arbitragem utiliza esses termos como sinônimos, mas alguns autores preferem empregar sentença arbitral, por entenderem que o laudo arbitral se constitui na sentença da jurisdição estatal. A sentença é o resultado do procedimento arbitral e produz entre as partes e seus sucessores os mesmos efeitos de uma sentença judicial.

Vale a pena

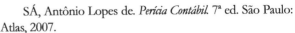

Vale a pena ler

SÁ, Antônio Lopes de. *Perícia Contábil.* 7ª ed. São Paulo: Atlas, 2007.

BARBOZA, Jovi. Perícia *Contábil e Arbitragem.* 8ª. Ed. Maringá, PR : Projus, 2015.

Norma brasileira de contabilidade – **NBC PP 01**, de 27 de fevereiro de 2015.

Norma brasileira de contabilidade – **NBC TP 01**, de 27 de fevereiro de 2015.

CRC-GO/ASPECON-GO Manual de Procedimentos Periciais. Disponível em: http://crcgo.org.br/novo/wp-content/uploads/2014/09/Livro_pericia.pdf , Acesso em 01/07/2015.

Vale a pena assistir

http://www.cfc.org.br
http://www.peritoscontabeis.com.br/

Referências bibliográficas

ALBERTO, Valder Luiz Palombo. *Perícia Contábil.* 2. ed. São Paulo: Atlas, 2000.

Código de processo civil brasileiro.

Constituição brasileira

Conselho federal de contabilidade. Resolução CFC nº 1243/09, de 10 dezembro de 2009. Aprova a NBC TP 01 – *Perícia Contábil.* Brasília, DF, 2009. Disponível em: <http://www.cfc.org.br/sisweb/sre/detalhes_sre.aspx?Codigo=2009/001243>. Acessado em 21 out. de 2010.

_____. Resolução CFC nº 1244/09, de 18 dezembro de 2009. Aprova a NBC PP 01 – *Perito Contábil.* Brasília, DF, 2009. Disponível em: <http://www.cfc.org.br/sisweb/sre/detalhes_sre.aspx?Codigo=2009/001243>. Acessado em 21 out. de 2010.

LEI Nº 9.307, DE 23 DE SETEMBRO DE 1996.

MAGALHÃES, A. D. F.; SOUZA, C.; FAVERO, H. L.; e LONARDONI, M. *Perícia Contábil.* 3. ed. São Paulo: Atlas, 2001.

MOURA, Ril. *Perícia contábil e extrajudicial.* 2. ed. Rio de Janeiro: Bastos Freitas, 2007.

ORNELAS, Martinho Maurício Gomes de. *Perícia Contábil.* 4. ed. São Paulo: Atlas, 2003.

SÁ, Antônio Lopes de. *Perícia Contábil.* 7ª ed. São Paulo: Atlas, 2007.

Graduação a Distância

6º
SEMESTRE

Ciências Contábeis

ANÁLISE DAS
DEMONSTRAÇÕES
CONTÁBEIS II

UNIGRAN - Centro Universitário da Grande Dourados

Rua Balbina de Matos, 2121 - CEP 79.824 - 9000
Jardim Universitário
Dourados - MS
Fone: (67) 3411-4141 / Fax: (67) 3411-4167

CEAD
Coordenadoria de Educação a Distância

Apresentação do Docente

Bem-vindo!

Robsom Marques de Amorim, é especialista em Contabilidade Gerencial no Agronegócio (2006) e graduado em Ciências Contábeis (2002) pela Universidade Federal de Mato Grosso do Sul. Atua profissionalmente como servidor Técnico de Nível Superior, contador na Universidade Estadual de Mato Grosso do Sul, professor do Centro Universitário da Grande Dourados, nos cursos de Ciências Contábeis, Administração e Administração com Ênfase em Agronegócios e na modalidade presencial e EAD. Além disso, é sócio da G10 Consultoria e Treinamento Corporativo Ltda. Tem experiência nas áreas Contábil e Administrativa, atuando, especialmente, nos seguintes temas: Contabilidade Pública, Gestão Empresarial, Controle de Custos, Auditoria de Processos e Estoque, Controle Financeiros, Maximização de Lucros, Custeio Variável e Análise de Demonstrações Financeiras.

AMORIM, Robsom Marques de. Análise das Demonstrações Contábeis II. Robsom Marques de Amorim. Dourados: UNIGRAN, 2019.

56 p.: 23 cm.

1. Análises. 2. Demonstrações. 3. Contabilidade 4. Capital

Sumário

Conversa Inicial

Prezados(as) alunos(as):

"A coisa mais indispensável a um homem é reconhecer o uso que deve fazer do seu próprio conhecimento" (Platão).

Estamos iniciando a disciplina de "Análise e Demonstrações Contábeis II", no curso de Ciências Contábeis da UNIGRAN, a qual dará continuidade na construção dos conhecimentos teórico-práticos da área, ampliando as reflexões sobre a análise de balanços, além de compreender e interpretar as demonstrações financeiras, para fins de análise.

Vamos, ainda, refletir sobre a necessidade e a importância da análise das demonstrações contábeis no âmbito empresarial, bem como aprender a utilizar as informações a serem extraídas da análise financeira e econômica; e o estudo e análise do capital de giro.

Finalmente, iremos conhecer e interpretar os componentes das demonstrações contábeis segundo a Lei 6.404/76, de acordo com as alterações provocadas pela Lei 11.638/07, demonstração do fluxo de caixa (métodos: direto e indireto), estudo da demonstração do valor adicionado, estudo do ativo permanente e a demonstração dos lucros ou prejuízos acumulados.

Desse modo, o estudo aqui proposto tem por objetivo possibilitar, aos futuros profissionais em contabilidade, conhecimentos específicos em análise de demonstrações contábeis, como suporte nas diagnoses dos problemas atinentes à área.

Para possibilitar o desenvolvimento dos conteúdos propostos, a disciplina "Análise das Demonstrações Contábeis II" possui uma carga horária de 80 horas, dividida em 8 (oito) aulas, que serão ministradas na modalidade a distância.

Recomendamos que as obras indicadas pelo professor sejam consultadas sempre que possível, como também destacamos que sejam acessadas, na plataforma da UNIGRANET, a "ferramenta" Arquivos e, para sanar suas dúvidas e interagir com seus colegas, a participação em "Fóruns" e "Chats" torna-se indispensável, uma vez que o seu envolvimento efetivo contribuirá para a ampliação do seu universo de discussão e aprendizado.

Você já chegou até aqui e, portanto, está pronto para construir conhecimentos sobre os conteúdos fundamentais para sua formação e, nós, o acompanharemos nesta caminhada!

Desejamos sucesso nas leituras e nos trabalhos!

Prof. Robsom Marques de Amorim

Aula 1º

Capital de giro

Prezados (as) alunos (as),

Iniciaremos a disciplina "Análise das Demonstrações Contábeis II" adquirindo algumas noções básicas sobre gerenciamento financeiro, e aprenderemos, também, fundamentos básicos no dia a dia de qualquer empresa.

Ah! Esta aula foi preparada para que você não encontre grandes dificuldades. Contudo, podem surgir dúvidas no decorrer dos estudos! Quando isso acontecer, acesse a plataforma e utilize as ferramentas "Quadro de avisos" ou "Fórum" para interagir com seus colegas de curso ou com seu tutor. Sua participação é muito importante e estamos preparados para ensinar e aprender com seus avanços.

Lembre-se, ainda, de ler e refletir sobre os objetivos de aprendizagem e as Seções de Estudo da Aula 1. Afinal, você é o protagonista de sua aprendizagem!

Contamos com a sua colaboração.

Bom trabalho!

Bons estudos!

Objetivos de aprendizagem

Ao término desta aula, você será capaz de:

• reconhecer os conceitos e principais aspectos relacionados à capital de giro;
• adquirir e aprimorar conhecimentos para avaliação na prática financeira.

Para iniciar nossas reflexões, nesta primeira seção da aula 1, vamos aprofundar nossos conhecimentos sobre o tema Capital de Giro, uma vez que estes novos saberes irão substanciar a compreensão dos conceitos relacionados.

Durante a leitura desta aula é importante que você tenha sempre em mão um dicionário e/ou outros materiais de pesquisa para eliminar eventuais dúvidas sobre o assunto discutido.

Bons estudos!

1 Capital de giro

1.1 Introdução

Para tratar sobre o capital de giro, é importante saber que, segundo Braga (1995, p. 81):

> a administração do capital de giro envolve um processo contínuo de tomada de decisões voltadas principalmente para a preservação da liquidez (capacidade de pagamento) da empresa, mas também afeta a sua rentabilidade. As concordatas e falências geralmente são o desfecho natural para as soluções inadequadas dos problemas de gestão do capital de giro. Muitas vezes ouvimos dizer que determinada empresa tornou-se insolvente (perdeu a capacidade de pagamento) devido ao excesso de imobilizações.
>
> Em geral, isso significa que foram desviados para outra finalidade, recursos que deveriam estar financiando o capital de giro, ou, então, que os planos de expansão não levaram na devida conta as necessidades adicionais de recursos para financiar o giro das operações.

Importante: o capital de giro deverá ser conduzido de forma extremamente dinâmica, assim estabelecendo a atenção diária dos gerenciadores financeiros. Em caso de falha nesta área de atuação, afetará a capacidade de solvência da empresa e/ou poderá prejudicar e diminuir a sua rentabilidade.

Como já estudamos na disciplina "Análise das Demonstrações Contábeis I", ao analisarmos a composição da estrutura patrimonial de uma empresa, observamos que os índices, então representados, apresentavam relação direta com a capacidade de pagamento de uma empresa.

Como no caso citado acima, uma empresa com excesso de imobilização provavelmente terá maior dificuldade na gestão de seu capital de giro, em virtude do menor valor disponível para sustentar a sua liquidez ou capacidade de pagamento.

1.2 Natureza do capital de giro

Segundo Braga (1995, p. 81),

o capital de giro em uma definição simples, corresponde aos recursos aplicados no ativo circulante, formado basicamente pelos estoques, contas a receber e disponibilidades. Uma abordagem mais ampla contempla também os passivos circulantes.

Dessa maneira, a correta administração do capital de giro esta relacionada com os problemas de gestão dos ativos e passivos circulantes e com as inter-relações entre esses grupos patrimoniais.

Outro elemento importante é o capital circulante líquido que corresponde à parcela dos recursos permanentes ou de longo prazo (próprios e de terceiros) aplicada no ativo circulante.

Você Sabia?

Segundo Eugene Brigham e Michael Ehrhardt,

[...] "o termo capital de giro originou-se do velho vendedor ianque que carregava a sua carroça para então, sair vendendo as suas mercadorias. A mercadoria era chamada de capital de giro porque era exatamente isso que o que ele vendia, ou fazia 'girar' para produzir seus lucros. A carroça e o cavalo eram seus ativos permanentes. Ele geralmente era o dono do cavalo e da carroça, portanto, ambos eram financiados com capital próprio; no entanto, o ambulante tomava emprestado os fundos para comprar a mercadoria. Esses empréstimos eram denominados empréstimos de capital de giro e tinham de ser reembolsados depois de cada viagem para demonstrar ao banco que o crédito que era seguro. Se o vendedor conseguisse pagar o empréstimo, o banco poderia conceder outro, e dizia-se que os bancos que seguiam esse procedimento estavam empregando 'prática bancárias justas" (Apud CORREIA, 2011, p. 1).

Outra questão relevante a ser considerada, trata-se da administração do capital de giro, a qual abrange a administração das contas circulantes da empresa, incluindo ativos circulantes e passivos circulantes (SENAC MINAS GERAIS, 2012).

A administração do capital de giro trata-se de um dos aspectos mais relevantes da administração financeira, considerada globalmente, já que os ativos circulantes representam cerca de 50% do ativo total e perto de 30% do financiamento total é representado por passivos circulantes nas empresas industriais (PERITO CONTADOR, 2012).

Sabemos que uma empresa precisa manter um nível satisfatório de capital de giro. Além disso, os ativos circulantes dela precisam ser suficientemente consideráveis e capazes de cobrir seus passivos circulantes, garantindo-se, com isso, margem razoável de segurança (ALFINANCE, 2012).

Desse modo, pode-se afirmar que a administração do capital de giro tem o objetivo de "administrar" individualmente todos os ativos circulantes da instituição, "de tal forma que um nível aceitável de capital circulante líquido seja mantido" (ALFINANCE, 2012, p. 1).

Nesse contexto, os ativos circulantes mais importantes são (SENAC MINAS GERAIS, 2012):

a) caixa;
b) títulos negociáveis;
c) duplicatas a receber;
d) estoques.

É importante observar que, os referidos ativos, precisam ser individualmente administrados de forma eficiente, uma vez que, desse modo, será possível "manter a liquidez da empresa, ao mesmo tempo em que se evita um nível alto demais de qualquer um deles" (HERIVAS, 2012).

Já os passivos circulantes básicos tratados são (SENAC MINAS GERAIS, 2012):

a) duplicatas a pagar;

b) títulos a pagar;

c) despesas provisionadas a pagar, tais como: salários a pagar, impostos, provisões etc.

Cada uma dessas fontes de financiamento, a curto prazo, precisa ser cuidadosamente administrada, para se ter a garantia de que os financiamentos são obtidos e usados da melhor forma possível (SENAC MINAS GERAIS, 2012).

E então? Entendeu bem as questões iniciais relacionadas ao Capital de Giro? Em caso de resposta afirmativa: Parabéns! Mas, há muitos outros conhecimentos a serem agregados sobre o tema. Para tanto, sugerimos que consulte as obras, periódicos e sites indicados ao final desta aula. Agora, na próxima seção, vamos conhecer um pouco sobre alguns conceitos relacionados ao tema em estudo.
Venham comigo!

2 Ativos circulantes

Conceito

Ativo circulante pode ser entendido como uma referência aos bens e direitos que podem ser convertidos em dinheiro em curto prazo (INFORME ECONÔMICO, 2012).

Nesse contexto, ativo circulante é, ainda, o termo usado na contabilidade, para mostrar os valores e os direitos que a entidade possui no curto prazo.

Além disso, "os ativos que podem ser considerados como circulantes incluem" (SCRIBD, 2012, p. 9):

a) conta movimento em banco;

b) dinheiro em caixa;

c) contas a receber;

d) estoques;

e) aplicações financeiras;

f) numerário em caixa;

g) despesas antecipadas;

h) mercadorias;

i) depósito bancário;

j) títulos;

k) matérias-primas.

Curiosidade

"De acordo com a Lei 6.404/76 (modificada pela Lei 11.941/2009), o Ativo no Balanço Patrimonial se constituirá dos seguintes grupos: Ativo Circulante e Ativo Não Circulante" (ZOMOBO, 2012).

Assim, o ativo circulante é aquele que irá se realizar até o final do exercício social seguinte ao do balanço que está sendo elaborado e é equivalente ao 'capital em giro'.

Você Sabia?

O Capital de giro ou Capital Circulante Líquido é a diferença do Ativo

Circulante do Passivo Circulante, conforme estava estabelecido na terminologia da DOAR (Demonstração de origens e aplicações de recursos) na Lei 6.404/76 até 2007. A partir de 01.01.2008, a DOAR foi extinta, por força da Lei 11.638/2007, que modificou a Lei 6.404/76.

Observe que os ativos circulantes apresentam uma característica que é decorrente das mutações que constantemente ocorrem entre os seus elementos. "As atividades industriais transformam os estoques de matérias-primas em estoques de produtos em elaboração e, posteriormente, em estoques de produtos acabados" (AMIGO NERD, 2003, p. 1).

Nesse ensejo, os produtos estocados que são vendidos a prazo são convergidos em duplicatas a receber para a empresa, as quais só podem ser considerados "caixa", depois do efetivo pagamento da cobrança, sendo esta uma atividade de risco, pois podem acontecer atrasos e perdas, decorrentes da inadimplência (AMIGO NERD, 2003).

Saber Mais

Segundo Zanluca (2012, p. 1), "o ativo circulante abrange valores realizáveis no exercício social subsequente. Assim, por exemplo, uma empresa cujo exercício social encerre em 31 de dezembro, ao realizar o encerramento do exercício de 31 de dezembro de 2006, deverá classificar no Ativo Circulante todos os valores realizáveis até 31 de dezembro de 2007.
Na empresa cujo ciclo operacional tiver duração maior que o exercício social, a classificação no circulante ou longo prazo terá por base o prazo deste ciclo. Raramente, porém, é usado esta classificação mais extensa, de forma que, como padrão, pode-se adotar a classificação das contas como circulante se forem realizáveis ou exigíveis no prazo de 1 (um) ano".

Observamos, neste momento, que é fundamental que exista na empresa um estudo correto dos prazos médios, visando a uma definição precisa do tempo necessário para que esses estágios, desde a compra da matéria-prima até o recebimento do produto vendido, para que seja determinado com o máximo de precisão o fluxo completo de realização financeira desse capital de giro.

Finalmente, é importante saber que as Contas típicas do Ativo Circulante são:

a) caixa;

b) bancos;

c) aplicações financeira de curto prazo;

d) clientes ou duplicatas a receber;

e) estoques de mercadorias.

Sabendo disso, vamos passar, na próxima seção, ao estudo efetivo sobre os passivos circulantes!

3 Passivos circulantes

O que é o passivo circulante?

Uma resposta adequada pode ser a de que o passivo circulante são as obrigações que normalmente são pagas dentro de um ano, tais como (INFOESCOLA, 2012):

a) contas a pagar;

b) fornecedores ou duplicatas a pagar: dívidas com

fornecedores de mercadorias ou matérias-primas;

c) impostos a pagar, isto é, impostos a recolher (para o governo);

d) empréstimos bancários com vencimento nos próximos 360 dias;

e) provisões e encargos (despesas incorridas, geradas, ainda não pagas, mas já reconhecidas pela empresa: férias, 13° salário etc.);

f) títulos a pagar;

g) encargos sociais a pagar;

h) salários a pagar.

Os passivos circulantes podem ser segregados em duas categorias: passivos de funcionamento e passivos de financiamento:

a) **Passivos de funcionamento:** são constituídos por fontes não onerosas de recursos geradas espontaneamente pelas atividades operacionais: salários a pagar, encargos sociais e impostos a recolher, obrigações provisionadas (água, energia, telefone, impostos) etc.

Fala-se, então, em fontes não onerosas pelo motivo de não gerarem despesas financeiras explicitas como no caso de uma operação de financiamento.

b) **Passivos de financiamento:** são fontes onerosas de recursos por envolverem encargos financeiros (juros). Exemplos: empréstimos bancários e duplicatas descontadas (aqui reclassificadas do AC para o PC).

Fique antenado! Na internet você pode encontrar inúmeros sites sobre o tema em estudo. Sugiro que realize buscas utilizando termos com palavras-chave e procure ler alguns artigos em relação ao conteúdo. Com os conhecimentos que está adquirindo, cada vez mais você se torna capaz de superar o senso comum sobre as informações disponibilizadas nos diferentes meios de comunicação e utilizá-las como fontes de pesquisa, sempre que considerar que se tratam de conhecimentos úteis!

Salienta-se que as duplicatas a pagar aos fornecedores de matérias-primas e produtos são consideradas um "elemento híbrido", uma vez que apresentam características dos passivos de financiamento, embora sejam geralmente classificadas como passivos de funcionamento não onerosos (BRAGA apud ROSA, 2005, p. 13).

A obtenção de prazos para pagamento das compras de materiais e mercadorias implica em financiamento dos estoques correspondentes. Se os prazos de renovação desses estoques forem menores do que aqueles concedidos pelos fornecedores, ocorrerá também um financiamento parcial das duplicatas a receber emitidas pela própria empresa.

Em muitos ramos de negócios existem prazos tradicionais concedidos pelos fornecedores e esses prazos foram consagrados ao longo do tempo em função da concorrência e da necessidade de a clientela contar com essa fonte de financiamento em face da duração de seu ciclo de produção e vendas.

Assim, costuma-se considerar como preço básico aquele fixado para as transações a prazo e como receitas financeiras os descontos obtidos nas compras à vista.

Como os fornecedores computam nas suas tabelas de preços os juros e a inflação projetada para os prazos usuais de faturamento, a diferença entre os preços a prazo e os preços à vista constitui, na verdade, um encargo financeiro (AMIGO NERD, 2003, p. 1).

Para encerrar esta seção, é válido salientar que as contas típicas do passivo circulante são:

a) empréstimos bancários;

b) fornecedores;

c) salários e encargos a pagar;

d) impostos a pagar;

e) dividendos a pagar.

4 Fluxo do capital de giro

Para entender o que vem a ser o fluxo do capital de giro é preciso reconhecer que toda a empresa necessita de capital para que possa existir, o qual pode ser próprio ou de terceiros. Nesse contexto, o referido capital pode ser (FLUXO DE CAIXA, 2012):

a) **próprio:** quando sua origem é dos sócios, dos lucros etc.

b) **de terceiros:** quando sua origem é estranha à empresa e neste caso pode ser por empréstimos, financiamentos, fornecedores etc.

Dessa forma, pode-se afirmar que o capital de giro corresponde a uma parte do capital social aplicado na empresa, isto é, são aqueles recursos aplicados em ativos e que estão em constante giro dentro da empresa, proporcionando transformações no patrimônio da empresa constantemente. Já o capital de giro da empresa é formado pelo ativo circulante e pelo passivo circulante (LEME UFGRS, 2012).

Já a administração do capital de giro abrange a administração das contas circulantes da empresa, incluindo ativos circulantes e passivos circulantes. Em outras palavras e, como o próprio nome afirma, é um capital que está sempre circulando (FLUXO DE CAIXA, 2012).

Saber Mais

"O capital de giro líquido é o ativo circulante menos as dívidas que a empresa tem de curto prazo, que neste caso a chamaremos de passivo circulante" (LEME UFGRS, 2012).

Nesse contexto, "o ideal é que sempre este resultado seja positivo, neste caso a empresa estará trabalhando com recursos próprios para girar suas operações" (LEME UFGRS, 2012).

Contudo, "quando o resultado é negativo, a empresa está trabalhando com recursos de terceiros para girar as operações. Neste caso, as dívidas superam o ativo circulante e a tendência é que aumente cada vez mais" (LEME UFGRS, 2012).

Para entender melhor, veja a Figura 1.1 a seguir:

Figura 1.1 Fluxograma do capital de giro.

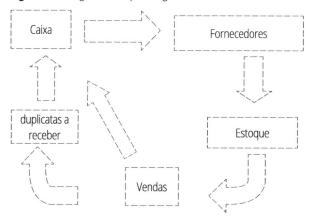

FONTE: FLUXO DE CAIXA. Noções de administração financeira. <http://www.fluxo-de-caixa.com/fluxo_de_caixa/financeiro.htm>. Acesso em: 15 jun. 2012.

Assim, podemos concluir que o ciclo inicia com as compras de materiais e termina com a geração de um valor excedente ao que foi aplicado no processo. Sobre esta questão, Yoshitake e Hoji (1997, p.150) salientam que...

> [...] é sempre bom lembrar que as empresas quebram não por falta de lucro e sim por falta de caixa." Assim, realizar o fluxo de caixa é fundamental para o gerenciamento do capital de giro porque possibilita uma visão clara e em tempo real da verdadeira situação de liquidez da empresa.

Tal excesso corresponde ao lucro líquido realizado financeiramente, adicionado das despesas de depreciação (também amortização e exaustão, se houver).

Essas despesas de depreciação surgem de registros contábeis correspondentes ao desgaste pelo uso e/ou à obsolescência dos ativos fixos (imobilizados).

Como é possível observar, é por meio das vendas à vista e da cobrança das duplicatas, representativas das vendas a prazo, que são recuperados financeiramente os investimentos realizados nos meios de produção e em outros ativos imobilizados; enquanto os ativos fixos (imobilizados):

> [...] geram produtos, cujas vendas propiciam a recuperação dos custos e despesas e o surgimento dos lucros, os ativos circulantes constituem aplicação de recursos de baixa rentabilidade, mas necessárias à sustentação das atividades operacionais da empresa (GIRALDI apud EUMED, 2011, p. 1).

Importante: o fluxo de caixa é uma excelente ferramenta de gestão, pois visa à melhoria de suas finanças para que se possam realizar investimentos na área de produção, compra de equipamentos e treinamento de pessoal.

"É importante planejar corretamente o fluxo de caixa da empresa e necessariamente saber quanto de dinheiro ela poderá ter disponível e se esses recursos serão suficientes para cumprir suas obrigações" (EUMED, 2011, p. 1). Para melhoramento no controle de caixa, é possível criar uma planilha eletrônica, ilustrada a seguir:

Planilha eletrônica de fluxo de caixa

DATA	ORIGEM	ENTRADA	SUBTOTAL	ORIGEM	SAÍDA	SUBTOTAL	TOTAL
	Saldo		R$ 0,00			R$ 0,00	R$ 0,00
	Vendas						

SIMPEP. Anais. <http://www.simpep.feb.unesp.br/anais/anais_13/artigos/190.pdf>. Acesso em: 15 jun. 2012.

Nesse contexto, é importante observar que:

> Dependendo do tipo de negócio e da qualidade de sua gestão, cada ciclo do capital de giro será repetido mais ou menos em determinado período.
> Assim é de se supor que quanto mais ciclos se completarem em cada período, mais eficientemente estarão sendo geridos os recursos aplicados no ativo circulante, ocasionando maior rentabilidade (BRAGA, 1989, p. 84).

Para Refletir

"Efeito tesoura é o crescimento negativo do saldo de tesouraria, que ocorre quando a empresa financia a maior parte da necessidade de capital de giro (NCG) por meio de créditos de curto prazo. Nesse caso, o saldo de tesouraria se apresenta negativo e crescendo, em valor absoluto, proporcionalmente mais do que a NCG.

O acompanhamento cuidadoso do Saldo de Tesouraria, observado sob o prisma do grau de alavancagem operacional e financeira, dará ao empresário uma medida adequada de como e quanto se endividar. Nem sempre o crescimento das vendas é um movimento sadio, nem sempre a queda nas vendas é um movimento negativo. Tudo depende da relação entre a variação da necessidade de capital de giro sobre as vendas, bem como do autofinanciamento sobre as vendas" (KOCH, 2009, p. 1).

Para que a gestão da NCG (Necessidade de Capital de Giro) seja eficiente é necessário que haja investimentos em volume suficiente à operação corrente, nem mais, nem menos.

> É importante ressaltar que o fato da NCG ser positiva não quer dizer que o negocio seja ineficiente operacionalmente.
> Assim, os valores dos giros das contas pertencentes ao grupo de NCG mensuram quanto eficiente à firma gerencia seus processos operacionais (política de estocagem, de crédito, de cobrança e de pagamentos) (COELHO; MONTEIRO, 2004, p. 17).

Vale destacar que para inúmeros administradores os índices de liquidez são a referência da eficiência operacional (COELHO; MONTEIRO, 2004). Por essa razão, em relação à Liquidez Corrente, defende-se que...

> [...] quanto maior os Ativos Circulantes em relação aos Passivos Circulantes, melhor. Isto não é sempre verdade já que nestes Ativos Circulantes, por exemplo, estão Ativos Operacionais como Estoques e Clientes que não podem ser liquidados, pois estão sempre em uma situação de circulabilidade, mantendo os saldos mínimos para a manutenção do negócio (COELHO; MONTEIRO, 2004, p. 17).

E Então?... Entendeu a importância de aplicação de investimento para sucesso em qualquer tipo de negócio?

Vejamos agora tal definição para alguns autores:

• "Investimento seria um gasto registrado no ativo, em função de sua vida útil ou da expectativa de benefícios futuros" (BREDA, 1999, p. 12).

• "O ato de investir implica em aplicar capital em um componente produtor de resultado" (DE SÁ, 1963, p. 32).

• "[...] aplicações de recursos visando à geração de rendimentos ou à prestação de serviços que satisfaçam a uma necessidade social sem fins lucrativos" (WALTER, 1982, p. 45).

• "Investimentos é um ativo possuído por uma empresa para fins de acréscimo patrimonial por meio da distribuição (tais como juros, royalties, dividendos e aluguéis), para fins de valorização ou para benefícios do investidor, tais como os obtidos de relacionamentos comerciais entre empresas" (IBRACON, 1998, p. 337).

Para compreender melhor, vejamos a Figura 1.3, que traz um outro fluxograma de capital de giro, com base em outra proposta:

Figura 1.3 Fluxograma do capital de giro

UFSC. Congresso.
Disponível em: < http://dvl.ccn.ufsc.br/congresso/anais/2CCF/20080810001959.pdf>.
Acesso em: 14 maio 2012.

5 - Capital circulante líquido

Saber Mais

"O Capital de Giro (CDG) é o recurso utilizado para sustentar as operações do dia-a-dia da empresa, ou seja, é o capital disponível para condução normal dos negócios da empresa.

Alguns pontos importantes da administração eficiente do capital de giro é seu impacto no fluxo de caixa da empresa. O volume de capital de giro utilizado por uma empresa depende de seu volume de venda, política de crédito e do nível de estoque mantido.

O CDG necessita de recursos para seu financiamento, ou seja, quanto maior for seu valor, maior a necessidade de financiamento, seja com recursos próprios, seja com recursos de terceiros.

As dificuldades relativas ao CDG numa empresa são devidas, principalmente, à ocorrência dos seguintes fatores:

• Redução de vendas;

• Crescimento da inadimplência;

• Aumento das despesas financeiras;

• Aumento de custos;

• Desperdícios de natureza operacional.

O CDG também é um conceito econômico-financeiro e não uma definição legal, constituindo uma fonte de fundos permanente utilizada para financiar a 'Necessidade de Capital de Giro' (CRÉDITO E DÉBITO, 2012).

Ressalta-se, nesse interim, que:

> Enquanto há exata determinação das épocas em que deverão ser efetuados os pagamentos relativos aos passivos circulantes, o mesmo não ocorre com as entradas de caixa provenientes das atividades de produção, vendas e cobrança. A falta de instantaneidade e sincronização entre essas três atividades básicas implicam imprecisão e riscos na conversão dos estoques em duplicatas a receber e destas em numerário. Comumente, quanto maior o capital circulante líquido de uma empresa, menor será sua lucratividade e menor o risco de não poder pagar suas obrigações no vencimento. Por outro lado, quanto menor o capital circulante líquido, maior será a lucratividade da empresa e maior o risco de ela não poder pagar suas obrigações no vencimento (ROSA, 2005, p. 14).

Para contextualizar ainda mais a aprendizagem, vejamos o quadro a seguir:

Quadro 1.1 Ativos/passivos circulantes.

ÍNDICE	Variação no índice	Efeitos sobre o lucro	Efeito sobre o risco
Ativos Circulantes Ativos totais	Aumento	Redução	Redução
	Redução	Aumento	Aumento
Passivos Circulantes Ativos Totais	Aumento	Aumento	Aumento
	Redução	Redução	Redução

FONTE: ROCHA, H. Homepage. Disponível em: <www.heliorocha.com.br>.
Acesso em: 15 maio 2012.

"O descompasso entre os fluxos de pagamentos e de recebimentos deverá ser coberto pelo Capital Circulante

Líquido (CCL), também conhecido por Capital de Giro Líquido (CGL)" (SANVICENTE, 1997 apud ROSA, 2005, p. 14).

O CCL pode ser visto por dois ângulos distintos conforme demonstra a Figura 1.4 a seguir:

Figura 1.4 - Capital Circulante Líquido (CCL).

Ativo Cirtculante (AC)	Passivo Cirtculante (PC)
CCL¹	CCL²
Ativos Não Circulantes (ANC)	Recursos de Longo Prazo e Permanentes (ELP + PL)

FONTE: adaptação de acervo pessoal.

Observe que a figura mostra que

$$CCL^1 = CCL^2$$
$$CCL^1 = AC - PC$$
$$AC = PC + CCL^2$$

Fica evidente, portanto, que o ativo circulante é financiado pelo passivo circulante e pelo capital circulante líquido.

$$CCL^2 = (ELP + PL) - (ANC)$$

Demonstrando que o capital circulante líquido é constituído pelo excedente dos recursos de longo prazo e permanentes sobre os ativos não circulantes.

Como "o dinheiro não é carimbado", teremos de admitir que o CCL^2 é constituído por uma parcela dos empréstimos e financiamentos a longo prazo e por uma parcela do patrimônio líquido (se a totalidade do exigível a logo prazo fosse constituída por contratos de financiamento de bens que integram o ativo permanente, teríamos de admitir CCL^2 seria constituído basicamente de recursos próprios).

Vejamos um exemplo:

Considere a seguinte demonstração da empresa "Z":

Figura 1.5 Balanço patrimonial.

Balanço Patrimonial Cia. "Z" em 31/12/02			
Ativo	**31/12/02**	**Passivo**	**31/12/02**
AC	**168.000**	**PC**	**138.000**
Caixa e Bancos	5.000	Fornecedores	60.000
Aplicações. Financeiras	15.000	Empréstimos	55.000
Duplicatas a Receber	100.000	Salários e Encargos	5.000
Estoques	48.000	Impostos a recolher	18.000
PNC	70.000	PNC	40.000
RLP - Créditos Diversos	20.000	ELP - Financiamento	40.000
Investimentos	10.000		
Imobilizado	40.000	PL	60.000
		Capital Social	60.000
Total do Ativo	**238.000**	**Total do Passivo**	**238.000**

FONTE: adaptação de acervo pessoal.

Calculando:

$$CCL^1 = AC - PC$$
$$CCL^1 = 168.000 - 138.000$$
$$CCL^1 = 30.000$$

ou

$$CCL^2 = (ELP + PL) - (ANC)$$
$$CCL^2 = (40.000 + 60.000) - (20.000 + 50.000)$$
$$CCL^2 = 100.000 - 70.000$$
$$CCL^2 = 30.000$$

Existem inúmeros cursos sobre os conteúdos tratados nas Seções desta aula, inclusive gratuitos, que podem ser encontrados e realizados pela internet. Assim, é importante que realize pesquisas em sites de busca, utilizando os termos curso junto à palavra que representa a conceituação do termo estudado, como por exemplo: "curso ativo circulante".

Aproveite a oportunidade para aprofundar e/ou ampliar ainda mais seus conhecimentos!

Afinal, você é o personagem principal de sua aprendizagem! Pense nisso...

Retomando a aula

Parece que estamos indo bem! Então, para encerrar a primeira aula, vamos recordar os temas que foram abordados:

1 - Capital de giro

Na seção 1 você teve a oportunidade de desenvolver conhecimentos sobre os conceitos e definições introdutórios relacionados ao tema "Capital de Giro", entendendo sua importância para o contexto empresarial.

2 - Ativos circulantes

Na seção 2, trabalhamos o termo ativo circulante, o qual pode ser entendido como aquele que irá se realizar até o final do exercício social seguinte ao do balanço que está sendo elaborado e é equivalente ao 'capital em giro'. Reconhecemos ainda as principais contas típicas do ativo circulante, que são: caixa, bancos, aplicações financeira de curto prazo, clientes ou duplicatas a receber e estoques de mercadorias.

3 - Passivos circulantes

Na terceira seção abordamos o tema passivo circulante, isto é, as obrigações que normalmente são pagas dentro de um ano e identificamos as principais contas típicas a ele relacionada, tais como: empréstimos bancários, fornecedores, salários e encargos a pagar, impostos a pagar, dividendos a pagar.

4 - Fluxo do capital de giro

Na seção 4 entendemos que o ciclo do capital de giro inicia com as compras de materiais e termina com a geração de um valor excedente ao que foi aplicado no processo.

5 - Capital circulante líquido

Finalmente, na última seção entendemos o que vem a ser o capital circulante líquido. Desse modo, vimos à importância do gerenciamento financeiro; relação entre ativo circulante e passivo circulante e vimos uma exemplificação de um balanço patrimonial, facilitando assim a compreensão do estudo.

Com base nestes saberes, é possível verificar que, para alcançar uma boa gerencia financeira, faz-se necessário desenvolver ações, registrar fatos, processar e calcular dados, analisar informações, tomar decisões e investir o necessário, alcançando, assim, o sucesso desejado.

Vale a pena

Vale a pena **ler**

ANTHONY, R. *Contabilidade gerencial.* São Paulo: Atlas, 1981.

BRÊDA, Paulo. *Gestão de custos.* Apostila da F.G.V. Rio de Janeiro: 1999.

SÁ, A. Lopes de. *Dicionário de contabilidade.* 2. ed. São Paulo: Atlas, 1963.

WALTER, Milton Augusto. *Introdução à contabilidade.* 2. ed. São Paulo: Saraiva, 1982.

IASC, IBRACON. *Normas internacionais de contabilidade.* São Paulo, IBRACON, 1998.

YOSHITAKE, Mariano; HOJI, Masakazu. *Gestão de tesouraria:* controle e análise de transações financeiras e moeda forte. São Paulo: Atlas, 1997.

Vale a pena **acessar**

ALFINANCE. *Capital de giro e investimento.* Disponível em: <www.allfinance.com.br/capital-giro-investimento.html>. Acesso em: 12 jun. 2012.

AMIGO NERD. *Capital de giro* (2003). Disponível em: <http://amigonerd.net/trabalho/7316-capital-de-giro>. Acesso em: 16 jul. 2012.

ARTIGONAL. *Administração do capital de giro.* Disponível em: <http://www.artigonal.com/financas-artigos/administracao-do-capital-de-giro-987773.html>. Acesso em: 14 maio 2012.

BRAGA, Roberto. *Análise avançada do capital de giro.* Cad. estud. n. 3. São Paulo, set. 1991. Disponível

em: <http://www.scielo.br/scielo.php?pid=S1413-92511991000100003&script=sci_arttext>. Acesso: 13 maio 2012.

CRÉDITO E DÉBITO. *O que é capital?* Disponível em: <creditoedebito.com.br/geral/o-que-e-capital-de-giro/>. Acesso em: 14 maio 2012.

COELHO, Fabiano; MONTEIRO, Andréa Alves Moreira. *Gestão de investimentos.* Disponível em: <http://www.fabianocoelho.com.br/artigos-contabilidade-gestao/Artigo-Gestao-de-investimentos.pdf>. Acesso em: 16 jul. 2012.

CONTABILIDADE FINÂNCEIRA. Origem do termo capital de giro. Disponível em: <http://contabilidadefinanceira.blogspot.com.br/2011/04/origem-do-termo-capital-de-giro.html> Acesso: 13 maio 2012.

CORREIA, Pedro. *Origem do termo capital de giro* (2011). Disponível em: <http://contabilidadefinanceira.blogspot.com.br/2011/04/origem-do-termo-capital-de-giro.html>. Acesso em: 16 jul. 2012).

FLUXO DE CAIXA. *Noções de administração financeira.* Disponível em: <http://www.fluxo-de-caixa.com/fluxo_de_caixa/financeiro.htm>. Acesso: 13 maio 2012.

INFOESCOLA. *Ativos e passivos.* Disponível em: <http://www.infoescola.com/economia/ativos-e-passivos/>. Acesso em: 15 jun. 2012.

HERIVAS. *Administração do capital de giro.* Disponível em: <http://herivas.br.tripod.com/pos/10_BSC_Abel/Apostila_CapitalGiro.pdf>. Acesso em: 15 jun. 2012.

LEME UFGRS. *Análise financeira.* Disponível em: <www.lume.ufrgs.br/bitstream/handle/10183/.../000635487.pdf?...1>. Acesso em: 15 jun. 2012.

PALMEIRA, Wesz Turchiello y Mauch. *Capital de giro faz falta nas empresas.* In: OBSERVATORIO DE LA ECONOMÍA LATINOAMERICANA, n. 159, 2011. Disponível em: <http://www.eumed.net/cursecon/ecolat/br/>. Acesso em: 16 jul. 2012.

PERITO CONTADOR. *Gerenciamento do capital de giro.* Disponível em: <http://www.peritocontador.com.br/artigos/colaboradores/O%20Capital%20de%20Giro%20como%20Fator%20Estrat%E9gico%20para%20o%20Desempenho%20Econ%F4mico-Financeiro%20das%20Empresas%20-%20Um%>. Acesso em: 12 jun. 2012.

ROSA, Vanessa Silva. *Avaliação da necessidade de capital de giro:* o caso da expression celular ltda. (2005). Disponível em: <http://siaibib01.univali.br/pdf/Vanessa%20Silva%20Rosa.pdf>. Acesso em: 16 jul. 2012.

SCRIBD. *Gestão financeira I.* Disponível em: <pt.scribd.com/doc/92630076/GESTAO-FINANCEIRA-I>. Acesso em jun. 2012.

SENAC MINAS GERAIS 2012. *Administração financeira e orçamentária.* Disponível em: <http://pt.scribd.com/doc/59603633/4/%E2%80%93-Natureza-e-definicoes-da-administracao-do-capital-de-giro>. Acesso em: 12 jun. 2012.

SIMPEP. Anais. Disponível em: <http://www.simpep.feb.unesp.br/anais/anais_13/artigos/190.pdf>. Acesso em: 15 jun. 2012.

ZANLUCA, Júlio César. *Estrutura do balanço patrimonial.* Disponível em: <http://www.portaldecontabilidade.com.br/guia/estruturabalanco.htm>. Acesso em: 13 maio 2012.

ZOMOBO. *Ativo circulante.* Disponível em: <zomobo.net/ativo-circulante>. Acesso em: 15 jun. 2012.

Vale a pena **assistir**

YOUTUBE. *Pai rico pai pobre* – Parte I. Disponível em: <http://www.youtube.com/watch?v=YOJCsNWmSxw&feature=related>. Acesso em: 13 maio 2012.

_____. *Pai rico pai pobre* - Parte II. Disponível em: <http://www.youtube.com/watch?feature=player_embedded&v=3Fasdb8v9JQ>. Acesso em: 13 maio 2012.

_____. *Classe média não sabe fazer dinheiro.* Disponível em: <http://www.youtube.com/watch?v=l5XLXS4zi4E&feature=relmfu>. Acesso em: 13 maio 2012.

Gostaram das sugestões dadas para complementar os conhecimentos adquiridos? Se a resposta for afirmativa, acessem e leiam a todas, pois isto irá dar um subsídio ainda maior em sua atuação futura de profissional!

Minhas anotações

2º Aula

Necessidade de capital de giro

Conhecer o repertório de estratégias de aprendizagem e os seus hábitos de estudo constitui um passo fundamental para que você enriqueça sua capacidade de aprender. Previna dificuldades de aprendizagem e avance no desenvolvimento de seu desempenho acadêmico.

Para tanto, ao iniciar os estudos da segunda aula, aproveite a oportunidade para posicionar-se criticamente diante dos conteúdos e das estratégias didáticas propostas.

Você é o protagonista de sua aprendizagem! Pense nisso...

Boa aula!

Objetivos de aprendizagem

Ao término desta aula, você será capaz de:

• identificar e entender a importância da determinação da necessidade da NCG;
• conceituar e rever aspectos importantes das teorias clássicas que fundamentaram a NCG.

Seções de estudo

1 - Determinação da NCG (Necessidade de Capital de Giro)

2 - Fontes de financiamento da NCG (Necessidade de Capital de Giro)

Durante o estudo de cada seção desta segunda aula, é importante que você faça resumos, utilize planilhas ou esquemas para condensar os conteúdos, reclassificando-os mentalmente.

Estas estratégias podem facilitar a compreensão, bem como acionar os *links* dos conteúdos com os conhecimentos adquiridos em outras disciplinas ou mesmo contextualizá-los na prática.

Bons estudos!

1 - Determinação da NCG (Necessidade de Capital de Giro)

Segundo Matarazzo (2007), a Necessidade de Capital de Giro, que designaremos NCG, não é só um conceito fundamental para a análise da empresa do ponto de vista financeiro, ou seja, análise de caixa, mas também de estratégias de financiamento, crescimento e lucratividade.

ATENÇÃO

"A Necessidade de Capital de Giro apresenta o montante necessário para a empresa financiar seu Ativo Circulante em decorrência de suas atividades de compra, produção e vendas" (PUC RS, 2012).

Ainda, segundo o mesmo autor, nenhuma análise econômico-financeira de empresa produtiva (excluem-se, portanto empresas financeiras e securitárias) pode prescindir de abordar a NCG, tamanha a sua importância.

Assim, conhecer sua real necessidade de capital de giro, bem como saber determinar suas principais fontes de financiamento, são informações relevantes para a gestão empresarial.

Na padronização de balanços, deparamos com a segmentação do Ativo Circulante e Passivo Circulante em Operacional e Financeiro, os quais fogem das classificações habituais. O Objetivo é justamente o de preparar os dados para a elaboração da NCG.

O Ativo Circulante Operacional – ACO é o investimento que decorre automaticamente das atividades de compra/produção/estocagem/venda, enquanto o Passivo Circulante Operacional – PCO é o financiamento, também automático, que decorre dessas atividades (SCRIBD, 2012, p. 2)

A diferença entre esses investimentos (ACO) e os financiamentos (PCO) é quanto a empresa necessita de capital para financiar o giro, ou seja, a NCG.

Portanto:

NCG = ACO – PCO

NCG = ACO – PCO

Onde:

NCG – Necessidade de Capital de Giro.

ACO – Ativo Circulante Operacional.

PCO – Passivo Circulante Operacional.

As situações básicas que ocorrem numa empresa, com relação ao ACO/PCO podem ser assim resumidas:

Ativo Circulante Operacional maior que Passivo Circulante Operacional -ACO > PCO.

É a situação normal da maioria das empresas. Em uma NCG para a qual a empresa deve encontrar fontes adequadas de financiamento.

Ativo Circulante Operacional igual ao Passivo Circulante Operacional - ACO = PCO.

Nesse caso a NCG é igual a zero e, portanto, a empresa não tem necessidade de financiamento para o giro.

Ativo Circulante Operacional menor que Passivo Circulante Operacional - ACO < PCO.

A empresa tem mais financiamentos operacionais do que investimentos operacionais. Sobram recursos das atividades operacionais, os quais poderão ser usados para aplicação no mercado financeiro ou pra a expansão da planta fixa.

Curiosidade

"Em uma pesquisa sobre a NCG, foram "coletados os dados de 20 empresas, pertencentes a sete setores da economia. Constatou-se que a maior parte das empresas analisadas não foi capaz de financiar suas necessidades de capital de giro pelo autofinanciamento. As empresas utilizaram, em maior proporção, recursos de terceiros de curto prazo, geralmente de maior custo e de menor prazo. As pequenas e médias empresas analisadas apresentaram uma situação financeira insatisfatória, com valores positivos para NCG e CCL e negativo para T. O montante do CCL não foi suficiente para financiar a NCG e essas empresas precisaram recorrer a financiamento de fontes onerosas de curto prazo, para assegurar a cobertura da parte da NCG que o CCL não foi capaz de financiar. As empresas analisadas mostraram-se dependentes de empréstimos bancários de curto prazo para financiar suas operações" (MACHADO et al., 2012).

Vejamos, a seguir, um exemplo:

Quadro 2.1 Demonstrações da NCG da Cia BIG.

	x1	x2	x3
Ativo Circulante Operacional			
Clientes	1.045.640	1.122.512	1.529.061
Estoques	751.206	1.039.435	1.317.514
(1) Soma	1.796.846	2.161.947	2.846.575
Passivo Circulante Operacional			
Fornecedores	(708.536)	(639.065)	(688.791)
Outras obrigações	(275.623)	(298.698)	(433.743)
(2) Soma	(984.159)	(928.763)	(1.122.534)
NCG = (1) – (2)	**812.687**	**1.233.184**	**1.724.041**

FONTE: *acervo pessoal*

Para atingir os objetivos para os quais se propôs no início do estudo desta aula, é preciso, dentre outras estratégias, organizar tempo e espaços de estudo, refletir sobre as sugestões de colegas de curso e de tutor, bem como gerir e monitorar seu desempenho. Pense nisso...

Agora, vamos prosseguir nossos estudos, estudando na Seção 2, as fontes de Financiamento da NCG.

2 - Fontes de financiamento da NCG

Matarazzo (2007) afirma que "para financiar as necessidades de capital de giro, a empresa pode contar normalmente com três tipos de financiamentos":

a) Capital circulante próprio;
b) Empréstimos e financiamentos bancários de longo prazo;
c) Empréstimos bancários de curto prazo e duplicatas descontadas.

Saber Mais

O capital de terceiros é exigível de curto e longo prazo, tais como empréstimos bancários, empréstimos de empresas coligadas e controladas, enquanto o capital próprio, trata-se do patrimônio líquido, por meio do aumento de Capital ou da retenção de lucros.

Como é possível observar, essas fontes trazem frequentemente algum custo para a companhia, uma vez que quando o Capital é de terceiros, ele representa um custo direto por meio dos juros cobrados, e quando o Capital é Próprio, pela remuneração dos acionistas, via lucros distribuídos. Além disso, "mantendo-se o equilíbrio entre ACO (Ativo Circulante Operacional) e PCO (Passivo Circulante Operacional), ou uma relação favorável por um maior volume de PCO, não ocorreria a necessidade de obtenção de novas fontes de financiamento" (SEIDE; KUME, 2003, p. 67).

Você Sabia?

"Que em inúmeras empresas o maior problema pode não ser o aumento das vendas, mas sim como financiar o aumento dos ACO relacionados" (SEIDE; KUME, 2003, p. 1).

Encontram-se a seguir algumas imagens que objetivam permitir ao leitor visualizar a NCG e suas fontes de Financiamento.

Observe a Figura 2.1:

Figura 2.1 Como localizar a Necessidade de Capital de Giro – NCG – no balanço.

Valor total do Ativo Circulante Representa o Investimento total em Giro. Para efeito de análise do Capital de Giro, devem ser expurgados eventuais Ativos Circulantes não Operacionais (como empréstimos a controladas e títulos a receber de venda de Ativo Permanente).	Estoques	Fornecedores	Financiamento Automático do giro com que a empresa pode contar.
	Duplicatas a Receber		Este vazio mostra os financiamentos que a empresa precisa obter para financiar a correspondente área do Ativo Circulante. **É a NCG**.
	Outros Ativos Circulantes		

FONTE: acervo pessoal

Veja na Figura 2.2 o complemento do balanço da figura acima, ressaltando-se, exatamente, as fontes de cobertura da Necessidade de Capital de Giro:

Figura 2.2 Fontes de cobertura da NCG.

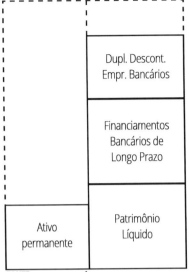

	Dupl. Descont. Empr. Bancários	Este vazio mostra os financiamentos que a empresa precisa obter para financiar a correspondente área do Ativo Circulante. **É a NCG.**
	Financiamentos Bancários de Longo Prazo	
Ativo permanente	Patrimônio Líquido	

FONTE: acervo pessoal

A Necessidade de Capital de Giro, na figura 2.2, é financiada por três fontes:

a) 1ª - Duplicatas Descontadas e Empréstimos Bancários de Curto Prazo;
b) 2ª - Financiamentos Bancários de Longo Prazo;
c) 3ª - Parte do Patrimônio Líquido, ou seja, Capital Circulante Próprio.

A Figura 2.2 mostra uma dada configuração. Na prática, existem inúmeras possibilidades: O Capital Circulante Próprio pode ser negativo, caso em que os financiamentos de longo prazo podem cobrir sozinhos o Capital Circulante Líquido e mesmo o Capital Circulante Líquido pode ser negativo.

Compreenderam as considerações feitas sobre os conceitos que foram apresentados. Para entender melhor, vamos estudar alguns símbolos e respectivos significados.

2.1 Simbologia

Seguem alguns símbolos ligados às fontes de financiamento da NCG e suas especificações:

ACO = Ativo Circulante Operacional;
AP = Ativo Permanente;
BP = Balanço Patrimonial;
CCL = Capital Circulante Líquido;
CCP = Capital Circulante Próprio;
CT = Comunicado Técnico;
DFC = Demonstração dos Fluxos de Caixa;
DLPA = Demonstração de Lucros ou Prejuízos Acumulados;
DMPL = Demonstração das Mutações do Patrimônio Líquido;
DRA = Demonstração do Resultado Abrangente;
DRE = Demonstração do Resultado do Exercício;
DVA = Demonstração do Valor Adicionado;
EBCP = Empréstimos Bancários de Curto Prazo (inclusive Duplicatas Descontadas);
ELP = Exigível a Longo Prazo;

IFRS = International Financial Reporting Standards;
IT = Interpretação Técnica;
LPD = Lucro Passível de Distribuição;
NBC TG = Norma Brasileira de Contabilidade Técnica Geral;
NCG = Necessidade de Capital de Giro;
NE = Notas Explicativas;
PC = Princípios de Contabilidade;
PCO = Passivo Circulante Operacional;
PL = Patrimônio Líquido;
PL = Patrimônio Líquido;
RLP = Realizável a Longo Prazo.

Os símbolos que estudamos nos ajudarão a entender, dentre outros conteúdos desta disciplina, o próximo subtópico, o qual está relacionado às Demonstrações do Capital de Giro.

2.2 Demonstrações do capital de giro

Baseado em Matarazzo (2007), segue uma demonstração que evidencia dados relevantes para a avaliação da gestão do capital de giro:

Figura 2.3 Demonstração do Capital de Giro (DCG).

Demonstração do Capital de Giro – DCG em:						
	31-12-X5			31-12-X6		
	Valores Absolutos	AV	AH	Valores Absolutos	AV	AH
Determinação da NCG						
AC Operacional						
Clientes						
Estoques						
Outros Ativos Operacionais						
SOMA						
PC Operacional						
Fornecedores						
Outros Passivos Operacionais						
SOMA						
NCG (ACop – PCop)						
FINANCIAMENTOS DA NCG						
PL						
- AP						
= CGP						
+ PELP						
= CCL						
+ EBCP						
= FINANCIAMENTO TOTAL NCG						
= SALDO DE TESOURARIA						
APLICAÇÕES FINANCEIRAS						
= CAIXA + BANCOS						

FONTE: acervo pessoal

Agora, vejamos um exemplo de demonstração do capital de giro:

Figura 2.4 Demonstração horizontal do Capital de Giro (DCG) da "Cia Líquida".

Balanço Patrimonial em 31/12/2006 – "Cia Líquida"					
Ativo	31/12/05	31/12/06	Passivo	31/12/05	31/12/06
AC	**3.300**	**3.435**	**PC**	**1.500**	**1.770**
Disponível	100	220	Fornecedores	1.100	1.400
Duplicatas a Receber	1.800	2.030	Empréstimos	400	370
Estoques	1.400	1.185			
			PNC	500	660
			ELP - Financiamento	500	660
ANC	2.200	1.945			
Imobilizado	2.800	3.145			
(-) Depreciação Acumulada	(600)	(1.200)	**PL**	**3.500**	**2.950**
			Capital Social	2.000	2.150
			Lucros Acumulados	1.500	800
Total do Ativo	**5.500**	**5.380**	**Total do Passivo**	**5.500**	**5.380**

FONTE: acervo pessoal

Segue, novo exemplo da demonstração, elaborado a partir de outra forma de demonstração:

Figura 2.5 Demonstração vertical do Capital de Giro (DCG) da "Cia Líquida"

Demonstração do Capital de Giro (DCG) "Cia Líquida"						
	31/12/05			31/12/06		
	Valores Absolutos	AV	AH	Valores Absolutos	AV	AH
Determinação da NCG						
AC Operacional						
Clientes	1.800			2.030		
Estoques	1.400			1.185		
Outros Ativos Operacionais	-			-		
SOMA	3.200			3.215		
PC Operacional						
Fornecedores	1.100			1.400		
Outros Passivos Operacionais.	-			-		
SOMA	1.100			1.400		
NCG	2.100	100	100	1.815	100	86
FINANCIAMENTOS DA NCG						
PL	3.500		100	2.950		84
- AP	2.200		100	1.945		88
= CGP	1.300	62	100	1.005	56	77
+ PELP	500	24	100	660	36	132
= CCL	1.800	86	100	1.665	92	93
+ EBCP	400	19	100	370	20	93
= FINANCIAMENTO TOTAL NCG	2.200	105	100	2.035	112	93

= SALDO DE TESOURARIA	100	5	100	220	12	220
APLICAÇÕES FINANCEIRAS	-		-			
= CAIXA + BANCOS	100	5	100	220	12	220

FONTE: acervo pessoal

Observe que as análises horizontais e verticais dessa demonstração ajudam a entender quais foram as principais fontes de financiamento da NCG e suas variações de um período para o outro, as quais nos ajudam a entender como determinada empresa está gerenciando suas fontes de financiamento de capital de giro.

E aí, agora ficou mais fácil entender a Necessidade de Capital de Giro? Estou certo de que sim! Contudo, é importante que continue pesquisando sobre o tema para aprofundar e ampliar cada vez mais seus conhecimentos e que realize as atividades explicitadas no ambiente virtual para melhorar continuamente seu processo de aprendizagem. Pense nisso...

Retomando a aula

Retomar conhecimentos é fundamental para sedimentar o processo de aprendizagem. Assim, convidamos você a relembrar os estudos realizados na aula 2!

1 - Determinação da NCG (Necessidade de Capital de Giro)

Na primeira seção da aula 1, vimos que o conceito de NCG é fundamental para a análise da empresa do ponto de vista financeiro (análise de caixa), bem como das estratégias de financiamento, crescimento e lucratividade.

Nesse interim, entendemos que é exatamente quando há diferença entre os investimentos (ACO) e os financiamentos (PCO) que a empresa necessita de capital para financiar o giro, ou seja, a NCG.

2 - Fontes de Financiamento da NCG (Necessidade de Capital de Giro).

Na segunda seção, estudamos as fontes de financiamento da NCG: o Capital circulante próprio, os e empréstimos e financiamentos bancários de longo prazo e os empréstimos bancários de curto prazo e duplicatas descontadas.

Abordamos também alguns símbolos ligados à temática da disciplina e seus respectivos significados, os quais facilitaram a compreensão das demonstrações do Capital de Giro, explicitadas posteriormente.

Vale a pena

Vale a pena **ler**

MATARAZZO, D. C. *Análise financeira de balanços:* abordagem básica e gerencial. 6 ed. São Paulo: Atlas, 2007.

SEIDE, André; KUME, Ricardo. *Contabilização das variações da necessidade de capital de giro.* Revista Contabilidade/ Finanças - USP, São Paulo, n. 31, p. 66 - 77, janeiro/abril, 2003.

Vale a pena **acessar**

MIRANDA, João Carlos Meroni. *Captação de recursos:* fontes de financiamentos. Disponível em: <http://www.pucrs.br/eventos/torneioempreendedor/1torneio/palestra_caprecursos_1809.pdf>. Acesso em: 15 jun. 2012.

MACHADO, Márcio André Veras et al. *Análise dinâmica e o financiamento das necessidades de capital de giro das pequenas e médias empresas.* Disponível em: <http://www.congressousp.fipecafi.org/artigos52005/147.pdf>. Acesso em: 15 jun. 2012.

SCRIBD. *Contabilização das variações da necessidade de capital de giro.* Disponível em: <http://pt.scribd.com/doc/4941870/CONTABILIZACAO-DAS-VARIACOES-DA-NECESSIDADE-DE>. Acesso em: 16 jul. 2012.

Vale a pena **assistir**

YOUTUBE. *Capital de giro* - TV Cultura. Disponível em: <http://www.youtube.com/watch?v=pVFC2RXnYQ0>. Acesso em: 15 jun. 2012.

_____. *Exercício:* gestão financeira e orçamentária (capital de giro). Disponível em: <http://www.youtube.com/watch?v=57WNh0nwfgY>. Acesso em: 15 jun. 2012.

Minhas anotações

Aula 3º

Demonstração dos Fluxos de Caixa - DFC

Prezados(as) Alunos(as)!

Para potencializar sua aprendizagem sobre os conteúdos que estudaremos nesta terceira aula, sugerimos que:

a) leia despreocupadamente o conteúdo a ser estudado;

b) releia o conteúdo sublinhando, ou seja, aquele que você considerar mais relevante no texto;

c) faça um questionário sobre o que foi lido;

d) sempre que possível, elabore gráficos, esquemas ou mapas mentais sobre o material estudado.

Boa aula!

 Objetivos de aprendizagem

Ao término desta aula, você será capaz de:

• identificar e entender os pressupostos das DFC (Demonstrações dos Fluxos de Caixa);
• classificar, por atividades, as entradas e as saídas de caixa.

Conhecer o repertório de estratégias de aprendizagem e os seus hábitos de estudo constitui um passo fundamental para que você enriqueça sua capacidade de aprender. Previna dificuldades de aprendizagem e avance no desenvolvimento de seu desempenho acadêmico.

Para tanto, ao iniciar os estudos da terceira aula, aproveite a oportunidade para posicionar-se criticamente diante dos conteúdos e das estratégias didáticas propostas.

Você é o protagonista de sua aprendizagem! Pense nisso...

Boa Aula!

1 - DFC (Demonstrações dos Fluxos de Caixa): introdução

O que é DFC e qual a sua finalidade?

Segundo Reis (2006), a DFC é uma demonstração contábil que tem por fim evidenciar as transações ocorridas em determinado período e que provocaram modificações no saldo da conta Caixa.

Você Sabia?

Que a "Demonstração do Fluxo de Caixa (DFC) passou a ser um relatório obrigatório pela contabilidade para todas as sociedades de capital aberto ou com patrimônio líquido superior a R$ 2.000.000,00 (dois milhões de reais) sabem. Esta obrigatoriedade vigora desde 01.01.2008, por força da Lei 11.638/2007, e desta forma torna-se mais um importante relatório para a tomada de decisões gerenciais. A Deliberação CVM 547/2008 aprovou o Pronunciamento Técnico CPC 03, que trata da Demonstração do Fluxo de Caixa. De forma condensada, esta demonstração indica a origem de todo o dinheiro que entrou no caixa em determinado período e, ainda, o Resultado do Fluxo Financeiro. Assim como a Demonstração de Resultados de Exercícios, a DFC é uma demonstração dinâmica e também está contida no balanço patrimonial" (PORTAL DE CONTABILIDADE, 2012).

Trata-se, portanto, de uma demonstração sintetizada dos fatos administrativos que envolvem o fluxo de dinheiro ocorrido durante determinado período, devidamente registrados a débito (entradas) e a crédito (saídas) da conta "Caixa".

"As informações sobre o fluxo de caixa de uma entidade são úteis para proporcionar aos usuários das demonstrações contábeis uma base para avaliar a capacidade de a entidade gerar caixa e equivalentes de caixa, bem como as necessidades da entidade de utilização desses fluxos de caixa. As decisões econômicas que são tomadas pelos usuários exigem avaliação da capacidade de a entidade gerar caixa e equivalentes de caixa, bem como da época de sua ocorrência e do grau de certeza de sua geração" (CRCPR, 2012).

Saber Mais

"As informações sobre o fluxo de caixa de uma entidade são úteis

para proporcionar aos usuários das demonstrações contábeis uma base para avaliar a capacidade de a entidade gerar caixa e equivalentes de caixa, bem como as necessidades da entidade de utilização desses fluxos de caixa. As decisões econômicas que são tomadas pelos usuários exigem avaliação da capacidade de a entidade gerar caixa e equivalentes de caixa, bem como da época de sua ocorrência e do grau de certeza de sua geração" (CRCPR, 2012).

Para fins da DFC, o conceito caixa engloba todas as disponibilidades da empresa existentes nas contas:

a) caixa;

b) bancos;

c) aplicações financeiras de liquidez imediata.

Essas três contas integram o grupo das Disponibilidades no Ativo Circulante do Balanço Patrimonial.

Nesse contexto, o Fluxo de caixa, portanto, compreende o movimento de entradas e saídas de dinheiro na empresa.

Importante: "na Contabilidade, uma projeção de fluxo de caixa demonstra todos os pagamentos e recebimentos esperados em um determinado período de tempo. O controlador de fluxo de caixa necessita de uma visão geral sobre todas as funções da empresa, como: pagamentos, recebimentos, compras de matéria-prima, compras de materiais secundários, salários e outros, por que é necessário prever o que se poderá gastar no futuro dependendo do que se consome hoje. Um exemplo: se uma pessoa recebe $ 5.000,00 mensais (ou $ 60.000,00 anuais), e gasta algo equivalente a isso com as despesas correntes, seu fluxo de caixa é de igual valor. Com esse fluxo de caixa ele poderá se planejar para o futuro de curto prazo, ele também estaria impedido de tomar empréstimos vultosos, comprar bens de alto valor ou empreender projetos acima de $ 100.000,00, por exemplo. Para uma entidade jurídica, essa medida de fluxo de caixa é idêntica. Portanto, o fluxo de caixa "mede" o valor do negócio em que a empresa vem operando. Não adianta a entidade ser gigantesca ou pequena demais, o valor desse empreendimento estará no seu fluxo de caixa, ou melhor, se ambas tiverem um FC de, digamos, 1 milhão, ambas terão o mesmo valor de mercado, pelas trocas de ativos que eles realizam com o mercado serem idênticas. Apesar do nome, as contas-correntes da empresa tem o mesmo comportamento do seu caixa e seu movimento faz parte desse fluxo de caixa. O que não pode ser considerado é a transação de depósito ou saque bancários, ou melhor, as transações entre Caixa e Contas-Correntes não são computadas". Em síntese, "o fluxo de caixa é uma ótima ferramenta para auxiliar o responsável pela administração de determinada empresa nas tomadas de decisões. É através deste "mapa" que os custos fixos e variáveis ficam evidentes, permitindo-se desta forma um controle efetivo sobre determinadas questões empresariais" (PORTAL DO EMPRESÁRIO CONTÁBIL, 2012, p. 1, grifo do autor).

Há pelo menos dois organismos internacionais que tratam dessa matéria, são eles:

a) *IASC – International Accounting Standards Commitee*: órgão cujas práticas contábeis por ele estabelecidas são adotadas por vários países.

b) *FASB – Financial Accounting Standards Board*: órgão normatizador das práticas contábeis dos Estados Unidos da América.

E então? Entendeu as DFC? Em caso de resposta afirmativa: Parabéns! Contudo, há muitos outros conhecimentos a serem agregados sobre este tema. Para tanto, sugerimos que consulte as obras, periódicos e sites indicados ao final desta aula.

Agora, vamos refletir sobre as possíveis classificações de entradas e saídas de caixa por tipo de atividade!

2 - Classificação de entradas e saídas de caixa por atividades

Para iniciar o estudo da seção 2, é preciso reconhecer que o fluxo de caixa é o reflexo da vida de qualquer empresa e, portanto, é fundamental que o administrador compreenda o contexto geral e a classificação do fluxo de entrada e o de saída da forma adequada para que suas decisões sejam bem planejadas e implementadas.

Pense nisso e bons estudos!

Conforme Reis (2006), são três os grupos de atividades nos quais devem ser classificadas as entradas e saídas de caixa, para fins da DFC. Vejamos o que diz o autor:

a) Atividades operacionais: compreendem as transações que envolvem a consecução do objeto social da Entidade. Elas podem ser exemplificadas pelo recebimento de uma venda, pagamento de fornecedores por compra de materiais, pagamento dos funcionários etc.

b) Atividades de investimentos: compreendem as transações com os ativos financeiros, as aquisições ou vendas de participações em outras entidades e de ativos utilizados na produção de bens ou prestação de serviços ligados ao objeto social da entidade. As atividades de investimentos não compreendem a aquisição de ativos com o objetivo de revenda.

c) Atividades de financiamentos: incluem a captação de recursos dos acionistas ou cotistas e seu retorno em forma de lucros ou dividendos, a captação de empréstimos ou outros recursos, sua amortização e remuneração.

Para Refletir
Entendeu?

"As atividades operacionais são explicadas pelas receitas e gastos decorrentes da industrialização, comercialização ou prestação de serviços da empresa (estas atividades têm ligação com o capital circulante líquido da empresa), as "atividades de investimento são os gastos efetuados no realizável a longo prazo, em Investimentos, no imobilizado ou no intangível, bem como as entradas por venda dos ativos registrados nos referidos subgrupos de contas" e, finalmente, as "atividades de financiamento são recursos obtidos do passivo não circulante e do patrimônio líquido", os quais "devem ser incluídos aqui os empréstimos e financiamentos de curto prazo. As saídas correspondem à amortização destas dívidas e os valores pagos aos acionistas a título de dividendos, distribuição de lucros" (PORTAL DE CONTABILIDADE, 2012).a

Nesse contexto,

é importante salientar que cuidados especiais precisam ser tomados no momento da classificação das transações em seus respectivos grupos de atividades. Isso é importante porque

ocorre que determinados recebimentos ou pagamentos de caixa podem ter características que se enquadrem tanto no fluxo de caixa das atividades operacionais como nas atividades de financiamentos ou nas atividades de investimentos (RIBEIRO, 2002, p. 401).

Assim, destaca-se que:

a) os desembolsos efetuados para pagamento a fornecedores, decorrentes de financiamentos para aquisição de bens destinados à produção ou venda, devem ser classificados como atividades operacionais.

b) os desembolsos efetuados para pagamento a fornecedores, decorrentes de financiamentos obtidos para aquisição de bens do Ativo Permanente, devem ser classificados como Atividades de Investimentos.

c) os desembolsos efetuados para pagamento a credores, referentes a empréstimos efetuados para aplicação na expansão do empreendimento, devem ser classificados como atividades de financiamentos.

Vejamos um exemplo prático!

Ao olhar para uma DFC, o usuário deve compreender com facilidade qual foi a origem de todos os recursos financeiros que passaram pelo caixa da empresa em determinado período, bem como o destino dos recursos financeiros que ingressaram e não permaneceram para compor o saldo do caixa no final do mesmo período.

Para elaborar a DFC, alguns dados podem ser extraídos diretamente do Balanço Patrimonial e da Demonstração do Resultado do Exercício, enquanto outros precisam ser calculados, como é o caso, por exemplo, dos valores pagos a fornecedores, dos valores recebidos de clientes, dos pagamentos de Contas a Pagar etc.

Suponhamos os seguintes fatos ocorridos em uma empresa, durante o exercício de X2:

d) Compra de Mercadorias no valor de $ 100.000, sendo que 40% foram pago em dinheiro e o restante a prazo.

e) Venda de mercadorias no valor de $ 150.000, sendo $ 100.000 à vista e o restante a prazo.

f) Pagamento a fornecedores da importância de $ 20.000, em dinheiro.

g) Recebido de clientes a importância de $ 30.000, em dinheiro.

h) Despesas incorridas no período: $ 35.000, sendo $ 15.000 pagas em dinheiro e o restante a prazo.

i) Impostos incidentes sobre vendas, pagos em dinheiro: $ 10.000.

j) Pagamento de Contas a Pagar, em Dinheiro: $ 15.000.

Sugerimos, para melhor compreensão, que você escriture em razonetes os fatos supra, abrindo, inicialmente, razonetes para as contas contidas no Balanço Patrimonial apresentado adiante, referentes ao exercício X1.

Para saber como fazer isto, apresentaremos, a seguir, um exemplo de razonete da conta "Caixa", no qual o saldo inicial foi extraído do Balanço de 31.12.X1, apresentado após a DRE:

Figura 3.1 Rasonete da conta "Caixa".

CAIXA	
70.000	40.000
100.000	20.000
30.000	15.000
	10.000
	15.000
Soma	Soma
200.000	100.000
100.000	

FONTE: acervo pessoal

Observe que o saldo inicial do Caixa era de $ 70.000 e o final é de $ 100.000. Houve, portanto, uma variação positiva no período igual a $ 30.000. É exatamente essa variação que será demonstrada pela DFC.

Considerando que os fatos ocorridos no exercício de X2 estejam devidamente escriturados e o resultado do exercício apurado, veja como ficará a DRE em 31.12.X2:

Figura 3.2 Demonstração do resultado do exercício.

Demonstração do Resultado do Exercício	
Receita Bruta de Vendas	150.000
(-) Impostos sobre vendas	(10.000)
Receita Líquida de Vendas	140.000
(-) Custo das Mercadorias Vendidas	(60.000)
Lucro Bruto	80.000
(-) Despesas	(35.000)
Lucro Líquido	45.000

BALANÇOS PATRIMONIAIS		
Contas	31.12.X1	31.12.X2
Ativo		
AC		
Caixa	70.000	100.000
Clientes	30.000	50.000
Estoque de Mercadorias	50.000	90.000
AP		
Móveis e utensílios	50.000	50.000
Total do Ativo	200.000	290.000
Passivo		
PC		
Fornecedores	20.000	60.000
Contas a pagar	15.000	20.000
PL		
Capital		
Lucros Acumulados		
Total do Passivo	200.000	290.000

FONTE: acervo pessoal

Existem dois métodos que podem ser utilizados para elaboração da DFC: método indireto e o método direto.

> Para continuar nosso processo de aprendizagem, no próximo tópico, vamos conhecer mais detalhadamente os métodos indireto e direto, os quais, como vimos no estudo realizado até o presente momento, podem ser utilizados para a elaboração da DFC.

2.1 Método indireto

Pelo método indireto de DRE, também denominado de método de reconciliação, os recursos derivados das atividades operacionais são demonstrados a partir do lucro líquido do exercício, ajustado pela adição das despesas e pela exclusão das receitas consideradas na apuração do resultado, que não afetam o "Caixa" da empresa, isto é, que não representaram saídas ou entradas de dinheiro, bem como pela exclusão das receitas realizadas no exercício e recebidas no exercício anterior, e pela adição das receitas recebidas antecipadamente que não foram consideradas na apuração do resultado, porém interferiram no Caixa da empresa (SCRIBD, 2012, p. 1,).

Saber Mais
"Com base no método indireto, o lucro líquido ou prejuízo é ajustado pelos efeitos das transações que não envolvem caixa, de quaisquer diferimentos ou outras apropriações, por competência sobre recebimentos ou pagamentos operacionais passados ou futuros, por itens de receita ou despesa associados com fluxos de caixa das atividades de investimento ou de financiamento" (PLANEJAMENTO GOV, 2012).

Embora o exemplo em questão envolva pouquíssimos dados, apresentamos um modelo de DFC completo, para que você possa avaliar o conteúdo do demonstrativo.

Utilizaremos o modelo apresentado no anexo II da NPC 20/99 do IBRACON:

Figura 3.3 Demonstração dos fluxos de caixa – método indireto.

Demonstração dos Fluxos de Caixa – Método Indireto	
FLUXOS DE CAIXA DAS ATIVIDADES OPERACIONAIS	
Resultado do exercício / período	45.000
Ajustes para conciliar os resultados às disponibilidades geradas pelas atividades da empresa	
Depreciação e amortização	0
Resultado na venda de ativos permanentes	0
Equivalência Patrimonial	(0)
Recebimento de lucros e dividendos de subsidiárias	0
Variações nos ativos e passivos	
(Aumento) Redução em contas a receber	(20.000)
(Aumento) Redução dos estoques	(40.000)
Aumento (Redução) em fornecedores	40.000
Aumento (Redução) em contas a pagar	5.000
Aumento (Redução) no imposto de renda e contribuição social	0
Disponibilidades líquidas geradas pelas (aplicadas nas) atividades operacionais	**30.000**
FLUXOS DE CAIXA DAS ATIVIDADES DE INVESTIMENTOS	

Compras de imobilizado	(0)
Aquisição de ações / cotas	(0)
Recebimentos por venda de ativos permanentes	0
Disponibilidades líquidas geradas pelas (aplicadas nas) atividades de investimentos	**0**
FLUXOS DE CAIXA DAS ATIVIDADES DE FINANCIAMENTOS	
Integralização de capital	0
Pagamento de lucros / dividendos	(0)
Empréstimos tomados	0
Pagamento de empréstimos / debêntures	(0)
Juros recebidos de empréstimos	0
Juros pagos por empréstimos	(0)
Disponibilidades líquidas geradas pelas (aplicadas nas) atividades de financiamentos	**0**
Aumento (Redução) nas disponibilidades	30.000
Disponibilidades – no início do período	70.000
Disponibilidades – no final do período	100.000

FONTE: IBRACON, NPC 20/99 (2012).

Portanto, embora com poucos dados, você pode perceber como ocorreu a variação de $ 30.000 no saldo da conta Caixa.

2.2 Método Direto

Por esse método direto, os recursos são derivados das atividades operacionais e são demonstrados por meio de recebimentos e pagamentos (SCRIBD, 2012).

ATENÇÃO

"O método direto proporciona informações que podem ser úteis para estimar futuros fluxos de caixa e que não estão disponíveis com o uso do método indireto" (PLANEJAMENTO GOV, 2012).

Para compreender melhor o método direto, utilizaremos o modelo apresentado no anexo I da NPC 20/99 do IBRACON:

Figura 3.4 Demonstração dos fluxos de caixa – método direto.

Demonstração dos Fluxos de Caixa – Método Direto	
Fluxos de caixa originados de:	
ATIVIDADES OPERACIONAIS	
Valores recebidos de clientes (1)	130.000
Valores pagos a fornecedores e empregados (2)	(60.000)
Imposto de renda e contribuição social pagos	(0)
Pagamento de contingências	(0)
Recebimento por reembolso de seguros	0
Recebimento de lucros e dividendos de subsidiárias	0
Outros recebimentos (pagamentos) líquidos (3)	(40.000)
Disponibilidades líquidas geradas pelas (aplicadas nas) atividades operacionais	**30.000**
ATIVIDADES DE INVESTIMENTOS	

Compras de imobilizado	(0)
Aquisição de ações / cotas	(0)
Recebimentos por venda de ativos permanentes	0
Juros recebidos de contratos de mútuos	0
Disponibilidades líquidas geradas pelas (aplicadas nas) atividades de investimentos	**0**
ATIVIDADES DE FINANCIAMENTOS	
Integralização de capital	0
Pagamento de lucros / dividendos	(0)
Juros recebidos de empréstimos	0
Juros pagos de empréstimos	(0)
Empréstimos tomados	0
Pagamento de empréstimos / debêntures	(0)
Disponibilidades líquidas geradas pelas (aplicadas nas) atividades de financiamentos	**0**
Aumento (Redução) nas disponibilidades	30.000
Disponibilidades – no início do período	70.000
Disponibilidades – no final do período	100.000

FONTE: IBRACON, NPC 20/99 (2012)

Veja os cálculos que efetuamos para encontrar os valores lançados neste demonstrativo:

(1) Valores recebidos de clientes
Saldo inicial de clientes	30.000
(+) vendas de mercadorias	150.000
(-) saldo final de Clientes	(50.000)
Total recebido no período	130.000

(2) Valores pagos a fornecedores
Saldo inicial de fornecedores	20.000
(+) compra de mercadorias	100.000
(-) saldo final de fornecedores	(60.000)
Total pago no período	60.000

(3) Pagamento de Despesas
Saldo inicial de Contas a Pagar	15.000
(+) Despesas incorridas no período	35.000
(+) Impostos incorridos no período	10.000
(-) Saldo final de Contas a Pagar	(20.000)
Total de despesas pagas	40.000

A entidade deverá divulgar, ainda, informações sobre a demonstração dos fluxos de caixa referentes à conciliação do resultado do exercício com o valor das disponibilidades líquidas geradas ou utilizadas nas atividades operacionais, como exemplificado a seguir:

Figura 3.5 Fluxos de "Caixa" das atividades operacionais

Fluxos de Caixa das Atividades Operacionais	
Resultado do exercício / período	45.000
Ajustes para conciliar o resultados às disponibilidades geradas pelas atividades da empresa	

Depreciação e amortização	0
Resultado na venda de ativos permanentes	0
Equivalência Patrimonial	(0)
Variações nos ativos e passivos	
(Aumento) Redução em contas a receber	(20.000)
(Aumento) Redução dos estoques	(40.000)
Aumento nas Despesas antecipadas	(0)
Aumento (Redução) em fornecedores e contas a pagar	45.000
Aumento (Redução) na provisão para devedores duvidosos	0
Aumento (Redução) na provisão para férias	0
Aumento (Redução) na provisão para contingências	0
Total dos ajustes	(15.000)
Disponibilidades líquidas geradas pelas (aplicadas nas) atividades operacionais	**30.000**

FONTE: Acervo pessoal

Para finalizar e contextualizar ainda os conhecimentos adquiridos sobre o tema em pauta, segue uma imagem que apresenta graficamente a diferença entre os métodos direto e indireto de DFC:

Figura 3.6 Métodos direto e indireto de DFC

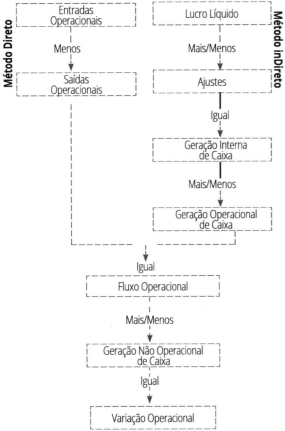

FONTE: SÁ, 1998 apud PLANEJAMENTO GOV. A demonstração do fluxo de caixa. Disponível em: <http://www.planejamento.gov.br/secretarias/upload/Arquivos/dest/eventos/demonstracao_fluxo_de_caixa.pdf>. Acesso em: 15 jun. 2012.

Espero que seus estudos referentes a esta terceira aula tenham sido proveitosos!
Agora, é importante que você acesse o ambiente virtual e realize as atividades propostas como avaliação continuada desta Aula... Ah!

Caso ainda tenha dúvidas, sugerimos que acesse o ambiente virtual e utilize as ferramentas apropriadas para se comunicar com seus colegas de curso e com seu professor. Além disso, é importante que reflita sobre os conteúdos e as estratégias didáticas empregadas para a aprendizagem dos conteúdos propostos nesta aual: o que foi bom? O que pode melhorar?
Lembre-se de que estaremos esperando suas sugestões para melhorar nossos recursos e técnicas didáticas utilizados no curso. Afinal, na EAD a construção de conhecimento é um trabalho de todos. Participe, nós também queremos aprender com você!

Retomando a aula

Para encerrar a Aula 3, vamos recordar os temas que foram estudados:

1 - DFC (Demonstrações dos Fluxos de Caixa): introdução

Na primeira seção da terceira aula, entendemos a conceituação, bem como os pressupostos da demonstração contábil, a qual permite evidenciar as transações ocorridas em determinado período e que provocaram modificações no saldo da conta Caixa.

Entendemos que no contexto da DFC, o conceito caixa refere-se às disponibilidades da empresa existentes nas contas: caixa, bancos e aplicações financeiras de liquidez imediata, as quais integram o grupo das Disponibilidades no Ativo Circulante do Balanço Patrimonial.

2 - Classificação de entradas e saídas de caixa por atividades

Na seção 2, estudamos os três grupos de atividades nos quais devem ser classificadas as entradas e saídas de caixa, ou seja: as atividades operacionais, atividades de investimentos e atividades de financiamentos.

Nesse interim, percebemos que é importante tomar cuidados especiais no momento da classificação das transações em seus respectivos grupos de atividades, uma vez que determinados recebimentos ou pagamentos de caixa podem ter características que se enquadrem tanto no fluxo de caixa das atividades operacionais como nas atividades de financiamentos ou nas atividades de investimentos. Contudo, elas precisam ser adequadamente agrupadas para evitar futuros equívocos.

Com isso, fechamos o estudo desta terceira aula. Agora, é com você! Continue pesquisando e ampliando seus conhecimentos sobre o tema!

Vale a pena

Vale a pena **ler**

MATARAZZO, D. C. Análise financeira de balanços: abordagem básica e gerencial. 6. ed. São Paulo: Atlas, 2007.

REIS, Arnaldo. *Demonstrações contábeis:* estrutura e análise. 2. ed. São Paulo: Saraiva, 2006.

RIBEIRO, Osni M. *Contabilidade geral fácil:* para cursos de contabilidade e concursos em geral. 4. ed. São Paulo. Saraiva, 2002.

SÁ, Antônio Lopes. *História geral e das doutrinas da contabilidade.* 2. ed. São Paulo: Atlas, 1998.

Vale a pena **acessar**

CRCPR. *Demonstrações contábeis:* aspectos práticos. Disponível em: <http://www.crcpr.org.br/new/content/download/2011_demonstracoesContabeis.pdf>. Acesso em: 15 jun. 2012.

IBRACON. Homepage. Disponível em: <www.ibracon.com.br/>. Acesso em: 15 jun. 2012.

PLANEJAMENTO GOV. *A demonstração do fluxo de caixa.* Disponível em: <http://www.planejamento.gov.br/secretarias/upload/Arquivos/dest/eventos/demonstracao_fluxo_de_caixa.pdf>. Acesso em: 15 jun. 2012.

PORTAL DE CONTABILIDADE. DFC - *Demonstrações dos fluxos de caixa.* Disponível em: <http://www.portaldecontabilidade.com.br/tematicas/ademonstracaodosfluxos.htm>. Acesso em: 15 jun. 2012.

PORTAL DO EMPRESÁRIO CONTÁBIL. A contabilidade gerencial e sua importância na atualidade. Disponível em: <www.portaldoempresariocontabil.com.br/index.php?>. Acesso em: 15 jun. 2012.

SCRIBD. *Estrutura BP e fluxo de caixa.* Disponível em: <pt.scribd.com/doc/96086887/Estrutura-BP-e-Fluxo-de-Caixa>. Acesso em: 15 jun. 2012.

Vale a pena **assistir**

YOUTUBE. *Demonstração dos fluxos de caixa e lucros ou prejuízos acumulados.* Disponível em: <http://www.youtube.com/watch?v=xkl171yFyOU>. Acesso em: 15 jun. 2012.

_____. *Fluxo de caixa - a bola de cristal do empresário.* Disponível em: <http://www.youtube.com/watch?v=r-PavWeoTCY&feature=related>. Acesso em: 15 jun. 2012.

Minhas anotações

4º Aula

Análise da gestão do lucro

Prezados(as) alunos(as),

Dando continuidade aos nossos estudos, vamos adquirir algumas noções básicas sobre a importância do lucro e do investimento para uma empresa, compreender a falha da fórmula lucro líquido dividido por ativo total médio. E, por fim, rever a importância do estabelecimento das Relações Autênticas.

Ah! Durante o estudo desta aula, lembre-se de que construir conhecimento neste mundo em constante movimento requer uma nova forma de ensinar e aprender. Para isso, é preciso autonomia, coragem (não ter medo de errar) e disposição.

Pense nisso...

Boa aula!

Objetivos de aprendizagem

Ao término desta aula, você será capaz de:

• identificar os lucros e os investimentos para uma empresa;
• definir o retorno sobre os investimentos;
• apontar e analisar a falha da fórmula lucro líquido dividido por ativo total médio.

Seções de estudo

Durante o estudo de cada seção, é importante que você faça resumos, utilize planilhas ou esquemas para condensar os conteúdos, reclassificando-os mentalmente. Estas estratégias podem facilitar a compreensão, bem como fazer links dos conteúdos já estudados com os conhecimentos adquiridos nesta ou em outras disciplinas, contextualizando-os na sua prática.

Boa aula!

1 - Importância do Lucro para a Empresa

Segundo Matarazzo (2007), o lucro é a principal fonte de realimentação do capital de giro próprio. Dessa forma, para a empresa sobreviver e crescer, torna-se necessário que a reposição do capital de giro possa ser coberta pelos resultados positivos obtidos pela empresa. Parágrafo reorganizado.

Nesse sentido, o lucro líquido deverá absorver todas as despesas financeiras, caso contrário o endividamento da empresa será aumentado e ela terá problemas de liquidez.

Figura 4.1 Lucro.

FONTE: *DICAS DO TRADER. Ótima semana para equipe, lucro crescendo. Disponível em: <http://dicasdotrader.blogspot.com.br/2012/02/otima-semana-para-equipe-lucro.html>. Acesso em: 24 jun. 2012.*

Ainda, para que a empresa consiga expandir suas atividades operacionais, ela deve tornar a investir em marketing, bem como em novas tecnologias e novos processos.

Dessa forma, todo investidor (empreendedor) tem uma expectativa com relação ao investimento feito na empresa em termos de rentabilidade. Em média o mercado trabalha com uma taxa mínima de atratividade que varia entre 12% e 20% ao ano.

Figura 4.2 Marketing.

Fonte: *Marketing permissivo e o e-mail marketing. Disponível em: <http://4c-2011-02.bligoo.com.br/marketing-permissivo-e-o-e-mail-marketing>. Acesso em: 24 jun. 2012.*

Marketing é o processo usado para determinar que produtos ou serviços poderão interessar aos consumidores, assim como a estratégia que se irá utilizar nas vendas, comunicações e no desenvolvimento do negócio. A finalidade do marketing é criar valor e satisfação no cliente, gerindo relacionamentos lucrativos para ambas as partes. As atividades de um gestor de *marketing* abrangem um leque muito alargado de atividades, desde o estudo de mercado, a definição de uma estratégia, publicidade, vendas e assistência pós-venda.

Em português, marketing costuma traduzir-se para mercadologia ou, mais raramente, para "mercância" (WIKIPÉDIA, 2012, p. 1).

Vale salientar que uma empresa lucrativa é capaz de proporcionar bons salários aos funcionários e pró-labore aos sócios, uma vez que tanto o capital investido pelos sócios, quanto o caixa para pagamento de todos os compromissos da empresa é obtido através do lucro. Além disso, "uma empresa, quando gera bons lucros consegue ser competitiva no mercado pelo fato de ter caixa e, dessa forma, consegue boas condições de comercialização dos seus produtos" (GESTÃO EMPRESARIAL, 2012, p. 1).

De acordo com Matarazzo (2007), "a medição correta de taxa de retorno de uma empresa é uma informação vital para uma série de decisões que em certos casos extremos pode ser a mudança de ramo ou mesmo a cessação das atividades".

Todavia, encontramos frequentemente tanto em empresas como na literatura, formas inadequadas ou mesmo incorretas de apuração das taxas de retorno, assim, às vezes, totalmente fora da realidade.

Para tanto, foram aqui reunidos diversos conceitos relativos aos índices de rentabilidade e de alavancagem financeira, dentro do que há de mais atual.

Você compreendeu as questões conceituais relacionadas à importância do lucro para a empresa?

No decorrer desta aula você terá a oportunidade de entender melhor questões relacionadas ao lucro. Para que isso aconteça, você precisará ser persistente e dedicado aos nossos estudos.

Pense nisso...

2 - Significado do Retorno sobre Investimentos

Toda empresa utiliza recursos representados por capitais investidos, bem como gera lucro para remunerar esses capitais.

Para medir a eficiência da empresa para atender a esse objetivo (gerar lucro), apura-se a chamada taxa de retorno sobre o investimento por meio da divisão do lucro pelo investimento.

$$\text{Taxa de Retorno sobre Investimento} = \frac{\text{Lucro}}{\text{Investimento}} \times 100$$

Dessa forma, se uma empresa tem lucro de $ 500.000 e capital investido de $ 5.000.000, o seu retorno sobre o investimento é de 500.000/5.000.000 = 0,10 ou 10%.

Em termos mais amplos, a moderna empresa utiliza

diversos fatores, tais como:

a) financeiros;
b) humanos;
c) tecnológicos;
d) administrativos;
e) energéticos etc.

Além disso, procura gerar novos recursos (rendimentos) com objetivo de remunerar esses fatores.

Podemos notar, como por exemplo, que:

a) os salários representam a remuneração da mão de obra;
b) os honorários da administração representam a remuneração da capacidade administrativa;
c) o lucro representa a remuneração do capital investido.

Dessa forma, quando dizemos que toda empresa busca gerar lucro, não estamos querendo dizer que a empresa só procura gerar lucro e só remunera capitais, mas que para remunerar os capitais ela busca gerar lucro.

Portanto, o retorno sobre investimentos pode também ser chamado de taxa de rentabilidade ou, abreviadamente, de rentabilidade.

Em finanças, retorno sobre investimento (em inglês, *return on investment* ou ROI), também chamado taxa de retorno (em inglês, *rate of return* ou ROR), taxa de lucro ou simplesmente retorno, é a relação entre o dinheiro ganho ou perdido através de um investimento, e o montante de dinheiro investido. Existem três formulações possíveis de taxa de retorno, são elas: retorno efetivo; retorno exigido e; retorno previsto. O retorno efetivo serve como medida de avaliação do desempenho de um investimento, aferido a posteriori. O retorno previsto serve como medida ex ante do desempenho de um investimento; é a sua taxa implícita ou interna de retorno, aquela que iguala o valor do investimento do seu preço ou custo. A taxa de retorno exigida é a que permite determinar o valor de um investimento. De fato, o valor de um investimento é o equivalente atual dos seus *cash-flows* futuros, sendo estes convertidos em equivalente atual (ou atualizados) justamente à taxa de retorno exigida. Assenta na ideia de que qualquer investimento deve proporcionar uma taxa de retorno igual a uma taxa sem risco acrescida de um prêmio de risco função do grau de incerteza que afeta os cash-flows futuros do investimento.

A taxa de retorno prevista é função do preço (ou custo) do investimento e do fluxo de *cash-flows* futuros atribuíveis ao investimento. Sendo incertos estes *cash-flows*, resulta que a taxa de retorno prevista é também incerta, apresentando-se mesmo como uma variável aleatória. Aqui reside o seu risco, que terá que ser medido, para ser tido em conta na estimação dos prêmios de risco a incluir nas taxas de retorno exigidas.

O montante de dinheiro ganho ou perdido pode ser referido como juros, lucros ou prejuízos, ganhos ou perdas ou ainda rendimento líquido ou perdas líquidas. O dinheiro investido pode ser referido como ativo, capital, principal ou custo básico do investimento. O ROI é geralmente expresso como percentagem

A concretização das estratégias organizacionais de uma empresa está dependente da gestão adequada de projetos, programas e portfólios. Nesse sentido, a responsabilidade financeira aumenta permanentemente e a sua mensuração é obrigatória. Embora hoje, o uso desta ferramenta de análise seja generalizado a todo o tipo de investimentos, o cálculo do ROI não é contudo uma "moda" recente. Já em 1920 a Harvard Business Review referia o ROI como a medida de análise essencial para conhecer o valor do resultado de investimento de capital.

O seu conhecimento antecipado tem um impacto importante não só no seio da organização que gere o processo de investimento, como também junto de potenciais investidores. Para além da "venda" interna e externa do projeto, é fundamental para o seu acompanhamento dando de uma forma clara o impacto no negócio face às metas pré-definidas (WIKIPÉDIA, 2012).

E aí, entendeu o significado do retorno do investimento ou da taxa de rentabilidade?
Contudo, caso ainda tenha dúvidas, é importante que não prossiga antes de pesquisar nos locais recomendados, de perguntar aos seus colegas de turma ou ao professor.

3 - Diversos lucros e investimentos

O conceito de rentabilidade é apenas aparentemente simples, pois diversas dificuldades surgem ao se tentar tomar **lucro** e **investimento**, dificuldades essas de diferentes naturezas, conforme é apresentado nos tópicos a seguir (Grifo nosso).

3.1 Lucro

Qual o valor do lucro a tomar: lucro bruto, lucro operacional, lucro antes do IR, lucro antes da correção monetária, lucro antes das despesas financeiras, lucro líquido?

Lucro é o retorno positivo de um investimento feito por um indivíduo ou uma pessoa nos negócios. Na economia, o termo lucro tem dois significados distintos, mas relacionados. O lucro normal representa o custo de oportunidade total (explícitos e implícitos) de uma empresa de um empreendedor ou investidor, enquanto que o lucro econômico é, pelo menos na teoria neoclássica, que domina a economia moderna, a diferença entre a receita total da empresa e todos os custos, inclusive o lucro normal. Em ambos os casos o lucro econômico é o retorno a um empresário ou um grupo de empresários. O lucro econômico é, portanto, o retorno ao proprietário do capital social, dinheiro ou títulos investidos inicialmente. Um conceito relacionado, muitas vezes considerado como sinônimo em determinados contextos, é o de renda econômica - o lucro econômico pode ser considerado como a renda empresarial.

Outros tipos de lucro têm sido referenciado12s ao conceito, incluindo os lucros sociais (relacionados às externabilidades). Não deve ser confundido com o lucro em finanças e contabilidade, que é igual à receita menos custos explícitos, ou superprofit, um conceito na teoria econômica marxista. Na verdade, a definição dominante do termo hoje deve ser diferenciado do que o que foi dado pela economia clássica, que define o lucro como o retorno ao empregador do estoque de capital (como máquinas, fábricas, e arados), em qualquer exercício que envolva o trabalho produtivo. As definições da teoria neoclássica, no entanto, somente equivalem quando se considera que se devolve lucros a quem investiu capital (financeiro). Segundo os princípios da Economia Aziendal, o lucro pode ser originário do funcionamento (lucro operacional) e do crédito (lucro da gestão econômica) (JORNAL LIVRE, 2012).

Para entender o lucro sobre outra perspectiva, veja a imagem ilustrativa a seguir:

Figura 4.3 Lucro.

FONTE: DICAS DO TRADER. Mtig4 + 36,66% de lucro. Disponível em: <http://dicasdotrader.blogspot.com.br/2012/02/mtig4-3666-de-lucro.html>. Acesso em: 23 jun. 2012.

3.2 Investimento

O que tomar como investimento? O ativo total, o ativo operacional, o patrimônio líquido, os capitais de terceiros, as obrigações remuneráveis?

Mesmo após a escolha do numerador e denominador persistem certas dificuldades:

a) Qual o período compreendido pelo lucro?

b) O investimento é inicial, final, médio, corrigido da inflação?

Em economia, investimento significa a aplicação de capital em meios de produção, visando o aumento da capacidade produtiva (instalações, máquinas, transporte infraestrutura), ou seja, em bens de capital. O investimento produtivo se realiza quando a taxa de lucro sobre o capital supera ou é pelo menos igual à taxa de juros ou que os lucros sejam maiores ou iguais ao capital investido.

O investimento bruto corresponde a todos os gastos realizados com bens de capital (máquinas e equipamentos) e formação de estoques.

O investimento líquido exclui as despesas com manutenção e reposição de peças, depreciação de equipamentos e instalações. Como está diretamente ligado à compra de bens de capital e, portanto, à ampliação da capacidade produtiva, o investimento líquido mede com mais precisão o crescimento da economia. "Investimento" também pode referir-se à compra de ativos financeiros (ações, letras de câmbio e outros papéis) (ADMINISTRADORES, 2012, p. 1, grifo do autor).

Figura 4.4 Investimento.

FONTE: CAMIFLADOS. O investimento direto no Brasil. Disponível em: <http://mccouto.blogspot.com.br/2010/07/o-investimento-direto-no-brasil.html>. Acesso em: 23 jun. 2012.

E então?

Entendeu de forma geral a ideia de Lucro e Investimento?

Em caso de resposta afirmativa: Parabéns! Mas, há muitos outros conhecimentos a serem construídos sobre o tema. Para tanto, sugerimos que consulte as obras, periódicos e sites indicados ao final desta Aula.

4 - Falha da fórmula lucro líquido dividido por ativo total médio

Podemos notar, frequentemente, que os cuidados apontados são ignorados. Em consequência, apuram-se índices inteiramente distorcidos que fornecem ao usuário informações incorretas sobre o desempenho da empresa.

Temos como, por exemplo, que é muito comum encontrar em análises contábeis e financeiras o cálculo do índice.

4.1 Lucro Líquido/Ativo Total Médio

O valor assim obtido encerra certa distorção, pois o lucro líquido que é apenas uma parte da renda gerada pela empresa visa a remunerar o capital de risco (normalmente o patrimônio líquido) e não o ativo total.

Para tornar mais evidente o que se acabou de dizer, vejamos os seguintes dados.

Tabela 4.1 Lucro líquido

Balanços em:	31/12/01	31/12/02
ATIVO TOTAL	1.000	1.220
Empréstimos Bancários	400	400

Patrimônio Líquido	600	820
PASSIVO TOTAL	1.000	1.220
Demonstração do Resultado do Exercício em 31/12/02		
Vendas Líquidas		2.000
Custo das mercadorias		(1.500)
Lucro Bruto		500
Despesas Operacionais (exceto financeiras)		(200)
Lucros antes das Despesas Financeiras		300
Despesas Financeiras		(80)
Lucro Líquido		220

FONTE: *Acervo pessoal*

Podemos analisar os estes dados pensando que a empresa efetuou investimentos totais de $ 1.000, os quais geraram uma renda de $ 300 (Lucro antes das Despesas Financeiras), que se distribui da seguinte forma:

a) 80 para remunerar os empréstimos bancários (capitais de terceiros);
b) 220 para remunerar o patrimônio líquido (capital próprio).

Assim, podemos estabelecer as relações da seguinte forma:

300 remuneram o investimento total...........1.000
80 remuneram os capitais de terceiros............400
220 remuneram o capital próprio...................600

E, ainda, podemos calcular as seguintes taxas de retorno:

a) Taxa de retorno do investimento total = 300 / 1.000 = 30%.
b) Taxa de retorno dos capitais de terceiros = 80 / 400 = 20%.
c) Taxa de retorno do capital próprio = 220 / 600 = 36,66 %.

É muito importante que se dedique em continuar aprendendo por meio de pesquisas todos os conteúdos estudados nesta seção, uma vez que eles serão fundamentais para sua formação acadêmica e atuação profissional, além de serem objetos de referência para a realização de atividades e avaliações.
Agora, vamos continuar nossa caminhada rumo ao saber, estudando as relações autênticas.

5 - Estabelecendo as relações autênticas

A Demonstração do resultado do exercício evidencia o produto das atividades da empresa. Assim, nela são apresentadas Receita Bruta de Vendas, Receita Líquida de Vendas, Lucro Bruto, Lucro Operacional, Lucro Antes do Imposto de Renda e Lucro Líquido.

Nesse sentido, antes de iniciar qualquer cálculo da taxa de retorno é conveniente levar em conta que cada item da demonstração de resultado só tem sentido quando relacionado com um item específico de investimentos ou financiamento. Dessa forma, as vendas, por exemplo, devem ser relacionadas com o Ativo:

Temos nas vendas **Líquidas/Ativo** a relação que mostra

quanto $ 1 de investimento total gera de vendas.

Tomando o exemplo numérico, tem-se:

Vendas Líquidas (2.000) / Ativo (1.000) = 2,0, ou seja, cada $ 1 investido gera $ 2 de vendas.

Desse modo, podemos observar que não faz sentido dividir as vendas pelo patrimônio líquido, como não faz sentido dividi-las pelos capitais de terceiros, pois tanto um como outro representam apenas parte dos recursos, enquanto as vendas representam a receita obtida com o uso da totalidade dos recursos.

Nesse contexto, é fácil perceber o engano a que poderia levar um índice obtido da relação entre Vendas e Patrimônio Líquido. Temos como exemplo a tabela 4.2 a seguir:

Tabela 4.2 Vendas e patrimônio líquido.

Ano	X	W	Y	Z
Vendas Líquidas	4.200	4.500	4.800	5.200
Ativo	2.000	3.000	4.000	5.200
Patrimônio Líquido	1.200	1.150	1.100	1.000
Vendas Líquidas/PL	3,5	3,91	4,36	5,2

FONTE: *Acervo pessoal.*

Esse índice mostra que a empresa está vendendo cada vez mais para cada unidade de Patrimônio Líquido e sugere que ela consegue vender mais com menos investimentos. Como diriam aqueles que se valem desse índice, a empresa estaria aumentando o "giro do Patrimônio Líquido" (Grifo nosso).

Dessa forma, essa é apenas uma verdade matemática, pois a relação aumenta de 3.5 para 5,2, mas nada significa e, pior que isso induz à falsa conclusão de que a empresa está sendo mais eficiente em gerar vendas quando o que ocorre é exatamente o oposto, como podemos notar no índice a seguir:

Tabela 4.3 Demonstração dos resultados.

Ano	X	W	Y	Z
Vendas Líquidas / Ativo	2,1	1,5	1,2	1,0

FONTE: *Acervo pessoal.*

Diante disso, a empresa está vendendo cada vez menos para cada cruzeiro total investido. A queda da participação do Patrimônio Líquido no Financiamento do Ativo leva à falsa impressão de aumento de vendas. Em síntese, há uma relação lógica de cada item da Demonstração dos Resultados com determinado investimento.

Entretanto, podemos observar que a Demonstração do Resultado deve ser reestruturada porque, da forma como se apresenta hoje, segundo a Lei das AS, são evidenciados valores que não se relacionam com nenhum investimento, como é o caso do atual Lucro Operacional.

Nesse sentido, este item é apurado após os juros (inclusive variações monetárias), ou seja, após a remuneração de capitais de terceiros, assim, só poderia ser relacionado com o capital próprio. Entretanto, essa relação é prejudicada por estar, no Lucro Operacional, o reconhecimento dos efeitos da inflação.

Podemos notar que o Lucro Operacional não serve para nenhuma relação. A conhecida fórmula **Lucro Operacional/Ativo Operacional** importada dos textos norte-americanos não se aplica no Brasil, porque o Lucro Operacional nos Estados Unidos costuma ser apurado antes dos juros. Além disso, como mostraremos adiante, há vários aperfeiçoamentos necessários no valor do lucro que servirá de base para a apuração da taxa de retorno do ativo.

Tabela 4.4 Índices de resultado.

Renda	Investimentos
Receita Líquida de Vendas e Serviços= R	Ativo (a) = A
Lucro Bruto = LB	Ativo = A
Lucro antes das Despesas Financeiras (b)= LADF	Ativo = A
Despesas Financeiras (c) = DF	Passivo gerador de encargos Financeiros = PE
Lucro Líquido = LL	Patrimônio Líquido = PL

FONTE: Acervo pessoal.

Temos que o **Ativo** representa aqui o ativo total excluído das aplicações que não estão gerando lucro, como investimentos pré-operacionais, incentivos fiscais, participações em outras empresas etc., ou seja, o que se convencionou a chamar de **Ativo Operacional** (Grifo nosso).

> Fique antenado!
> No site do *You Tube* você pode encontrar inúmeros vídeos sobre Lucro e Investimento. Sugiro que realize buscas utilizando esse termo como palavra-chave e procure assistir alguns deles, posicionando-se criticamente em relação ao conteúdo.
> Com os conhecimentos que está adquirindo, cada vez mais você se torna capaz de superar o senso comum sobre as informações disponibilizadas nos diferentes meios de comunicação e utilizá-las como fontes de pesquisa, sempre que considerar que se tratam de conhecimentos úteis!

O **Lucro Antes das Despesas Financeiras** representa o lucro antes de qualquer encargo financeiro em termos reais, ou seja, descontados os efeitos inflacionários.

No que diz respeito às **Despesas Financeiras**, estas representam o valor real dos juros incorridos pela empresa, líquido dos efeitos inflacionários.

> **Saber Mais**
> De acordo com a Receita Federal (2012), "o que se consideram Despesas Financeiras e como devem ser tratadas?
> São consideradas despesas financeiras os juros pagos ou incorridos, os quais serão dedutíveis como custo ou despesa operacional, observadas as seguintes normas (RIR/1999, art. 374): os juros pagos antecipadamente, os descontos de títulos de créditos e o deságio concedido na colocação de debêntures ou títulos de crédito, deverão ser apropriados proporcionalmente ao tempo decorrido (pro rata tempore), nos períodos de apuração a que competirem; os juros de empréstimos contraídos para financiar a aquisição ou construção de bens do ativo permanente, incorridos durante as fases de construção e pré-operacional, podem ser registrados no ativo diferido, para serem amortizados.
> A partir de 10/01/1999, as variações monetárias dos direitos de créditos e das obrigações do contribuinte, em função da taxa de câmbio ou de índices ou coeficientes aplicáveis por disposição legal ou contratual, serão consideradas, para efeitos da legislação do imposto de renda e da contribuição social sobre o lucro líquido (e também da contribuição para o PIS/Pasep e da Cofins), como despesas financeiras, quando passivas (Lei no 9.718, de 1998, art. 9º e 17, inciso II).
> **Notas:**
> • Devem ser observadas as regras referentes a Preços de Transferência,

quando se tratar de operações de contratação de empréstimos realizados com pessoas físicas ou jurídicas consideradas vinculadas ou, ainda, que não vinculadas, residentes ou domiciliadas em país ou territórios considerados como de tributação favorecida, ou cuja legislação interna oponha sigilo à composição societária de pessoas jurídicas ou à sua titularidade, decorrentes de contratos de empréstimos não registrados no Banco Central do Brasil;
• Devem ser observadas as regras referentes à tributação em bases universais referentes aos lucros, rendimentos e ganhos de capital auferidos no exterior, inclusive quanto à dedutibilidade dos juros pagos ou creditados a empresas controladas ou coligadas, domiciliadas no exterior, relativos a empréstimos contraídos, quando, no balanço da coligada ou controlada, constar a existência de lucros não disponibilizados para a controladora ou coligada no Brasil".

Retomando a aula

> Parece que estamos indo bem! Então, para encerrar a nossa quarta aula, vamos recordar os temas que foram abordados:

1 - Importância do Lucro para a Empresa

Estudamos, inicialmente, que o lucro líquido deverá absorver todas as despesas financeiras, caso contrário o endividamento da empresa será aumentado e ela terá problemas de liquidez.

Vimos, ainda, que para a expansão das atividades operacionais da empresa, ela deve investir em marketing, bem como em novas tecnologias e novos processos.

2 - Significado do Retorno Sobre Investimentos

Na segunda seção estudamos que a empresa utiliza recursos representados por capitais investidos, bem como gera lucro para remunerar tais capitais. Com isso, mede a sua eficiência no que se refere ao atendimento de seus objetivos.

3 - Diversos lucros e investimentos

Na seção 3, tivemos a oportunidade de aprofundar nossos estudos sobre lucro e investimento.

Nesse interim, compreendemos que o lucro é o retorno positivo de um investimento feito por um indivíduo ou uma pessoa nos negócios, e o investimento é a aplicação de capital em meios de produção, visando o aumento da capacidade produtiva (instalações, máquinas, transporte infraestrutura), ou seja, em bens de capital.

4 - Falha da fórmula lucro líquido dividido por ativo total médio

Na quarta seção, compreendemos que os cuidados apontados são ignorados. Em consequência disso, apuram-se índices inteiramente distorcidos que fornecem ao usuário informações incorretas sobre o desempenho da empresa.

5 - Estabelecendo as relações autênticas

Para finalizar nossos estudos, na quinta aula vimos que, antes de iniciar qualquer cálculo da taxa de retorno, é conveniente levar em conta que cada item da demonstração de resultado só tem sentido quando relacionado com um item específico de investimentos ou financiamento.

Nossa! Fizemos uma caminhada interessante nesta aula, não acham? Adquirimos conhecimentos essenciais para a nossa formação. Para fundamentar e melhorar ainda mais a construção de conhecimentos, é importante que você realize as atividades propostas no ambiente virtual, interaja com seus colegas de curso e com seu tutor e, ainda, que consulte as sugestões de leituras, sites, filmes e vídeos disponibilizados a seguir!

Vale a pena

Vale a pena **ler**

FIPECAFI. *Manual de contabilidade das sociedades por ações.* 6. ed. São Paulo: Atlas, 2006.

MATARAZZO, D. C. *Análise financeira de balanços:* abordagem básica e gerencial. 6 ed. São Paulo: Atlas, 2007.

Vale a pena **acessar**

ADMINISTRADORES. *Finanças.* Disponível em: <www.administradores.com.br/comunidades/financas/ Em cache>. Acesso em: 15 jun. 2012.

CAMIFLADOS. *O investimento direto no Brasil.* Disponível em:<http://mccouto.blogspot.com.br/2010/07/o-investimento-direto-no-brasil.html>. Acesso em: 23 jun. 2012.

DICAS DO TRADER. Mtig4 + 36,66% de lucro. Disponível em: <http://dicasdotrader.blogspot.com.br/2012/02/mtig4-3666-de-lucro.html>. Acesso em: 23 jun. 2012.

DICAS DO TRADER. Ótima semana para equipe, lucro crescendo. Disponível em: <http://dicasdotrader. blogspot.com.br/2012/02/otima-semana-para-equipe-lucro.html>. Acesso em: 24 jun. 2012.

GESTÃO EMPRESARIAL. Lucratividade. Disponível em: <http://www.gestaoempresarial-br.com. br/livre/lucratividade.php>. Acesso em: 16 jun. 2012.

JORNAL LIVRE. Negócios brilhantes. Disponível em: <http://www.jornallivre.com.br/350864/negocios-brilhantes.html>. Acesso em: 15 jun. 2012.

RECEITA FEDERAL. Receitas e despesas financeiras. Disponível em:<http://www.receita.fazenda.gov.br/pessoajuridica/dipj/2005/ pergresp2005/pr444a453.htm>. Acesso em: 24 jun. 2012.

4C-2011-02. *Marketing Permissivo e o e-mail marketing.* Disponível em: <http://4c-2011-02.bligoo.com.br/marketing-permissivo-e-o-e-mail-marketing>. Acesso em: 24 jun. 2012.

WIKIPÉDIA. *Investimento.* Disponível em: <http:// pt.wikipedia.org/wiki/Investimento>. Acesso em: 23 jun. 2012.

_____. *Lucro. Disponível* em: <http://pt.wikipedia. org/wiki/Lucro>. Acesso em: 23 jun. 2012.

_____. *Marketing.* Disponível em: <http:// pt.wikipedia.org/wiki/Marketing>. Acesso em: 25 jun. 2012.

_____. *Retorno sobre investimento.* Disponível em: <http://pt.wikipedia.org/wiki/Retorno_sobre_investimento>. Acesso em: 23 jun. 2012.

Vale a pena **assistir**

YOUTUBE. *Dicas para organizar sua empresa.* Disponível em: <http://www.youtube.com/ watch?v=Z93XMqjVDxA&feature=related>. Acesso em: 26 jun. 2012.

_____. *Noções básicas de custeio e investimento.* Disponível em: <http://www.youtube.com/watch?v=_ wxmMNySjIw>. Acesso em: 26 jun. 2012.

Minhas anotações

Aula 5º

Alavancagem financeira

Prezados(as) alunos(as),

Esta disciplina está trazendo um grande avanço na construção de novos conhecimentos da área e, com o intuito de continuarmos nesta ascensão, focalizaremos nossos estudos, nesta quinta aula, no tema que trata do capital próprio de uma empresa realizado pela alavancagem financeira.

Além disso, vamos compreender os conceitos do Retorno s/Ativo, do Custo da Dívida e do Retorno s/Patrimônio Líquido.

Por fim, colocaremos em prática a interpretação dos estudos da primeira Seção.

Sucesso!

Boa aula!

Objetivos de aprendizagem

Ao término desta aula, você será capaz de:

• definir três índices o Retorno s/Ativo, o Custo da Dívida e o Retorno s/Patrimônio Líquido;
• interpretar e colocar em prática os conceitos vistos na Seção 01.

Seções de estudo

1 - Alavancagem financeira: conceito e fundamentação
2 - Alavancagem financeira: Interpretação

Para iniciar nossas reflexões, vamos conhecer e refletir sobre os conceitos da alavancagem financeira, bem como três importantes índices o Retorno s/ Ativo, o Custo da Dívida e o Retorno s/ Patrimônio Líquido.

Durante a leitura desta aula é importante que tenha sempre em mão um dicionário e/ou outros materiais de pesquisa a fim de eliminar eventuais dúvidas pontuais sobre o assunto discutido.

Bons estudos!

1 - Alavancagem financeira: conceito e fundamentação

Segundo Matarazzo (2007), o retorno do capital próprio de uma empresa depende tanto da rentabilidade do negócio quanto da boa administração financeira. Nesse sentido, a determinação da rentabilidade baseia-se em três índices, como podemos visualizar na tabela a seguir:

Tabela 5.1 Índices de rentabilidade.

Nome	Símbolo	Fórmula	Significado
Retorno s/ Ativo	RsA	Lucro Antes das Despesas Financeiras / Ativo Operacional(LADF / A).	Quanto a empresa gera de lucro para cada $ 100 investidos.
Custo de Dívida	CD	Despesas Financeiras / Passivo gerador de Encargos (DF / PE).	Quanto a empresa paga de juros para cada $ 100 tomados nas Instituições Financeiras.
Retorno s/ Patrimônio Líquido	RsPL	Lucro Líquido / Patrimônio Líquido (LL / PL).	Quanto os acionistas ganham para cada $ 100 investidos.

FONTE: Acervo pessoal

Com base no quadro estudado, podemos notar que o primeiro índice – RsA – mostra qual a rentabilidade do negócio. Quanto maior o índice maior a eficiência.

Figura 5.1 Retorno Patrimônio Líquido.

FONTE: DIALOS6C. Bom retorno a todos! Disponível em: <http://dialogos6c. blogspot.com.br/2011/03/bom-retorno-todos.html>. Acesso em: 25 jun. 2012.

A empresa utiliza capitais de terceiros em que tem uma remuneração. O que a empresa paga é o segundo índice, chamado de custo da dívida – CD.

Dessa forma, se o custo da divida é maior que o retorno sobre o Ativo, ou seja, se a empresa paga, para cada real tomado, mais do que rende seu investimento no negócio, então os acionistas "bancam" a diferença com a parte do lucro (ou até com o capital próprio). Se o custo da divida é menor que o retorno sobre o Ativo, os acionistas ganham a diferença (PUC-RS, 2012, p. 52).

Figura 5.2 Custo da dívida.

FONTE: RUDARICCI. A dívida do governo mineiro. Disponível em: <http:// rudaricci.blogspot.com.br/2012/02/divida-do-governo-mineiro.html>. Acesso em: 25 jun. 2012.

A taxa de retorno sobre o Patrimônio Líquido então será maior que a taxa de retorno sobre o Ativo.

Assim, podemos notar que o interessante para a empresa é o terceiro índice – RsPL – Retorno sobre o Patrimônio Líquido. Os dois outros índices são informações gerencial de como a empresa atingiu o retorno sobre o Patrimônio Líquido. Desse modo, são, entretanto, fundamentais para a definição de estratégias empresariais.

Vejamos agora um exemplo, uma empresa pode obter 30% de retorno sobre o Patrimônio Líquido (que é considerada uma boa taxa) a partir de uma modesta taxa de retorno de 8% sobre o Ativo. Porém, basta que pague aos credores a taxa inferior a essa e que utilize determinada proporção de capitais de terceiros (PUC-RS, 2012, p. 58).

Figura 5.3 Administração financeira.

ADMINISTRAÇÃO FINANCEIRA

FONTE: SOUCONCURSEIROEVOUPASSAR. Administração financeira e orçamentária mais administração de recursos materiais. Disponível em: <http:// souconcurseiroevoupassar.blogspot.com.br/2010/07/administracao-financeira-e-orcamentaria.html>. Acesso em: 25 jun. 2012.

A expressão matemática que revela essa relação é a seguinte (PUC-RS, 2012, p. 60):

$$RsPL = \% \, RsA + \{((RsA - CD) \times \frac{PE}{PL}\}$$

Onde:
RsPL – Retorno sobre o Patrimônio Líquido.
RsA – Retorno sobre o Ativo.
CD – Custo da Dívida.
PE – Passivo Gerador de Encargos.
PL – Patrimônio Líquido.

Contudo, essa fórmula mostra o efeito que a estrutura de capitais e os juros pagos produzem nos lucros finais, informando se a estrutura está beneficiando ou não os acionistas (PUC-RS, 2012, p. 60).

A razão entre as taxas de retornos sobre o Patrimônio Líquido e de Retorno sobre o Ativo chama-se grau de alavancagem financeira – GAF.

$$GAF = \frac{RsPL}{RsA}$$

Vale salientar que,

[...] a expressão alavancagem financeira significa o que a empresa consegue alavancar, ou seja, aumentar o lucro líquido por meio da estrutura de financiamentos, ao passo que a alavancagem operacional significa o quanto a empresa consegue aumentar o lucro por meio da atividade operacional, basicamente, em função do aumento da margem de contribuição (diferença entre receitas e custos variáveis) e manutenção de custos fixos (MATARAZZO, 1997, p. 404).

$$GAF = \frac{RsA + \{(RsA - CD) \times \frac{PE}{PL}\}}{RsA}$$

Nesse interim, é importante observar que:

Alavancagem operacional ocorre quando um crescimento de x% nas vendas provoca um crescimento de n vezes x% no lucro bruto. O efeito de alavancagem ocorre pelo fato de que os custos fixos são distribuídos por um volume maior de produção, fazendo com que o custo unitário da mercadoria seja reduzido.
O fator não é denominado grau de alavancagem operacional. O efeito da alavancagem operacional está relacionado com os gastos fixos da empresa, gastos estes que poderão constituir risco para as atividades operacionais. A alavancagem operacional vem medir qual será a proporção deste risco.
O impacto da alavancagem operacional diminuirá na proporção do crescimento das vendas acima do ponto de equilíbrio, resultando assim num lucro maior.
No que concerne à análise da alavancagem operacional, num contexto de mercado de procura elástica, ou seja, o consumidor tem a opção de escolher um outro produto de outro fabricante, com um menor preço, ocasionando assim uma possível elevação do ponto de equilíbrio pela redução do preço de venda para manter-se competitivo neste mercado de procura elástica.
Se o ponto de equilíbrio for elevado, a empresa estará vulnerável a possíveis declínios provocados pela economia. Consequentemente A estrutura de gastos fixos provocará impactos nos lucros em conformidade das alterações do volume de vendas.
Caso a empresa possua uma elevada alavancagem operacional, existirá um risco maior devido aos gastos fixos que não serão reduzidos pela queda dos volumes das vendas (BRAD ADMINISTRAÇÃO, 2012).

Para contextualização, veja:
Figura 5.4 Alavancagem operacional.

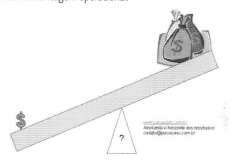

FONTE: PURO ACASO. Pergunta do leitor sobre operações com Futuros do índice Ibovespa. Disponível em: <http://puroacaso. com.br/?p=872>. Acesso em: 25 jun. 2012.

De acordo com os estudos realizados até aqui, vejamos com base no exemplo anterior a tabela 5.2 a seguir:
Tabela 5.2 Balanços e demonstração do resultado do exercício.

Balanços em:	31/12/01	31/12/02
ATIVO TOTAL	**1.000**	**1.220**
(supõe-se que seja inteiramente operacional		
Empréstimos Bancários	400	400
Patrimônio Líquido	600	820
PASSIVO TOTAL	1.000	1.220

Demonstração do Resultado do Exercício em 31/12/02	
Vendas Líquidas	**2.000**
Custo das mercadorias	(1.500)
Lucro Bruto	**500**
Despesas Operacionais inteiramente pagas no exercício (exceto financeiras)	(200)
Lucros antes das Despesas Financeiras	**300**
Despesas Financeiras	(80)
Lucro Líquido	**220**

FONTE: acervo pessoal.

De acordo com essas demonstrações, podemos extrair os seguintes índices:

$$RsA = \frac{LADF}{Ativo \; operacional} \quad \frac{300}{1.000} \quad \textbf{RsA = 0,3 ou 30\%}$$

$$CD = \frac{\text{Despesas Financeiras}}{\text{Passivo Gerador de Encargos (PE)}} \quad \frac{80}{400} \quad CD = 0,2 \text{ ou } 20\%$$

$$RsPL = \frac{\text{Lucro Líquido}}{PL} \quad \frac{220}{600} \quad RsPL = \quad 0,3667 \text{ ou } 36,67\%$$

$$GAF = \frac{RsPL}{RsA} \quad \frac{36,67}{30} \quad GAF = 1,22$$

Ou,

$$GAF = \frac{RsA + \{(RsA - CD) \times \frac{PE}{PL}\}}{RsA}$$

$$GAF = \frac{30 + \{(30 - 20)\frac{400}{600}\}}{30}$$

$$GAF = \frac{30 + \{(10 \times 0,6667\}}{30}$$

$$GAF = \frac{36,67}{30} = 1,22$$

E, então? Entendeu os conceitos básicos da alavancagem operacional e da alavancagem financeira?

Estes conhecimentos são muito importantes, pois iremos colocá-los em prática na próxima seção.

Bom, estes conceitos não mostram de maneira definida o entendimento das alavancagens, para isso você deve pesquisar em sites ou obras citadas nas referências no final desta aula.

2 – Alavancagem financeira: Interpretação

Nesta seção iremos conhecer como deve ser feita a interpretação dos conhecimentos adquiridos na seção anterior.

Bons estudos!

Com base nos dados apresentados na seção anterior, temos que, para cada $ 100 investidos, a empresa gera um lucro de $ 30.

Paga juros de $ 20 para cada $ 100 tomados. Logo, em cada $ 100 tomados, ganha $ 10.

Como a empresa tomou $ 400 emprestados e ganhou $ 40 = 4 x 10, além do lucro que ganharia se não trabalhasse com os capitais de terceiros.

Para os $ 600 de Patrimônio Líquido a empresa ganharia $ 180, considerando a taxa de retorno sobre o Ativo (ou seja, a taxa de 30%) que o negócio rende; com mais os citados $ 40, alcançou um lucro de $ 220.

Os $ 40 adicionais pelos $ 600 de Patrimônio Líquido representam uma taxa incremental de 6,66%:

$$40 / 600 = 6,66\%$$

Que somada à taxa de 30% dá os 36,66%. Sob outro ângulo, a empresa ganha adicionalmente a diferença entre as taxas de retorno sobre o Ativo e a taxa de Custo da Dívida:

$$30\% - 20\% = 10\%$$

Que multiplicada pela proporção entre passivo gerador de encargos e Patrimônio Líquido de 66,6% = 400 / 600, resulta num incremento da taxa de retorno sobre o Patrimônio Líquido de 6,66% = 10% x 66,6%.

Assim, para 30% de rentabilidade do negócio (retorno sobre o Ativo) a empresa consegue 36,66% para os acionistas, ou seja, uma impulsão de 1,22 vezes. Esse é o significado de alavancagem.

O grau de alavancagem financeira de 1,22 também pode ser interpretado da seguinte forma: "cada 1% de rentabilidade gerado pela empresa foi transformado em 1,22%, graças à alavancagem financeira.

Se a empresa tivesse trabalhando com a seguinte estrutura:

31-12-01

Empréstimos	600
Patrimônio Líquido	400

O seu retorno sobre o Patrimônio Líquido seria ampliado, porque a proporção entre passivo gerador de encargos e Patrimônio Líquido seria maior, ou seja, de 150% = 600 / 400.

Assim, a taxa de retorno sobre o Patrimônio Líquido teria um incremento de 15% = 10% 150% e atingiria 45%.

$$RsPL = 30 + \{(30 – 10) \times (600/400)\} = 45\%$$

O grau de alavancagem seria de 1,5:

$$GAF = 45\% / 30\% = 1,5 \text{ vezes}$$

A taxa de remuneração do Patrimônio Líquido da empresa seria ampliada em 50% (de 30% para 45%), ou seja, sua taxa de negócio seria multiplicada por 1,5, graças ao uso de capitais de terceiros.

Vejamos, agora, a origem da palavra *alavancagem*.

O aumento produzido na taxa de retorno do Patrimônio Líquido pode ser comparado aos efeitos de uma alavanca em que:

A diferença (RsA – CD) corresponde à força = F
A proporção PE / PL x corresponde a distância = d

O acréscimo da taxa de retorno sobre o Patrimônio Líquido em relação à taxa de retorno sobre o Ativo correspondente à resultante = R = F x D.

Figura 5.6 Cálculo.

FONTE: VEG11. Matemática da reencarnação. Disponível em: <http://www.veg11. com.br/site/matematica-da-reencarnacao>. Acesso em: 25 jun. 2012.

Retomando a aula

Parece que estamos indo bem. Então, para encerrar esse tópico, vamos recordar:

1- Alavancagem financeira: conceito e fundamentação

Na primeira seção, da quinta aula desta disciplina, você teve a oportunidade de desenvolver conhecimentos sobre a alavancagem financeira.

Desse modo, vimos que o retorno do capital próprio de uma empresa depende tanto da rentabilidade do negócio quanto da boa administração financeira. Nesse sentido, a determinação da rentabilidade baseia-se em três índices, sendo: Retorno s/ Ativo, Custo de Dívida e Retorno s/ Patrimônio Líquido. .

2 - Alavancagem financeira: interpretação

Finalmente, na seção 2, foram mostrados os principais conceitos relacionados a alavancagem financeira. Neste caso, visualizamos como ela deve ser apresentada.

Nossa! Fizemos uma caminhada interessante nesta aula, não acham? Adquirimos conhecimentos essenciais para uma formação teórico-prática sólida. Para fundamentar e melhorar ainda mais a nossa construção de conhecimentos é importante que você realize as atividades propostas no ambiente virtual, interaja com seus colegas de curso e com seu tutor e que consulte as sugestões de leituras, sites, filmes e vídeos disponibilizadas a seguir!

Vale a pena

Vale a pena **ler**

ASSAF NETO, A. *Estrutura e análise de balanços*: um enfoque econômico-financeiro. 8.ed. São Paulo: Atlas, 2007.

BRAGA, Roberto. *Fundamentos e técnicas de administração financeira*. 1. ed. São Paulo: Atlas, 1995.

FIPECAFI. *Manual de contabilidade das sociedades por ações*. 6. ed. São Paulo: Atlas, 2006.

MATARAZZO, D. C. *Análise financeira de balanços*: abordagem básica e gerencial. 6 ed. São Paulo: Atlas, 2007.

_____. *Análise financeira de balanços*: abordagem básica e gerencial.4. ed. São Paulo: Atlas, 1997.

REIS, Arnaldo. *Demonstrações contábeis*: estrutura e análise. 2.ed. São Paulo: Saraiva, 2006.

Vale a pena **acessar**

BRAD ADMINISTRAÇÃO. *Brasil administração:* alavancagem Operacional. Disponível em: <bradministracao. blogspot.com/2008/.../alavancagem-operacional.html>. Acesso em: 15 jun. 2012.

DIALOS6C. *Bom retorno a todos!* Disponível em: <http://dialogos6c.blogspot.com.br/2011/03/bom-retorno-todos.html>. Acesso em: 25 jun. 2012.

PUC-RS. *Torneio empreendedor.* Disponível em: <http://www.pucrs.br/eventos/torneioempreendedor/1torneio/palestra_caprecursos_1809.pdf>. Acesso em: 16 jul. 2012.

PURO ACASO. *Pergunta do leitor sobre operações com futuros do índice Ibovespa.* Disponível em: <http://puroacaso.com.br/?p=872>. Acesso em: 25 jun. 2012.

RUDARICCI. *A dívida do governo mineiro.* Disponível em: <http://rudaricci.blogspot.com.br/2012/02/divida-do-governo-mineiro.html>. Acesso em: 25 jun. 2012.

SOU CONCURSEIRO E VOU PASSAR. Administração financeira e orçamentária mais administração de recursos materiais. Disponível em: <http://souconcurseiroevoupassar.blogspot.com.br/2010/07/administracao-financeira-e-orcamentaria.html>. Acesso em: 25 jun. 2012.

UMA REDAÇÃO. *Interpretação.* Disponível em: <http://www.umaredacao.com/ndex.php>. Acesso em: 25 jun. 2012.

VEG11. *Matemática da reencarnação.* Disponível em: <http://www.veg11.com.br/site/matematica-da-reencarnacao>. Acesso em: 25 jun. 2012.

WIKIPÉDIA. *Alavancagem operacional.* Disponível em: <http://pt.wikipedia.org/wiki/Alavancagem_operacional>. Acesso em: 25 jun. 2012.

Vale a pena **assistir**

YOUTUBE. *Independência financeira:* alavancagem. Disponível em: <http://www.youtube.com/watch?v=cxY94VGesjI>. Acesso em: 26 jun. 2012.

_____. *O que é alavancagem financeira?* Sevilha Contabilidade. Disponível em: <http://www.youtube.com/watch?v=Uw3rwqNdwKM&feature=fvwrcl>. Acesso em: 26 jun. 2012.

_____. *O que é alavancagem operacional?* Sevilha Contabilidade. Disponível em: <http://www.youtube.com/watch?v=-Bva7N_2fpI&feature=relmfu>. Acesso em: 26 jun. 2012.

6º Aula

Demonstração do valor adicionado

Nesta Aula vamos conhecer e buscar compreender melhor as Demonstrações do valor adicionado.

Nesse contexto, lançamos o seguinte questionamento: você já parou para pensar em como realizar uma Demonstração do valor adicionado?

Lembre-se de que um aluno/profissional disposto a superar os desafios do cotidiano acadêmico/profissional desta área científica e de atuação profissional faz pesquisas e busca informações de forma autônoma, além das sugeridas pelo docente e pelos colegas de curso. Ele não deixa passar dúvidas de determinados conteúdos, uma vez que seu senso crítico está sempre focalizando novos conhecimentos. Com isso, você está sempre em busca de mais e melhores soluções para sanar as possíveis lacunas que por ventura se instalem durante o aprendizado.

Pense nisso e faça da pesquisa mais uma aliada de sua aprendizagem durante o estudo desta Aula.

Boa aula!

Objetivos de aprendizagem

Ao término desta aula, você será capaz de:

• definir os objetivos da demonstração do valor adicionado;
• conceituar o que é PIB;
• analisar o exemplo prático da DVA.

Seções de estudo

Durante o estudo de cada seção desta aula, é importante que você faça resumos, utilize planilhas ou esquemas para condensar os conteúdos, reclassificando-os mentalmente. Estas estratégias podem facilitar a compreensão, bem como fazer links dos conteúdos já estudados com os conhecimentos adquiridos nesta ou em outras disciplinas, contextualizando-os na prática.
Bons estudos!

1 - Conceito de Demonstração do Valor Adicionado

Segundo Reis (2006), a Demonstração do Valor Adicionado (DVA) é um "demonstrativo que procura evidenciar o valor da riqueza agregada a um produto por uma determinada empresa, e de que forma esse valor agregado foi distribuído entre os fatores de produção".

Muito embora a geração de lucro continua sendo uma característica fundamental à continuidade das empresas, as relações intersociais existentes com a globalização de mercados exigem conhecimento adicional de como determinada entidade agrega valor à economia do país ou da região onde está inserida, tornando o acesso à informação um diferencial competitivo (CLASSE CONTÁBIL, 2012, p. 1).

Saber Mais

"A Demonstração do Valor Adicionado (DVA) é o informe contábil que evidencia, de forma sintética, os valores correspondentes à formação da riqueza gerada pela empresa em determinado período e sua respectiva distribuição. Obviamente, por se tratar de um demonstrativo contábil, suas informações devem ser extraídas da escrituração, com base nas Normas Contábeis vigentes e tendo como base o Princípio Contábil da Competência. A riqueza gerada pela empresa, medida no conceito de valor adicionado, é calculada a partir da diferença entre o valor de sua produção e o dos bens e serviços produzidos por terceiros utilizados no processo de produção da empresa" (PORTAL DE CONTABILIDADE, 2012).

Nesse sentido, alguns estados ou municípios, na análise de instalações de empresas em suas áreas, para concessão de alguns benefícios, doação de terrenos, isenção ou redução de impostos etc., levam em consideração alguns fatores que esses investimentos provocarão com a disponibilização de vagas para empregos diretos e indiretos, o montante dos impostos, taxas e contribuições que entrarão para os cofres públicos, o montante da riqueza que será gerada e contribuirá para o desenvolvimento local e regional etc.

Portanto, a maioria dessas informações podem ser obtidas ou deduzidas por meio da DVA.

2 - Valor Adicionado

De acordo com Reis (2006), o somatório dos custos gerados dentro da própria empresa, que cobrem a remuneração dos fatores de produção por ela utilizados, é chamado de "valor adicionado" ou "valor agregado", no sentido de o custo desta empresa ser acrescido aos custos que já vieram transferidos de outras empresas. Com isso o valor de venda do produto é determinado (Grifo do autor).

Desse modo, o Valor Adicionado constitui-se da receita de venda deduzida dos custos dos recursos adquiridos de terceiros. É, portanto, o quanto a entidade contribuiu para a formação do Produto Interno Bruto (PIB) do país.

O Valor Adicionado (VA) de uma empresa representa o quanto de valor ela agrega aos insumos que adquire num determinado período. Sua análise possibilita não só o conhecimento sobre o valor da riqueza criada pela empresa como sua distribuição entre os diversos agentes beneficiários do processo (acionistas, trabalhadores, governo e financiadores).

De forma simplificada, pode-se dizer que o VA constitui o PIB (Produto Interno Bruto) produzido por uma empresa ou, em termos mais agregados, por um setor.

As regras de procedimentos técnicos para o cálculo do Valor Adicionado estão estabelecidas pela Resolução 1010 de 21/01/2005 do Conselho Federal de Contabilidade (ACO BRASIL, 2012, p. 1).

Lembre-se de que em sites como Scielo, Google Acadêmico, entre outros, você pode encontrar informações sobre os temas que estamos estudando nesta seção desta aula. Assim, é importante que realize buscas, procure ler textos relacionados e amplie seu conhecimento em relação ao conteúdo.
O hábito da pesquisa será fundamental para sua formação e para o dia a dia de sua profissão!

3 - Produto Interno Bruto (PIB)

Para Reis (2006), o PIB é o principal valor agregado das contas nacionais, pois mede, de uma forma global, o valor monetário dos bens e serviços produzidos no país durante um determinado período de tempo.

Figura 6.1 PIB.

FONTE: AGOR VALOR. PIB agrário caiu 0,8% no primeiro trimestre de 2012. Disponível em: <http://www.agrovalor.com.br/2011/o-olhar-do-criador/3852-pib-agrario-caiu-08-no-primeiro-trimestre-de-2012>. Acesso em: 25 jun. 2012.

Você Sabia?

"O produto interno bruto (PIB) representa a soma (em valores monetários) de todos os bens e serviços finais produzidos numa determinada região (quer sejam países, estados ou cidades), durante um período determinado (mês, trimestre, ano, etc). O PIB é um dos indicadores mais utilizados na macroeconomia com o objetivo de mensurar a atividade econômica de uma região. Na contagem do PIB, considera-se apenas bens e serviços finais, excluindo da conta todos os bens de consumo de intermediário. Isso é feito com o intuito de evitar o problema da dupla contagem, quando valores gerados na cadeia de produção aparecem contados duas vezes na soma do PIB" (SFB, 2012).

3.1 Obrigatoriedade

A Lei 11.638/07, que alterou alguns artigos da Lei 6.404/76, traz como obrigatória a elaboração e publicação para as companhias abertas.

3.1.1 Ofício-Circular/CVM/SNC/SEP/ Nº 01/00

A tabela a seguir foi elaborada pela Fundação Instituto de Pesquisas Contábeis, Atuariais e Financeiras da USP, com instruções para o seu preenchimento:

Tabela 6.1 Demonstração do valor adicionado da cia abc em x1.

DEMONSTRAÇÃO DO VALOR ADICIONADO DA CIA ABC EM X1	
DESCRIÇÃO	**$**
1 – RECEITAS	
1.1) Vendas de mercadorias, produtos e serviços (receita líquida + impostos)	
1.2) Provisão p/ créditos de liquidação duvidosa (inclusive reversão)	
1.3) Resultados não operacionais (ganhos ou perdas na venda, baixa ou doação de valores do imobilizado – tangível ou intangível – e dos investimentos	
2 – INSUMOS ADQUIRIDOS DE TERCEIROS (inclui ICMS e IPI)	
2.1) Custo (externo) das mercadorias e serviços vendidos	
2.2) Energia, serviços e outras despesas de terceiros	
2.3) Perda / Recuperação de valores ativos	
3 – VALOR ADICIONADO BRUTO (1-2)	
4 – RETENÇÕES	
4.1) Depreciação, amortização e exaustão (do período)	
5 – VALOR ADICIONADO LÍQUIDO PRODUZIDO PELA ENTIDADE (3-4)	
6 – VALOR ADICIONADO RECEBIDO EM TRANSFERÊNCIA	
6.1) Receitas financeiras	
6.2) Dividendos recebidos	
6.3) Resultado da equivalência patrimonial	
6.4) Alugueis e royalties recebidos	
7 – VALOR ADICIOADO TOTAL A DISTRIBUIR (5+6)	

8 – DISTRIBUIÇÃO DO VALOR ADICIONADO*	
8.1) Para empregados: (despesa com pessoal, comissões pagos a vendedores, honorários dos diretores, participação dos empregados nos lucros)	
8.2) Para terceiros: (juros, correção monetária e cambial, aluguéis e arrendamentos)	
8.3) Para os acionistas: (dividendos, juros sobre o capital próprio).	
8.4) Para o Governo: (impostos indiretos, imposto de renda e contribuição social, contribuições para INSS, taxas e contribuições diversas).	
8.5) Para reinvestimento: (parcela de lucros retida, parcela de lucros destinada para reservas).	
***O total do item 8 deve ser exatamente igual ao item 7.**	

FONTE: acervo pessoal.

3.2 Instruções para preenchimento

Como as informações extraídas são da contabilidade, deverão ter como base o Princípio Contábil do Regime de Competência de exercícios.

3.2.1 Receitas (soma dos Itens 1.1 A 1.3)

1.1) Vendas de mercadorias, produtos e serviços

Inclui os valores do ICMS e IPI incidentes sobre essas receitas, ou seja, corresponde à receita bruta ou faturamento bruto.

1.2) Provisão p/devedores duvidosos – Reversão/ Constituição

Inclui os valores relativos à constituição/baixa de provisão para devedores duvidosos.

1.3) Não operacionais

Inclui valores considerados fora das atividades principais da empresa, tais como: ganhos ou perdas na baixa de imobilizados, ganhos ou perdas na baixa de investimentos etc.

3.2.2 Insumos adquiridos de terceiros (soma dos Itens 2.1 A 2.4)

2.1) Matérias-primas consumidas (incluídas no custo do produto vendido).

2.2) Custo das mercadorias e serviços vendidos (não inclui gastos com pessoal próprio).

2.3) Materiais, energia, serviço de terceiros e outros (inclui valores relativos às aquisições e pagamentos a terceiros).

Nos valores dos custos dos produtos e mercadorias vendidas, materiais, serviços, energia etc., e consumidos, deverão ser considerados os impostos (ICMS e IPI) incluídos no momento das compras, recuperáveis ou não.

2.4) Perda/recuperação de valores ativos

Inclui valores relativos a valor de mercado de estoques e investimentos etc., ou seja, se no período o valor líquido for positivo deverá ser somado.

3.2.3 Valor adicionado bruto (diferença entre itens 1 e 2)
3.2.4 Retenções

4.1) Depreciação, amortização e exaustão

Deverá incluir a despesa contabilizada no período.

3.2.5 Valor adicionado líquido produzido pela entidade (diferença entre os itens 3 e 4)

3.2.6 Valor adicionado recebido em transferência (soma dos Itens 6.1 e 6.2).

6.1) Resultado de equivalência patrimonial (inclui os valores recebidos como dividendos relativos a investimentos avaliados ao custo). O resultado da equivalência poderá representar receita ou despesa; se despesa, deverá ser informado entre parênteses.

6.2) Receitas financeiras (incluir todas as receitas financeiras independentemente de sua origem).

3.2.7 Valor adicionado total a distribuir (soma dos Itens 5 e 6)

3.2.8 Distribuição do valor adicionado (soma dos Itens 8.1 a 8.5)

8.1) Pessoal e encargos

Nesse item deverão ser incluídos os encargos com férias, 13º salário, FGTS, alimentação, transporte, etc., apropriados ao custo do produto ou resultado do período (não incluir encargos com o INSS – veja tratamento a ser dado no item seguinte).

8.2) Juros e aluguéis

Devem ser consideradas as despesas financeiras e as de juros relativas a quaisquer tipos de empréstimos e financiamentos nas instituições financeiras, empresas do grupo ou outras e os aluguéis (incluindo-se as despesas com leasing) pagos ou creditados a terceiros.

8.3) Juros s/ capital próprio e dividendos

Inclui os valores pagos ou creditados aos acionistas. Os juros sobre o capital próprio contabilizados como reserva deverão constar do item "lucros retidos".

8.4) Impostos, taxas e contribuições

Além das contribuições devidas ao INSS, imposto de renda, contribuição social, todos os demais impostos, taxas e contribuições deverão ser incluídos neste item. Os valores relativos ao ICMS e IPI deverão ser considerados como valores devidos ou já reconhecidos(aos cofres públicos, representando a diferença entre os impostos incidentes sobre as vendas e os valores considerados dentro do item 2 – Insumos adquiridos de terceiros.

8.5) Lucros retidos / prejuízo do exercício

Devem ser incluídos os lucros do período destinados às reservas de lucros e eventuais parcelas ainda sem destinação específica.

3.3 Exemplo

Determinada empresa apresenta os seguintes valores:

Tabela 6.2 Valores da empresa.

Conta	Valor (R$)
Receitas Brutas	10.000
Impostos sobre vendas	2.000

Custo de Mercadorias Vendidas	5.000
Salários e Encargos	1.500
Comissão sobre vendas	1.000

FONTE: acervo pessoal.

O valor adicionado pela empresa foi a diferença da sua venda bruta em relação ao custo das mercadorias que adquiriu de seus fornecedores. Logo: $ 10.000 (-) $ 5.000. Assim, o valor adicionado pela empresa foi de $ 5.000. O que a empresa realizou com esse valor adicionado?

a) Destinou $ 2.000 para o governo na forma de impostos (sobra: $ 3.000);

b) Destinou $ 1.500 para remunerar a mão-de-obra e encargos (sobra: $ 1.500);

c) Destinou $ 1.000 para remunerar a força de vendas (sobra: $ 500).

d) Evidentemente, a sobra final, $ 500, será destinada a remunerar o capitalista ou empreendedor e, neste caso, é equivalente a 10% do valor adicionado.

E então? Entendeu amplamente o PIB e as questões a ele relacionadas? Em caso de resposta afirmativa: Parabéns! Contudo, há muitos outros conhecimentos a serem agregados sobre este tema. Para tanto, sugerimos que consulte as obras, periódicos e sites indicados ao final desta aula.

Agora, vamos refletir sobre as comparações entre a DVA e a DRE!

4 - Comparação entre a DVA (Demontração do Valor Adicionado) e a DRE (Demonstração de Resultados do Exercício)

A DRE se preocupa em exibir os vários estágios do resultado, porém sempre com enfoque dos proprietários. É por isso que existem vários tipos de resultados (operacional, não operacional, antes do IR, bruto e líquido).

Figura 6.2 DRE.

FONTE: SCRIBD. Demonstração do resultado do exercício. Disponível em: <http://pt.scribd.com/doc/63233266/Demonstracao-do-Resultado-do-Exercicio-DRE>. Acesso em: 25 jun. 2012.

Você Sabia?

"A demonstração do resultado do exercício (DRE) é uma demonstração contábil dinâmica que se destina a evidenciar a formação do resultado líquido em um exercício, através do confronto das receitas, custos e resultados, apuradas segundo o princípio contábil do regime de competência.

A demonstração do resultado do exercício oferece uma síntese financeira dos resultados operacionais e não operacionais de uma empresa em certo período. Embora sejam elaboradas anualmente para fins de legais de divulgação, em geral são feitas mensalmente para fins administrativos e trimestralmente para fins fiscais. De acordo com a legislação brasileira (Lei nº 6.404, de 15 – 12 – 1976, Lei da Sociedade por Ações), as empresas deverão discriminar na Demonstração do Resultado do Exercício:

• A receita bruta das vendas e serviços, as deduções das vendas, os abatimentos e os impostos;

• A receita líquida das vendas e serviços, o custo das mercadorias vendidas e serviços prestados e o lucro bruto;

• As despesas com as vendas, as despesas financeiras, deduzidas das receitas, as despesas gerais e administrativas, e outras despesas operacionais;

• O lucro ou prejuízo operacional, as outras receitas e as outras despesas;

• O resultado do exercício antes do Imposto de Renda e a provisão para tal imposto;

• As participações de debêntures, empregados, administradores e partes beneficiárias, mesmo na forma de instrumentos financeiros, e de instituições ou fundos de assistências e previdência de empregados;

• O lucro ou prejuízo líquido do exercício e o seu montante por ação do capital social" (TDN TOTVS, 2012, p. 1).

Todavia, com o crescimento intenso das relações comerciais e financeiras entre as empresas, outros interessados nas informações contábeis ou financeiras desejam não somente observar o resultado que uma empresa consegue. Eles querem saber sobre a capacidade que as empresas têm em agregar valor aos insumos que adquirem.

É nesse aspecto que a DVA supera a DRE, uma vez que seu foco está centrado em exibir o valor agregado, etapa por etapa.

"A Demonstração do Valor Adicionado (DVA) é o informe contábil que evidencia, de forma sintética, os valores correspondentes à formação da riqueza gerada pela empresa em determinado período e sua respectiva distribuição. Obviamente, por se tratar de um demonstrativo contábil, suas informações devem ser extraídas da escrituração, com base nas Normas Contábeis vigentes e tendo como base o Princípio Contábil da Competência. A riqueza gerada pela empresa, medida no conceito de valor adicionado, é calculada a partir da diferença entre o valor de sua produção e o dos bens e serviços produzidos por terceiros utilizados no processo de produção da empresa. A utilização do DVA como ferramenta gerencial pode ser resumida da seguinte forma:

• como índice de avaliação do desempenho na geração da riqueza, ao medir a eficiência da empresa na utilização dos fatores de produção, comparando o valor das saídas com o valor das entradas, e

• como índice de avaliação do desempenho social à medida que demonstra, na distribuição da riqueza gerada, a participação dos

Figura 6.3 DVA.

FONTE: SINDAG. Empresas associadas. Disponível em: <http://www.sindag.com.br/associadas.php>. Acesso em: 25 jun. 2012.

empregados, do Governo, dos Agentes Financiadores e dos Acionistas.

O valor adicionado demonstra, ainda, a efetiva contribuição da empresa, dentro de uma visão global de desempenho, para a geração de riqueza da economia na qual está inserida, sendo resultado do esforço conjugado de todos os seus fatores de produção. A Demonstração do Valor Adicionado, que também pode integrar o Balanço Social, constitui, desse modo, uma importante fonte de informações à medida que apresenta esse conjunto de elementos que permitem a análise do desempenho econômico da empresa, evidenciando a geração de riqueza, assim como dos efeitos sociais produzidos pela distribuição dessa riqueza" (ZANLUCA, 2012).

E então? O que estão achando dos conceitos de DVA e DRE?
Antes de prosseguir, sugerimos que realize uma pausa e procure pensar sobre os conhecimentos construídos nesta Aula. Caso ainda tenha dúvidas, lembre-se de continuar pesquisando e de consultar, utilizando as ferramentas do ambiente virtual, seus colegas de curso e seu professor! A sua aprendizagem será cada vez melhor se assumir esse processo de forma ativa.
Pense nisso...

5 - Exemplo Prático da Demonstração do Valor Adicionado (DVA)

Vejamos uma Demonstração do Resultado da Cia. ABC:

Tabela 6.3 Demonstração do Resultado do Exercício da Cia ABC em x1.

Demonstração do Resultado do Exercício da Cia ABC em x1	$
Receita Bruta de Vendas	**395.000**
(-) Devoluções, Cancelamentos e Abatimentos	30.000
(-) ICMS sobre vendas	65.000
(=) Receita Líquida de Vendas	**300.000**
(-) Custo da Mercadoria Vendida	210.000
(=) Lucro Bruto	**90.000**
(+) Dividendos Recebidos	1.000
(-) Comissões Passivas (1)	6.100
(-) Despesas Gerais (2)	8.600
(-) Despesas de Pessoal (3)	33.000
(-) Despesas Financeiras Líquidas	6.800
(-) Despesas de Depreciação e Amortização	6.300
(=) Lucro Operacional	**30.200**
(-) Prejuízo na Venda de Ações de Coligadas	6.200
(=) Lucro antes do Imposto de Renda	**24.000**
(-) Provisão para Imposto de Renda	3.600
(-) Provisão para Contribuição Social	1.920
(=) Lucro Líquido do Período*	**18.480**

*Dividendos Distribuídos..$ 4.389
ReforçodaReservaLegal...$924
Lucro reinvestido= (18.480 – 4.389 – 924) = 13.167

FONTE: acervo pessoal.

(1)
Comissões pagas a vendedores contratados pela firma $1.100

Comissões pagas a pessoas jurídicas $5.000

(2)

Materiais de consumo adquiridos de outras empresas	$ 1.200
Pagamentos a empresas de transporte de cargas	$4.800
Pagamentos de alugueis a pessoas físicas	$2.600

(3)

Salários, férias, 13º Salário, FGTS	$ 27.000
Contribuições para INSS	$6.000

Assim, devem ser considerados como insumos:

Custo de mercadorias vendidas + serviços prestados por terceiros

Custo da mercadoria vendida	$210.000
Comissões pagas a pessoas jurídicas	$ 5.000
Fretes pagos a empresas de transporte	$ 4.800
Materiais de consumo adquiridos de terceiros	$ 1.200
Total	$221.000

Tabela 6.4 Demonstração do valor adicionado da cia abc em x1.

DEMONSTRAÇÃO DO VALOR ADICIONADO DA CIA ABC EM X1	
DESCRIÇÃO	**$**
1 – RECEITAS	**358.800**
1.1) Vendas de mercadorias, produtos e serviços (receita líquida + impostos)	365.000
1.2) Provisão p/ créditos de liquidação duvidosa (inclusive reversão)	
1.3) Resultados não operacionais (ganhos ou perdas na venda, baixa ou doação de valores do imobilizado – tangível ou intangível – e dos investimentos	(6.200)
2 – INSUMOS ADQUIRIDOS DE TERCEIROS (inclui ICMS e IPI)	**221.000**
2.1) Custo (externo) das mercadorias e serviços vendidos	210.000
2.2) Energia, serviços e outras despesas de terceiros	11.000
2.3) Perda / Recuperação de valores ativos	
3 – VALOR ADICIONADO BRUTO (1-2)	**137.800**
4 – RETENÇÕES	**6.300**
4.1) Depreciação, amortização e exaustão (do período)	6.300
5 – VALOR ADICIONADO LÍQUIDO PRODUZIDO PELA ENTIDADE (3-4)	**131.500**
6 – VALOR ADICIONADO RECEBIDO EM TRANSFERÊNCIA	**1.000**
6.1) Receitas financeiras	
6.2) Dividendos recebidos	1.000
6.3) Resultado da equivalência patrimonial	
6.4) Aluguéis e royalties recebidos	
7 – VALOR ADICIOADO TOTAL A DISTRIBUIR (5+6)	**132.500**
8 – DISTRIBUIÇÃO DO VALOR ADICIONADO*	**132.500**
8.1) Para empregados: (despesa com pessoal, comissões pagas a vendedores, honorários dos diretores, participação dos empregados nos lucros)	27.000
8.2) Para terceiros: (juros, correção monetária e cambial, aluguéis e arrendamentos)	10.500
8.3) Para os acionistas: (dividendos, juros sobre o capital próprio).	4.389
8.4) Para o Governo: (impostos indiretos, imposto de renda e contribuição social, contribuições para INSS, taxas e contribuições diversas).	76.520
8.5) Para reinvestimento: (parcela de lucros retida, parcela de lucros destinada para reservas).	14.091
* O total do item 8 deve ser exatamente igual ao item 7.	

FONTE: acervo pessoal.

Lembre-se que cada aula estudada representa um importante passo para sua aprendizagem. Dessa forma, é imprescindível que, antes de iniciarmos a sétima aula, você elimine todas as eventuais dúvidas que podem ter em relação ao conteúdo estudado na aula 6.

Retomando a aula

Para encerrar a Aula 06, vamos recordar os temas que foram abordados:

1 - Conceito de Demonstração do Valor adicionado

Vimos inicialmente na seção 1 que a Demonstração do Valor Adicionado (DVA) é um demonstrativo que procura evidenciar o valor da riqueza agregada a um produto por uma determinada empresa, e de que forma esse valor agregado foi distribuído entre os fatores de produção.

2 - Valor Adicionado

Na seção 2, compreendemos que o somatório dos custos, gerados dentro da própria empresa, que cobrem a remuneração dos fatores de produção por ela utilizados é chamada de "valor adicionado" ou "valor agregado", no sentido de ser o custo acrescido, por essa empresa, aos custos que já vieram transferidos de outras empresas, a fim de ser determinado o valor de venda desse produto.

3 - Produto Interno Bruto (PIB)

Vimos na seção 3 que o PIB é o principal valor agregado das contas nacionais, pois mede, de uma forma global, o valor monetário dos bens e serviços produzidos no país durante um determinado período de tempo.

4 - Comparação Entre a DVA (Demonstração do Valor Adicionado) e a DRE (Demonstração de Resultados do Exercício)

Na seção 4 compreendemos que a DRE se preocupa em exibir os vários estágios do resultado, porém sempre com enfoque dos proprietários. É por isso que existem vários tipos de resultados (operacional, não operacional, antes do IR, bruto e líquido). Já a DVA é o informe contábil que evidencia, de forma sintética, os valores correspondentes à formação da riqueza gerada pela empresa em determinado período e sua respectiva distribuição.

5 - Exemplo Prático da Demonstração do Valor Adicionado (DVA)

Para finalizarmos nossa Aula, analisamos na seção 5 um exemplo prático de como deve ser apresentada a DVA.

Nossa! Fizemos uma caminhada interessante nesta aula, não acham? Adquirimos conhecimentos essenciais para a nossa formação enquanto profissionais. Para fundamentar e melhorar ainda mais a nossa aquisição de saber, iremos, a seguir, oferecer sugestões de leituras, sites, filmes e vídeos que vocês podem ser acessados para otimizar as informações dadas nesta aula.

Vale a pena

Vale a pena **ler**

BRAGA, Roberto. *Fundamentos e técnicas de administração financeira*. 1. ed. São Paulo: Atlas, 1995.

FIPECAFI. *Manual de contabilidade das sociedades por ações.* 6. ed. São Paulo: Atlas, 2006.

MATARAZZO, D. C. *Análise financeira de balanços:* abordagem básica e gerencial. 6 ed. São Paulo: Atlas, 2007.

REIS, Arnaldo. *Demonstrações contábeis:* estrutura e análise. 2.ed. São Paulo: Saraiva, 2006.

Vale a pena **acessar**

ACO BRASIL. *Valor adicionado.* Disponível em: <http://www.acobrasil.org.br/siderurgiaemfoco%5CSiderurgiaNo2.pdf>. Acesso em: 25 jun. 2012.

AGOR VALOR. *PIB agrário caiu 0,8% no primeiro trimestre de 2012.* Disponível em: <http://www.agrovalor.com.br/2011/o-olhar-do-criador/3852-pib-agrario-caiu-08-no-primeiro-trimestre-de-2012>. Acesso em: 25 jun. 2012.

CLASSE CONTÁBIL. *Consultoria gratuita.* Disponível em: <http://www.classecontabil.com.br/consultoria/ver/149935/>. Acesso em: 16 jul. 2012.

PORTAL DE CONTABILIDADE. *Demonstração do valor adicionado.* DVA. Disponível em: <http://www.portaldecontabilidade.com.br/tematicas/demonstracaodovalor.htm>. Acesso em: 15 jun. 2012.

SCRIBD. *Demonstração do resultado do exercício.* Disponível em: <http://pt.scribd.com/doc/63233266/Demonstracao-do-Resultado-do-Exercicio-DRE>. Acesso em: 25 jun. 2012.

SFB - *Sociedade Federativa Brasileira*. PIB. Disponível em: <http://www.sfbbrasil.org/pib.htm>. Acesso em: 15 jun. 2012.

SINDAG. *Empresas associadas.* Disponível em: <http://www.sindag.com.br/associadas.php>. Acesso em: 25 jun. 2012.

TDN TOTVS. *Demonstração do Resultado do Exercício DRE.* Disponível em: <tdn.totvs.com/pages/viewpage.action?pageId=5243095>. Acesso em: 15 jun. 2012.

WIKIPÉDIA. *Demonstração do resultado do exercício.* Disponível em: <http://pt.wikipedia.org/wiki/Demonstra%C3%A7%C3%A3o_do_resultado_do_exerc%C3%ADcio>. Acesso em: 25 jun. 2012.

ZANLUCA, Júlio César. *Demonstração do valor adicionado:* DVA. Disponível em: <http://www.portaldecontabilidade.com.br/tematicas/demonstracaodovalor.htm>. Acesso em: 25 jun. 2012.

Vale a pena **assistir**

YOUTUBE. *Entenda o que é PIB e porque ele é importante.* Disponível em: <http://www.youtube.com/watch?v=AJpN_LtA6ew>. Acesso em: 26 jun. 2012.

_____. *O que é o PIB.* Disponível em: < http://www.youtube.com/watch?v=lM4ZOdtMwco&feature=related>. Acesso em: 26 jun. 2012.

Minhas anotações

Aula 7º

Estudo do ativo permanente (Imobilizado)

Iniciaremos nossos estudos da sétima aula, cujo tema abordado é sobre o Ativo Permanente e, por exercer grande influência sobre a estrutura financeira e econômica de uma empresa, o estudo do ativo permanente passa a merecer atenção especial. Em seguida, conheceremos a Estrutura Legal do Ativo Permanente.

Ainda, abordaremos o nível de automatização, a Produção por imobilizado, o Grau de comercialização da produção e o Giro do imobilizado e, por fim, faremos uma análise da vida útil esperada.

Boa aula!

Objetivos de aprendizagem

Ao término desta aula, você será capaz de:

• identificar e compreender a estrutura financeira e econômica de uma empresa;
• conceituar e fundamentar os indicadores de desempenho do imobilizado.

Seções de estudo

Ao iniciar os estudos da Aula 7, lembre-se de que a organização de um horário de estudo é útil para estabelecer hábitos e, assim, possibilitar que você utilize o máximo de seu tempo disponível para o estudo, de sua atenção e de sua energia.
Pense nisso e boa Aula!

1 - Conceito e fundamentação sobre o Ativo Permanente

De acordo com Assaf Neto (2007), "por exercer grande influência sobre a estrutura financeira e econômica de uma empresa, o estudo do ativo permanente passa a merecer atenção especial".

Nesse sentido, em verdade, uma empresa pode perder seu poder de competitividade no mercado se não alocar adequadamente bens imobilizados para sua atividade.

Dessa forma, é nessa linha de importância do ativo permanente que se desenvolve esta Aula.

Figura 7.1 Ativo permanente.

FONTE: SINCONTEC. Ativo permanente: Crédito Fiscal – ICMS. Disponível em: <http://www.sincontec.com.br/evento.php?num=97>. Acesso em: 25 jun. 2012.

Nesse interim, o ativo permanente é constituído por todos os elementos de natureza fixa que não se enquadram no ativo circulante e no realizável a longo prazo.

Assim, é o grupo de menor liquidez e encontra-se subdividido em Investimentos, Imobilizado, Intangíveis (inserido pela Lei 11.638/07) e Diferido.

Podemos observar que do ativo permanente fazem parte não somente os bens destinados à produção ou manutenção da atividade da empresa (imobilizado), mas também outros que, por ter a empresa empregado determinado volume de capital em sua realização e, por princípio, não possam ser classificados nos outros grupos do ativo, são considerados elementos permanentes da empresa.

Dessa forma, o **ativo imobilizado** exprime a aplicação de capital da empresa em itens necessários à manutenção de sua atividade operacional (móveis, instalações etc.) e naqueles destinados mais especificamente à produção (prédios, máquinas, terrenos etc.).

Figura 7.2 Ativo imobilizado.

FONTE: GENILTO.COM. Você tem noção do que seja contabilidade? Disponível em: <http://www.genilto.com/blog/?p=1181>. Acesso em: 25 jun. 2012.

2 - Estrutura Legal (Após Alteração Pela Lei Nº 11.638/07) do Ativo Permanente

Figura 7.3 Lei.

FONTE: UM HOMBRE SINCERO. A lei e a justiça. Disponível em: http://www.unhombresincero.com/tag/lei-e-justica. Acesso em: 25 jun. 2012.

Ao contrário do ativo circulante, o imobilizado caracteriza-se por uma longa duração, sendo os bens substituídos basicamente quando evidenciam um processo de desgaste, de desatualização, ou por inviabilidade econômica.

Já o imobilizado distingue-se, também, do realizável a longo prazo, por se tratar de investimento efetuado em bens a serem utilizados de forma duradoura pela empresa em suas atividades operacionais.

Segundo Assaf Neto (2007), as duas principais características do imobilizado são:

a) Risco: dado ao caráter de utilização "permanente" no processo operacional, e;

b) alto custo: que penaliza prioritariamente os resultados da empresa em qualquer decisão equivocada de aquisição.

Assim, a principal contribuição do investimento imobilizado e, consequentemente, a melhor medida do seu valor econômico é sua capacidade de gerar lucros para a empresa.

De acordo, ainda, com Assaf Neto (2007), em conclusão, o ativo imobilizado exerce grande influência sobre a atividade da empresa, notadamente sobre seus rendimentos e liquidez esperados.

Para tanto, se constituir ainda no grupo geralmente mais representativo da estrutura patrimonial de uma empresa, os investimentos em imobilizado requerem, por parte do analista, avaliação mais acurada.

2.1 Investimentos

De acordo com a Estrutura legal do Ativo Permanente temos nos investimentos a:

a) Participações permanentes em outras sociedades e direitos de qualquer natureza, não classificáveis no Ativo Circulante, ou Realizável a Longo Prazo que não se destinem à manutenção da atividade da companhia ou empresa;

b) Participações em Coligadas e Controladas;

c) Participações em Outras Sociedades;

d) Outros investimentos: obras de arte, imóveis para futura utilização ou para renda etc;

e) Provisão para perdas (conta credora).

2.2 Imobilizado

Já no Ativo Imobilizado temos, de acordo com a Lei, Direitos que tenham por objeto bens destinados à manutenção das atividades da companhia ou empresa, ou exercidos essa finalidade, inclusive os de propriedade comercial ou industrial.

Saber Mais

"O Ativo Imobilizado é formado pelo conjunto de bens e direitos necessários à manutenção das atividades da empresa, caracterizados por apresentar-se na forma tangível (edifícios, máquinas etc.). O imobilizado abrange, também, os custos das benfeitorias realizadas em bens locados ou arrendados. O registro do ativo imobilizado é regulado pela NBC T 19.1. São classificados ainda, no imobilizado, os recursos aplicados ou já destinados à aquisição de bens de natureza tangível, mesmo que ainda não em operação, tais como construções em andamento, importações em andamento etc." (PORTAL DE CONTABILIDADE, 2012).

Incluem-se, aqui, os terrenos e as edificações, as máquinas e os equipamentos, peças e conjuntos de reposição, as ferramentas, as instalações, os veículos, os móveis e as máquinas de escritórios, as marcas e as patentes, benfeitoria em propriedades arrendadas, depreciação, amortização e exaustão acumulada (contas credoras), imobilização em andamento (construções, importações em andamento).

2.3 Intangível

No intangível, serão classificados os direitos, que tenham por objeto bens incorpóreos, destinados à manutenção da companhia ou exercidos com essa finalidade, inclusive o fundo de comércio adquirido.

2.4 Diferido

Aplicações de recursos em despesas que contribuirão para a formação do resultado de mais de um exercício social, inclusive juros pagos ou creditados aos acionistas durante o período que atender ao início das operações sociais.

Incluem-se, neste contexto, os gastos de implantação e gastos pré-operacionais, pesquisas e desenvolvimento de produtos, gastos de implantação de sistemas e métodos, gastos de reorganização e amortização acumulada (conta credora).

Tenho certeza de que conseguiu ter uma ideia do assunto estudado na Seção 2. Portanto, estamos prontos para estudar os indicadores de desempenho imobilizado...
Vejamos!

3 - Indicadores de Desempenho do Imobilizado

Vamos apresentar, nesta seção, os principais indicadores utilizados para a análise e controle do ativo imobilizado.

Figura 7.4 Indicadores.

FONTE: MELHOR EME. Indicadores. Disponível em: <http://melhore.me/artigo/655/indicadores-2>. Acesso em: 25 jun. 2012.

3.1 Nível de Automatização

O Nível de Automatização mede o grau de utilização da mão de obra e dos elementos tangíveis da empresa.

Além disso, são formuladas duas expressões de cálculo, dada a dificuldade geralmente encontrada de se identificar o número de operários de uma empresa nas demonstrações contábeis publicadas, ou seja:

$$\text{Nível de Automatização} = \frac{\text{Ativo Imobilizado Líquido}}{\text{Custo da Mão-de-obra}}$$

$$\text{Nível de Automatização} = \frac{\text{Ativo Imobilizado Líquido}}{\text{Número de operários}}$$

Na determinação do nível de automatização, o ativo imobilizado é considerado por seu valor líquido, ou seja, deduzido da respectiva depreciação acumulada.

Nesse sentido, um coeficiente igual a 2,3 obtido na formulação que adota o custo da mão de obra, por exemplo, indica que para cada $ 1,00 pago à mão de obra fabril, a empresa investe $ 2,30 em imobilizado.

Desse modo, de forma idêntica, um coeficiente de $ 17.000 obtido na outra formulação revela o valor médio, por operário contratado, do investimento efetuado pela empresa em seu ativo imobilizado.

3.2 Produção por Imobilizado

A Produção por Imobilizado é obtida pela relação existente entre o montante despendido na produção de determinada quantidade de produtos e o total dos investimentos processados em bens imobilizados, ou seja:

$$\text{Produção por Imobilizado} = \frac{\text{Custo de Produção}}{\text{Ativo Imobilizado Líquido}}$$

Dessa forma, o indicador denota o rendimento produzido pela imobilização.

Assim, se o índice calculado for de 0,55, por exemplo, isso indica que os custos de produção incorridos correspondem a 55% dos investimentos realizados em ativo imobilizado.

Entretanto, esse indicador pode também ser utilizado

no estudo da conveniência do incremento ou modernização da capacidade produtiva de uma empresa, ou seja, se os investimentos adicionais apresentarão uma contrapartida na produção.

Para tanto, compara-se o coeficiente atual com o calculado, considerando as variações previstas.

3.3 Grau de Comercialização da Produção

O Grau de Comercialização da Produção identifica o nível de vendas da empresa em relação a sua capacidade de produzir. É apurado pela seguinte equação.

$$\text{Grau de Comercialização da Produção} = \frac{\text{Unidades Vendidas}}{\text{Capacidade de produção (unidades)}}$$

Diante disso, temos a seguinte situação: se o índice calculado atingir 0,50, isso significa que a empresa necessita somente da metade de sua capacidade de produção para satisfazer a demanda existente por seus produtos. A outra metade denota capacidade ociosa.

Dessa forma, quanto mais próximo de 1,00 se apresentar o quociente, mais próxima de seu limite produtivo estará atuando a empresa, denotando maiores ganhos de escala.

3.4 Giro do Imobilizado

Demonstra a relação existente entre o valor das vendas e o montante investido no imobilizado, ou seja, a efetiva utilização da capacidade produtiva disponível da empresa.

Nesse sentido, é calculado conforme a seguinte expressão:

$$\text{Giro do Imobilizado} = \frac{\text{Montante de Vendas}}{\text{Ativo Imobilizado Líquido}}$$

A equação calcula o número de vezes que o imobilizado da empresa transformou-se em dinheiro (girou) por meio das vendas. Por exemplo, se o resultado desse índice for 3,0, conclui-se que 200% do capital imobilizado foi representado por vendas no período, o que equivale a um giro de 3 vezes.

Portanto, para a formação do retorno sobre o investimento, é importante medidas que promovam maior giro do imobilizado.

3.5 Vida útil esperada

A ida útil esperada revela o tempo teórico de vida útil que resta, em média, ao ativo imobilizado da empresa. Por vida útil, entende-se o número de anos que a empresa ainda espera gerar resultados operacionais de seus ativos.

Figura 7.5 Vida útil.

Assim, se o índice alcançar 7,0, por exemplo, diz-se que restam 7 anos de vida útil aos bens fixos.

O indicador permite que se mensure o nível de antiguidade do ativo imobilizado, dando indicativos de sua atualização tecnológica.

O tempo médio de vida útil é obtido pela relação entre o investimento fixo líquido e a despesa anual de depreciação, ou seja:

$$\text{Vida útil Esperada} = \frac{\text{Ativo Imobilizado Líquido}}{\text{Depreciação Anual}}$$

3.6 Exemplo

Dados referentes aos dois últimos exercícios para análise do imobilizado.

Tabela 7.1 Dados para análise do imobilizado.

Itens	X0	X1
Ativo imobilizado (valor líquido)	$ 100.000	$194.000
Depreciação do exercício	$10.000	$14.000
Capacidade de Produção	1.100 unid.	2.600 unid.
Unidades produzidas	900 unid.	2.100 unid.
Vendas	$85.000	$195.000
Unidades vendidas	700 unid.	1.500 unid.
Custo de mão-de-obra	$50.000	$60.000
Número de operários	20	30
Custo total de produção	$85.000	$110.000

FONTE: *acervo pessoal.*

A seguir serão apurados os índices anteriormente apresentados. Vejamos:

4 - Nível de Automatização

$$\text{Nível de Automatização} = \frac{\text{Ativo Imobilizado Líquido}}{\text{Custo da Mão de obra}}$$

X0
$$\text{Nível de Automatização} = \frac{100.000}{50.000} = 2,0$$

X1
$$\text{Nível de Automatização} = \frac{194.000}{60.000} = 3,2$$

$$\text{Nível de Automatização} = \frac{\text{Ativo Imobilizado Líquido}}{\text{Número de operários}}$$

X0
$$\text{Nível de Automatização} = \frac{100.000}{20} = \$ 5.000$$

X1
$$\text{Nível de Automatização} = \frac{194.000}{30} = \$ 6.467$$

Pelos resultados ilustrados anteriormente, podemos observar que o imobilizado apresentou crescimento maior em relação à variação positiva da mão de obra.

No primeiro período (x0), o valor dos bens fixos por

operário atingia $ 5.000, passando no exercício de x1 para $ 6.467, indicando uma elevação de 29,3% no investimento fixo por período.

Dessa forma, ao se considerar o custo da mão de obra, os resultados também se apresentam crescentes, determinados pelo aumento mais que proporcional do ativo imobilizado.

Nesse indicador, para cada $ 1,00 pago pela empresa à sua mão de obra fabril, foi processado um investimento de $ 2,0 em (x0), e de $ 3,20 em (x1).

Dessa maneira, evidencia-se, com base nos dois resultados obtidos, um incremento na relação imobilizado/mão de obra, isto é, no nível de automatização da empresa.

Para tanto, essa situação pode denotar que a empresa, no processo de expansão de sua capacidade de produção, decidiu por uma utilização mais significativa do fator capital em relação ao fator mão de obra.

5 - Produção por Imobilizado

Observe:

$$\text{Produção por Imobilizado} \quad \frac{\text{Custo de Produção}}{\text{Ativo Imobilizado Líquido}}$$

X0
$$\text{Produção por Imobilizado} \quad \frac{85.000}{100.000} = 0,85$$

X1
$$\text{Produção por Imobilizado} \quad \frac{110.000}{194.000} = 0,57$$

Conforme revelam esses cálculos, o rendimento das imobilizações da empresa apresentou-se bastante satisfatório.

Assim, os custos de produção que em x0 representavam 85% dos investimentos em ativo imobilizado, passaram em x1, 57%.

6 - Grau de Comercialização da Produção

$$\text{Grau de Comercialização da Produção} \quad \frac{\text{Unidades Vendidas}}{\text{Capacidade de produção (unidades)}}$$

X0
$$\text{Grau de Comercialização da Produção} \quad \frac{700}{1.100} = 63,6\%$$

X1
$$\text{Grau de Comercialização da Produção} \quad \frac{1.500}{2.600} = 57,7\%$$

Esse índice denota como a empresa está utilizando sua capacidade de produção.

Em x0, observa-se que o volume de vendas absorvia 63,6% do potencial produtivo da empresa, caindo esse índice para 57,7% em x1.

Evidentemente, quanto menor se apresentar esse indicador, maior se revela a capacidade ociosa.

Com base no exemplo, concluímos que a evolução verificada nas vendas (em unidades) não acompanhou o incremento verificado na capacidade física de produção, ocasionando, dessa forma, tendência decrescente no grau de comercialização.

7 - Giro do Imobilizado

$$\text{Giro do Imobilizado} \quad \frac{\text{Montante de Vendas}}{\text{Ativo Imobilizado Líquido}}$$

X0
$$\text{Giro do Imobilizado} \quad \frac{85.000}{100.000} = 0,85$$

X1
$$\text{Giro do Imobilizado} \quad \frac{195.000}{194.000} = 1,01$$

Esse indicador é de grande importância para o estudo da rentabilidade do ativo. Desse modo, pode ainda ser calculado sobre o ativo total, ou considerando-se cada um de seus vários grupos de contas.

Interessa sempre que a empresa proporcione a maior rotação possível a seu ativo, pois isso estimulará suas possibilidades de lucro.

Podemos notar, como exemplo, um ligeiro aumento da rotação do imobilizado, causado por uma variação ascendente mais que proporcional das vendas (em $) em relação ao montante do imobilizado.

8 - Vida Útil Esperada

$$\text{Vida útil Esperada} \quad \frac{\text{Ativo Imobilizado Líquido}}{\text{Depreciação Anual}}$$

X0
$$\text{Vida útil esperada} \quad \frac{100.000}{10.000} = 10 \text{ anos}$$

X1
$$\text{Giro do Imobilizado} \quad \frac{194.000}{14.000} = 13,8 \text{ anos}$$

A empresa aumentou o tempo médio de vida útil de seus bens fixos, determinado especialmente pelo crescimento elevado de sua capacidade produtiva, conforme ficou demonstrado nos indicadores acima.

Portanto, em x0, a vida média esperada dos bens permanentes da empresa atingia 10,0 anos, subindo para 13,8 anos em x1.

E então, entendeu direitinho o conteúdo? Ficou com alguma dúvida? Em caso afirmativo, acesse o ambiente virtual e utilize as ferramentas indicadas para interagir com seus colegas de curso e com seu professor.
Participe! Você é o protagonista de sua aprendizagem!

Retomando a aula

Antes de encerrar a sétima aula, é importante que retomemos os conteúdos estudados:

1 - Conceito e fundamentação sobre o Ativo Permanente

Vimos, inicialmente, que o ativo permanente, por exercer grande influência sobre a estrutura financeira e econômica de uma empresa, passa a merecer atenção especial.

2 - Estrutura Legal (Após Alteração Pela Lei Nº 11.638/07) do Ativo Permanente

Tivemos a oportunidade de conhecer, na seção 2, que, ao contrário do ativo circulante, o ativo imobilizado caracteriza-se por uma longa duração, sendo os bens substituídos basicamente quando evidenciam um processo de desgaste, de desatualização, ou por inviabilidade econômica.

3 - Indicadores de Desempenho do Imobilizado

Na seção 3, conhecemos os indicadores de desempenho do ativo imobilizado que são: Nível de Automatização, Produção por Imobilizado, Grau de Comercialização da produção e Giro do Imobilizado.

4 - Nível de Automatização

Já na seção 4, vimos que o Nível de Automatização apresentou crescimento maior em relação à variação positiva da mão de obra, com base nos dados apontados.

5 - Produção por Imobilizado

Na seção 5, analisamos, baseados nos dados apresentados, que conforme revelam os cálculos, o rendimento das imobilizações da empresa apresentou-se bastante satisfatório.

6 - Grau de Comercialização da Produção

Na seção 6, observamos que o Grau de Comercialização da Produção é um índice que denota como a empresa está utilizando sua capacidade de produção.

7 - Giro do Imobilizado

Interpretamos, na seção 7, que o Giro do Imobilizado é um indicador de grande importância para o estudo da rentabilidade do ativo.

8 - Vida Útil Esperada

Por fim, vimos, na seção 8, que a empresa aumentou o tempo médio de vida útil de seus bens fixos, determinado especialmente pelo crescimento elevado de sua capacidade produtiva, conforme ficou demonstrado nos indicadores estudados.

Vale a pena

Vale a pena **ler**

BRAGA, Roberto. *Fundamentos e técnicas de administração financeira*. 1. ed. São Paulo: Atlas, 1995.

FIPECAFI. *Manual de contabilidade das sociedades por ações*. 6. ed. São Paulo: Atlas, 2006.

MATARAZZO, D. C. *Análise financeira de balanços*: abordagem básica e gerencial. 6 ed. São Paulo: Atlas, 2007.

REIS, Arnaldo. *Demonstrações contábeis*: estrutura e análise. 2.ed. São Paulo: Saraiva, 2006.

Vale a pena **acessar**

CPCON. *Gestão patrimonial:* fator indispensável em empreendimentos de sucesso. Disponível em: <http://www.cpcon.eng.br/>. Acesso em: 25 jun. 2012.

GENILTO.COM. *Você tem noção do que seja contabilidade?* Disponível em: <http://www.genilto.com/blog/?p=1181>. Acesso em: 25 jun. 2012.

MELHOR EME. *Indicadores*. Disponível em: <http://melhore.me/artigo/655/indicadores-2>. Acesso em: 25 jun. 2012.

PORTAL DE CONTABILIDADE. Ativo imobilizado. Disponível em: <http://www.portaldecontabilidade.com.br/guia/imobilizado.htm>. Acesso em: 15 jun. 2012.

SINCONTEC. *Ativo Permanente:* Crédito Fiscal – ICMS. Disponível em: <http://www.sincontec.com.br/evento.php?num=97>. Acesso em: 25 jun. 2012.

UM HOMBRE SINCERO. A lei e a justiça. Disponível em: http://www.unhombresincero.com/tag/lei-e-justica. Acesso em: 25 jun. 2012.

Vale a pena **assistir**

YOUTUBE. *Contabilidade 15*: permanente imobilizado. Disponível em: <http://www.youtube.com/watch?v=xlqWB_lhsrk>. Acesso em: 26 jun. 2012.

_____. *Principais alterações na Lei 11.638/07*. Disponível em: <http://www.youtube.com/watch?v=VS7EbDfNGbQ>. Acesso em: 26 jun. 2012.

Minhas anotações

Aula 8º

Demonstração dos Lucros ou Prejuízos Acumulados - DLPA

Iniciaremos nossos estudos refletindo sobre a Demonstração dos Lucros ou Prejuízos Acumulados que visam apresentar os elementos que provocaram modificação, para mais ou para menos, nos saldos da conta lucros ou Prejuízos Acumulados. Veremos ainda que a DLPA é de elaboração obrigatória segundo a Lei 6.404/76.

Ah! Esta aula foi preparada para que você não encontre grandes dificuldades. Contudo, podem surgir dúvidas no decorrer dos estudos! Quando isso acontecer, acesse a plataforma e utilize as ferramentas "Guadro de avisos" ou "Fórum" para interagir com seus colegas de curso ou com seu tutor.

Sua participação é muito importante e estamos preparados para ensinar e aprender com seus avanços...

Boa aula!

Objetivos de aprendizagem

Ao término desta aula, você será capaz de:

• identificar a estrutura e a obrigatoriedade da Demonstração dos Lucros ou Prejuízos Acumulados;
• conceituar e analisar os índices necessários para a elaboração da DLPA;
• interpretar e compreender as fórmulas usadas nos cálculos da DLPA.

1 - DLPA: conceito e obrigatoriedade

1.1 Conceito

Para Reis (2006), a Demonstração dos Lucros ou Prejuízos Acumulados visa a apresentar os elementos que provocaram modificação, para mais ou para menos, nos saldos da conta lucros ou Prejuízos Acumulados.

Dessa forma, parte, assim, do saldo dessa verba no início do exercício e, por meio de ajustes, acréscimos e subtrações, chega ao saldo final, ou seja, aquele que aparece no último Balanço Patrimonial.

Curiosidade

"A DLPA evidencia as alterações ocorridas no saldo da conta de lucros ou prejuízos acumulados, no Patrimônio Líquido. De acordo com o artigo 186, § 2º da Lei nº 6.404/76, a companhia poderá, à sua opção, incluir a demonstração de lucros ou prejuízos acumulados nas demonstrações das mutações do patrimônio líquido. 'A demonstração de lucros ou prejuízos acumulados deverá indicar o montante do dividendo por ação do capital social e poderá ser incluída na demonstração das mutações do patrimônio líquido, se elaborada e publicada pela companhia'" (PORTAL DE CONTABILIDADE, 2012).

Nesse sentido, a DLPA visa, ainda, demonstrar de que forma foi distribuído o resultado do exercício mais o saldo acumulado de exercícios anteriores e, em decorrência, qual a parcela que restou para distribuição futura.

Para tanto, constitui, ao discriminar a destinação e a movimentação dos Lucros Acumulados, um importante complemento da Demonstração do Resultado do Exercício.

1.2 Obrigatoriedade

A Demonstração dos Lucros ou Prejuízos Acumulados (DLPA) é de elaboração obrigatória segundo a Lei 6.404/76.

Assim, a empresa, porém, poderá optar por fazê-la ou elaborar a Demonstração das Mutações do Patrimônio Líquido (DMPL).

2 - Lucro Líquido Ajustado

O Lucro Líquido Ajustado corresponde ao lucro líquido do exercício, ajustado pela exclusão das parcelas transferidas para as reservas de lucro.

Assim, o:

Lucro Líquido Ajustado - É o Lucro Líquido ou resultado líquido positivo apresentado na Demonstração do Resultado do Exercício, após o reconhecimento dos efeitos da perda de poder aquisitivo da moeda utilizada para a mensuração dos itens do Ativo e do Passivo nas demonstrações contábeis. É o lucro liquido após considerados os efeitos da inflação.

A apuração desse efeito foi feita pelo Prêmio mediante a correção do saldo do Patrimônio Líquido e Ativo Permanente de início de exercício, considerando-se também as variações nestes grupos ao longo do exercício. Essa correção foi feita tomando-se a variação cheia do índice Geral de Preços do Mercado - IGPM no caso da correção do saldo inicial e a variação média desse mesmo índice no caso das mutações ocorridas ao longo do exercício.

Após esse procedimento, o Prêmio efetuou a atualização dos itens de receitas e despesas nominais que constavam na Demonstração de Resultados do Exercício, utilizando para tanto a variação média do IGPM.

Na falta de mais informações nos balanços das empresas, o Prêmio assumiu que as mutações do Patrimônio Líquido e do Ativo Permanente, bem como a formação das receitas e despesas ocorreram em média ao longo do exercício (GOUVEIA, 2012).

3 - Dividendo por ação

Determina a Lei n. 6.404/76 que no rodapé do presente demonstrativo (ou, se for o caso, no das Mutações do Patrimônio Líquido), seja informado o valor do dividendo por ação. Tal valor é obtido dividindo-se o montante do dividendo distribuído (e/ou a distribuir) pelo número de ações em que está dividido o Capital Social.

Dividendo por ação – corresponde ao resultado da divisão entre o valor dos dividendos distribuídos num certo período e o número de ações que a eles fizeram jus.

Se houver diferenciação na distribuição dos dividendos pelas espécies ou classes de ações da companhia, haverá um índice de dividendo por ação para cada espécie ou classe de ações (IEF, 2012).

4 - Estrutura

A estrutura da DRE deve ser baseada no modelo a seguir.

Tabela 8.1 Demonstração dos Lucros ou Prejuízos Acumulados.

Demonstração dos Lucros ou Prejuízos Acumulados	$
Saldo em 31 de Dezembro de X0	
(+/-) Ajustes de Exercícios Anteriores	
Efeitos da mudança de critérios contábeis	
Retificação de erro de exercícios anteriores	

(=) Saldo inicial ajustado	
(+/-) Lucro/Prejuízo Líquido do Exercício	
(+) Reversões de reservas	
(-) Destinações durante o Exercício	
Transferência para Capital	
Dividendos Distribuídos	
Transferência para Reservas	
(=) Saldo a Destinar	
(-) Transferência para Reservas	
(-) Dividendos a Distribuir	
= Saldo no fim do período	

FONTE: Acervo pessoal

5 - Saldo no início do período e ajustes de exercícios anteriores

5.1 Saldo no início do período

Saldo da verba Lucros Acumulados ou Prejuízos Acumulados, constante do balanço anterior, ou saldo final apresentado na demonstração respectiva do último exercício social.

5.2 Ajustes de exercícios anteriores

Segundo a Lei 6.404/76, serão considerados apenas os decorrentes de mudança de critério contábil ou de retificação de erro imputável a exercícios anteriores:

a) Retificação de valores do ativo, decorrente de mudança de critérios de avaliação (de estoques, investimentos etc.) ou de adoção de outros métodos de depreciação;

b) Depreciações, exaustões e amortizações, contabilizadas a maior ou a menor em anos anteriores;

c) Erro na baixa de valor contábil de bens do ativo;

d) Erro em balanços de coligadas que influam na contabilização do investimento (pelo valor do Patrimônio Líquido).

6 - Saldo inicial ajustado e resultado do exercício

6.1 Saldo inicial ajustado

Saldo inicial ajustado é o saldo inicial corrigido, ou seja, o saldo que já deveria r no último balanço, não fosse o erro ocorrido.

6.2 Resultado do exercício

Corresponde ao lucro (+) ou prejuízo (-) líquido apurado no final da Demonstração do Resultado do Exercício.

Dessa forma, é, sem dúvida, o item mais importante do demonstrativo, porque, como o próprio nome da conta indica, trata-se do resultado líquido que vem sendo acumulado ano após ano.

O artigo 187 da Lei nº 6.404, de 15 de dezembro de 1976 (Lei das Sociedades por Ações), instituiu a Demonstração do Resultado do Exercício. Vejamos:

A Demonstração do Resultado do Exercício tem como objetivo principal apresentar de forma vertical resumida o resultado apurado em relação ao conjunto de operações realizadas num determinado período, normalmente, de doze meses.

De acordo com a legislação mencionada, as empresas deverão na Demonstração do Resultado do Exercício discriminar:

- a receita bruta das vendas e serviços, as deduções das vendas, os abatimentos e os impostos;

- a receita líquida das vendas e serviços, o custo das mercadorias e serviços vendidos e o lucro bruto;

- as despesas com as vendas, as despesas financeiras, deduzidas das receitas, as despesas gerais e administrativas, e outras despesas operacionais;

- o lucro ou prejuízo operacional, as outras receitas e as outras despesas;

- o resultado do exercício antes do Imposto sobre a Renda e a provisão para o imposto;

- as participações de debêntures, empregados, administradores e partes beneficiárias, mesmo na forma de instrumentos financeiros, e de instituições ou fundos de assistência ou previdência de empregados, que não se caracterizem como despesa;

- o lucro ou prejuízo líquido do exercício e o seu montante por ação do capital social.

Na determinação da apuração do resultado do exercício serão computados em obediência ao princípio da competência:

a) as receitas e os rendimentos ganhos no período, independentemente de sua realização em moeda;

b) os custos, despesas, encargos e perdas, pagos ou incorridos, correspondentes a essas receitas e rendimentos (PORTAL DE CONTABILIDADE, 2012).

Para ampliar seus conhecimentos sobre os resultados dos exercícios, a internet pode ser uma ótima ferramenta. Assim, sugerimos que acesse um site de busca e utilize os termos "demonstração do resultado do exercício", como palavras-chave para realização de uma busca. Analise criticamente os resultados e amplie seus conhecimentos a partir das informações que considerar adequadas para sua aprendizagem!

7 - Reversões de reservas

Algumas Reservas de Lucros não são cumulativas e, portanto, podem ser revertidas quando não utilizadas:

a) Reserva para contingências: revertida automaticamente pelo valor do saldo não utilizado no período;

b) Reserva para lucros a realizar: revertidas somente as parcelas correspondentes aos lucros realizados no período.

8 - Destinações durante o exercício e destinações propostas

8.1 Destinações durante o exercício

A destinação durante o exercício é a parcelas do Lucro Acumulado, distribuídas ou transferidas durante o exercício:

a) Parcelas transferidas para contas de reservas;
b) Dividendos antecipados;
c) Parcela do lucro incorporada ao Capital Social.

8.2 Destinações propostas

A Lei 6.404/76 determina que as demonstrações financeiras devam registrar a destinação dos lucros segundo a proposta dos órgãos da administração, no pressuposto de sua aprovação pela Assembleia Geral.

Dessa forma, os lucros podem ser destinados:

a) Para formação ou reforço de Reservas de Lucros;
b) Para pagamento de dividendos.

A lei determina, ainda, que as demonstrações financeiras devem registrar a destinação dos lucros segundo a proposta dos órgãos da administração, no pressuposto de sua aprovação pela Assembleia Geral.

E então, entendeu direitinho o conteúdo? Ficou com alguma dúvida? Em caso afirmativo, acesse o ambiente virtual e utilize as ferramentas indicadas para interagir com seus colegas de curso e com seu professor.

Participe! Você é o protagonista de sua aprendizagem!

Retomando a aula

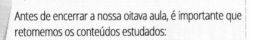

Antes de encerrar a nossa oitava aula, é importante que retomemos os conteúdos estudados:

1 - DLPA: Conceituação e obrigatoriedade

Vimos, inicialmente, que a Demonstração dos Lucros ou Prejuízos Acumulados visa apresentar os elementos que provocaram modificação, para mais ou para menos, nos saldos da conta lucros ou Prejuízos Acumulados.

Além disso, vimos que a Demonstração dos Lucros ou Prejuízos Acumulados (DLPA) é de elaboração obrigatória segundo a Lei 6.404/76.

2 - Lucro Líquido Ajustado

Na seção 2, compreendemos que o Lucro Líquido Ajustado corresponde ao lucro líquido do exercício, ajustado pela exclusão das parcelas transferidas para as reservas de lucro.

3 - Dividendo por ação

Já na seção 3, entendemos que a Lei n. 6.404/76 determina que no rodapé do demonstrativo seja informado o valor do dividendo por ação. Tal valor é obtido dividindo-se o montante do dividendo distribuído (e/ou a distribuir) pelo número de ações em que está dividido o Capital Social.

4 - Estrutura

Tivemos a oportunidade de analisar, na seção 4, a Estrutura adequada para a demonstração do resultado do exercício.

5 - Saldo no início do período e ajustes de exercícios anteriores

Na seção 5, identificamos que o saldo no início do período é o saldo da verba Lucros Acumulados ou Prejuízos Acumulados, constante no balanço, ou no saldo final apresentado na demonstração do último exercício social.

Ademais, vimos que, de acordo com a Lei 6.404/76, foram considerados apenas os decorrentes de mudança de critério contábil ou de retificação de erro imputável a exercícios anteriores.

6 - Saldo inicial ajustado e resultado do exercício

Na seção 6, concluímos que o saldo inicial ajustado é o saldo inicial corrigido, ou seja, o saldo que já deveria r no último balanço, se não fosse o erro ocorrido.

Analisamos ainda que o resultado do exercício corresponde ao lucro (+) ou prejuízo (-) líquido apurado no final da Demonstração do Resultado do Exercício. Porém, é, sem dúvida, o item mais importante do demonstrativo, porque, como o próprio nome da conta indica, trata-se do resultado líquido que vem sendo acumulado ano após ano.

7 - Reversões de reservas

Na seção 7, compreendemos que algumas Reservas de Lucros não são cumulativas e, portanto, podem ser revertidas quando não utilizadas.

8 - Destinações durante o exercício e destinações propostas

De acordo com o que identificamos na seção 8, a destinação durante o exercício são as parcelas do Lucro Acumulado, distribuídas ou transferidas durante o exercício.

Para finalizarmos nossos estudos, concluímos que a Lei 6.404/76 determina que as demonstrações financeiras devam registrar a destinação dos lucros segundo a proposta dos órgãos da administração, no pressuposto de sua aprovação pela Assembleia Geral.

Vale a pena

Vale a pena ler

REIS, Arnaldo. *Demonstrações contábeis:* estrutura e análise. 2.ed. São Paulo: Saraiva, 2006.

Vale a pena acessar

GOUVEIA, Delmiro. *Conceitos técnicos usados no prêmio Delmiro Gouveia.* Disponível em: <http://www.premiodelmirogouveia.com.br/Conceitos_Tecnicos.htm>. Acesso em: 25 jun. 2012.

IEF. *Mercado Financeiro.* Disponível em: <http://www.ief.com.br/mercadof.htm>. Acesso em: 25 jun. 2012.

PORTAL DE CONTABILIDADE. *Demonstração do resultado do exercício.* Disponível em: <http://www.portaldecontabilidade.com.br/guia/demonstracaodoresultado.htm>. Acesso em: 25 jun. 2012.

_____. *DLPA.* Disponível em: <http://www.portaldecontabilidade.com.br/guia/demonstlucrosprejacumulados.htm>. Acesso em: 15 jun. 2012.

Vale a pena **assistir**

YOUTUBE. *Contabilidade geral:* Lei 6.404/76 - arts 175 a 205. Disponível em: <http://www.youtube.com/watch?v=elfMr34BBZY>. Acesso em: 26 jun. 2012.

_____. José Carlos Marion: *Demonstração dos Fluxos de Caixa e Lucros ou Prejuízos Acumulados* (Cap. 8). Disponível em: < http://www.youtube.com/watch?v=xkl171yFyOU>. Acesso em: 26 jun. 2012.

Referências bibliográficas

ASSAF NETO, Alexandre. *Estrutura e Análise de Balanços - Um Enfoque Econômico-Financeiro.* São Paulo: Atlas, 2012.

FIPECAFI. Manual de Contabilidade das Sociedades por Ações. São Paulo: Atlas, 2010.

SANTI FILHO, A. OLINQUEVITCH, J. L. *Análise de Balanços para Controle Gerencial.* São Paulo: Atlas, 2009.

IUDÍCIBUS, Sérgio de. *Análise de Balanços.* São Paulo: Atlas, 2001.

GROPELLI A. A. & EHSAN, N. *Administração financeira.* São Paulo: Saraiva, 2005.

MATARAZZO, Dante C. *Análise Financeira de Balanços - Abordagem Básica e Gerencial.* São Paulo: Atlas, 2007.

REIS, Arnaldo. *Análise de Balanços* - Livro de Exercícios. São Paulo: Saraiva, 2003.

RIBEIRO, Osni Moura. *Estrutura e Análise de Balanços* – São Paulo: Saraiva, 2010.

Minhas anotações

Minhas anotações